보 이 스

메이킹 스토리 & 대본집

보이스

메이킹 스토리 & 대본집

Chapter 1

보이스 메이킹 스토리

03 보이스의 소리 264

Chapter 2

보이스 대본

작가의 말

제 책상 옆에는 15년 동안 길러온, 행운목 한 그루가 있습니다.

선물 받을 때부터 제법 큰 나무였으니 꽤 나이 든 나무일 겁니다.

5년 가까이 정신없이 〈보이스〉 시리즈를 써오던 어느 날,

문득 방 안을 채우는 향기에 주변을 둘러보니

행운목에, 처음 보는 햇살 같은 꽃들이 활짝 피어있었습니다.

작가로서 갈 길이 먼 저에게

〈보이스〉는 너무나도 고맙고 뜻깊은 행운을 가져다 준 작품입니다.

〈보이스〉를 의미 있는 드라마로 만들어주시고

귀한 글까지 써주신 김홍선, 이승영, 남기훈 감독님과

최진희 대표님, 이찬호 책임프로듀서님, 황혜정 국장님, 최관용 대표님,

전 시즌을 묵묵히 옆에서 도운 김정현 작가 및 모든 제작진과

장혁 씨, 이진욱 씨 등 배우분들,

특히 강권주 센터장으로 저와 동고동락 해준 이하나 배우에게

진심으로 감사의 말을 전합니다.

2019년 10월

마 진 원

Chapter 1.

보이스 메이킹 스토리

Making story

01

보이스의 시작

The beginning of Voice

즉석 사진도, 경찰과 응급 환자들을 위한 비상 출동 시간도
세계 어느 곳이든 3분이다. 왜냐하면
3분은 한 사람의 인생에서 기적을 일으키기에
충분한 시간이기 때문이다.

다카이 노부오

이 드라마는 범죄 현장의 골든타임을 사수하는
112 신고센터 요원들의 치열한 기록이다.

최초 범죄 신고가 들어오는 112 신고센터,
하루 평균 13,000여 통의 전화 그리고 1만여 건의 응대,
하루 3교대, 주 84시간, 월 360시간의 격무에 시달리는 곳이다.
그러나 안타깝게도 '3분 출동, 5분 도착, 10분 검거'라는 골든타임 내
초동 대처만 잘해도 우리나라 범죄율의 반 이상이 근절된다는 것을
아는 사람은 별로 없다. 이토록 중요한 부서임에도 불구하고
경찰 내부 중에서 가장 변방으로 취급받는 이곳.
이 드라마는 112 신고센터에 골든타임팀이란 코드 제로 전담팀을 만든
남녀 주인공들이 자신의 가족과 동료를 살해한 연쇄 살인마를
쫓는 과정을 통해 참혹한 범죄 현장 속, 골든타임을 사수하는 것이
얼마나 중요한지를 깨닫고 진정한 112 신고센터 요원이자 경찰로
거듭나는 이야기다!

방영: 2017년 1월 14일 ~
3월 12일(16부작)

채널: OCN

연출: 김홍선

극본: 마진원

보이스 · Season 1

2017년,
112 신고센터라는 대한민국의 새로운
드라마 공간이 열린다

"어떤 미친놈이 지하철에서 사람들을 칼로 막 찌르고 있어요! (사람들 비명소리) 살려주세요"
(2013년 7월 31일 사건 기록)

"아빠가 절 칼로 찔렀어요… 죽은 척하고 몰래 전화하는 중인데… 빨리 와주세요… 피가 너무 많이 흘러요…"
(2014년 8월 31일 사건 기록)

"제… 남편이 퇴역 군인인데 (숨 헐떡이며) … 지금 수류탄을 들고 가출했어요."
(2015년 9월 22일 사건 기록)

〈보이스〉는 지금까지 대한민국 드라마에서 한 번도 나오지 않았던 112 신고센터, 그리고 생과 사의 기로뿐 아니라 극적인 탈출, 위험천만의 순간들로 가득한 치열한 범죄 신고의 장을 배경으로 한다. 그러나 아직 우리나라 112 신고센터에 대한 인식은 신고 전화의 50%가 장난 전화라는 통계 수치가 보여주듯 선진국에 비해 턱없이 부족한 것이 현실이다.
이 드라마는 강력계 형사로 대변되는 천편일률적인 수사물에서 탈피하고 경찰 내부에서도 변방으로 치부되는 112 신고센터 내 각종 신고 에피소드 〈쓰레기 집의 비밀〉, 〈힐링마마의 두 얼굴〉 등을 통해 늘 고군분투하는 요원들의 생생한 현장을 리얼하게 그려낸다.
이를 통해 112 신고센터의 위상을 알림과 동시에 범죄 골든타임에 대한 중요성을 긴박한 타임락이 걸린 극적 장치를 통해 시청자들에게 실감 나게 전달하고자 한다.

사람의 생명도 돈으로 사고파는 사이코패스와
그를 보호하는 운수 회사의 반인륜적 횡포와 싸우는
112 요원들의 후련하고 통쾌한 한 방을 그린다

이 드라마는 자신의 응답 실수로 피해자와 부친이 살해당하는 현장을 청취한 성운지방경찰청 112 신고센터 접수 요원인 여주인공 강권주와 일에 미쳐 가정을 등한시하다 아내를 죽게 만든 강력계 형사 무진혁이 범죄율 1위에 콜백률 전국 최저라는 성운지방경찰청 112 신고센터에 골든타임팀이란 신개념 전담팀을 신설하고 신고 사건을 해결하는 이야기로 시작된다.
그들은 112 신고센터 신고 사건을 해결하던 중 자신들의 가족을 죽인 연쇄 살인마가 지역 개발이란 미명 하에 반인륜적인 범죄 행위를 저지르고 있는 거대 운수회사와 관련되어 있단 것을 알게 되고, 그를 추적한다. 그 과정에서 VIP 들의 은밀한 뒷거래, 회장 가족의 끔찍한 비밀, 그들을 비호하는 클리너의 존재와 운수 회사의 횡포를 알게 되는데, 이를 파헤치는 과정이 매회 예상치 못한 반전과 결말로 흥미진진하게 그려진다.

권력형 살인마와
골든타임팀 경찰 간의
숨 막히는 심리 게임을 그린다

분노조절장애를 가진 재벌들이 절대악으로 그려지고 있는 최근 장르물의 흐름과 달리, 이 드라마는 시대의 조류에 걸맞게 '권력형 연쇄살인마'가 등장한다. 단지 자신의 힘과 능력을 실감하기 위해 살인을 저지르고도 전혀 양심에 가책이 없는 살인자와 그 배경에 온 도시를 주무르는 운수회사와 성운시의 부패한 권력층이 있단 것을 알자, 그들에게 가족을 잃은 두 주인공은 참을 수 없는 분노와 복수심에 몸부림친다.
그럼에도 불구하고 이 드라마는 폭력과 사적 복수가 결코 해답이 될 수 없음을, 또한 이러한 범죄자를 만들어내지 않기 위해선 우리 모두 공정하고 정의로운 세상을 만들어야 함을 진정성 있게 그리고자 하며 살인마의 정체를 밝혀내는 과정 속 여러 트릭과 반전을 통해 스릴러 장르 본연의 즐거움과 기대 역시 선사할 것이다.

이 드라마는 우리 인생의 골든타임,
결코 포기해서는 안 되는 그 순간의
용기에 대한 이야기다

〈보이스〉는 각자의 아픔을 가진 두 남녀가 아무도 자원하지 않는 성운청 112 신고센터에서 골든타임팀을 만들어 자신들의 아픔을 치유해 나가는 성장담이자 진정한 힐링에 대해 이야기하는 드라마이다.

오직 부친의 복수에만 몰두하는 여주인공과 아내의 복수에만 몰두한 남주인공이 112 신고센터 내의 근무 중 사건을 추적하면서 자신의 인생에서 놓쳤던 골든타임에 대한 아픔을 치유해가는 모습은 '포기하지 않고 최선을 다하는 순간, 그 가치는 돌아온다'라는 진리를 깨닫게 한다.

더불어 기러기 아빠인 112 요원, 아직도 학창 시절의 왕따 경험이 상처로 남은 요원 등 성운지방경찰청 112 신고센터로 오기까지 마음의 상처도 많았던 팀원들 간의 살냄새 풍기는 소통과 화해를 통해, 함께할수록 세상은 가치 있단 희망 어린 메시지 또한 전하고자 한다.

성운지방경찰청 112 신고센터장[1]
골든타임팀 콜팀 팀장

강권주 이하나

•

"내가 여기... 112 신고센터로 온 이유요?
아버질 죽인 그놈 목소리를 들었거든요.
그 살인마, 반드시... 내 손으로 잡을 겁니다!!"

•

경찰대 수석 졸업 후 112 신고센터 접수 요원으로 근무 중. 청순한 인상이라고 만만히 봤다간 웬만한 남자들보다 다져진 합기도와 태권도 솜씨를 유감없이 발휘한다. 어린 시절 눈을 다친 후 시력은 회복했지만 그 뒤 특별한 청력의 소유자가 되었다. 승부욕 강하고 정의로운 성격 탓에 손해 보기 일쑤지만 어쩌랴. 의협심 넘치는 피는 부친에게 이어받은걸! 누구에게나 술 한 잔 하고 싶은 사람이 되라며 권할 권(勸)에 술 주(酒) 자로 이름을 지어준 부친! 한평생 엄마의 빈자리를 채우기 위해 희생해온 부친이 자랑스러워할 대한민국 최초 여자 경찰청장을 꿈꾼다.

경찰청에서도 변방으로 취급받는 112 신고센터지만, 열심히 일하면 기회가 온다는 생각에 매진하던 어느 날, 112 신고센터로 신고 전화를 해온 여자가 자신의 응답 실수로 잔혹하게 살해당한다. 또한 출동한 부친마저 살인마에게 살해당하는 현장을 전화기 너머로 생생하게 전해 듣자 평생 지울 수 없는 상처를 입는다. 초동 대처에 미흡하단 언론의 질타를 피하고자 자신을 희생양으로 삼은 경찰 수뇌부로 인해 모든 비난을 뒤집어쓴 채, 쫓겨나듯 미국 유학을 떠난 그녀. 3년 후 예전의 강권주와 백팔십도 다른, 원칙과 팩트로 무장한 긴급 신고 접수 전문가가 돼서 돌아온다. 경찰청에선 다시 돌아온 그녀를 후환도 방지할 겸 수사 분석팀으로 배치할 계획이었는데 황당하게도 다시 112 신고센터 근무를 자처한다. 그것도 범죄 검거율와 콜백률 최저로 유명한 성운지방경찰청의 112 신고센터를 맡겠다고 나서는데!

1 2012년 개편 (112 신고센터와 치안상황실을 통합해 112 종합상황실 신설) 이전 체계에 따른 직급으로 현재 112 종합상황실의 112 상황팀장에 해당함.

성운지방경찰청 112 신고센터
골든타임팀 출동팀 팀장

무진혁 장혁

•

"여기가 느이 집 안방인 줄 알아!
니가 그 3분만 지켰어도! 아무도 죽지 않았어!"

•

형사는 뭐, 사람 아냐? 밥 대신 이슬 처먹고 살게! 경찰 윤리? 사명감? 낯 뜨겁다는 이 남자. 1년 365일 한결같은 야전잠바에, 세상만사 대충대충 살자는 유유자적형. 그뿐만 아니라 노래방 18번은 김현식의 '내 사랑 내 곁에' 같이 겨우 살린 분위기 다운시키는 슬픈 발라드 취향의 소유자다. 순경으로 시작해 경찰대 출신 엘리트 형사들 못지않게 굵직굵직한 사건을 해결하며 승승장구하던 스타 형사였는데... 그런 그가 전국 최저 검거율 성운청 서구 지구대의 땡땡이 경사가 된 것은 이유가 있다. 90% 검거율로 본청 발령을 눈앞에 두고 아내가 괴한에게 살해당했기 때문.

자신이 다른 사건을 추적하느라 무심히 넘긴 아내 전화가 간절한 구조 요청이었음을 깨닫자 "자기 가족 하나 지키지 못하는 놈이 무슨 나쁜 놈을 잡는다고..."라며 스스로를 뼈아프게 질책한다. 그렇게 피폐한 삶을 살다 용의자 과잉 진압으로 경사로 강등되고, 만성 면역성 혈소판 감소증 환자인 아들 동우의 병간호에 올인하던 중 뼛속까지 원칙주의자인 한 여자를 만난다. 112 신고센터장이라며 자신을 긴급 출동팀으로 차출하고 달달 볶아대는 이 여자. 3년 전 자신의 아내가 살해당한 사건의 접수 요원이자 순직한 강국환 경사의 딸이란다. 우여곡절 끝에 권주와 팀을 이루게 되고, 마음속 깊이 가둔 형사 본능을 다시금 일깨우게 된다. 그러던 중 권주가 특별한 청력으로 범인의 목소리를 기억하고 있으며, 아내 지혜를 살해한 범인이 권주의 부친을 죽인 범인과 동일인이란 사실을 알게 된다.

성운 통운 대표

모태구 김재욱

•

"인간은 무엇으로 완성되는 줄 알아?
바로... 고통이야..."

•

성운 그룹의 대표 계열사인 성운 통운 대표. 잘생기고 스타일리시한 외모, 댄디한 태도와는 극단적으로 다른 충동적 성격의 소유자. 어렸을 때부터 부친에게 "넌 세상 사람들과 다른 존재"란 이야기를 귀가 닳도록 들어온 탓에 세상엔 오직 두 종류의 인간만 존재한다고 믿는다. 바로 시간과 감정을 들여가며 만날 가치 있는 소수의 사람과, 왜 이 세상에 존재하는지 알 수 없는 하찮기 그지없는 수많은 사람.

거울 속 자신을 바라보며 고급스러운 척 미소를 짓지만, 누군가 자신의 고급 수제 신발을 실수로 밟거나 얼룩이라도 지게 하면 악귀처럼 패도 직성이 풀리지 않는 이중성을 드러낸다. 어려서는 기르던 새나 동물들을 학대하는 걸로 스트레스를 풀어왔고, 커서는 사람을 죽기 전까지 패는 걸로 후련함을 느끼던 중 자신의 비밀을 알게 된 사람들을 하나하나 죽여가며 자신이 선천적 사이코패스임을 깨닫는다.

성운지방경찰청 112 신고센터 골든타임팀 출동팀 형사

심대식 백성현

•

"형이 귀찮대도 어쩔 수 없어.
나 이제부터 형 라인 탈 거야."

•

곱상하고 어리숙해 보이는 이미지와 달리 할 말은 하는 스타일. 느긋하고 침착한 성격으로 성질 급한 진혁의 말을 잘 들어주고 때때로 샌드백 역할까지 자처한다. 사람들은 대체 왜 그렇게 진혁에게 충성하냐 하지만 대식이 이토록 진혁을 따르는 데는 이유가 있다. 바로 6년 전, 지구대 순경 시절 지강동 강도 사건에 차출돼서 나갔다가 칼에 맞아 죽을 뻔했던 순간, 진혁 덕분에 목숨을 구했기 때문이다. 그때부터 대식은 진혁의 일거수일투족을 동경하며 따라다니기 시작했고, 진혁이 지혜를 잃고 폐인처럼 지낼 때도 가족처럼 옆을 지켰다.

그러나 그런 대식에게도 비밀이 있는데, 바로 대식을 낳자마자 세상을 떠난 모친 대신 자신을 홀로 키운 부친(성운 통운 버스 운전기사)이 졸음운전으로 사람을 쳤던 것! 게다가 부친이 중증 갑상샘 항진증까지 앓고 있었으며 치료약의 부작용(졸음) 때문에 사고가 났다는 것을 알게 된 대식은 경찰이 되는 데 급급해 아버지의 병을 몰랐던 자신을 책망하고 갈등하다 결국 남몰래 증거를 없애버리는 것으로 이 일을 묻기로 하는데...!

성운지방경찰청 112 신고센터
골든타임팀 콜팀 요원

오현호 예성

•

"원래 정보 검색의 생명이 스피드거든요.
그래서 제가 약어를 많이 사용해요. ANP는 A Nice Picture.
가끔 댓글 다는 애들 중에 되게 속 좁은 애들 보면 V&V…."

•

성운포구에 어선과 회 센터를 보유한 성운 유지 집안의 3대 독자. 귀여운 외모, 클럽 디제잉과 버스킹을 좋아하는 매력남으로 수만 명의 팔로워를 자랑하는 SNS 스타이기도 하다. 권주의 안목으로 112 신고센터에 차출된 이후, 범인의 신상과 관련 정보를 찾는 데 발군의 실력을 발휘, 팀 내에서 없어서는 안 될 존재로 단시간에 자리매김한다.

하나뿐인 아들을 최고로 키우고 싶었던 부친의 뜻에 따라 미국 사립학교로 조기 유학을 떠났으나 적응하지 못하고 학교 내 왕따가 되는 등 힘들고 아픈 5년의 시간을 보내다가 다시 한국으로 돌아온 과거가 있다. '킹나이프'라는 닉네임으로 미국 라스베이거스에서 열린 해킹 올림픽 제21회 데프콘에서 청소년부 1위를 차지한 경력이 있으며, 한국에 돌아와서도 남몰래 화이트 해커(White hacker)[2] 일을 하기도 했다. SNS 공간에서 사람을 따돌리고 괴롭히는 사람들을 보면 반드시 응징하는 정의감의 소유자이다.

2 선의의 해커를 의미하며, 민·관에서 활동하는 보안 전문가들을 통칭함

성운지방경찰청 112 신고센터
골든타임팀 콜팀 요원

박은수 손은서

•

"전 지금 대변인실 가려고 열심히 승진 시험 준비하고 있습니다.
112 콜센터는 상상해 본 적도 없는 보직이고요."

•

당당한 말투와 늘씬한 몸매, 배우 못지않은 인형같이 예쁜 얼굴. 성운 외국어 대학 영어학과 수석 졸업에 영어, 불어, 중국어, 따갈로그어, 러시아어 등 수준급 언어는 5가지, 기타 외국어에도 능통한 언어 천재다 보니 '걸어 다니는 번역기'라는 별명의 자타 공인! 엄친딸이지만 부친의 불륜 이후 이혼한 부모가 세상을 뜨자 할머니 밑에서 여동생과 어렵게 지낸 어린 시절이 있다.

성운 국제공항 경찰대 소속으로 대변인실 근무를 꿈꾸며 열심히 승진 시험을 준비하던 터라 권주의 골든타임팀 스카우트 제안을 단칼에 거절하지만, 여동생 박은별 납치 사건을 계기로 골든타임팀 근무를 자원한다. 백과사전급 박학다식과 순발력으로 권주를 도와 사건을 해결해가며 점차 팀의 일원으로 성장해간다.

성운지방경찰청
강력계장 장경학 이 해 영

성운청 최고의 베테랑 강력계장. 호주에 가족을 보내고 기러기 아빠 생활을 하고 있다. 별명은 간장게장. 진혁의 재능을 일찌감치 알아보고 유능한 형사로 키워냈지만 3년 전 은형동 형사 부인 살인 사건 후, 수사 결과를 인정하지 못하는 진혁과 갈등의 골이 깊어졌다. 112 신고센터 골든타임팀이 신설된 뒤, 경찰 내부의 주도권을 놓고 권주와 사사건건 대립한다.

성운지방경찰청
강력팀 형사 박중기 김 종 기

장경학 계장이 강력 팀장이던 시절, 무진혁의 후배로 형사 생활을 시작했다. 한번 형님은 영원한 형님인 의리파 부산 사나이지만, 3년 전 은형동 형사 부인 살인 사건 이후 날이 갈수록 망가지는 진혁이 답답해 말이 곱게 나가지 않는다. 아내가 분양받은 아파트 때문에 허리띠를 졸라매느라 오백 원짜리 사도 악착같이 현금 영수증을 받아내는 바람에 동료들 사이에선 '영수증 요정'으로도 불린다.

성운지방경찰청
강력팀 형사 구광수 송부건

체대 유도학과 출신으로 몸에 밴 묵묵한 태도에 숨겨진 승부욕이 대단한 몸빵맨. 어린 시절부터 국가대표가 되기 위해 오직 한 길만 바라보며 걸어오다 심각한 부상 이후 경찰로 진로를 변경, 운동할 때의 우직함으로 결국 경찰 공채 시험에도 합격했다. 장경학 계장 밑에서 형사 생활을 배우다 무진혁과 박중기를 알게 되자 형님으로 모셔왔다. 욱 하는 형님들 사이에서 묵묵히 제 일에만 집중하는 진국 스타일.

성운그룹
회장 모기범 이도경

이북 출신, 작달막한 키에 언제나 낡은 점퍼 차림의 동네 할아버지 인상. 손님들과 소통하고 싶다고 직접 성운 지역 버스를 운전하기도 한다. 그러나 실상 그가 걸어온 길은 부패한 정부 관료와 결탁해 자신을 위협하는 상대 기업을 짓밟으며, 수많은 억울한 자들의 피눈물이 흐르는 길이었다. 돈을 위해서라면 양심과 도덕 따윈 종잇장보다 더 가볍게 생각하는 비열한 본성의 소유자다.

성운지방경찰청 조직도

성운지방경찰청 청장
배병곤
치안정감

112 신고센터
종합상황실

상황실장
총경

골든타임팀

신고센터장
(골든타임팀 콜팀 팀장)
강권주
경감

골든타임팀 출동팀 팀장
무진혁
경사 (원래 경감, 강등된 상태)

콜팀 요원
천상필
경위

골든타임팀 출동팀 형사
심대식
경사

콜팀 요원
박은수
경장

콜팀 요원
오현호
순경

형사과

강력계 계장
장 경 학
경정

강력 1 팀 팀장
박 중 기
경위

강력 1 팀
구 광 수
경사

1팀 형사들
(김형사(경장) 등)

강력 2 팀

2 팀 형사들

강력 3 팀

3 팀 형사들

은형동 살인 사건 일지

● 2013년 ~ 2014년 11월

노숙자들의 잦은 폭행 사건 발생

성운시 쉼터에서 재활 중이던 노숙자들(그중에서도 연고지가 없고 신체 건강한)이 직업을 소개해준다는 누군가에 의해 납치된 뒤 거의 불구가 될 정도로 폭행당하고 길거리에 방치, 실종되는 사건들이 발생한다. 그러던 중 공철환이란 노숙자가 같은 방법으로 폭행당한 후 햇살 쉼터의 총무인 허지혜(무진혁 아내)에게 도움을 청하러 왔다가 의문의 단서를 남긴 채 폭행 후유증으로 사망한다.

● 2014년 11월 초 ~ 11월 20일경

남편 무진혁에게 공철환의 사망 원인을 알아봐 달라고 부탁하는 허지혜.

그러나 당시 강도 사건으로 인해 바쁘던 무진혁은 노숙자 사건을 단순 몸싸움 사건으로 단정, 종결하고, 허지혜는 혼자 남몰래 사건을 추적하기에 이른다.

그러던 중 노숙자들을 모집해온 남자가 성운그룹의 계열회사인 GP 인력개발의 전무인 남상태이며 노숙자들이 모태구의 특별한 공간으로 끌려갔단 사실을 알게 된다.

● 2014년 11월 25일

강력한 의구심에 휩싸인 허지혜는 모태구와 직접 만나려 하지만 실패하고 그러던 중 은형동 골목길에서 자신의 치부가 드러날까 흥분한 모태구에게 우발적으로 살해당한다. 그리고 그 순간, 근처를 순찰하다 현장을 목도한 강국환 경사 역시 사건 은폐의 일환으로 모태구에게 살해당하고 만다. 다급히 현장에 도착한 남상태는 급한 김에 허지혜의 사체를 토막 내 '묻지 마 살인 사건'으로 위장하고, 강국환의 죽음은 뺑소니 사건으로 둔갑시킨다.

● 2014년 11월 26일 ~ 12월 1일

그러나 허지혜가 성운시 강력반 형사인 무진혁의 아내란 사실이 밝혀지자 언론은 뒤집어지고, 이 사태를 예측하지 못한 남상태와 모태구는 다급해진다. 결국, 남상태는 자신의 후배이자 나이트의 기도였던 고동철(성운발발이)을 돈으로 매수해 은형동 살인 사건의 범인으로 자수시킨다. 하지만 살인 쾌감에 이성을 잃은 상태였던 모태구가 112 신고센터 요원인 권주와 통화했던 녹취록은 남아 있는 상황! 성운청 청장인 배병곤(이후 심대식과 커넥션이 밝혀짐)을 통해 회수하는 데 성공한다.

● 2014년 12월 15일

아버지의 죽음과 허지혜의 죽음에 연관이 있다는 확신 속에서 자신의 실수를 자책하던 권주는 용의자 고동철의 목소리가 자신이 들었던 범인의 목소리와 다르단 사실에 당황한다. 은형동 살인 사건 재판에서 증인으로서 진범이 따로 있다고 주장하는 권주! 그러나 강력한 증거물인 녹취록이 감쪽같이 사라지는 바람에 하루아침에 파렴치한 거짓말쟁이가 되고 만다. 경찰 내부에 동조자가 있단 판단하에 힘을 길러 돌아오겠단 결심으로 유학을 떠나는 권주, 부친을 죽인 진범을 찾기 위해 3년 만에 한국으로 돌아온다.

00:0
성 운

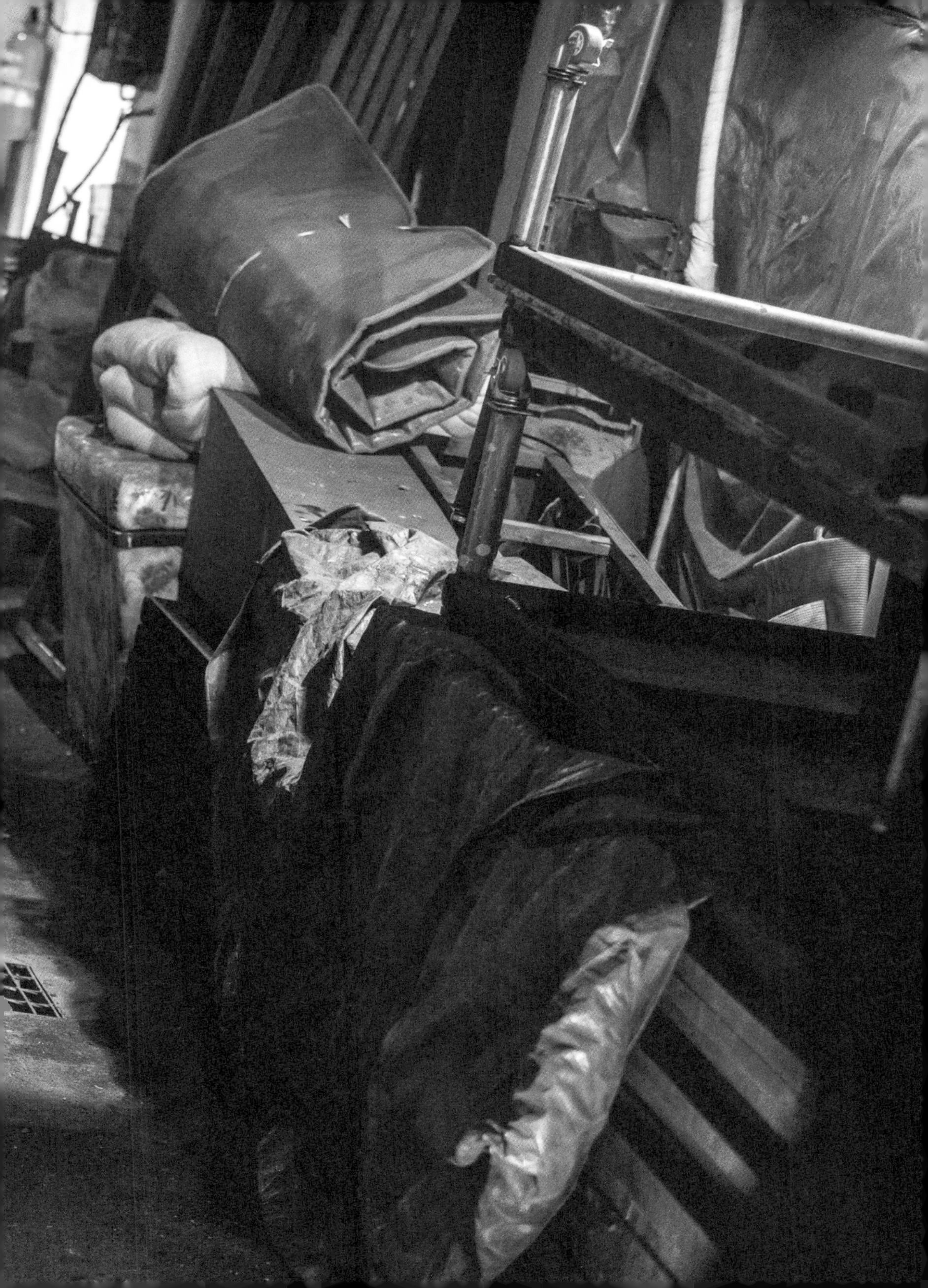

방영: 2018년 8월 11일 ~
9월 16일(12부작)

채널: OCN

연출: 이승영

극본: 마진원

부제: 혐오의 시대

보이스 · Season 2

기획의도

귀로 수사하는 따스한 보이스 프로파일러와 범인의 머리로 현장을 보는 팩트 폭력 돌직구 형사의 뉴 콜라보레이션! 대한민국 전대미문 혐오 범죄 집단과 소리 추격 스릴러를 시작한다

생사를 건 활약 끝에 성운시에서 정식 운영을 시작하며 전무후무한 역대급 사이다 엔딩을 안겨줬던 〈보이스〉 시즌 1의 골든타임팀! 그들이 더욱 강해지고 똑똑해져 돌아와, 혐오를 부추기는 혐오 범죄 집단과의 물러날 수 없는 한판 승부를 시작한다. 피해자와 절대적 공감을 하는 〈보이스〉 프로파일러 강권주, 범인의 머리로 현장을 보는 팩트 폭력 형사 도강우, 외국어 소통 전문가 박은수, 천재 사이버 수사 요원 진서율 등 〈보이스〉 시즌 1이 강권주 센터장의 청각을 중심으로 수사가 진행되었다면 이제는 콜팀에서 출동팀까지 '현장증거분석관', '사이버수사대' 등 다양한 과학 수사 자문단을 통해 수사 드라마로서의 리얼리티를 높이며 혐오 범죄 집단과의 대결은 물론, 각종 코드 제로 사건을 더욱더 통쾌하게 해결한다. 더! 강력하고 더! 감동적으로 업그레이드된 골든타임팀이 대한민국 역사상 가장 극악한 혐오 집단과 벌이는 상상초월의 전쟁 〈보이스〉 시즌 2가 2018년 여름, 보다 통쾌하고 강력한 이야기로 시청자들을 만난다.

1 편향된 신념에 의하여 특정 대상에 물리적, 정신적, 재산적 피해를 가하는 유형

2 장하나, 「인터넷 커뮤니티 사이트와 혐오의 문화정치」, 한양대학교, 2017년

2018년 대한민국 혐오 사회가 만들어낸 괴물 커뮤니티, 닥터 파브르!
다크 웹Dark web에 숨어 사는 신념형 혐오 살인마들[1]이 벌이는
피의 무도회를 고발하고 혐오 범죄를 극복할 수 있는 해답을 제시한다

2017 ~ 2018년도의 새로운 범죄 키워드인 혐오! 매일 아침 뉴스마다 신종 강력 범죄의 등장이 헤드라인을 장식하고 여혐, 남혐 등의 성별 혐오와 맘충, 틀딱 등 특정 계층 혐오 및 약자 혐오, 지역 혐오 등 인터넷을 통한 극단적인 대립 역시 임계점에 이르렀다. 〈보이스〉 시즌 1이 모태구라는 대한민국 드라마상 가장 현실적인 사이코패스 묘사를 통해 초강력 범죄에 대한 경각심을 그렸다면, 〈보이스〉 시즌 2는 혐오 범죄 커뮤니티 속 진보된 범죄자들의 상상치도 못했던 추악한 민낯을 해부한다. 범죄 전문가들에 따르면 익명성을 전제로 한 사이버 세상 속 혐오 범죄일수록 범행 수법이 잔혹하고 가해자들끼리의 단합이 가능한, 심각한 반사회적 범행이라 진단한다. 〈보이스〉 시즌 2는 닥터 파브르라는, 추적이 불가한 다크 웹 커뮤니티 안 인터넷이란 가면을 쓴 살인마들과 골든타임팀의 사투를 매회 예상치 못한 반전과 충격으로 그려나가며, 범죄가 아무리 진화한다고 해도 정의 앞에 완전 범죄란 없고, 범죄는 개인의 문제를 떠나 사회 전체가 함께 연대하고 고민해야 한다는 메시지를 보낸다. 그뿐만 아니라 약자에 대한 혐오가 아닌 서로가 다르다는 것을 인정할 때 사회가 비로소 건강하게 발전할 수 있을 것[2]이란 진솔한 고민 역시 함께하고자 한다.

새하얀 해변! 불야성의 카지노! 뜨거운 환락의 도시!
관광특구이자 향락 도시 풍산시를 배경으로 한 다양하고 개성 강한 112 신고 에피소드의 퍼레이드! 2018년 여름, 시청자들의 심장을 조여 올, 더 타이트한 타임락이 다시 시작된다

사시사철 관광객들이 모여드는 관광특구로 유명한 가상 도시 풍산시! 〈보이스〉 시즌 2는 장경학(골든타임팀 팀장)을 살해한 범인을 찾기 위해 찾아간 풍산시에서 벌어지는 차별화된 에피소드들을 지역색과 계절의 맛을 살려 더욱 다양하게 그리고자 한다.

'심판의 시간' - 피해자 사적 복수, 조두순 출소 사건
'쉿! 고객님, 비밀이에요' - 보이스 피싱 사건
'별코인을 든 공범자들' - 개인 방송 BJ 사건
'나는 오늘 꽃을 받았어요' - 데이트 폭력 사건

이미 〈CSI〉 라스베이거스, 마이애미, 뉴욕 편 등 다수의 미국 드라마에서 봐왔듯이 배경이 되는 지역 도시를 바꿔, 그에 따른 범죄적 특성을 리얼하고 적합하도록 그려낸, 국내 최초 도시별 시즌제 드라마 〈보이스〉! 대한민국을 대표하는 범죄 예방 드라마의 최전선에 설 것이다.

**또한 이 드라마는 골든타임을 사수하기 위해 최선을 다하는
경찰이면서도 실은 매순간이 두렵고 실수하는
평범한 우리 이웃이 사랑하고 용서하고 살아가는 이야기다**

〈보이스〉 시즌 1이 두 주인공 중심의 강력한 대서사 전개와 에피소드를 중점적으로 그려냈다면, 〈보이스〉 시즌 2 역시 주인공의 특별한 아픔이 대서사와 맞물려 진행된다. 강권주가 가진 청력의 비밀과 살인자의 피를 이어받은 도강우의 비밀이 더해져 특별한 삶에서 고민하고 방황하는 두 주인공의 아픔을 통해 우리는 누구나 내면에 '아픈 어른 아이'를 안고 살아가며, 그것을 치유하기 위해선 서로에 대한 따뜻한 배려가 필요함을 말하고자 한다. 또한, 여성 경찰로서 여성 폭력 문제에 갈등하는 박은수 요원, 가장의 무게 속에서 낮밤 상관없이 365일 대기조를 타야 하는 출동팀 박중기 형사, 먹고 살기 위해 경찰이 된 8포 세대 청년 진서율이 피 공포증을 이겨내는 과정 등을 통해 때론 웃음 나고 때론 눈물 나는 우리네 사는 이야기를 담담하게 담는다. 이를 통해 인간이라면 누구나 자신의 마음속에 귀 기울여야 할 소리가 있으며 함께 풀어갈수록 세상은 가치 있단 희망 어린 메시지 또한 흔들림 없이 전하려 한다.

등장인물

풍산지방경찰청 112 신고센터장
골든타임팀 콜팀 팀장

강권주 이하나

•

"장 팀장님을 죽인 그놈은
제가... 청력을 잃어가는 것도 이미 알고 있습니다!
그놈 잡기 전까지 이 전쟁은 절대....! 끝나지 않습니다!!"

•

원칙과 감성을 안배해 골든타임팀을 통솔하는 부드러운 카리스마 여장부! 부친이 범죄의 희생자였기에 모든 피해자들을 진심 어린 마음으로 대한다. 1년 전 112 신고센터 내 골든타임팀(신고센터와 연계된 긴급 출동팀 형사들이 실시간 공조 수사를 해 3, 5, 10 골든타임 내 사건을 해결하고 범죄 예방을 하겠단 목적 하에 만들어진 특별팀)을 만들고, 4년 전 자신의 부친을 살해한 범인을 잡기 위해 아내를 잃은 진혁과 공조해 마침내 체포에 성공했다. 이후 아들 치료를 위해 미국으로 떠난 진혁 대신, 은퇴한 장경학 강력계장을 골든타임팀 출동 팀장으로 임명, 팀을 전문 부서로 성장시키겠단 목표로 달려왔다. 그런 각고의 노력에 전국적인 팀 시범 운영이 확정되는 좋은 소식도 들려오고, 회식 자리에선 부친이 지어준 이름(권할 권(勸)에 술 주(酒))답게 신세대 폭탄주를 돌리며 '주스타~'라는 새로운 별명도 얻었다. 그러나 골든타임팀이 삼수역 지하철 폭탄 테러 사건을 극적으로 막은 날, 장 팀장이 풍산시 강오산에서 약물 중독 상태로 등산객들을 차로 치었단 충격적 소식에 다급히 현장으로 달려가는데, 그곳에서 휴직 중인 도강우 형사를 만나고 현장에서 찾아낸 단서로 용의자 장수복을 추적한다. 하지만 교통사고로 급작스럽게 사망한 장수복의 유언에서 이 사건을 주도한 공범이자 진범인 잔혹한 '가면 살인마'가 존재한단 충격적인 사실을 알게 된다. 극악무도한 진범 검거를 위해 풍산지방경찰청에 골든타임팀을 시범 운영하며 범인에 대한 유일한 단서를 갖고 있는 도강우와 비밀리에 조건부 공조를 시작하는데...!

풍산지방경찰청 112 신고센터
골든타임팀 출동팀 팀장

도강우 이진욱

•

"사람들 마음속엔 각자만의 깊은 우물이 있어.
어떻게 관리하냐에 따라, 맑은 물이 나오기도, 썩은 물이 나오기도 하지.
그 우물들 중 진실을 찾아 들여다보는 게.. 우리의 일이야."

•

강단 있는 체격에 예민하면서도 매력적인 외모의 형사! 그러나 입을 열면 훈훈한 외모마저 곤두박질치게 만드는 독설가이자, 한번 마음먹은 범인은 반드시 잡는 검거 지상주의자다. 조직 생활에서 필요한 인간관계조차 귀찮은 괴팍하고 모난 성격이지만, 실감 나는 현장 감식 능력 때문에 사람 죽여본 거 아니냐는 의구심마저 불러일으키는 풍산청의 '미스터 렉터'다. 범죄 심리에 대한 통찰력으로 까다로운 미제 사건을 척척 해결하며 고속 승진해 왔음에도 파트너를 운전수로 부려먹고 무시하는 건 기본, 24시간 비번 대기도 모자라 칼빵마저 각오해야 하는 부서 내 기피 대상 1순위. 그러나 타고난 것 같았던 그의 능력은 엄청난 임상 자료와 관련 서적, 현장 보고서로 체득한 훈련의 결과다. 사실 그가 단절된 삶을 사는 진짜 이유는 바로 끔찍한 가족사 때문. 친부인 우현식은 특수 혈액형이던 친형에게 수혈을 거절해 사망하게 만들었고, 하교하던 여아를 토막 살해해 일본에서 사형당한 사이코패스였다. 성인이 된 후 친부에 대한 비밀을 처음 알게 되자 자신의 심연에서 언제 튀어나올지 모를 괴물을 대비하기 위해[3] 경찰이 된다. 누구와도 관계를 맺지 않고 살던 중, 유일하게 마음을 열었던 파트너 형준이 연쇄 가면 살인마에 살해당하자 용의자로 몰린다. 이후 증거 불충분으로 풀려나지만 강제 휴직되어 지내다가 강오산 교통사고에서 3년 전 사건과 동일한 시그니처를 발견하는데... 그때 112 신고센터장 강권주란 여자가 찾아온다.

3 부모로부터 유전되는 주폭력 유전자가 변형되어 폭력적인 사이코패스적 특성을 이끌게 된다는 가설

풍산해양경찰서
만달곶 출장소 해경

방제수 권율

•

"전 인간들의 분노를 갖고 노는 게 너무 재밌어요.
이제 분노와 증오 속에서 살아남은 자들만이 누리는
특별한 세상이 올 거예요."

•

만달곶 출장소 해경. 소장과 단둘이 근무한다. 겉으로는 해맑고 순수한 외모, 극강의 온정주의자처럼 보이지만, 한번 뜻을 정하면 어떤 실수도 용납 않는 사명감형 범죄자다. 사실 방제수에게 살인은 어릴 때부터 해온 유일한 취미인 곤충 채집과 크게 다르지 않다.

19살에 집단 성폭행을 당한 모친 진미연의 사생아로 태어나 하루 공부량을 마치지 못하면 모친에게 열 시간 이상 맞았던 그는 모친의 극심한 집착과 학대를 동반한 훈육을 애정이라 여기며 성장했다. 그런 중 아동 학대로 체포된 모친이 몇 년 후 사망하자 모친과 자신을 떼어낸 경찰을 비롯한 세상 전부를 혐오하던 중 속포 대안학교에서 자신을 유일하게 이해해주는 '가면 선생'을 만나고 비로소 안식을 느낀다. 마침내 선생에게 분노를 표출하는 법을 배워 닥터 파브르를 만들기에 이르고...!

그렇게 선생과 함께 혐오와 살인 본능을 마음껏 분출하던 중 선생이 유독 집착하는 강우 역시 자신과 같은 사이코패스임을 알게 된다. 똑같은 살인 본능이 있음에도 다른 길을 걷는 강우에게 묘한 열패감과 파괴 욕구를 느끼게 된다. 사회적 약자로 살아온 비틀린 모친의 훈육 속에서 어쩔 수 없이 괴물로 커온 후천적 사이코패스이다.

인터넷 ID : 타란튤라(Tarantula)

풍산지방경찰청 112 신고센터 골든타임팀 콜팀 지령팀장[4]

박은수 손은서

•

"선배 이러는 거 폭력이라고 몇 번이나 말했어.....
한 번만 더 이러면 후배가 아닌 경찰로서 대할 거야."

•

당당한 말투와 예쁜 얼굴, 성운 외국어 대학 영어학과 수석 졸업에 영어, 불어, 중국어, 일본어, 러시아어 등 '걸어 다니는 번역기'란 별명의 소유자다. 권주를 만나기 전까진 경찰로서의 사명감보단 승진 시험과 본청 주요 부서 T.O.를 더 중시했던 신세대로, 골든타임팀으로 스카우트하려는 권주 제안을 당당히 거절했다.

하지만 동생 박은별 납치 사건(시즌 1)을 계기로 들어와 일 년여 호된 경험을 쌓은 후 지금은 노련한 콜팀 지령팀장으로 성장 중이다. 경찰 인생의 첫 멘토인 권주에 대한 애정과 존경심이 깊어 요원들 중 누구보다 권주를 챙기고 장경학 팀장의 죽음을 누구보다 가슴 아파한다. 비밀 수사의 일환으로 풍산시에 시범 운영을 시작한 골든타임팀에 가장 먼저 자청하는데!

우연히 만난 정신과 의사이자 고등학교 선배, 풍산시 유지의 아들인 손호민과 반가움에 짧은 술자리를 가진 이후, 그의 지나친 집착과 구속에 당황하다 마침내 그가 상습적인 데이트 폭력범이란 사실을 알게 된다.

4 코드제로 사건의 접수, 지령, 상황 유지 등의 업무를 담당하고 강권주 센터장을 보좌함

풍산지방경찰청 112 신고센터 골든타임팀 콜팀 요원

진서율 김우석

•

"센터장님! 1분 정도 접속했는데 완전 오바이트 쏠리는! 사이트였어요!!! 완전요!!!"

•

일본 유학을 떠난 오현호 요원의 후임이다. 29살로는 보이지 않는 울트라 슈퍼 초동안, 잘 웃고 엉뚱한 112 신고센터의 분위기 메이커이다. 수사 중에는 누구보다 얼리어답터, 사생활은 그 흔한 SNS 계정 하나 없는 슬로우어답터다. 전문 분야는 디지털 포렌식(Digital Forensic)[5]으로 한번 맡은 사건이 해결되기 전까진 돌부처 저리 가라 하는 의자 집착남이 된다.

택시 운전을 하신 편부 밑에서 홀로 크는 바람에 컴퓨터만 올인하는 나름 행복한 청춘 시절을 보냈다. 컴퓨터 특수고 졸업 후 고등학교 동창인 선배와 야심차게 인터넷 게임 프로그램 업체를 창업했지만, 대기업 농간에 그대로 프로그램 기술을 뺏기고 선배 역시 사채에 시달려 자살하자 큰 충격을 받는다. 싸움 젬병에 피 공포증까지 있음에도 불구하고 자신이 앞으로 받을 공무원 연금을 목표로 경찰 공무원 시험을 쳐 사이버 수사 요원이 됐다. 골든타임팀에 온 지 7개월, 시도 때도 없이 터지는 초강력 코드 제로 사건과 장 팀장 살인 사건까지 겪으며 매일 밤 12가지 버전의 악몽을 꾸지만, 결국 동료들의 도움으로 피 공포증을 극복하고 진정한 경찰로 성장한다.

5 PC나 노트북, 휴대폰 등 각종 저장 매체 또는 인터넷상에 남아 있는 각종 디지털 정보를 분석해 범죄 단서를 찾는 수사 기법

성운지방경찰청 112 신고센터
골든타임팀 출동팀장 장경학 이해영

성운지방경찰청 강력계장 시절, 출세욕에 눈이 멀어 잠시 잘못된 선택을 하지만 마음을 고쳐먹고 범인 검거에 일조한다. 자신의 잘못과 책임을 통감하고 은퇴 후 작은 게장 가게를 운영하며 가정과 사업에 충실한 생활을 한다. 하지만 늘 불명예로 끝난 자신의 경찰 생활이 후회스러웠는데... 그러던 중 권주의 제안으로 진혁을 대신해 골든타임팀 출동 팀장으로 복귀한다. 구조 출동 중 '가면 살인마'의 함정에 빠져 죽음에 이르지만, 마지막 순간까지 사람들을 살리려 노력한 '진짜' 경찰이다.

풍산지방경찰청 112 신고센터
골든타임팀 출동팀 형사 박중기 김중기

노련한 장경학 계장부터 미친개 무진혁까지 까다로운 팀장들을 줄줄이 모신 터라 내공이 열 갑자다. 골든타임팀의 든든한 만형 노릇을 하던 중 장경학 팀장이 약물 중독 상태로 차량 사고를 내고 사망하자 누구보다 격분해 풍산시로 한걸음에 달려가고 용의자가 혐오 범죄자라는 사실을 알게 된다. 게다가 뜬금없이 팀장 자리에 파트너 형사를 죽였다고 용의선상에 오르내린 강우가 오자 사사건건 충돌하던 중, 아파트 분양 사기를 이용한 보이스피싱 살인 사건에 아내 안희진이 얽혀 있다는 것을 알게 되는데!

풍산지방경찰청 112 신고센터
골든타임팀 출동팀 형사 구광수 송부건

체대 유도학과 출신으로 몸에 밴 묵묵한 태도에 숨겨진 승부욕이 대단하다. 운동할 때의 우직함으로 공부만 파 공채 시험에 합격하고 무진혁에게 형사의 에이비씨를 배웠다. 바비 인형 같은 우즈베키스탄 연인과 장거리 연애를 마치고 막 동거를 시작했다. 영어가 짧아 아직 연인과 깊이 있는 대화가 안돼 아쉽지만 보디랭귀지를 사용하기에 괘념치 않는다. 바위처럼 보였던 사수의 사수 장경학이 살해당한 사실에 충격받고, 온몸을 던져 진범을 잡던 중 다치고 만다.

풍산지방경찰청 112 신고센터
골든타임팀 출동팀 형사 양춘병 김기남

유쾌하고 실없는 농담으로 분위기를 썰렁하게 만드는 풍산청 베테랑 형사. 풍산시 토박이 출신으로 주변 지리에 밝고, 정이 많다. 나홍수 계장의 충직한 심복으로 풍산청에 임시 발령난 골든타임팀이 나형준 형사 살인 용의자였던 강우를 팀장으로 세우자 불쾌함을 숨기지 않는다. 그러던 중 강우의 일거수일투족을 나 계장에게 보고하기 위해 골든타임팀에 합류한다.

풍산지방경찰청
강력계장 나홍수 유승목

불같은 성격에 한 번 찍히면 뒤끝 작렬! 적어도 경찰이라면 동료를 끝까지 지키고 조직에 충성하는 '의리'를 신념으로 삼아야 한다는 뼛속까지 강골인 경찰 중의 경찰이다. 계모가 낳은 배다른 동생 형준에게 미움과 애정의 양가감정이 있던 중 동생이 정말로 잔혹하게 살해당하자 혐의가 있는 도강우에 대한 적대감이 강하다. 골든타임팀 팀장으로 도강우가 컴백하자 모든 인맥을 동원해 방해한다.

도강우의 정보원
일명 각도기 곽독기 안세하

스물넷이란 나이에 벌써 사기 전과만 7범인 사기꾼 유망주. 쌈마이 느낌이 철철 흐른다. 다양한 전국 사투리에 능하며 어떤 상황에서도 기죽지 않는 유들유들하고 뻔뻔한 친화력의 소유자이다. 풍산시 내의 모든 범죄자의 근황과 족보를 속속들이 알고 이용하지만 정작 자신의 정확한 나이나 고향은 모르는 고아 출신으로 후일 감추고 있는 잔인한 비밀이 드러난다.

경찰
POLICE

CO_2

NBS

방영: 2019년 5월 11일 ~
6월 30일(16부작)

채널: OCN

연출: 남기훈

극본: 마진원

부제: 공범들의 도시

보이스 · Season 3

초국가적 사이버 혐오 범죄 집단과
반전에 반전을 거듭하는
소리 추격 스릴러를 시작한다

사선을 넘나드는 골든타임팀의 활약 끝에 닥터 파브르 운영자인 방제수를 마침내 체포하지만 폭탄 테러에 강권주 센터장의 생사가 불투명했던 결말로 충격을 줬던 〈보이스〉 시즌 2! 〈보이스〉 시즌 3에서는 방제수 개인의 범죄인 줄 알았던 닥터 파브르가 초국가적 사이버 혐오 비즈니스 사업이었단 충격적인 사실이 밝혀지는데...! 닥터 파브르 배후의 거대한 카르텔을 추적하는 과정에서 폭발 사고의 후유증으로 청력을 잃어가는 강권주와 끔찍한 과거 기억이 되살아난 도강우의 원죄적 아픔을 통해 사이버 혐오 범죄를 비롯, 우리 사회의 치부를 적나라하게 보여줄 예정이다. 또한 도강우를 향한 집착과 증오의 원인은 무엇인지, 다크 웹의 진정한 배후를 추리하는 장르적 즐거움뿐 아니라 사회가 만들어낸 범죄를 끝내기 위해선 우리 사회 구성원 모두가 자신과 다른 목소리를 포용하며 함께 세상을 만들어가야 한단 진솔한 메시지 역시 전하고자 한다.

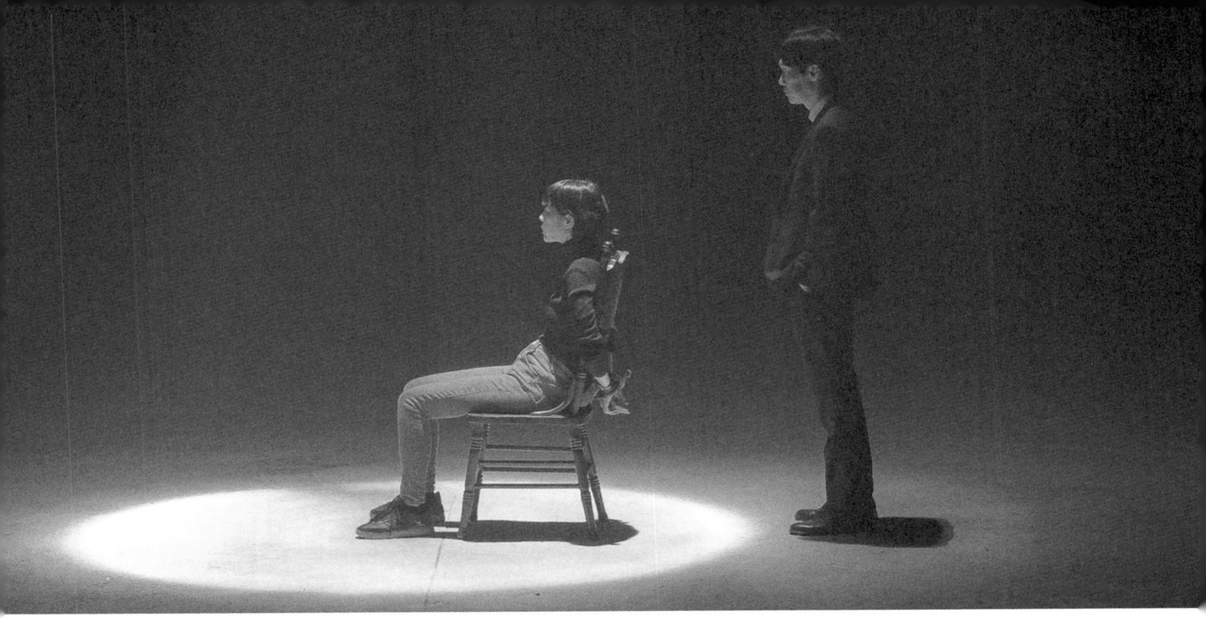

0.001% VVIP 혐오 수집가들을 위한
거대한 다크 웹 '옥션 파브르'의
잔인무도한 실체가 드러나다

청소년 10명 중 1명은 인터넷 중독! 휴대폰을 보는 횟수 하루 평균 214번! 온라인 데이트 강간, 매년 약 7만 8천여 건! 스마트폰 포르노 산업 규모, 한화 약 3조 6백억 원! 우리는 역사상 유례없는 변화와 혼란의 절정기에 살고 있는 만큼 범죄 역시 사이버라는 특별한 공간을 타고 더욱 고도화되며 잔혹해지고 있다. 〈보이스〉 시즌 3에서는 닥터 파브르의 진짜 실체! 우아한 상류층의 예술품 거래 밑으로 다크 웹을 통해 각종 인간 혐오적인 블랙 컬렉션(신체, 살인 무기, 스너프 필름, 연쇄 살인마의 전리품)들이 오가는 옥션 회사의 진정한 민낯을 까발리는 동시에 각종 혐오(연령, 성별, 계층, 지역을 기준으로 소수자 차별 등)를 조장하는 사이버 범죄 카르텔의 천태만상을 고발하려고 한다. 그 과정에서 사투를 벌이던 권주와 강우가 충격적인 비밀을 알게 되는 과정을 매회 예상치 못한 반전과 에피소드로 흥미진진하게 그려나갈 예정이다. 또한 이를 통해 우리 안의 '공범'들은 없는지 진지한 고민과 반성 역시 함께하고자 한다.

일본 오사카를 배경으로 아직은 생소한 코리안 데스크[1]와
해외 112 신고 사건을 비롯, 시즌 2보다
더 강력하게 업그레이드된 에피소드 퍼레이드

배경이 되는 지역 도시를 바꿔, 그에 따른 범죄적 특성을 리얼하고 적합하도록 그려낸, 국내 최초 도시별 시즌제 드라마 〈보이스〉!
〈보이스〉 시즌 3은 실종된 도강우와 검거된 방제수의 배후를 추적하기 위해 일본 오사카로 날아간 권주가 여행 어플 관련 범죄 등의 해외 112 신고 사건을 해결하는 코리안 데스크 시스템을 대한민국 드라마 역사상 처음으로 선보인다. 또한 시즌 2보다 진보된 초강력 범죄 에피소드들이 전개된다.

'피노키오의 노래' - 그루밍 성폭행
'숨피탄의 비밀' - 이주여성 아기 공장 사건
'지옥으로 가는 액셀러레이터' - 음주 운전 사건
'당신의 인생은 괜찮나요' - 대리 수술 사건

이를 통해 나날이 진화해가는 강력 범죄의 민낯 역시 더욱 다양하고 심도 있게 그려내 대한민국을 대표하는 범죄 예방 드라마로서의 책임을 다할 것이다.

1 외국 체류 한국인 관련 사건을 전담하는 경찰 부서. 현지 경찰의 한 부서지만 한국 경찰이 파견 나가 도피 사범 송환, 범죄 수사 등을 공조함

또한 이 드라마는 골든타임을 사수하기 위해 최선을 다하는 경찰이면서도 실은 매순간이 두렵고 실수하는 평범한 우리 이웃이 사랑하고 용서하며 살아가는 이야기다

〈보이스〉 시즌 2가 혐오의 시대에 맞서는 경찰의 고뇌와 파트너십, 그리고 골든타임팀의 팀워크에 대해서 이야기했다면 〈보이스〉 시즌 3은 강권주가 가진 청력의 비밀과 살인 본능이 깨어난 사이코패스 도강우의 분노를 통해 극단의 상황에 처할수록 인간다움을 지키는 것이 어떤 것인지, 그리고 여전히 골든타임은 사람답게 살기 위한 최소의 사회 안전망임을 다시 한 번 강조하고자 한다. 또한, 조모의 말기 암에 손녀와 여성 경찰이란 두 역할 사이에서 갈등하는 박은수, 믿었던 선배들의 은퇴를 보며 경찰로서 미래를 고민하는 박중기, 다문화 가정을 꾸려나가며 가정을 지키려는 구광수, 손가락을 잘린 후 접합에 성공해 제 몫을 해내며 성장해가는 진서율 등 각자의 자리에서 어떻게든 최선을 다하는 이들의 모습을 통해 때론 웃음 나고 때론 눈물 나는 우리네 사는 이야기를 담담하게 담는다. 이를 통해 인간이라면 누구나 자신의 마음속에 귀 기울여야 할 소리가 있으며 함께 풀어갈수록 세상은 가치 있단 희망 어린 메시지 또한 흔들림 없이 전하려 한다.

풍산지방경찰청 112 신고센터 골든타임팀 출동팀 팀장

도강우 이진욱

•

"난 내 안의 우물을 봤어.
어떻게 관리하냐에 따라, 맑은 물과 썩은 물이 나온단 아버지의 말 기억나?
형 같은 괴물로 살 바엔 인간으로 죽겠어."

•

입만 열면 독설을 퍼붓는 사회성 제로 형사. 하지만 한번 마음먹은 범인은 반드시 잡는 검거 지상주의자다. 그가 이런 특별한 삶을 사는 데는 다 이유가 있다. 사이코패스로 사형당한 친부인 우현식의 피를 이어받았단 강박에 경찰이 된 그는 누구와도 결코 깊은 관계를 맺지 않는 고독한 삶을 살기로 했기 때문. 그러던 중 처음 마음을 연 파트너 형준의 살해범으로 지목당하고 지병인 블랙아웃까지 도지자 충격에 빠지고 만다. 우여곡절 끝에 증거불충분으로 풀려났지만 파트너 살해 혐의란 가혹한 주홍 글씨를 단 채 강제 휴직 당한다.

이후 남몰래 3년째 진범을 추적하던 중 장경학 팀장 살인 사건이 벌어지고 그 범인이 자신이 찾던 3년 전 '가면 살인마'임을 확신하자 강권주와 잠시 손을 잡고 진범을 추적하기로 한다. 그렇게 합류하게 된 골든타임팀을 초반엔 거부하고 밀어내지만 점차 마음을 열어가고, 마침내 목숨을 건 집요한 추적 끝에 형준과 장경학 팀장을 살해한 닥터 파브르(혐오 사이트)의 운영자, 방제수(해경)를 검거하기에 이른다. 그런데 방제수가 자꾸 이상한 말을 한다! '코우스케'라는 그의 어린 시절 일본 이름을 부르며 뭔가를 기억하라는데... 순간 권주가 수색 중이던 고시원에서 폭발 사고가 일어나고, 자신이 미호를 죽인 '아동 살인마'라는 끔찍한 과거의 기억을 각성한 강우는 홀로 오사카로 떠나 배후를 추적하던 중 어떻게 된 영문인지 자신의 손목 안쪽에 '*覚めた*(사메타: 깨어나다)'란 글자를 새긴 일주일이 전혀 기억나지 않는데...!

풍산지방경찰청 112 신고센터장
골든타임팀 콜팀 팀장

강권주 이하나

•

"10개월 동안 도 팀장님 찾느라 생고생한 팀원들한테 할 말입니까??
도 팀장님 납치된 줄 알고 마음 졸이고 여기까지 온 팀원들한테요!!"

•

부드러운 카리스마로 '우리가 목숨 걸고 지킨 3분은 누군가의 인생이다'라는 골든타임 가치관을 실천하며 팀원들을 통솔하는 리더! 피해자 목소리만으로 상황을 파악해 범인을 알아내고, 특유의 공감 능력으로 피해자를 위로한다. 2년 전 112 신고센터 내 골든타임팀을 만들고 아들 치료를 위해 휴직 후 미국으로 떠난 진혁 대신, 은퇴 후 복귀한 장경학 팀장과 골든타임팀을 꾸려가던 중 장 팀장이 풍산시 강오산에서 약물 중독 상태에서 등산객들을 차로 치었단 충격적 소식 앞에 망연자실해진다. 마침내 장 팀장을 죽인 극악무도한 진범을 찾기 위해 풍산지방경찰청에 골든타임팀을 시범 운영하며 범인에 대한 유일한 단서를 갖고 있는 도강우 형사와 비밀리에 조건부 공조를 시작하는데... 장경학 팀장을 살해한 범인이 '닥터 파브르'란 혐오 사이트를 운영하는 해경 방제수란 사실을 밝혀 검거하는 데 성공하지만, 방제수가 설치해둔 폭탄에 심한 외상을 입고 6개월간의 사투 끝에 겨우 의식을 차린다.

그러나 고시원 사건 당일 강우가 실종되었단 소식이 전해지고. 강우가 닥터 파브르의 진짜 배후에게 납치됐다고 확신한 권주는 특별 수사팀까지 꾸려 강우를 찾지만 어디에도 강우의 흔적은 없는데... 그러던 어느 날, 오사카의 한 미술 창고에서 발견된 토막 사체 옆에 강우의 신분증이 있단 충격적인 전언에 다급히 박중기, 구광수 형사와 일본행 비행기에 몸을 싣는다.

풍산대학교 미학과 교환 교수 오사카 키요미즈 대학 미학과 교수
도강우의 친형
카네키 마사유키 박 병 은

•

"중요한 건 너는 나와 같은 피가 흐른다는 거야.
지금 내 손을 잡는다면
넌 내가 사는 세상의 일원이 될 수 있어..."

•

훈훈하고 지성미 넘치는 외모와 젠틀한 애티튜드. 오사카에서 대대로 료칸 사업을 하는 카네키 집안의 외아들로 일본 보수당 의원의 딸이자 화가인 마키오 유키코와 결혼, 아이는 없다. '추(醜)는 유한하지만 미(美)는 무한하다'라는 명강의로 유명하며 학생들에게 엄격한 성적을 매김에도 대학 내 최고 인기를 자랑한다. 불의에 맞서 행동하는 지식인으로 닮고 싶은 인물에 수년간 부동의 1위를 차지하기도 했다. 그러나 이런 완벽한 겉모습과 달리 실상은 잔혹한 속내를 숨기고 있는데! 바로, 혐오 사이트 '닥터 파브르'의 실소유자로 신분을 감추고 근무한 대안학교 선생 시절 조련한 방제수를 통해 신체 일부를 배달받아 VVIP 회원제의 다크 웹 '옥션 파브르'에서 판매해온 반인륜적인 혐오 사업가이자 사이코패스다. 사실 그는 카네키 집안의 친아들이 아닌 양자로, 재일교포 부부 사이에서 장남으로 태어난 도강우의 친형이기도 한데! 어린 시절 학교폭력을 당하며 사이코패스 본성에 눈뜨게 되었고, 부친에게 자신의 본성을 들킨 후 정신병원에 감금되기도 했다. 결국 병원을 탈출, 동생 강우가 옆집 사는 여아, 미호 살해에 동참하도록 일을 꾸미지만 친부가 모든 죄를 뒤집어쓰고 사형당한 후 모친이 강우만을 데리고 사라지자 카네키 집안의 죽은 아들을 대신해 양자로 들어간다. 이후 비밀리에 옥션파브르를 운영하며 살인을 즐기던 중 강우가 어린 시절의 기억을 모두 봉인한 채 한국으로 돌아가 풍산청 형사가 됐단 사실을 알게 되자 묘한 질투와 파괴욕에 휩싸여 강우의 살인 본능을 깨우기 위한 잔혹한 게임을 시작하는데!

인터넷 ID : 버터플라이(Butterfly)

풍산지방경찰청 112 신고센터
골든타임팀 콜팀 지령팀장 박은수 손은서

권주를 만나기 전까진 경찰로서의 사명감보단 승진 시험과 본청 주요 부서 T.O.를 더 중시했던 신세대로, 권주의 골든타임팀 스카우트 제안을 당당히 거절했다. 하지만 여동생 박은별 납치 사건(시즌 1)을 계기로 합류, 일 년여 호된 경험을 쌓은 후 골든타임팀의 브레인이자 콜팀 지령팀장으로 다시 태어났다. 감정에 흔들리지 않는 냉철한 이성과 뛰어난 외국어 실력으로 신고센터로 걸려오는 외국인 신고 전화를 직접 처리한다. 경찰 인생의 첫 멘토인 권주에 대한 애정과 존경심이 깊어 권주의 청력을 눈치 채고 남모르게 챙긴다. 우연히 만난 정신과 의사이자 고등학교 선배인 손호민과의 데이트 폭력 사건으로 다시 한 번 성장한 후, 명실공히 손색없는 권주의 부사수로 자리매김하지만 강우가 아동 살인마란 사실을 알게 되자 권주와 맞선다.

풍산지방경찰청 112 신고센터
골든타임팀 콜팀 요원 진서율 김우석

잘 웃고 엉뚱한 112 신고센터의 분위기 메이커다. 디지털 포렌식 전문가로 골든타임 안에 사이버상의 단서를 찾는 중요한 임무를 맡고 있다. 장 팀장 살인 사건 수사 도중 방제수와 닥터 파브르의 목표물이 되어 손가락을 절단당하지만 다행히 시간 내 손가락을 찾아내 봉합 수술에 성공, 다시금 복귀하고 닥터 파브르의 진짜 배후가 있단 것을 알자 이를 갈며 반드시 되갚아주겠다고 다짐한다. 밝은 표정 뒤로 피해자를 위해서라면 수단과 방법을 가리지 않고 어떻게든 정보를 찾아내는 오기남. 손가락 절단 사고의 트라우마가 남아있음에도 더 힘들 팀원들을 위해 견뎌내는 등 성숙한 경찰로 성장해간다.

풍산지방경찰청 112 신고센터
골든타임팀 출동팀 형사 박중기 김종기

강력팀에서 잔뼈가 굵은 골든타임팀의 맏형. 자칭 무뚝뚝한 경상도 사나이라지만 퉁명스런 말과는 달리 행동이나 속내는 살갑기 그지없다. 자타공인 짠돌이 형사로 근검절약을 솔선수범하다 놀림을 당해도 개의치 않는다. 장경학 팀장 살인 사건 추적을 위해 한 팀이 된 싸가지 제로의 괴팍한 형사 강우와는 사사건건 충돌하지만 보이스 피싱 사건에 연루된 아내 희진이 강우 덕에 무사히 구출되자 형님으로 모시기로 하는데...!

강우의 실종 소식이 그 누구보다 충격이었던 만큼 강우가 부디 살아만 있길 간절히 바랐지만 복귀한 강우가 이상 행동을 보이자 충격에 휩싸인다. 강우의 부탁에 그래선 안 되는 걸 알지만, 진심으로 모시기로 한 '형님'이니까 반쯤 눈을 감는다.

풍산지방경찰청 112 신고센터
골든타임팀 출동팀 형사 구광수 송부건

단단한 체구와 넘치는 파이팅으로 범죄자를 검거하는 데에 물불을 가리지 않는다. 운동 선수 출신으로 진로를 변경해 경찰이 되었고, 몸에 밴 듬직한 태도로 출동팀의 액션과 중재 담당이다. 일본에서 만난 강우가 달라졌음을 본능적으로 제일 먼저 알아차리고는 복귀한 강우를 주시한다. 미모의 우즈베키스탄 여성, 티나와 동거 2년 차로 결혼을 앞둔 상태. 그런데 티나가 국제적인 아기 공장 범죄와 관련되었고 자신을 이용한 사실을 알게 되자 일생일대의 충격에 빠진다.

풍산지방경찰청
강력계장　　나홍수 유승목

적어도 경찰이라면 동료를 끝까지 지키고 조직에 충성하는 '의리'를 신념으로 삼아야 한다는 뼛속까지 강골인 경찰 중의 경찰이다. 옳다고 생각한 일에는 타협이 없다.

강우가 성격은 지랄 맞아도 능력 있는 놈이라는 것을 단번에 알아차린 후 직접 강력팀 형사로 뽑았지만, 한때 동생을 살해한 범인으로 오해해 감정의 골이 깊었다. 하지만 작년 진범 방제수에게 살해당할 뻔한 순간, 강우 덕분에 목숨을 건지자 오해를 푼다. 일본에서 돌아온 강우의 살인 본능이 깨어났음을 가장 먼저 눈치채지만 강우를 보호하기 위해 치료를 우선시한다. 미움과 혐오의 늪에 빠져 진실을 보지 못했던 자신을 반성하며 강우를 끝까지 포기 않고 지키려다 죽음을 맞는다.

닥터 파브르의 운영자
풍산 구치소 수감 중 / 특별 출연　　방제수 권율

감옥에 갇힌 이후(시즌 2) 칩거 중인 곽독기가 처참하게 살해당하자 새 세상을 이끌어갈 자신의 진짜 가족이라고 했던 선생의 말들이 자신을 이용하기 위한 철저한 거짓임을 깨닫는다. 게다가 살인 본능이 각성된 강우가 선생과 손을 잡고 자신을 처단하러 온 처벌자라고 생각하자 다음은 자신의 차례라고 생각한다. 마침내 선생을 자신의 손으로 처단하겠단 결심 하에 탈옥을 감행하는데...

옥션 파브르
조직도

후지야마 코이치
37세, 별명: 와이어 슌
야쿠자 출신

카네키 마사유키
43세, 선생
옥션 파브르 개발자
도강우 친형
어릴 적 한국 이름:
우종우

교다이붕,
공동 정범 3인과
도강우

후지야마 사부로
59세, 야쿠자 변호사,
미호와 코이치의 삼촌

도강우
38세, 골든타임팀
출동팀 팀장
카네키 마사유키의 친동생,
어릴 때 미호를 살해한 것으로
기억하고, 친형은 병으로
사망한 것으로 알고 있다.
우종우가 강우를 공동 정범
명단에 올려 수사에 혼선을
주고 이간질을 일삼아 왔다.

전창수
40세, 전 공안부 경찰
재일 교포

VVIP 한국 5인,
일본 5인 총 10명의
옥션 구매자

오필수
68세, 남, 성정그룹 회장

김남훈
51세, 남, 풍산지검장

윤재춘
47세, 남, 풍산항공 회장

신현자
60세, 여, 월포예술대학교 총장

소논구
46세, 남, 제황종합병원 병원장

마모토 마모루
59세, 남, 야마모토 그룹 회장

사토 켄지
48세, 남, 사토 출판 회장

오쿠보 타츠히사
50세, 남, 오쿠보 어페럴 사장

스즈무라 사토시
64세, 남, 스즈무라 프로덕션 회장, 시사 MC

키무라 순노스케
52세, 남, AOE 금융 그룹 상무 이사

옥션파브르
업로더
(시즌 3의
1화와
시즌 2 등장)

방제수
닥터 파브르 리더,
신체 조달 업로더

그 외 살인마의
전리품을 제공하는
업로더 다수

닥터파브르 멤버
곽독기(25세)
허수지(30세)
제이리(31세)
오종임(33세)
나성호(35세)

다카히로 켄이치
단독 활동, 재일 교포,
스너프 필름, 몰카,
불법 포르노 조달 업로더

02 보이스의 사람들

The people of Voice

이찬호 책임프로듀서

시즌 1·2·3

● 많은 기획안들 중 <보이스>를 선택한 이유, <보이스>만의 매력과 개성이 있다면?

2016년 중반이었던 것 같다. 평소 가깝게 지내던 제작자분께서 대본을 하나 제안해주셨는데 묘한 대본이었다. 에피소드형 스토리 등 전체적인 구성은 소위 말하는 미국 드라마에 가까운데, 주인공들의 감정이 폭발적으로 묘사되며 스토리가 전개되는 방식은 한국 드라마 스타일로, 기존 대본의 전형성과는 차별화되는 묘한 느낌의 대본이었다.

편성 결정까지도 시간이 오래 걸리지 않았다. 촘촘한 범죄 수사물에 강력한 청력을 가진 여자 주인공이라는 유사 판타지 설정도 일반적인 범죄 수사물에 비해 <보이스>를 더 매력적으로 보이게 만들었다. 당시 OCN은 마블 스튜디오처럼 캐릭터가 독특한 드라마를 기획하자는 분위기가 조성될 무렵이었는데, 주인공 강권주의 캐릭터는 그런 분위기에 적합한 작품이었다.

<보이스>가 시청자들에게 지금과 같은 호응을 얻고, 두터운 팬덤으로 시즌 3까지 이어질 것을 예상했나?

솔직히 예상하지 못했다. 회사는 신규 프로그램이 제작되면 방송을 며칠 앞두고 사전 시사회를 한다. 편성, 마케팅, 콘텐츠 판매 등 유관 부서의 담당자들이 주요 참석자들인데, 시사회를 마치고 나서도 <보이스>가 이 정도의 호응을 얻게 될 거라고는 아무도 생각하지 못했다. 설레는 마음으로 첫 방송을 기다렸고, 첫 화 시청률 2.3%, 2화는 3.2%. 가파른 상승세였다. 일반적으로 드라마의 성패는 방송 첫 주에 거의 결정되는데, 2화 시청률이 증가할 경우 좋은 성과를 기대할 수 있다.

아마 작가님께 시즌제를 조심스럽게 말씀드린 시점은 3화 방송이 끝난 후였을 것이다. 왜냐하면 3화 시청률이 무려 5.7%였기 때문이다. OCN 역대 최고 시청률이었다. 더불어 시청자들의 반응도 뜨거웠다. 3화는 '힐링마마의 두 얼굴'이라는 에피소드였는데, 어린아이가 세탁기 안에 숨어있는 장면이나, 지하실에 갇혀서 손가락으로 구조 신호를 보내던 장면은 두고두고 회자되는 <보이스>의 대표 장면이다. 여담으로 '힐링마마의 두 얼굴'은 2화에서 3화까지 이어지는 에피소드였는데, 2화가 끝나고 일주일 후에 3화 방송이 이어지다 보니 이야기가 궁금한 시청자들로부터 에피소드를 한 주에 끝내달라는 민원이 쏟아지기도 했다.

시즌 1을 성공적으로 마치고, 시즌 2를 론칭하면서도 사실 완벽하게 성공을 자신하지는 못했다. 콘텐츠 업계의 속설 중 '전작만 한 속편은 없다'는 말이 있다. 스스로를 뛰어넘어야 하는 속편의 아이러니를 표현한 말이다. 그러나 <보이스>는 시즌 2에서 최고 시청률 7.1%를 기록했고, 이 시청률은 현재까지도 OCN 의 최고 시청률이다.

정리해 보면 나를 포함한 어느 누구도 이 프로그램의 성공을 예상하지 못했다. 작가를 중심으로 한 제작진들이 매 시즌, 매 에피소드를 뚜벅뚜벅 최선을 다해 만들었고, 그 진심이 시청자들에게 전달되어 지금의 성과를 만들었다고 생각한다.

시즌 3까지 이어오면서 특별히 기억나는 일들이 있다면?

시즌 2의 3화 방송을 준비하던 때였다. '심판의 시간'이라는 에피소드로 아동 성폭행 범죄가 발생할 수 있는 상황에서 가까스로 아이를 구해내는 내용이었다. 폐허가 된 변두리에서 광범위한 수색을 위해 대규모 인력이 투입되고, 드론을 사용해 아이를 찾는 장면들이 정교하게 연출되었다. 범인 역을 맡았던 연제욱 배우의 실감 나는 연기, 성폭행 경험이 있는 실종 아동의 누나가 당시의 끔찍한 상황을 설명하던 것을 이미지로 표현한 장면, 끝내는 범인을 잡아 통쾌하게 끝

<보이스> 시즌 1 미공개 포스터

내는 결말까지 흠잡을 데 없이 완성도 높게 제작된 방송이었다. 그런데 문제는 엉뚱하게도 너무 완성도가 높았다는 점이다. 어린아이가 처한 범죄 상황이 너무 리얼하게 표현되다 보니 오히려 시청자들의 반감을 살 수 있다는 심의 부서의 문제 제기가 있었다.

특히 문제가 된 것은 두 장면이었다. 첫 번째는 범인이 아동에게 위력을 가하려는 장면이었는데, 아동의 시점에서 촬영된 카메라 쪽으로 범인이 확 덮쳐오는 컷트가 포함되어 있었다. 당시 범인 역의 연제욱 배우의 연기가 워낙 뛰어나 아이의 심정으로 이입된 시청자들에게 공포심을 유발할 수 있는 장면이었다. 두 번째는 성폭력을 당하는 피해자의 심정을 이미지로 표현한 장면이었다. 성폭행 경험이 있는 피해 아동의 누나가 동생이 그린 뱀 그림을 보고 자신도 그런 경험이 있다며 '온몸에 뱀이 기어 다니는 듯한 기분'이라 했고 이것을 실제로 촬영했다. 그러나 이 장면 역시 너무 리얼하게 표현되어 시청자들의 지나친 이입과 공포를 조장할 수도 있다는 우려가 제기되었다.

편집본을 보고 편성팀, 마케팅팀 등 유관 부서 10여 명이 시사실에 모였다. 문제가 되는 장면을 보고 또 봤다. 피해자들의 심정을 표현하고 아동 성폭행의 심각성을 표현하기 위해서는 필연적이라는 의견과 그래도 표현 순위를 완화해야 한다는 의견이 맞섰다. 수많은 논의 끝에 결국은 삭제 후 표현 순위를 완화하자는 결론을 내고 당시 촬영 중이던 이승영 감독에게 연락을 취했다. 그러나 이 감독은 좀 더 자신 있게 아동 성폭행의 심각성, 특히 지나치게 낮은 아동 성폭행 처벌 수위에 대한 사회적 경각심을 불러일으키기 위해서는 해당 장면이 충분히 표현돼야 한다고 이야기했다. 시청률이나 자극적인 장면을 연출하기 위한 사심이 아닌 진심을 갖고 제작했고, 이 진심이 시청자들에게 충분히 전달될 수 있다는 설명이었다. 결국은 이 감독의 말에 나 역시 설득이 되었다. 그러나 여전히 문제의 여지는 남아있었기에 프로듀서들을 불러 모았고 작가님께도 연락을 취했다. 고심 끝에 엔딩 스크롤을 빼고, 현재 우리나라의 빈약한 아동 성폭행 처벌 수위에 대해서 자막으로 직접 문제 제기를 하자는 아이디어가 나왔다. 그리고 그렇게 방송이 되었다. 결과는 전 시즌 중 시청자들이 뽑은 가장 기억에 남은 에피소드가 되었다.

시즌제 드라마로서의 <보이스>는? <보이스>는 시즌 4로 이어지나?

<보이스>는 시즌제 제작에 유리한 DNA를 갖고 있는 드라마다. 크게는 세 가지 요소로 특정할 수 있는데, 먼저 매력적인 캐릭터가 있다. 드라마의 중심에서 이야기를 끌어가는 주인공 강권주(이하나 분), 시즌 1의 형사 무진혁(장혁 분), 그리고 시즌 2, 3의 도강우(이진욱 분)까지 <보이스>의 장점은 메인 캐릭터들의 욕망이 뚜렷하다는 것이다. <보이스>의 모든 캐릭터들은 가족이나 유사 가족이 잔혹한 범죄의 피해자가 되면서 인생의 극한 절망감에 빠지고 강인한 정신력으로 다시 일어나 복수심에 범인을 잡기 위해 달려간다. 그러나 그들의 종착은 결국 개인적인 욕망의 구현이 아니라 '사람을 구한다'는 공적인 목표를 가지고 자신을 희생하는데, 시청자들은 이런 주인공들의 목표에 쉽게 공감하고 응원할 수밖에 없다.

또한, 주인공들의 반대쪽에는 시즌을 이어가며 진화하는 빌런들이 있다. 시즌 1의 모태구(김재욱 분), 시즌 2의 방제수(권율 분), 시즌 3의 카네키(박병은 분)는 현실에서 존재하기 어려울 만큼 끔찍한 살인마들이다. 시청자의 입장에서는 빌런들의 폭주에 조마조마하다가 주인공들이 그들의 악행을 막아내고 처벌할 때 쾌감을 느끼게 된다. 어떻게 보면 '권선징악(勸善懲惡)'이라는 다소 진부한 틀에 캐릭터들이 세팅되었다고 볼 수도 있지만, 주인공은 물론 악당들에게도 각자가 처한 상황, 그런 행동을 할 수밖에 없었던 사연들을 디테일하게 심어줌으로써 캐릭터의 완성도를 높인 것도 시즌제를 거듭해 나갈 수 있는 바탕이 되었다.

두 번째는 드라마틱한 셋업이다. <보이스>가 갖고 있는 매력적인 셋업은 '골든타임'이다. 112 신고센터를 배경으로 생명을 구하기 위한 주인공들의 사투가 골든타임이라는 타임리밋 하에 현재 진행형으로 전개되고, 말 그대로 이 같은 드라마틱한 셋업 덕분에 극적인 긴장감이 필연적으로 생성된다. 또한 112 신고센터라는 배경은 수많은 에피소드가 자연스럽게 확대 생산될 수 있는 시즌제 제작에 유리한 매력적인 셋업이다.

세 번째로는 보편성과 공감대다. 특별한 엣지가 돋보이는 <보이스>의 캐릭터와 셋업에 비해 <보이스>의 주제와 메시지는 매우 보편적이다. 마진원 작가의 한마디 정의에 따르면, 이 드라마는 '사람을 살리는 이야기'다. 드라마를 보다 보면 강렬한 이야기와 캐릭터, 완성도 있는 영상까지 갖췄음에도 시청자들의 사랑을 받지 못하는 경우가 있다. 이는 대개 많은 사람들이 공감할 수 있는 지금, 여기, '우리들'의 이야기가 결여된 경우이다. 시청자들과의 소통에 성공하는 드라마들은 평범한 주제를 갖고 있다. 또한 시대와 상황이 바뀌더라도 통용되는 보편성과, 나이와 성별, 직업의 차이에 국한되지 않고 공감대를 형성할 수 있는 이야기인 경우가 많다.

<보이스>의 장점은 '작은 소리에 귀를 기울이자'는 평범한 담론 하에 이야기가 전개됐다는 점이다. 드라마에서 '작은 소리'는 여주인공의 뛰어난 청각 능력을 이용한 활약상을 표현하기 위한 수단일 뿐 아니라, 희미한 구조 신호이자 이 시대 약자들의 소수 의견으로도 볼 수 있다. 개인적으로는 시즌 1 두 번째 에피소드에서 범인에게 납치돼 지하실에 감금된 아이가 정신을 잃어가면서 손가락으로 철창을 톡톡 치는데 그 소리를 강권주가 듣고 아이를 구하는 장면이 가장 극명하게 <보이스>의 주제를 대표한다고 본다.

<Law & Order>라는 미국 드라마는 올 가을 21번째 시즌을 시작했다. 이 드라마의 주인공 '마리스카 하지테이'는 35세에 첫 시즌을 시작해 20년째 주연을 맡고 있다. 이 드라마처럼 머지 않은 미래에 '<보이스> 시즌 10이 방송될 예정이다'라는 소식을 듣게 되는 날이 있었으면 한다. 그리고 그 방송 크레디트에 여전히 내 이름이 포함될 수 있다면 이 또한 인생의 영광이 될 것 같다.

포털에 '보이스'를 검색하면 연관 검색어 중 하나로 '<보이스> 시즌 4'가 뜬다. 그만큼 새로운 시즌에 대한 팬들의 기대가 크다는 얘기일 것이다. 지금까지 화려한 길을 걸어왔지만 시즌 4는 새롭게 떠나는 낯선 모험이다. 작가님과 이하나 배우를 비롯한 출연진, 그리고 새 시즌에 걸맞게 새로운 에너지를 불어넣어줄 제작진과 함께 내년에는 지금까지와는 또 다른 시즌을 보여드릴 수 있도록 최선을 다할 것이다.

<보이스> 시즌 1의 15화, 성운버스가 브레이크 오작동으로 전복된 장면.
무진혁과 심대식 외에도 경찰, 소방관, 구급대 등 많은 보조 출연자가 동원되어 실감나는 상황이 연출됐다.

경찰
POLICE
경찰
POLICE
경찰
POLICE
119

김홍선 감독

시즌 1

<u><보이스>의 시작</u>

<보이스> 전체를 꿰뚫는 이야기의 핵심은 피해자들의 목소리와 그들의 시선이다. 이를 어떤 방식으로 표현하며 어떻게 이야기를 이끌어갈지 많은 고민을 했었다. 지금까지 대부분의 수사물은 범인을 쫓는 경찰의 시선에서 이야기를 풀어나갔는데 <보이스>는 피해자의 시선에서 이야기가 흘러간다면 작품이 가진 구성을 잘 살릴 수 있지 않을까 싶었다. 그러다 보니 자연스럽고도 당연하게 피해자의 입장에 중점을 두게 되었다. 피해자들은 어떤 생각을 했을까, 어떤 모습이었을까, 그 상황에 처한 사람들은 어떤 마음이었을지 느끼고 싶었고, 시청자들에게 그 느낌을 전달하는 것이 중요하다고 생각했다.

촬영이 진행되면서는 기본적으로 타임락, 즉 제한된 시간 안에 사람을 구해야만 한다는 한계가 명백했기 때문에 속도감에 주력했다. 촌각을 다투는 시간을 계속 의식하면서 촬영팀의 운용과 촬영 기법, 배우들의 연기 동선까지 생동감 넘치게, 스피드를 살리는 데에 중점을 두고 진행했다.

또한 <보이스>에서 가장 중점을 두었던 부분은 리얼리티였다. <보이스>라는 작품은 피해자들을 구하는 드라마였기 때문에 이전의 작품들에서 리얼하지 않았던 장면이나 구성들, 그래서 어색했던 부분들을 반추했다. <보이스>에서는 '진짜라면 이랬을 것이다'와 같은 표현과 구성을 많이 해보려고 했다. 분장, 미술, 소품 설치까지도. 리얼리티에 대한 정답은 없지만 그래도 최대한 '아, 이런 식의 느낌이지 않을까?'라는 것을 최대한 살려보려고 했다.

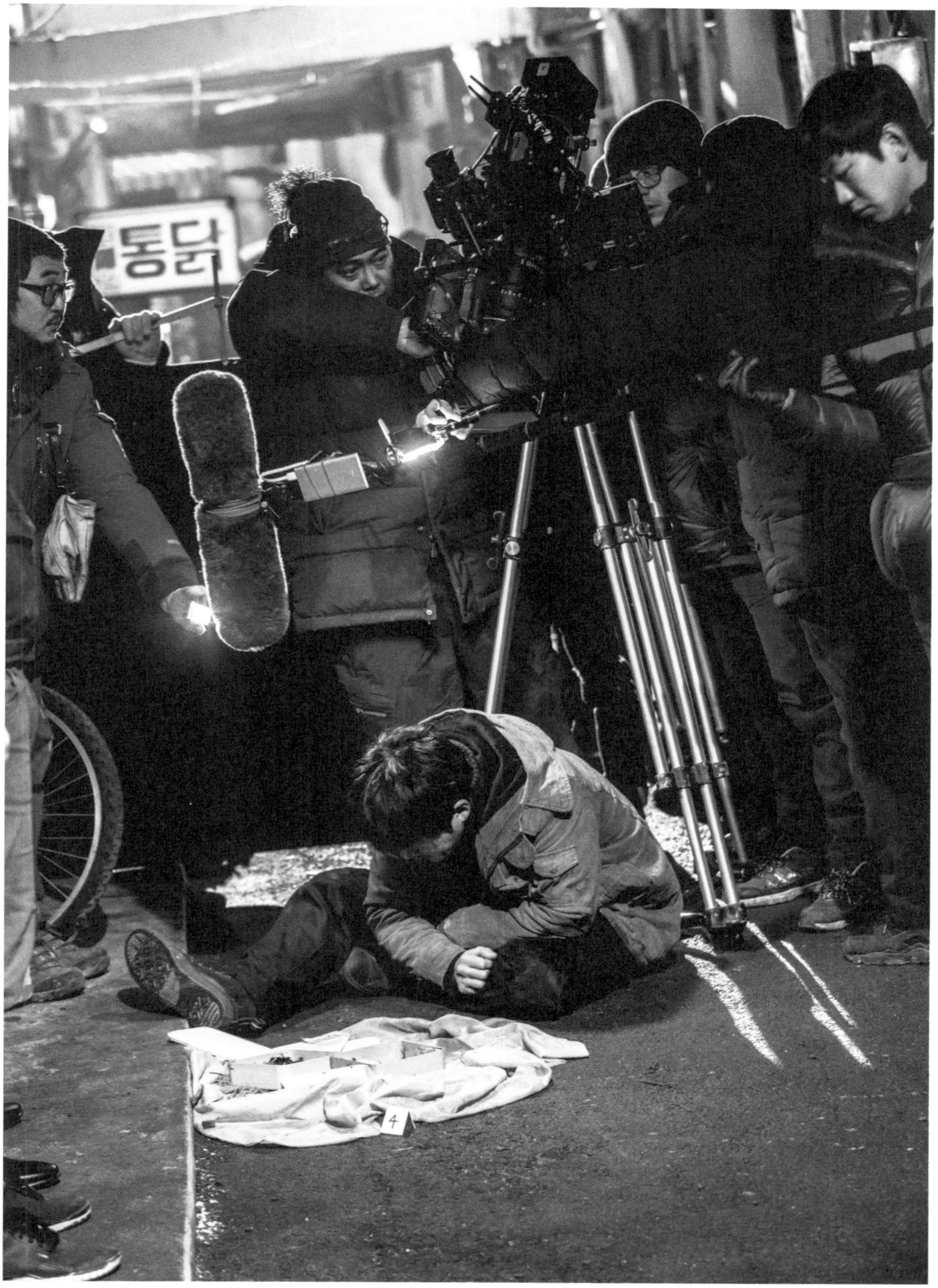
통닭

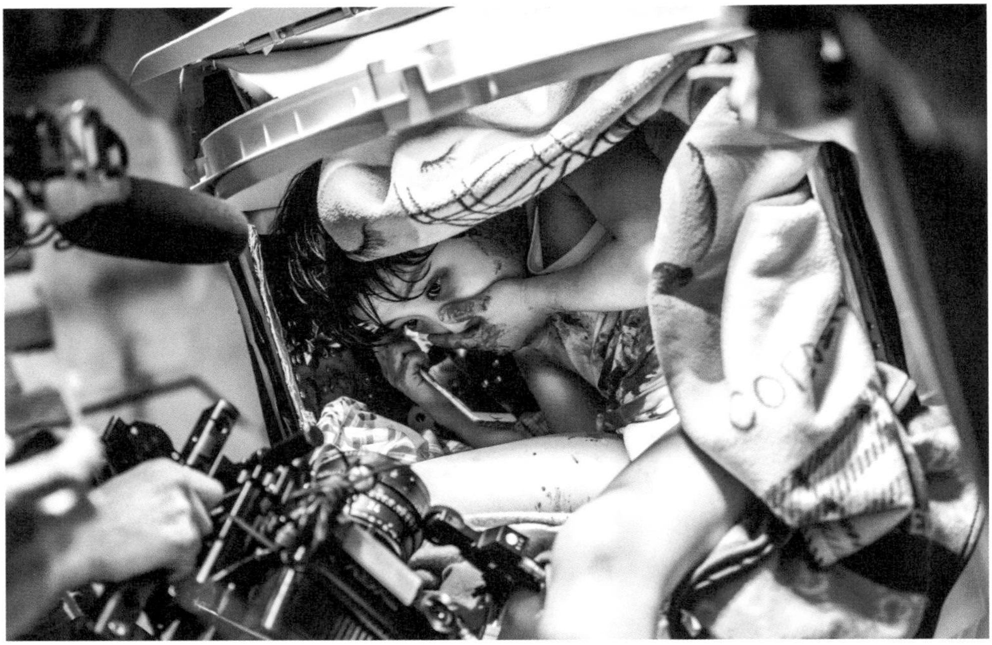

<보이스> 시즌 1의 2화, 아람이가 세탁기 안에서 신고 전화를 하는 모습.
아람이와 엄마 수진, 두 인물을 하나의 컷으로 담기 위해 세탁기를 절단해 촬영을 진행했다.
이 세탁기 신은 시청자가 뽑은 <보이스> 최고의 명장면으로 선정됐다.

처음부터 피해자들을 적당히 미화해서 보여주기 싫었다. '차라리 리얼하게 보여주자, 평가는 우리가 하는 것이 아니다. 그대로 전달하자'고 결심했다. '우리 여기까지만 하자' 이런 건 하기 싫었다. 이런 상황에 처한다면 아마도 이런 모습이지 않을까, 거듭 고민을 하다 보니 특수 분장에서도 '리얼하게, 좀 더 리얼리티를 살려달라'는 요청을 많이 했었다.

기억에 남는 일화와 소감

시즌 1의 2, 3화 '힐링마마의 두 얼굴' 편에 나온 세탁기 신과, 이용녀 배우의 열연이 빛났던 7, 8화 '쓰레기 집의 비밀' 편이 기억에 남는다. 세탁기 신은 스스로도 전율이 올랐던 만큼 특별한 순간이었다. 반면 심춘옥(이용녀 분) 할머니가 십자가형으로 살해당한 장면은 충격적이라는 반응이 많았는데, 문제의 장면이 될 거라고 예상했었다. 감정의 골이 깊어진 상태를 표현하려 했고 극대화된 방식으로 나타났다. 직접 연기를 해야 하는 분이 어려웠을 텐데 이용녀 선배와 충분히 이야기를 나눴고, 그 부분에 대해서 납득을 한 뒤 절절하게 연기해주셨다. 시청자들이 놀랐다는 건 그만큼 연기를 잘하셨다는 뜻일 거다. 드라마는 대중예술이고 대중을 상대로 하는 작업이다 보니 기본적으로 시청자들의 반응이 왔을 때, 가장 기분이 좋고 행복하다. 한편으로는 내가 표현하고 싶었던 부분들이 그대로 잘 전달됐구나 하는 마음이 들어 안도하기도 한다.

<보이스>가 남긴 것

<보이스>가 말하고자 했던 메시지는 더 이상의 희생자가 나오면 안 된다는 것이었다. 한국은 다른 나라와 비교했을 때 안전하다고 알려져 있다. 그럼에도 불구하고 '우리는 왜 이렇게 답답한 걸까?'라는 이야기를 <보이스>를 준비하면서 많이 나눴다. 여러 시스템들이 갖춰지고 활성화되면 희생자들이 지금처럼 많이 나오지 않을 거라는, 그런 메시지를 남기고 싶었다. 그리고 마지막 촬영까지 처음에 가졌던 이 생각을 끝까지 유지하려고 했다. 그런 마음이 전해진 것인지 <보이스>에 대한 시청자들의 반응은 기대 이상이었다. 시청률 5%를 넘기고, 기록 이야기도 나오고, 많은 축하를 받다 보니 기분이

김홍선 감독의 연출과 이용녀 배우의 혼신을 다한 열연이 돋보이는 장면.
<보이스> 시즌 1 모태구에게 살해당한 심춘옥 할머니가 옷장 속에 십자가 형태로 매달려 있다.

좋았던 것도 사실이다.

하지만 장르물이라는 무거운 주제가 남긴 '직업적인 트라우마' 역시 빼놓을 수는 없다. 잔인한 살인마를 그려내고 그 과정을 풀어가는 연출가로서의 고충은 한동안 큰 후유증으로 남았었다. 제작 기간도 길었기에 체력적으로 나를 비롯해 스태프, 배우들 모두 지치고 힘들어했던 기억이 또렷하다. 트라우마까지는 아닐지라도, 장르물이라는 특성상 분명 정신적인 내상은 모두에게 남아있다. 하지만 돌이켜 보면 <보이스> 제작 과정은 화기애애했다. 더불어 각자 자신만의 방법으로 이를 극복하는 과정에서 모두 조금씩 성장하기도 했다.

<보이스> 시즌 4를 기대하며

<보이스>가 시즌 3까지 나왔다는 점, 축하한다. <보이스>가 더 오래 항해하기 위해서는 지금의 원형을 유지하는 것만이 답은 아니고 뭔가 변화하고 새롭게 발전하며 새로운 콘셉트들이 들어와야 한다고 생각한다. 하지만 그렇다고 새로움만을 추구하다 보면 기본을 벗어나게 되고, 많은 팬들과 시청자들이 떠나갈 수도 있다. 결국 새로운 시도를 두려워 하지 않는 가운데 <보이스>를 출발하게 한 첫 기획 의도를 계속해서 유지하는 것이 중요하지 않을까 생각한다. 그리고 <보이스>는 결국 피해자들의 이야기라는 것을 잊지 말아야 할 것 같다.

<보이스>는 시즌별로 각자의 개성들이 있는 작품이다. 만약 시즌 4, 5로 간다면 어떤 식으로든 범죄 피해자들은 존재하고, 또 경찰들의 이야기 또한 타임 리밋의 이야기로 펼쳐질 거다. 시즌의 개성은 살리되 이 부분을 지속적으로 유지하는 것, 그 안에서 발전시키는 것이 중요하지 않나 생각한다.

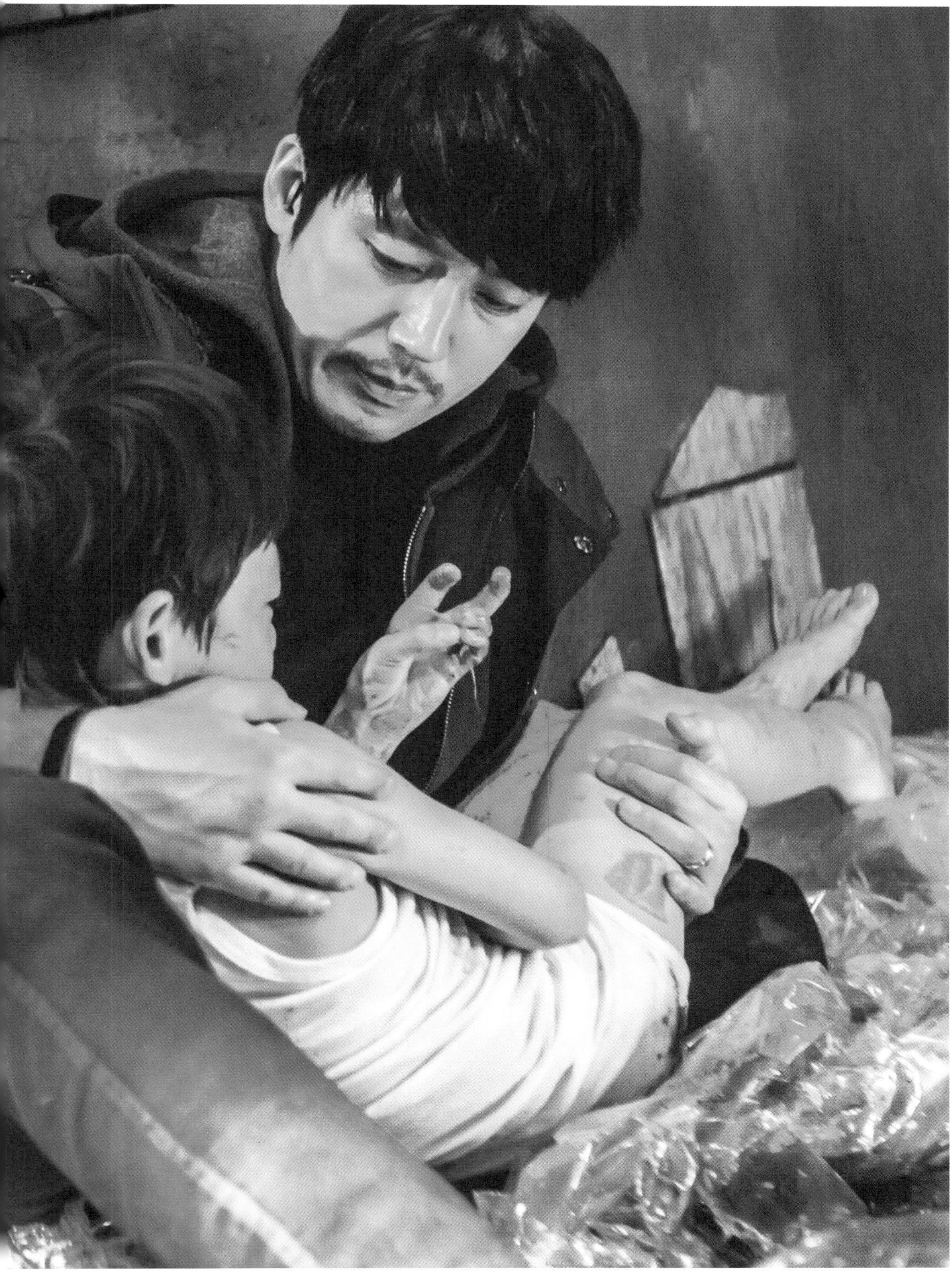

이승영 감독

시즌 2

<보이스>에 마음을 담다

꽃들이 만발한 홍대 카페에서 가졌던 마진원 작가님과의 첫 만남을 떠올려 본다. 가파른 절벽을 향해 빠른 속도로 질주하며 파멸해가는 혐오와 절망의 시대에 사람을 구하자고 목숨 거는 사람들의 이야기, 그리고 구원과 희망의 메시지를 전하고 싶어 하는 작중의 골든타임팀 못지않은 열정을 가진 작가님께 좋은 인상을 받았다.

시즌 1이 범죄 스릴러 장르의 맛이 풍부한 스타일리쉬하고 힘 있는 연출로 큰 성공을 거두었기에 많은 부담이 되었지만, 온고지신(溫故知新). 전작의 장점을 유지하고 더해 조금이라도 보탬이 되도록 노력한다는 '초심(初心)'을 정하고 작품에 합류하게 되었다.

<보이스>의 '꽃', 배우들과의 만남

이하나

연예인처럼 아름답지만 연예인답지 않은 예의 바름, 소탈함, 친절함을 보여준 <보이스>의 안방마님 이하나와의 첫 미팅. 부드럽고 일면 유약해도 보이는, 그래서 유리그릇처럼 잘 다뤄줘야 할 것 같은 그녀의 첫인상은 첫 촬영에서 여지없이 지워지고 말았다. 강렬하고 주도적이며 거침없고 디테일한 그녀. '아! 그녀에게 살포시 기대만 가면 되겠구나' 싶었다.

첫 번째 전체 회식에서 그녀의 또 다른 진가가 발휘됐다. <보이스> 시즌 1의 스태프가 반, 새로 합류한 스태프가 반이었던 시즌 2팀이 하나로 뭉치는 데는 그녀의 주량과 사교성이 절대적인 역할을 했다.

<보이스> 회식은 왼손에는 술, 오른손에 자기 잔을 든 그녀가 전 테이블을 한 바퀴 다 돌아야만 끝이 난다. 술을 전혀 못하고 사교성도 꽝인 연출이 아무 걸림돌이 되지 않을 만큼 모든 스태프를 두루 살피고 살갑게 격려하는 그녀의 <보이스>에 대한 주인 의식, 그리고 대장부 같이 넓은 마음은 <보이스> 시즌 2가 기록적인 폭염이 기승을 부린 2018년의 여름을 통과하며 성공적으로 순항할 수 있었던 큰 밑거름이 되었다.

이진욱

<보이스> 시즌 2의 대들보라고도 할 수 있는 도강우 역의 이진욱 배우는 바쁜 스케줄을 소화하던 중 막 샤워를 마치고 수건으로 대충 말린 촉촉한 모습으로 사무실 한편에서 첫 만남을 가졌다. 대충 꾸며도 멋있는 남자, 특히 깊고 초롱초롱한 눈빛이 인상적인 남자. 이진욱 배우의 말에 의하면 극 중 도강우 캐릭터는 자신이 꼭 만나고 싶었던 캐릭터였고, 대본이 전달된 지 얼마 되지 않았지만 이미 그의 마음에는 도강우 캐릭터에 대한 디테일과 도강우에 대한 상상력으로 가득 차있다는 느낌을 받았다. 연출로서는 행운의 연속이었다.

현장에서 인상적이었던 점은 준비를 철저히 하고 왔더라도 리허설이나 상대 배우, 연출과의 대화 과정에서 새로운 걸 깨닫게 되면 어린아이처럼 좋아하고 빠르게 수용하는 자세가 남달랐다는 것이다. 캐릭터에 대한 열정으로 뜨겁고, 현장에서 자신이 무엇을 해야 하는지 잘 알고 있는 배우, 스태프들이 지쳐갈 즈음이면 몸 개그로 큰 웃음을 주는 배우, 그런 배우에게 그 이상 무엇을 더 바랄 수 있을까?

권율

작품과 캐릭터에 대해 연출로서의 비전을 주저리주저리 늘어놓고 있는 내내 가장 구석진 자리에서 한 배우가 레이저 같은 눈빛으로 나를 응시한다. 에이전트 대표와 기획자, 프로듀서 등 유난히 참석 인원이 많았던 방제수 캐릭터, 권율 배우와의 첫 미팅 자리다. 기억은 희미하지만 마스크도 쓰고 있었던 것 같다. 극 중 방제수가 착용했던 그 마스크 같은 것을 말이다.

그날 입고 온 의상도, 내내 침묵하다가 한마디 툭 던지는 미팅의 태도도, 사실은 그가 이해한 방제수를 미리 연출에게 선보였던 거란 걸 나중에 깨달았다. 왜냐하면 실제 권율 배우는 매우 유쾌하며 유머가 있고 항상 재잘재잘 떠들며 현장을 즐겁게 해준 배우였으니까. 첫 미팅을 이렇게 준비했듯, 권율 배우는 전 촬영 기간 내내 지독하리만치 철저한 준비와 완벽을 기하는 배우였다. 꼼꼼함 하면 연출인 나 역시 누구 못지않은데 권율, 그는 내가 봐도 혀를 내두를 정도였다.

의상, 헤어스타일, 작은 제스처 하나하나, 디테일한 연기의 변화 타이밍, 게다가 조명과 앵글에 대한 관심까지, 그는 매우 엄격한 기준을 가지고 모든 요소를 총동원해 자기 캐릭터를 완성하고자 하는 열정적인 배우였다. 초반 촬영 때는 스태프들의 이해를 구하고 매 장면을 두세 가지 버전으로 찍어가며 가장 좋은 장면들을 선택했는데 연출자로서도 배우의 노력에 부응하려 했던 기억이 난다. 사실 초창기 기획에서 방제수 캐릭터는 4~5화에 죽음을 맞는 설정이었다. 대본 작업 과정 중 작가님께서 방제수 캐릭터를 더 확장시키시고 결국 시즌 전체를 관통하는 빌런으로 재창조하셨는데, 아마도 이런 배우의 노력이 더해져 좋은 캐릭터가 완성되지 않았나 싶다.

그리고 배우

이전 드라마 연출 때보다 <보이스> 시즌 2에서는 크고 작은 배역에서 인상적이고 그래서 더 사랑스러운 배우들이 압도적으로 많았다. 지면 관계상 일일이 다 말하지 못하는 것이 안타까울 뿐. 대다수의 배역은 4~5차에 걸친 철저한 오디션을 통해 선발했다.

그들 중 유난히 기억나는 한 배우를 소개하고 싶다. 수차례에 걸친 오디션을 통해 좋은 성적으로 선발이 된 배우, 그럼에도 그 배우의 출연 분량은 단 한 신이었다. 대사도 한 줄. <보이스> 시즌 2의 1화 오프닝, 배 위 장면에서 우비를 입었던 말더듬이 남자가 바로 그다.

오프닝의 중요성, 그리고 방제수에게 조종당해 위탁 살해를 저지르는

<보이스> 시즌 2의 이승영 감독.
깊이 있고 섬세한 연출력을 발휘해 <보이스> 시즌 2를 성공적으로 이끌었다.

(위) 윤대열 배우가 정리한 캐릭터 노트. 캐릭터 분석과 표현 방법이 꼼꼼하게 메모되어 있다
(아래) 윤대열 배우가 출연한 <보이스> 시즌 2의 프롤로그 장면

것을 사실적으로 표현해야 하는 중요한 역할이었기 때문에 오디션에서 매우 인상적인 연기를 보여준 윤대열 배우를 선택하게 됐다. 실력 있는 배우이고 오디션까지 좋은 성적으로 통과했으니 그만큼 배역에 대한 기대감이 있었을 것이다. 근데 그에 비하면 너무 작은 역할이라 실망하진 않을까 걱정했는데, 그는 매우 적극적인 태도로 진심을 다해 연기했다. 촬영 당일, 오프닝 신 촬영이 만족스럽게 모두 끝나고 우연히 그 배우의 캐릭터 준비 노트를 보게 됐는데, 정말 깜짝 놀라고 말았다. 아니, 놀란 정도가 아니라 감동적이었다는 표현이 더 적절할 것 같다.

맡은 캐릭터에 대한 분석, 표현 방법 등이 여러 장 꼼꼼하게 메모되어 있었고, 특정 표정들이 다양한 그림들로 표현되어 있었다. 너무 마음이 감동하여 현장에서 작가님께 그 메모들을 보냈을 정도였다. 당신이 힘들여 영혼을 담아 쓴 대본을 형상화하기 위해 이렇게 노력해주는 분이 있다는 걸 전하고 싶었다.

배 위에서의 살해 장면은 어찌 보면 우리 현실에서는 일어나지 않을 것 같은 거짓말 같은 신이다. 그러나 그 장면이 그럴듯하게 시청자에게 전달될 수 있었던 건 이렇게 작은 배역 하나하나에도 혼신의 힘을 다하는 배우들이 있었기 때문이다. 이 같은 깨달음과 함께 드라마를 만드는 즐거움을 한껏 느낀 순간이었다.

<보이스> 시즌 2, 어떻게 연출할 것인가

하나, 그럴듯함, 리얼리티 구현에 충실할 것
둘, 장르적 특성을 잘 이해하고 표현할 것
셋, 항상 새로운 시각적 도전을 시도할 것

이 세 가지 요소는 모든 드라마 연출에 앞서 기본적으로 갖는 자세이고, <보이스> 시즌 2에서도 이 원칙에 충실하려고 노력했다. 시즌 2에서 그럴듯함, 즉 리얼리티에 충실하기 위한 첫 번째 과제는 제한된 시간에 사람을 구하는 드라마 콘셉트상 빈번하게 등장하는 긴박한 추격 신의 완성도를 높이는 일이었다. 특히 1화의 추격 신은 모두 차량 추격 신이어서 스케일이 큰 데다가 1화 드라마 분량의 1/3을 차지할 만큼 방대한 분량이었다. 전체 추격 시퀀스를 장소별, 내용별로 몇 개의 작은 단위로 나눈 다음, 지루하게 반복되지 않도록 각각의 추격 스타일에 변주를 줘야 하는 만만치 않은 과정이었다.

차량 추격 신의 완성도를 높이는 작업의 핵심은 1) 프리비즈(Previsualization)의 활용, 2) 치열한 로케이션 헌팅, 3)효율적인 CG 활용이었다. 프리비즈는 '사전 시각화'라고도 하며 촬영 전 머릿속으로 구상한 이미지를 컴퓨터상에서 구현해봄으로써 실제 제작 단계에서의 시행착오를 최소화하고 효율적인 촬영이 이루어지도록 하는 사전 작업 과정을 말한다. 보통 CG를 활용한 프리비즈가 일반적이지만 비용의 문제가 크기 때문에 우리는 방대한 분량의 기존 영화 등 영상물에서 필요한 장면과 커트를 발췌하여 우리가 정한 로케이션 장소, 우리가 정한 콘티에 가장 근접한 장면들을 거의 완성품에 가깝게 편집하여 전 스태프가 공유하고 각 팀별 작업에 활용했다. 프리비즈를 통해 현장에서 효율적인 카메라 촬영 순서를 정하고 특정 앵글의 촬영은 안전하게 사전 리허설을 하는 등 많은 면에서 유용하게 활용하여 예산 대비 매우 효율적인 결과물을 얻을 수 있었다.

로케이션 헌팅은 3개월 동안 진행되었다. 각 단위별 추격 신 촬영에 적합한 도로를 3~4 배수로 찾고 전 스태프가 참여하는 현장 답사를 통해 구체적인 샷 플랜을 짜보며 가장 적합한 곳을 찾는 과정이 반복되었다. 현대적인 드라마 촬영의 특성상 드론을 활용한 큰 사이즈의 촬영, 빠른 스피드의 슈팅 카를 이용한 촬영이 빈번한데, 추격이 이루어지는 차선뿐 아니라 반대 차선도 모두 리얼한 차량 흐름을 만들어야 한다는 점에서 예산이 매우 많이 드는 작업이다.

대본상 추격 신의 마무리가 급발진 조작을 통해 차량이 전복되는 장면이었기 때문에 심하게 S자로 구부러진 도로가 필요했다. 내부에서는 구글 지도 등을 통해 적합한 도로를 찾는 한편 야외 로케이션팀은 답사 현장에서 일일이 드론을 이용해 전체 지형을 파악하면서 적합한 장소를 찾는 과정을 반복했다. 장시간의 로케이션 헌팅 결과 실제 촬영은 인천 영종도 부근 4~5곳의 장소, 강원도 속초 해변 도로, 삼척 산길 도로, 가평 등 여러 장소에서 이뤄졌다. 이 각각의 장소들이 한 지역의 연결된 도로처럼 보여야 하는 난제까지 잘 해결해낸 로케이션팀의 노력 덕분에 완성도 높은 추격 신을 연출할 수 있었다.

또한 긴 고민 끝에 아주 새로운 시도를 했는데, 그것은 이 사건 현장을

KCSI
과학수사
POLICE
과학수사
KCSI
과학수사
POLICE

3차원의 연극 무대라고 생각하고 주연, 조연, 엑스트라를 막론하고 모든 피사체들이 반복된 리허설을 통해 약속된 대로 행동하게 만드는 것이었다. 그리고 이 무대를 여러 대의 카메라가 마치 다큐멘터리를 기록하듯, 숨어서 촬영하는 방법을 시도해보기로 했다. 설령 자기가 피사체가 아닌 부분에서도 모든 인물들이 큐와 동시에 자기의 행동을 그대로 해야 한다. 모든 배우들과 스태프들이 대본을 기반으로 현장 상황에 맞춰 동선과 대사들을 점검하고, 모든 차량과 엑스트라들도 약속된 대로 움직이고 순서와 타이밍을 기억해 그대로 행하는 것이다.

처음에는 갸우뚱하던 배우들도 점점 리허설이 진행될수록 카메라를 의식하지 않고 자기감정에 충실하게 연기하게 됐고, 이를 팔로우하며 캐치해내는 카메라 역시 굉장히 역동적이고 사실적인 느낌을 주는 결과물을 냈다. 그 과정에서 피사체가 아니었던 주요 인물이 자기 행동을 하다가 다른 주요 인물을 촬영할 때 배경에서 날카롭게 지나가는 모습들이 순간순간 캐치되면서 날카로운 샷들을 건질 수 있었다. 분명 낯선 시도들이지만 한번 해보자는 파이팅 스피릿, 그리고 리허설 과정에서 배우와 촬영팀 등 다양한 파트에서 나온 신선한 아이디어들이 만났을 때 현장은 활기가 넘쳤고 이러한 노력들이 촬영 전반에 걸쳐 지속된 결과, 모두 만족하는 좋은 결과를 낼 수 있었다.

새로운 시각적, 영상 언어적 도전

<보이스> 시즌 2는 주요 공간 디자인을 위해 전문적인 아트 개념을 도입했다. 미술 감독과 협의를 거치고 추천을 받아 현업에서 작품 활동을 하시는 이희수 작가님을 아트디렉터로 모시고 방제수의 지하 아지트, 배 위 살인 사건 현장 등 선별된 주요 공간을 특별하게 디자인했다. 작가님은 디자인뿐 아니라 직접 현장에 나와 그림, 글, 오브제의 배치 등 전 과정을 손수 지휘하는 열의를 보여주었다.

극 중 방제수는 신체를 절단하고 그것을 자신의 아지트에 소장하고 있는데, '모더니티의 신체 절단 이미지는 이전 세계의 해체를 시각화하면서 동시에 총체성을 향한 의지라는 특성을 보인다', '파편화된 이미지는 생명과 죽음을 모두 포함하는데 죽음을 통해 생명을 구축할 수 있다고 생각한다'라는 서

방제수의 지하 아지트 벽면에 걸려있는 그림들.
그로테스크한 신체 그림들은 방제수 캐릭터를 상징적으로 보여준다.

양 미술사에 등장하는 신체 절단의 개념이 엄마의 사체를 집 안에 보관하고 마치 생명체를 대하듯 대화하는 방제수의 캐릭터와 연결되는 점에서 착안, 방제수 아지트의 한쪽 벽면을 절단된 신체 이미지 그림들로 채우는 디자인이 나오게 되었다. 이 벽면은 비주얼 그 자체로 그로테스크하고 예리한 방제수의 캐릭터를 잘 대변해줬고, 복잡하고 미스테리한 방제수의 내면과도 철학적으로 연결되어 드라마의 깊이를 더해주는, 매우 만족스러운 결과를 도출했다.

장실

<보이스> 시즌 2 도강우의 부둣가 추격 신을 끝내고 모니터를 확인하는 이승영 감독과 이진욱 배우, 스태프들.
만족한 결과물이 나오자 환한 미소를 짓고 있다.

ALTOIDS

강승기 촬영감독

시즌 1

● **<보이스> 촬영의 콘셉트와 포인트는?**

영화에 비해 드라마 촬영은 긴 호흡 때문에 콘셉트를 잡기 어려운 편이다. <보이스>의 경우 촬영 전 캐릭터에 맞는 콘셉트와 표현을 미리 설계하려고 노력했다. 중요 포인트는 배우들의 시선과 감정이었다. 세 명의 주인공 사이의 유기적인 관계와 감정, 사건의 다이내믹을 위해 거친 무빙과 핸드헬드가 주로 이뤄졌다. 카메라가 고정인 상태에서도 배우의 감정과 호흡에 따른 미세한 움직임을 포착하기 위한 설계를 했다. 세트나 실내에서 이뤄진 촬영에서는 배우의 감정 흐름이 끊기지 않게 트랙을 사용했고, 더 자유로운 무빙이 필요할 때는 카메라 트라이 포드를 바닥에 고정하지 않고 자체 제작한 바퀴에 얹어, 배우가 움직임과 감정을 동시에 표현하더라도 카메라가 방해되지 않으면서 한 번에 잡는 샷을 디자인했다. 이는 인물의 역동적 움직임과 감정을 동시에 잡아내는 작업이었다. 인물별로 촬영 콘셉트를 구분해서 촬영했는데 간단하게 설명해보면 이렇다.

무진혁

카메라를 무진혁의 무빙과 일치시켜 인물의 동선과 액션을 최대한 단단하게 표현했다. 카메라 앵글과 화각은 다양한 변주로 과장되게 표현하기보다 무진혁의 시선과 감정을 거칠게 담아낼 표준 계열의 렌즈(24mm, 42mm, 50mm)를 사용해 다큐멘터리처럼 올곧게 쫓아 강직한 인물로 표현해냈다. 또 무진혁의 감정이 폭발하는 클로즈업 샷에서는 스트레이트 사이즈와 앵글로 직설적인 감정을 담아냈다. 특히 1화에서 아내가 살해당한 걸 알고 현장으로 달려와 동료 형사의 만류를 거칠게 뿌리치며 아내 시신으로 달려가는 장면에서는 바스트 샷을 롱테이크로 찍었다. 다만 후반 작업에서 컷을 나눠 편집된 점은 아쉬웠다.

강권주

이하나 배우가 맡은 강권주는 의문의 살인으로 아버지를 잃고 골든타임팀의 리더가 된 인물이다. 감정을 잘 추스르고 드러내지 않으며 차분한 편이고, 분석적이며 이성에 치중하는 캐릭터다. 동선은 큰 움직임 없이 대부분의 샷이 정적이다. 대신 그녀의 표정과 감정에서 액티브가 발산된다. 강권주의 카메라는 큰 움직임의 무빙 자체보다 그녀의 호흡을 따라갔다. 그녀가 듣고 반응하는 감정에 따라 줌인, 트렉인 등으로 들어가고 빠져나왔다. 마음의 소리와 감정의 기복이 있을 때는 쉐이킹으로 완급을 따라가고 조절하면서 정적인 그녀의 동선 대신 액티브한 그녀의 감정을 최대한 보여주고자 했다.

그녀가 다른 인물과 같이 있는 객관적인 샷에서는 빠르게 또는 느린 속도로 그 뉘앙스를 만들려고 했다. 그러나 아버지가 살해당한 신이나 사건의 인물들이 위기에 빠진 강권주의 주관적 시점에서는 포커스의 변주로 감정의 변화를 따라갔다.

그녀의 청력이 발휘되는 순간이나 감정의 모호함을 표현할 때는 전체 포커스를 흐릿하게 하고 결정적인 단서를 알아낸 순간에는 포커스를 눈, 귀, 등으로 타이트하게 변화시켜 강권주의 내레이션으로 밝혀지는 단서의 긴장감과 일치시키려 했다. 조명도 사건이 비상일 때 켜지는 골든타임 내 경광등의 빛과 일반 상황에서의 빛을 뚜렷하게 대비시켰다.

모태구

김재욱 배우가 연기한 모태구는 <보이스> 내에서 악을 대표하는 인물이면서 드라마 초반에는 미지의 인물로 그려졌다. 초반에는 그의 정보를 숨기고 보여주지 않기 위해 그의 비릿한 미소나 입가 주변의 표정을 잡아 아직 실체가 불분명한 모호한 공포심을 보여주려 했다. 살인을 저지르는 장면에서는 이질감이 필요했다. 카메라를 최대한 경량으로 세팅해서 피해자를 살해하는 순간과 케틀벨을 든 팔을 들어 올리고 내리칠 때의 시점을 고스란히 따라가고, 극 암각 극 부감 같은 앵글로 살해 장면의 기괴함을 표현했다. 렌즈도 무진혁의 표준 렌즈와 달리 12mm, 16mm 등의 와이드 렌즈를 활용해 근접 촬영으로 화각의 이질감을 더했다. 피가 낭자한 장면과 피해자의 폭력 수위를 강렬하게 부각시키기 위해 카메라 셔터 속도를 조절하여 동작을 분절시키는 개각도 촬영으로 공포감을 극대화했다. 또 고속과 저속, 프레임을 빼는 등 다양한 촬영으로 모태구의 행위 자체에 집중하기도 하고, 눈이나 스팀, 바람 등을 사용해 인물의 미묘함을 살리려고 했다.

화면의 컬러와 톤이 기존의 장르물 드라마에 비해 독특하고 매력적이란 평가를 받았는데?

스릴러 장르의 임팩트를 살리기 위해 전체 톤의 컬러나 입자를 거칠게 이끌어가면서 각각의 인물 시퀀스마다 촬영 스타일과 조명 디자인에 변별점을 주려고 했다. 전체 조명 디자인은 현실적인 느낌보다 장르적 느낌을 더하기 위해 컬러 조명을 많이 사용했다. 무진혁은 컬러보다는 콘트라스트의 대비로 등장 신을 만들어갔지만 강권주와 모태구는 렌즈와 오브제 컬러 등으로 변주를 줬다.

강권주의 초반 촬영은 거의 세트 안에서 이뤄졌다. 그녀의 특별한 능력이 시각적으로 공유돼야 하는 점이 포인트였다. <보이스>라는 제목에 맞게 듣는 장면을 만들어내기 위해 감독님과 여러 테스트를 했다. 같은 공간이지만 그녀가 집중하는 순간 마치 다른 공간인 것처럼 몰입돼 보이도록 내레이션 장면에서 렌즈 베이비라는 특별한 렌즈를 사용했다. 튜브의 형태로 화면의 일정 부분은 포커스가 맞고 다른 부분은 심하게 포커스가 아웃되는 렌즈다. 거기에 촬영자의 오퍼레이팅에 따라서 포커스가 나가는 부분이 심하게 극대화되기도 하고, 포지션을 움직이기도 해서 강권주 능력이 발휘될 때 그녀의 공간과 감정을 집중해 보이는 데 유용하게 사용됐다. 후에 이 렌즈는 강권주의 시그니처가 된다. 시즌 2, 3에서도 강권주의 능력이 드러날 때마다 상징적인 장면으

ARRI

<보이스> 시즌 1 강승기 촬영감독과 함께 슈팅 카에 카메라를 세팅하는 스태프 모습.
슈팅 카에는 카메라를 연결하는 구조물을 비롯해 카메라가 흔들리지 않게 도와주는 장비들이 갖춰져 있다.

로 사용되었다.

모태구는 초반에는 숨은 인물로 또 극의 안타고니스트로 매우 상징적인 인물이다. 김재욱 배우는 모태구라는 인물을 온전히 소화했고, 우리는 모태구의 정보를 초반에 드러내지 않기 위해 어둠과 암부의 표현을 최대화했다. 모태구가 등장하는 신에서는 많은 오브제의 차용으로 캐릭터를 극대화하는 방법을 디자인했다. 앵글과 렌즈도 캐릭터를 최대한 부각하려 과장된 와이드 렌즈를 사용했고, 카메라를 경량으로 만들어 노멀한 상태에서는 잡기 어려운 앵글 위치와 화각을 표현했다. 모태구 촬영에 사용된 조명은 골드, 앰버, 블루, 레드, 그린 등 컬러 필터를 주로 사용해 강한 컬러 대비를 통해 이미지를 완성시켰다. 이 모든 과정이 캐릭터의 스토리텔링을 전달하고 드라마의 리듬을 결정하는 중요한 요소였다.

<보이스> 시즌 1의 촬영감독으로 시즌 2, 3에 관한 감회는? 시즌 4가 제작된다면 어떤 시도와 도전을 하면 좋을까?

<보이스>는 장르물에서 명실공히 팬덤을 만들어낸 성공작이자 대표작이다. 팬덤을 이끌고 다니는 시리즈물의 물꼬를 터준 대단한 드라마라고 생각한다. 일본 등 여러 나라에서 리메이크되었단 소식도 반갑다. 앞서 말했듯 시즌 4가 제작된다면 완벽한 사전 제작으로 만들어 스케일을 더 키우면 어떨까 생각해본다. <보이스>라는 콘텐츠가 품고 있는 이야기를 확장시켜 <셜록>이나 <춤추는 대 수사선>처럼 스핀오프물을 만들어도 좋겠다. 인물들의 과거로 가서 새로운 이야기가 만들어지는 상상도 해본다. 이렇게 확장된 이야기가 쌓여 영화로 만들어져도 좋을 것 같다.

권성호 조명감독

시즌 3

● **장르적 특성상 어두운 장소가 많았는데 인물들의 감정을 살리기 위해 고려한 톤 앤 매너는?**

어두운 장면에서도 분위기는 그대로 유지되면서 배우들의 표정이 드러날 수 있도록 섬세한 조명을 고민했다. 이를 위해 어두운 공간에서는 최대한 주변 도구들을 이용해 주광등을 설정했다. 또 필터를 이용해 분위기를 더욱 그로테스크하게 만들려고 했고, 플랫한 느낌을 주지 않기 위해서 보조광을 거의 쓰지 않은 채 최대한 어둡고 침침한 분위기를 유지하려 했다. 반대로 밝은 공간에서는 장르적 특성상 어둡고 무거운 사건들이 전개되는 분위기를 유지하기 위해 자연광을 차단하며 콘트라스트를 강하게 주기 위해 검은 천을 많이 사용했다.

다양한 장소에서 추적하고 쫓기는 인물들의 움직임도 많았다. 가장 고심한 장면은?

인물들의 추적라인 동선은 연출자, 촬영감독, 무술감독과 회의를 통해서 결정된다. 사전에 빈틈없이 회의와 리허설을 통해 합을 맞추므로 동선에 따라 미리 조명을 셋업해 시간을 절약할 수 있었다. 최대한 배우들 동선과 연기에 방해되지 않게 조명을 설치하는 것이 가장 고심했던 부분이다. 가장 신경 썼던 장면은 공간이 협소한 산속에서 도강우가 추격하는 장면과 컨테이너 위를 달리는 장면이었다. 액션하는 배우들이 다칠 수도 있어 항상 안전에 주의하며 조명을 준비했다.

<보이스> 시즌 3 강오산에서 마주친 도강우, 방제수, 진범의 극적인 대결 장면을 촬영 중인 스태프들.
권성호 조명 감독의 섬세한 조명 세팅이 돋보이는 장면이다.

시즌 3은 강권주가 있는 112 신고센터(세트)와 도강우가 나가있는 현장(로케이션)으로 공간이 확연하게 나뉘는데, 두 공간에 집중한 포인트는?

강권주 센터장이 있는 112 신고센터는 조용한 분위기는 물론 코드 제로 발동부터 상황 종료까지 긴장감을 고조시키고 해소하는 중요한 장소다. 따라서 112 신고센터는 조금 밝은 공간으로 설정했다. 도강우 팀장이 있는 현장은 빠른 액션과 거친 카메라 무빙, 콘트라스트가 강한 조명 톤으로 긴박감을 주는 데 집중했다.

시즌 3은 앞선 두 시즌과 또 다른 분위기를 갖고 있다. 빛과 색감의 조율은 어떻게 이뤄졌고 중점을 둔 부분이 있다면?

공간에 대한 부분은 촬영감독님과 충분한 회의를 통해 그 신에 맞는 분위기의 레퍼런스를 참고했다. 최대한 카메라의 색온도를 바꾸고 조명 필터를 사용하면서 분위기를 잡아갔으며, 캐릭터가 갖는 성격에 따라 톤 앤 매너를 다르게 표현하려 했다.

구상했던 조명 설계가 현장에서 맞지 않아 고생했다거나, 의외로 좋은 장면이 나온 부분이 있다면?

지금도 그 순간을 떠올리면 식은땀이 흐른다. 시즌 3의 1화 첫 신 촬영 때다. 유키코가 카네키에게 살해당하는 창고 공간에 월광이 충분히 투과될 거라고 판단했는데, 현장에서 빛이 전혀 투과되지 않아 급하게 추가 조명을 사용했었다. 시즌 3의 첫 신인데 예상치 못한 변수를 만나 힘들었던 기억이 난다. 반면 의외로 좋았던 장면은 도강우가 수면 위에서 눈을 뜨는 일루전 장면이다. 티저에서도 사용한 장면인데 필터를 섞어 쓰면서 대비가 잘됐고, 톤도 소프트하게 잘 표현돼서 볼수록 흐뭇했던 장면이다.

시즌 3 중 기억나는 에피소드가 있다면?

나홍수 계장이 전창수에게 살해당하는 장면이 가장 인상 깊었던 에피소드로 남는다. 전창수의 잔인함이 잘 드러났고, 죽어가는 나홍수 계장을 보며 분노하는 도강우의 동료애에 현장 스태프들까지 감정 이입이 됐었다.

<보이스> 시즌 3 카네키 마사유키 아지트에서 독백 장면을 위해 연기에 집중하고 있는 박병은 배우.
그로테스크한 분위기를 만들기 위해 블루 컬러를 사용했다.

이강현 미술감독

시즌 2·3

<보이스> 시즌 2부터 합류해 시즌 3까지 함께하셨는데?

보통 로맨스나 멜로, 사극, 판타지, 로맨틱 코미디 등 리얼 톤의 드라마 작업을 많이 해왔고, OCN의 장르 드라마 작업은 경험이 많지 않았다. 그래서 <보이스> 시즌 2 제안이 왔을 때 차별화에 방점을 두기보다는 시즌 1의 레퍼런스를 어느 선까지 연결시키고 어느 선부터 새롭게 구성할 것인가를 고민했다.

시즌 2부터 3에 이르기까지 매회 에피소드마다 미장센이 강조되는 형식이었고, 회화나 사진 작품 등 이미지들을 연결할 수 있는 공간에 대한 고민이 많았다. 특히 <보이스>는 공간의 기능적인 요소가 많이 들어가는 내용이라 대본의 동선에 따라 구조화시키는 작업이 난이도가 있는 편이었다. 또한 이전 시즌의 영상에서 개인적으로 조심스럽게 보강하면 좋을 것 같았던 질감의 요소를 많이 끌어올리기 위해 다소 거칠고 다듬어지지 않은 질감을 주로 사용하였다. 시즌 3에 와서는 시각적인 구성 자체를 팝아트나 설치 미술의 이미지를 차용하여 매회 에피소드에 다양하게 적용했다. 묶여있는 형태의 희생자와 그 주변의 공간, 사건이 벌어지는 장소의 형태상 여백 등 단순한 나열보다는 이미지의 명료함을 강조하려 했다.

시즌 3의 경우 일본 로케이션 분량 전체를 국내 촬영으로 대신했기 때문에 이에 대한 고민이 많았다. 먼저 어색하지 않은 정도의 수준이 어디까지인가 하는 문제가 있었고, 두 번째로는 에피소드에 따라 소요되는 상당한 공간을 시간과 물적 소요의 한계상 집중해야 할 공간과 다소 생략 가능한 공간

으로 분리해 작업을 진행했다.

초반의 료칸은 스튜디오 한 동 전체를 할애해 모두 제작해서 촬영하였는데, 1, 2화에만 등장하는 공간이기 때문에 예산의 압박과 한정된 자원 사이에서 애를 먹었다. 실제 방영분에서는 질감 위주로 제작한 료칸이 제작한 톤과 달리 너무 밝게 나와서 조금 아쉬웠지만 내용에 방해가 될 수준은 아니어서 다행이었다. 부산, 대전, 구룡포, 인천 등 일본이 아닌 곳에서 촬영한 장면들이 얼마나 일본의 느낌을 이미지로 전달했는지에 대해서는 여전히 아쉬움으로 남는 부분이 있다.

시즌제 드라마 <보이스> 앞으로 기대할 점은?

<보이스>는 '소리'라는 핵심적인 모티브를 가진 드라마지만, 사건의 이미지화가 상당한 비중을 차지한다는 것도 <보이스> 작업의 또 다른 매력이었다. 흔히 미술감독의 영역이 세트를 만들고 소품을 디스플레이하는 등 시각적인 이미지들을 준비하는 작업이 전부라 생각하지만, 장르물은 여기에 자원의 배분이라는 직접적이고도 중요한 롤이 더해진다. 한 시즌의 16화 전체를 운영하면서 주어진 자원을 너무 성급하게 소모하거나 긴축해서는 안 된다. 시즌 2와 시즌 3 모두 제한된 범위 안 적정선에서 소모하고 촬영이 무사히 끝났다는 것도 미술감독의 입장에서는 중요한 성과라 생각한다.

물론 그 과정은 매우 지난하다. 연출자의 의도를 파악하고, 그에 대한 합의점을 찾거나 때로는 제작팀과의 이견을 조율하고 타협하는 등 어찌 보면 작업 자체보다 더 많은 스트레스를 유발하기도 한다. 시즌제 드라마의 특성상 이전 시즌과의 차별성을 염두에 두는 연출자의 계획을 수많은 경우의 수를 생각하며 유관한 여러 사람들과 조율하는 것이 미술감독의 입장에서는 가장 큰 부담이었다.

<보이스>는 미술이 커버하는 범위가 광범위한 만큼 상당히 매력적인 드라마였다. 새로운 시즌을 어느 누가 맡더라도 흥미로운 작업이 될 거라 예상한다. 이상과 현실의 사이에서 가장 효과적인 결과물을 만들어내는 것이 일반적인 드라마 미술의 과제인데, <보이스>는 이 과제물이 엄청나게 많다. 하지만 정답을 가지고 있는 이는 아무도 없으므로 풀어가는 과정이 힘들지만 매우 흥미로울 거라 자신한다.

시시오도시 료칸 내부

<보이스> 시즌 3 카네키 마사유키가 창고에서 유키코를 살해하는 장면의 세트 구현을 위해 3D 그래픽 작업을 진행했다.

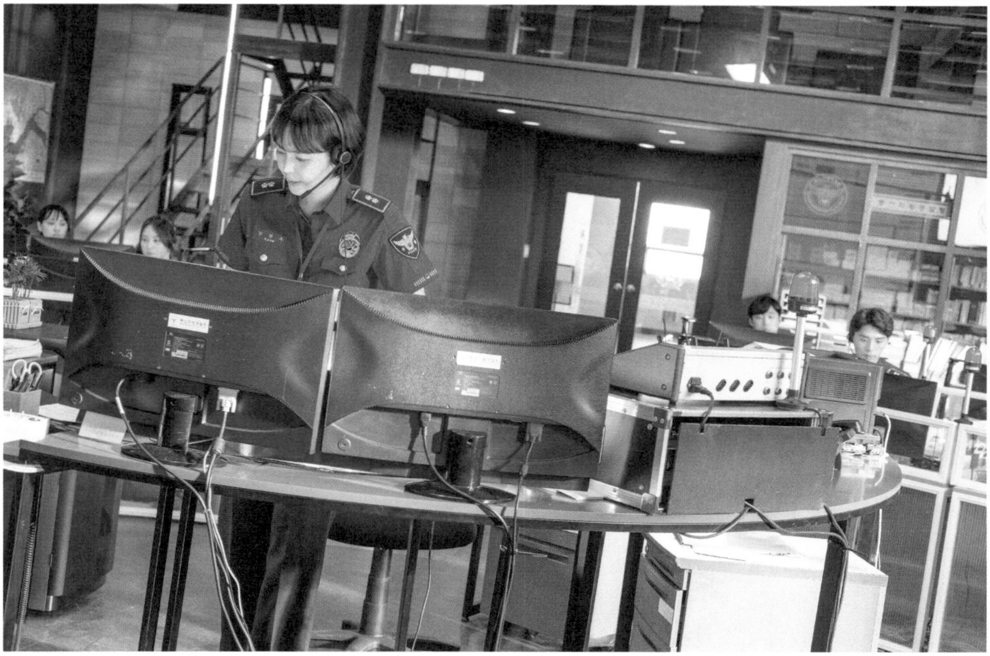

(위) 방제수 작업실
(아래) 보이스 2,3 풍산지방경찰청 112 신고센터

선 한 샘 편 집 감 독

시즌 2

● **<보이스> 작업에서 중점을 둔 편집 포인트, 타 장르 드라마와의 차별점이 있다면?**

시즌 2의 편집 작업의 포인트는 분할이었다. 112 신고센터와 사건 현장이 동시에 보이면 극의 긴장감을 살릴 수 있을 것 같았고 감독님도 흔쾌히 승낙해주셨다. 현장에서 분할을 고려하지 않고 찍어도 돌발적으로 2분할이나 3분할을 쓰면서 보는 사람들의 긴장감을 더하고 싶었다. 분할 라인의 디자인은 CG팀에서 여러 가지 레퍼런스를 받아 드라마와 제일 어울리는 걸로 선택했다. 디자인도 <보이스>만의 색깔을 보여주는 데 한몫했다고 생각한다. 나머지는 연기자의 감정을 최대한 살려서 보여주는 작업에 중점을 두었다.

개성을 살려 편집한 장면 중 모두가 만족했던 장면이나 흐름이 있다면?

워낙 대본상의 사건들이 흥미진진했다. 요즘처럼 서로를 믿지 못하는 혐오의 시대에 어울리는 스토리였고, 매회 주인공으로 나온 배우들이 열연해 주셔서 어느 한 장면을 꼽기는 힘들다. 첫 등장에 경학의 귀를 잘랐던 검은 모자나 3화부터 등장했던 염기태, 희주(2, 3화 '심판의 시간'), 백미자(4, 5화 '쉿 고객님 비밀이에요') 고다윗(6, 7화 '별 코인을 든 공모자들') 등의 에피소드 모두 하나같이 명장면이라고 할 만큼 쫄깃한 순간들이 많았다.

사실 편집자 입장에선 1, 2화가 제일 중요해서 초반 에피소드들이 많이 기억에 남는다. 시즌 2의 1화 추격전이 가장 또렷한데 차 액션 부분에 대해

(위) 화면 분할 이미지
(아래) 시즌 2 '별 코인을 든 공모자들' 에피소드

고민을 많이 했고, 편집 시간도 오래 걸렸다. 며칠에 걸쳐 촬영한 분량이라 편집 양도 많아 수정이 반복되다 보니 어떤 시퀀스는 1주일 동안 서너 번을 다른 버전으로 수정하기도 했다. 감독님과 작업이 처음인 데다가 촬영 소스가 워낙 방대해서 수정만으로도 하루가 꼬박 걸렸는데, 나중에는 차 엔진 소리만 들어도 눈이 감기고 졸리는 현상까지 생겼다. 그만큼 공을 들인 장면이라 결과적으로 모두 만족했고, 시청자들의 피드백도 좋았다.

캐릭터별 편집 포인트는?

<보이스> 시즌 2는 조금 특별한 케이스였다. 주연부터 단역까지 연기의 구멍이 전혀 없었다. 덕분에 오로지 배우의 연기가 시청자들에게 잘 전달되기만을 바라면서 편집하는 행운을 누렸다. 표정 연기도 좋지만, 목소리만으로도 깊이 있는 연기를 보인 이하나 씨, 완벽한 도강우가 되어 눈빛 연기로 모든 걸 말해준 이진욱 씨, 특히 <보이스> 작업 중 팬이 됐을 만큼 대사 NG 한 번 없이 성실한 연기를 펼친 권율 씨 모두 현장 집중도와 몰입감이 높은 배우들이라 오로지 그분들 연기가 잘 보이는 컷을 찾는 데만 신경을 썼다. 원본 그림을 보면서 매번 감탄했고, 어떻게 하면 배우들의 집중도를 더 잘 살릴 수 있을지 고민하면서 편집했던 기억이 난다.

편집으로 탄생한 최고의 장면, 혹은 개인적으로 만족한 장면이 있다면?

훌륭한 감독님과 스태프들 덕분이지만 만족할 만한 장면은 사실 매회 있었다. 편집만 봤을 땐 늘 끝나고 나면 한 번 더 볼 걸 하는 아쉬움이 남는다. 편집 작업 자체가 수동적이라서 1차적으로 촬영팀이 잘 찍고 연기자들이 잘해줘야 만족할 만한 결과를 얻을 수 있다. 매회 '야마 신'이라 부르는 힘주는 장면들이 있는데 그런 신들의 편집 결과물은 꽤 괜찮았던 것 같다.

만족스러웠던 장면을 꼽자면 개인적으로는 마지막 화 촬영 원본을 보고 손뼉 치며 감탄했던 취조실 신과 도강우와 방제수의 마지막 대결 신, 각도기와 마지막 통화 후 도강우가 우는 신이 기억에 남는다. 원래는 NG 장면이었는데 감독님이 오케이 컷보다 느낌이 좋다고 하셔서 최대한 살렸다. 방송으로 보니 확실히 좋았다. 물론 이진욱 씨 연기가 좋았기 때문이다.

<보이스>는 어떤 작품이었나?

초창기에는 액션이나 장르물을 많이 했는데, 최근 몇 년 동안은 우연찮게 로맨틱 코미디만 했었다. 그러다 거의 4년 만에 만난 장르물이 <보이스> 시즌 2였기 때문에 긴장도 했고 기대도 많았다. 이승영 감독님과 처음 하는 작업이라 걱정도 했지만, 감독님의 디테일한 디렉팅과 인간의 내면을 깊이 있게 돌아보게 하는 스토리, 연기자의 열연에 흠뻑 빠져서 신나게 작업했던 작품이다.

편집자는 감독과 함께 가는 직업이다. 감독님들 연출에서 흠을 찾는 시청자가 있으면 내 탓인 것 같아 속상할 때가 있다. 편집은 기본적으로 최대한 대본과 연기, 감독님의 의도를 잘 살려줄 수 있는 컷을 선택하는 안목과, 최종 편집권을 가진 감독님과 뜻을 맞추는 호흡이 중요하다. 편집의 완성도는 거기서 나온다. 그런 의미에서 <보이스> 시즌 2의 감독, 작가, 배우분들과는 모든 합이 좋았고, 그래서 작품도 잘된 것 같다. 다시 작업할 기회가 주어진다면 언제든 함께해 작품의 완성도에 기여하고 싶다.

시즌 2, 도강우와 방제수의 마지막 대결 장면

개미 음악감독

시즌 1·2·3

● **<보이스>의 특징인 실시간 추격의 긴장감을 살리는 데 음악의 역할이 컸다. 소리 추적이란 테마를 살리기 위해 어떤 시도를 했는지?**

긴장할 때 인체에서 가장 빨리 반응하는 건 아마도 심장일 것이다. 이때 우리의 심장 박동은 평소에 비해 굉장히 빠른 속도로 뛰게 된다. 피해자의 생명이 위태로운 상황, 범인을 쫓는 추격 신의 긴박감을 소리로 보여주기에 타악기가 적합하다고 판단했다. 의견 끝에 타악기를 사용해 강렬한 비트를 빠르고 리듬감 있게, 극적으로 표현하고자 노력했다. 또 강권주 센터장이 소리를 듣고 단서를 조합할 때는 최대한 현장의 소리를 살리기 위해 피아노나 첼로와 같은 소프트한 패드 위주의 부드러운 악기들로 시청자의 집중력이 분산되지 않게 했다.

<보이스> 오프닝곡의 모티브는?

이 곡은 '폐건물 속에 나 홀로 갇혀있을 때, 손에 베이스 기타 하나만 들고 있다면 어떤 라인을 치고 있을까?'를 생각하고 떠올린 멜로디를 기반으로 만들었다. 멜로디 라인의 구조를 밑에서부터 계속 끌어올려 상승시키는 구조로 만들었는데, 갇힌 공간에서 빠져나오고 싶은 본능을 표현한 멜로디로 무겁고 어둡지만 한 자락 희망이 깃든 테마다.

주인공뿐 아니라 빌런들의 테마 역시 강렬했다. 선과 악을 음악으로 표현하기 위해 어떤 장치를 했는지?

<보이스>는 3분이라는 골든타임 안에서 소리가 주는 단서로 피해자를 살리기도 하고, 일촉즉발 위기에서 단서의 부재로 피해자가 사망에 이르기도 하는 드라마다. 그렇기에 빌런들은 소리의 흔적을 숨기고 혼선을 주며 지속적으로 추적을 방해한다. 범인의 옅은 숨소리, 혹은 보이스를 덮을 수 있는 것은 또 다른 인간의 목소리라고 판단해 중의적인 느낌을 음악에 덧입히고자 했다. 특히 시즌 3의 빌런 테마에서는 합창, 괴기한 목소리 등을 사용해 마치 뮤지컬의 앙상블처럼 빌런의 잔인한 악마성을 표현하려 했다.

시즌 1 ,2 ,3의 음악이 각기 다른 콘셉트다. 어떤 발상에서 비롯되었나?

시즌 1은 장르물이지만 곡의 멜로디 라인을 굉장히 중요하게 생각했다. 길을 지나가다 멜로디를 들으면 '아, <보이스>다!' 하는 느낌을 주고 싶었다. 시즌 1 때는 시즌 2, 3와 비슷한 상황의 장면에서도 격렬하거나 거칠기보다는 현실적이고 순화된 음악으로 표현했다. 여기엔 감독님의 의도도 있었다. 극한 상황에 처한 인간의 공포감만이 아닌, 그 공포를 벗어나고자 하는 인간 내면의 힘과 간절함을 더 표현하기를 원했다. 그래서 장르물이지만 감정을 담은 음악을 많이 넣었다.

시즌 2는 시즌 1보다는 훨씬 더한 강렬함을 기반으로 음악을 만들었다. 하드 락 장르를 접목한 일렉트릭 사운드로 악기를 편성해 빌런의 잔혹함과 거친 내면을 표현했다. 시즌 2 감독님은 음악의 강렬함이 화면을 압도하기를 원했다. 시즌 3에서는 시즌 1과 2의 색깔을 기초로 앞서 말한 합창곡의 폭발력과 웅장함으로 본능을 이기지 못하고 폭발시키는 주인공의 내면을 표현하고자 했다. 감독님과 상의 끝에 김윤아 씨가 시즌 1에서 부른 '목소리' 원곡을 데스메탈로 편곡하기도 했다. '목소리'란 곡은 <보이스>의 시그니처 같은 곡이다. 시즌마다 <보이스>의 기본 색감을 느끼고 싶다면, 이 노래가 어떤 버전, 어떤 색깔로 변주되었는지 찾아보면 된다. 각 시즌에서 추구하는 음악의 방향이 선명하게 나뉘는 것을 구별할 수 있을 것이다.

<보이스>의 시즌별 앨범 재킷.
시즌 1은 대중적인 멜로디 코드를 사용했고,
시즌 2는 하드 락 장르를 접목,
시즌 3는 주인공의 폭발적인 내면을 상징하는
데스 메탈 장르가 더해졌다.

<보이스> 전 시즌 통틀어 개인적으로 가장 강렬했던 장면, 그리고 그 장면에 사용된 음악은?

개인적으로 충격적이고 인상 깊었던 장면은 시즌 3의 1화 미술 창고의 유키코 사망 신이다. 와이어에 묶인 카네키 유키코의 모습이 굉장히 섬뜩하고 잔인했다. 살인마의 잔혹하고 쾌락이 담긴 웃음과 두려움 속에 꺼져가는 피해자 비명. 같은 공간에서 한쪽은 살인 쾌락으로 즐겁고, 다른 한쪽은 절절한 고통으로 몸부림치는 장면은 지금도 선명하다. 살인을 예술이라고 생각하는 빌런의 이미지를 극대화하기 위해 오페라의 아리아를 배경 음악으로 사용했다.

<보이스> 음악 작업을 할 때 특별히 어디서 영감을 받았는지?

어떤 작업이든 쉽지 않지만, 장르물은 더 긴장해서인지 다른 작업보다 강한 스트레스가 동반된다. 겪지 못했지만 언젠가 나와 내 주변에 일어날 수도 있는 사건에 대한 상상, 마치 대본 속 사건이 실제로 일어날 것 같은 공포와 두려움. 이어 떠올리게 되는 인간의 끝과 잔인함. 극한의 감정뿐 아니라 가해자와 피해자를 내 안에서 동시에 키워야 하는 이중성까지 요구되는 작업인 만큼 가끔은 아주 괴롭기도 하다. 그럴 땐 오히려 관련 영화를 본다거나, 고요하게 대본을 숙지하면서 머릿속으로 사건과 상황을 재연해본다.

박동진 소품팀장

시즌 3

시즌 3을 담당하고 준비하는 과정은 어땠는지?

처음 <보이스> 시즌 3 대본을 접했을 때 시즌제로 진행해온 드라마라 많은 부담이 됐다. 소품팀장으로서 드라마를 준비하는 첫 단계는 그 드라마가 시청자에게 무엇을 말하려 하는지, 작가님이 만든 이야기의 포인트는 무엇인지 파악하는 것이다. 여기에 시즌제 드라마의 특징인 시즌 1, 2의 작품 색깔과 드라마의 매력을 파악하기 위해 많은 고민과 스터디 시간이 필요했다.

소품 구상 전, 드라마 <보이스>가 많은 사람에게 관심과 사랑을 받았던 비결을 나름 분석해보니 키워드는 '공감'이었다. 시청자의 입장에서 사건이 일어났을 때 피해자의 아픔과 상처에 공감하게 되고, 사건 하나하나에 이입하며 반드시 사건을 해결하려는 강권주 캐릭터의 집요한 열정과 포기하지 않은 마음이 공감이란 매력으로 다가왔다. 특히 현장에서 고생하는 대한민국 경찰들의 노고가 잘 표현된 드라마였기에 시즌 3 역시 그 부분을 리얼하게 전달하기 위해 열심히 준비했다.

촬영 당시 에피소드가 있다면?

<보이스>는 옴니버스 방식으로 진행되는 드라마로 매회 다른 사건들이 등장한다. 중요한 건 이 모든 에피소드가 실제 사건을 모티브로 제작되었다는 점인데 이 부분이 촬영하는 동안 마음을 아프게 했다. 제일 기억에 남는 에피소드는 4화 촬영 때였다. 동물들에게 먹이는 약을 아이들에게 먹이는 범

인 송수철 원장의 이야기였는데, 한 대 때리고 싶을 만큼 준비하는 내내 화를 주체할 수 없었다. 극 후반 도강우 형사가 송 원장을 체포하는 장면을 촬영할 때 통쾌한 기분이 들 정도로 감정이 이입됐다. 또 같은 에피소드에서 제일 어렵게 준비한 부분이 냉동고였는데, 아무래도 극 중 한별이와 현수가 작은 체구가 아니다보니 큰 냉동고여야 했고 두 명을 같은 공간에 꼭 넣어야 한다는 작가님의 요청에 새로 산 냉동고를 부숴야 했던 가슴 아픈 기억이 떠오른다. 원래 기존 영업용 냉동고는 보관에 용이하도록 칸막이가 여럿 있는데 과감히 내부 칸막이를 모두 부수고 성인 두 명이 들어갈 정도의 공간을 확보했다. 사실 그 냉동고 촬영 신도 두 번에 나눠서 촬영했는데 그만큼 감정적인 요소가 많아 실제 방송할 때 현수가 한별이 손을 잡는 장면에서는 촬영장에 있던 나 역시 눈물이 났다. 방송을 통해 촬영분을 확인하니 결과물이 아주 좋아 새 냉동고를 부순 보람이 느껴질 정도였다.

그 외에도 카네키 마사유키라는 캐릭터의 잔인함을 극대화하기 위해 정말 많은 고민을 했다. '와이어'라는 소재는 언뜻 생각해도 너무나 잔인한 소품이었기 때문에 촬영할 때는 특수 제작한 와이어를 준비해 부상 위험에 철저히 대비했다. 기품 있지만 잔인하고 무자비한 카네키 마사유키에게 어울리는 공간과 소품을 연출하기 위해 카네키의 사무실뿐만 아니라 아지트에 들어가는 모든 소품들을 직접 만들었다. 촬영하는 동안 제작진 모두 <보이스>에 빠져 좀 더 리얼하고 아름답지만 가슴 아픈 장면을 연출하기 위해 많은 이야기를 나눴는데, 돌이켜보면 그런 열정과 애정이 지금의 <보이스>를 만들었다고 생각한다.

카네키 마사유키는 살인 후 사체를 예술 작품처럼 전시하고, 작품명을 붙였다. 염두에 둔 점은?

천국의 꽃

시즌 3 첫 살인 사건의 작품은 '천국의 꽃'이었다. 카네키 마사유키가 아내인 유키코를 와이어로 살해하고 와이어의 날카로운 면을 이용해 사체를 14등분 한 후 마치 관절 인형처럼 전시한 현장. 영상에서는 블러 처리되어 전체 형상이 보이진 않았지만, 최대한 대본의 표현에 가깝게 14등분 한 신체를 꽃잎 모양으로 배열하고 잘린 머리를 한 중앙에 놓았다. 섬뜩한 예술 작품이 완성되었지만 영상으로 접할 시청자들의 충격을 감안해 블러 처리되었다.

아무래도 드라마의 첫 장면이기에 기존 어느 드라마에서도 보여주지 않았던 방식을 연출하기 위해 많은 스태프들과 고민하고 회의를 거듭했다. 첫째, 와이어를 묶었을 때 각 관절 부위에 어떤 식으로 연결이 되는지, 둘째, 와이어를 잡아당기는 레버 역할의 기계 장치는 '톱니 + 와이어'라는 느낌으로 목재를 이용해 일회성 소품이 아닌 장기적이고 상징적인 장치로 기획했다. 와이어를 인체에 매달고 각 이어지는 포인트에서 서로 맞물려 하나의 도르래로 연결하는 작업을 할 때 실제 8시간 이상이 소요됐다. 그만큼 많은 인력들이 투입됐고 와이어마다 무게 중심을 맞추어 일정한 방향으로 지탱할 수 있게 하기 위해 수차례 시뮬레이션을 거쳤다. 심지어 소품 팀원 한 명이 유키코 대역으로 긴 시간 동안 묶여있기도 했다. 그렇게 수많은 단계를 거쳐야 배우의 컨디션과 안전까지 책임을 질 수 있기에 신중에 신중을 더했다. 완성작이 나온 것은 드라마 촬영 초반이었는데 그때의 단합과 협동심이 시즌 3을 성공적으로 마무리할 수 있었던 계기가 아니었나 싶다.

인체 모형

최종화에 가까워지면서 카네기 마사유키의 큰 그림이 밝혀진다. 살인 후 수집한 사체를 이어 붙여 사람 형태의 모형을 만들어 영원히 소유하는 것이 그의 목적이자 목표였고, 훼손한 사체 각각의 부위를 밀랍 처리해 보관하고 정교하게 이어 붙여 인체 모형을 만든다는 설정이었다. 어쩌면 카네키 마사유키는 최종 작품을 최대한 정교하게 완성하기 위해 이전의 살인 과정에서 뼈를 자르고 사체를 훼손하는 연마를 꾸준히 해왔을 것이다. 그는 의학, 미술, 인간의 심리 등에 탁월한 지식을 가진 인물로 그의 최종 작품은 끔찍하고 잔인하지만 한편 아름답고 정교해야 했다. 스스로 조물주가 되어 언제든 인간의 신체를 소유하고 파괴할 수 있으며, 내키면 언제든 다시 또 새로운 타깃을 찾아내 살해하고 신체를 훼손해 재창조가 가능한 인체 모형의 주인이 되고자 했던 사상 초유의 살인마 카네키 마사유키.

아름다운 예술 작품이 알고 보니 흉악한 살인의 컬렉션이었다는 것을

카네키 마사유키의 아지트에 설치한 인체 모형 소품

카네키 마사유키의 아지트에 배치한 소품들

보여주기 위해 카네키가 여러 조각들을 모아 하나의 생명을 만들 듯 인체 모형 또한 같은 맥락으로 만들어야겠다고 생각했다. 옥션 파브르에서 다루었던 모든 신체 조각들, 그리고 시즌 2에서 이야기했던 신체 거래 역시 이 모든 것을 설명하기 위한 장치로 만들어야 했다. 모든 사건의 해답이 인체 모형인 만큼 각기 부위별로 나누는 작업과 또 이것들이 서로 조화롭게 하나의 작품이 되기 위해서는 재료 선별부터 신경 쓸 부분이 많았다. 실제 인체 더미(특수 제작한 신체 부위)로 만들면 흉물스러움은 더해질 테지만 부위별로 보자면 지저분하고 무섭기만 할 것 같았다. 우리의 의도는 신비스러운 분위기와 카네키의 변태적 성향을 드러내는 것이었으므로 최종적으로 마네킹 모형에 흰색 붕대와 하얀 느낌으로 표현을 했다. 고정되어 있으나 매달린 형체이다 보니 많은 어려움이 있었는데 실제로 이 작업은 유키코 사건 때처럼 많은 인력과 긴 시간이 소요됐다.

드라마가 끝난 지금 뿌듯함을 느끼는 점은 드러내고자 했던 포인트들이 잘 살았고, 신비스러운 카네키 마사유키라는 악을 표현했다는 것, 다른 드라마에서는 본 적도 없고 시도해보지도 못한 그런 장면을 구현했다는 점이다.

<보이스> 시즌 3 카네키 유키코의 미술 창고 세트 모습

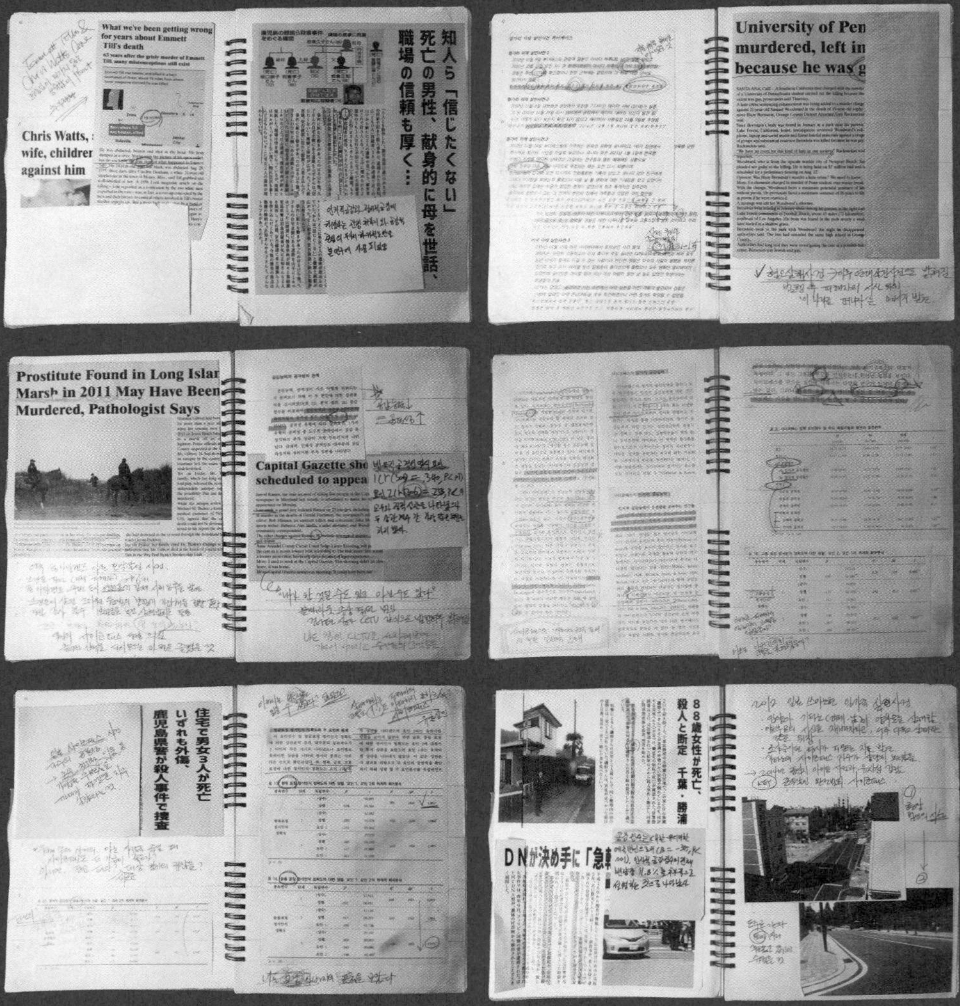
What we've been getting wrong for years about Emmett Till's death
Chris Watts,
wife, children
against him
知人ら「信じたくない」死亡の男性、献身的に母を世話、職場の信頼も厚く…
University of Pen
murdered, left in
because he was g
Prostitute Found in Long Islan
Marsh in 2011 May Have Been
Murdered, Pathologist Says
Capital Gazette sho
scheduled to appea
住宅で男女5人が死亡
いずれも外傷、
鹿児島県警が殺人事件で捜査
88歳女性が死亡、
殺人と断定 千葉・勝浦
DNが決め手に「急

(좌) 나형준 형사 살인 사건과 유사한 범죄 케이스들이 정리된 도강우의 서류

(우) 나형준 형사 살인 사건 당시 방제수가 쓴 가면으로 거미를 상징함

<보이스> 나형준 형사 살인 사건과 장경학 팀장 살인 사건에 대한 수사 기록이 적힌 도강우의 수첩

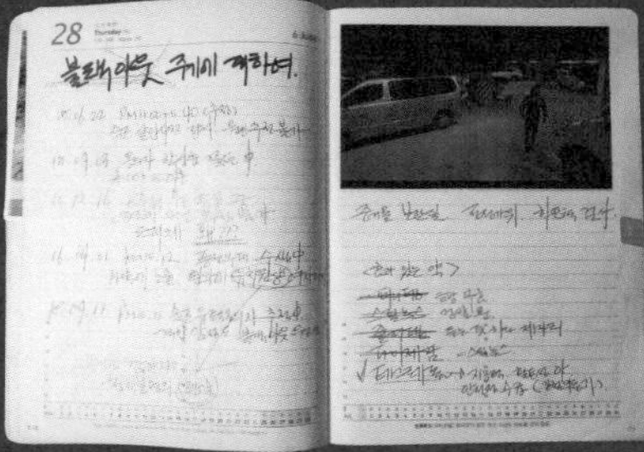

풍산일보

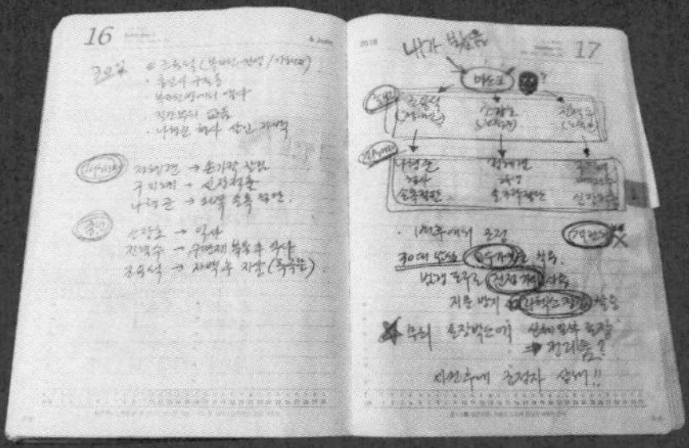

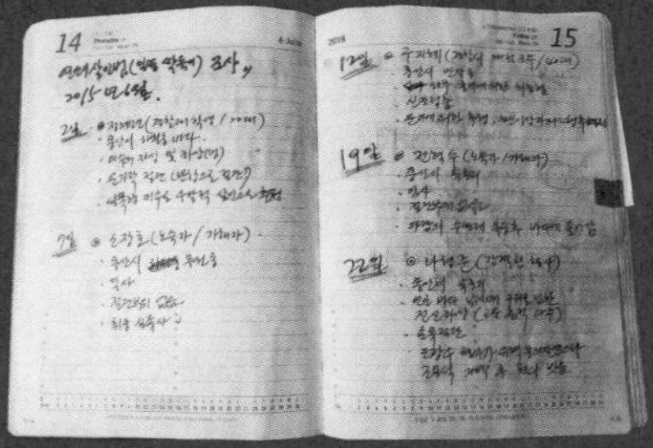

차지연 분장실장

시즌 2·3

● **<보이스> 분장 작업에서 중점을 둔 부분은?**

<보이스> 시즌 1에 출연한 분들이 시즌 2와 시즌 3에도 같은 배역으로 출연하는 만큼 분장의 연결이 포인트였다. 특히 시즌 2와 3에서 강우 역할을 맡은 이진욱 배우의 얼굴에 난 상처 같은 경우, 분장을 같은 위치에 두기 위해 노력했다. 매회 인물과 사건이 달라 분장도 다르게 연출해야 하는 상황이었고, 생방송 수준으로 촬영이 진행되다 보니 현장은 항상 바빴다. 시간을 줄이기 위해 최대한 빨리 최대의 효과를 낼 수 있는 분장 이미지와 재료를 선택했다.

드라마 <보이스>는 사체 등이 많이 등장했다. 특별히 어려웠던 점과 리얼리티를 위해 연구하고 시도한 부분이 있다면?

시체를 연출하기 위해서는 대부분 '더미'라는 특수 분장 전용 시체를 이용하지만, 리얼리티를 살리고자 했고 감독님이 원하신 부분도 있어 특수 분장으로 결정했다. 특수 분장은 배우들의 배려가 있어야 진행할 수 있다. <보이스>의 리얼리티는 배우들의 열정이 있었기에 가능한 작업이었다. 특별히 어려웠던 점은 현장에서 실시간으로 특수 작업을 해야 하는 상황과 촬영 시기가 여름이었다는 점이다. 피 분장에 벌레가 들끓는 등 분장 상태를 유지시켜야 하는 점이 어려웠다. 처음에 감독님과의 사전 미팅에서 이진욱 배우님께 양해를 구해 분장을 하고 하루 정도 지우지 않는 방법으로 상처 유지 테스트를 진행했고, 다행히 24시간까지는 상처가 유지될 수 있었다. 특수 분장에는 다양한 재료가 있지

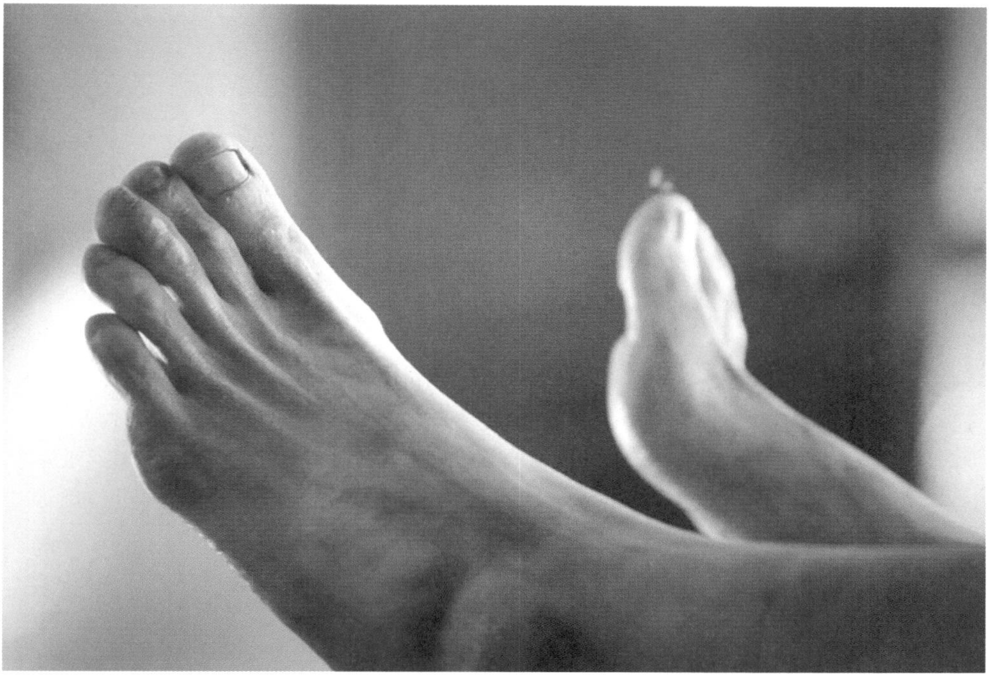

<보이스> 시즌 2 전익령 배우(방제수의 모친 진미연 역)의 발.
공교롭게도 이승영 감독이 "액션!"을 외치는 순간 파리가 날라와 앉았다.

만, 강우 상처에는 가루형 카보실과 접착제 프로스에이드를 1대1 비율로 섞어 사용했다. 얼굴에 칼자국 모양을 내가며 굳혀서 모양을 만들고, 파우더 칠을 한 뒤 완전히 말린 상태에서 채색 작업을 했다. 색채가 금방 지워질 수 있어 특정 알코올 성분이 든 팔레트를 이용해 세 가지 색깔을 믹싱한 뒤 음영을 자연스럽게 표현했다. 이런 작업 후 강우의 이마 상처는 땀을 많이 흘려도 지워지지 않았고 촬영 종료 시까지 유지될 수 있었다. 매번 긴 시간 분장을 해야 하는 상황에서 짜증 한 번 안 내고 부담 없이 분장하도록 배려해준 이진욱 배우님께 고맙다는 말을 전하고 싶다. 시체 리얼리티를 위해서는 법의학 전문 책을 자료로 사용했다. 배우 온몸에 보디 페인팅을 하는 것처럼 전체적으로 핏기 없는 죽은 시체로 보이게 한 뒤, 부분적인 명암을 넣어 멍 등을 연출했다. 그렇게 완성된 분장에 조명감독님이 조명으로 효과를 내주시면 마무리가 된다.

시즌 3에서 유키코, 곽독기, 와이어 슌 등의 사망 사체를 구현할 때 에피소드가 있다면?

시즌 3의 초반부가 유키코 살인이란 강렬한 이미지로 시작한 만큼, 유키코가 와이어에 묶여 공중에 매달려 죽어있는 모습을 실감나게 연출해야 했다. 미술팀이 총동원되어 유키코를 묶은 와이어를 고정한 다음 그 위에 피를 얹고 옷을 찢어 마디마디 졸린 듯한 모습으로 분장을 했고, 몇 시간 매달려 있어야 할 배우에게 분장을 하는 것은 무리였기에 매달기 전에 모든 이미지 연출을 끝냈다. 그래야 한 번에 오케이가 날 수 있었다. 곽독기와 와이어 슌의 시체 분장 포인트는 핏줄이다. 전체를 창백하게 만든 다음 그 위에 보라, 파랑, 초록, 빨강, 펜슬로 현장에서 직접 그려가며 핏줄을 표현했다. 죽은 지 얼마 되지 않은 상태를 표현하고 고통스럽게 죽은 이미지를 만들고자 노력했다.

드라마 <보이스>의 제작진으로 한마디 남긴다면?

모든 걸 현장에서 구현해야 하는 작업이었기에 시간 다툼에서 디테일을 더 살리지 못한 점이 아쉽다. 그러나 그 모든 단점을 커버할 수 있었던 건 탄탄한 스토리와 배우, 그리고 스태프의 조화였다. 재미있는 작업이었고 <보이스> 시리즈에 인연이 닿아 분장을 맡아 행복했다.

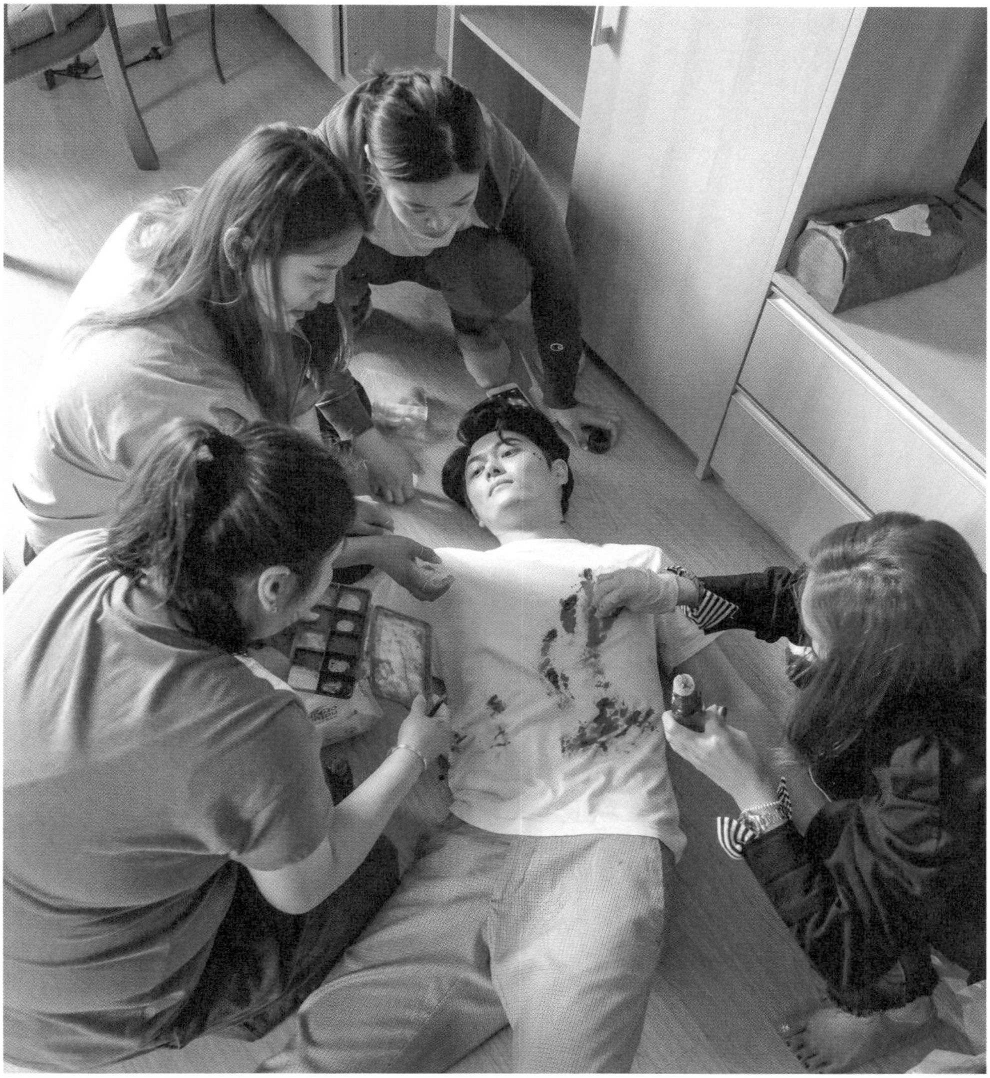

<보이스> 시즌 2 재희 배우에게 특수 분장을 하는 차지연 분장실장

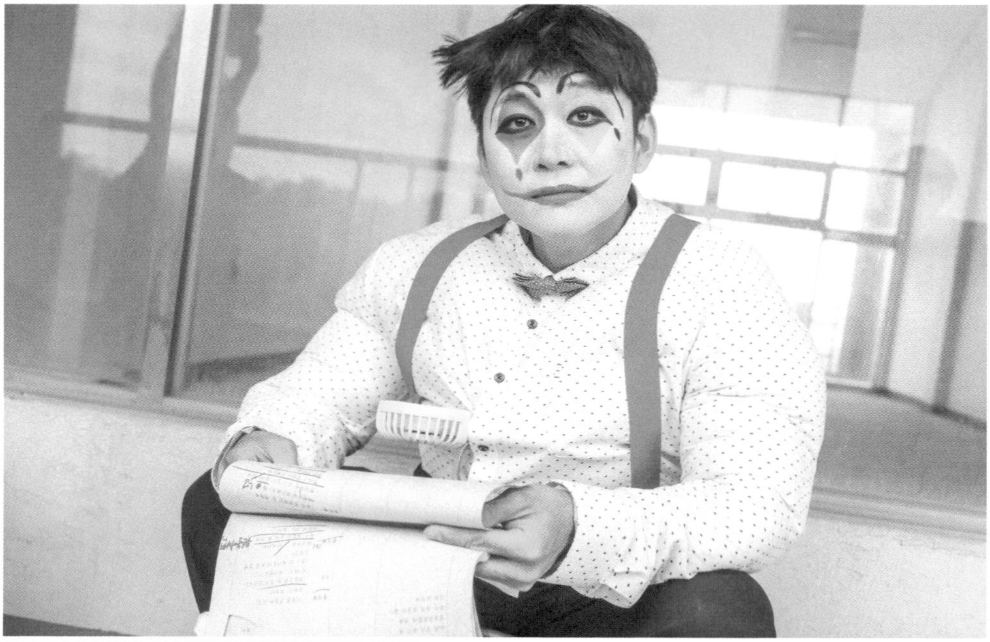

(위) 염기태의 피에로 분장
(아래) '입이 없는 소녀' 그림과 똑같이 살해당하는 고토 나오미 분장

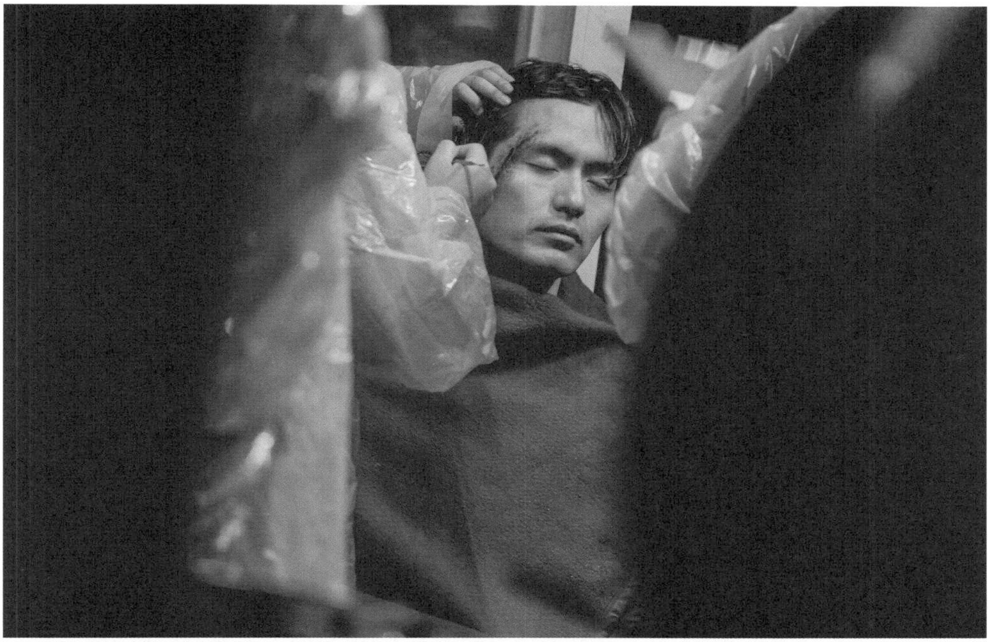

(위) 도강우 얼굴 상처 자국
(아래) 고문당한 나형준 형사 분장

이하나 배우

시즌 1·2·3 강권주 역

내가 바라본 강권주

극 중 112 신고센터장 강권주는 강직하며 선한 리더다. 어릴 적 한 번쯤 그려봤던 영웅과 닮아있다. 다른 이들처럼 가슴속에 아픔도 몇 가지 가지고 있지만 그 아픔을 극복해내면서 사람 구하는 일을 자신의 숙명처럼 생각하는 인물이다.

<보이스>의 강권주 역을 제안받고 시놉시스와 대본을 처음 읽었을 때, 솔직히 OCN을 대표하는 작품이 되지 않을까 어느 정도 예상할 수 있었다. 당시 작품의 소재와 구성이 신선하고 굉장히 탄탄하다는 소문이 이미 돌고 있었고 분위기가 심상치 않았다. 대본을 보았을 때 한치의 양보가 있을 수 없는 사연을 가진 두 남녀 주인공이 한눈에 들어왔다. 처음에는 삐걱대던 두 사람이 골든타임팀 안에서 사람을 구하고자 하는 마음 하나로 같은 곳을 바라보게 될 때 나올 시너지가 궁금했고, 신고센터에서 다루는 사건들이 먼 이야기가 아니라 우리 주변의 이야기라는 점이 인상적이었다. 어떤 에피소드는 범죄 예방에 대한 경각심을, 또 어떤 에피소드는 미처 우리가 지켜내지 못했던 피해자의 아픔을 풀어주는 대리만족을 주기도 해 앞으로 무궁무진한 이야기가 기대되는 작품이었다.

강권주와 이하나, 하나가 되다

시즌 3에 이르면서 <보이스> 강권주 역과 온전히 일치되어가는 모습이 보인다는 이야기를 많이 해주셨다. 배역과 하나가 되어가는 모습이 보였다는 건 배우로서 정말 감사하고 기쁜 평가다. 개인적으로 이상에 가까운 리더의 모습을 갖춘 강권주였기 때문에 시즌을 함께하며 행복했고, 세 시즌을 완성해가며 더욱 애정이 깊어졌다. 늘 배우게 되는 나의 인생 캐릭터다.

사실 시즌 3까지 센터장의 자리를 지켜오며 작은 슬럼프들도 있었다. 그건 작품이 아닌 연기자로서의 슬럼프였다. 하지만 강권주라는 인물과 함께 성장하며 쌓여가는 특별한 정이나 배우는 기쁨에 비하면 아주 작은 흔들림이었다.

<보이스>와 함께한 배우로서 갖는 가장 큰 자부심은 시즌제의 성공을 이끈 선두 작품이란 점이다. 동시에 동일한 캐릭터를 연속적인 설정 안에서 몇 해 동안 연기한다는 것은 너무나 뿌듯한 일이다. 시즌제 드라마의 반복된 캐릭터, 환경, 설정 등에 매너리즘이 생길까 걱정하는 분들도 많은데, 난 오히려 반복을 통해 그 인물의 말과 행동, 감정에 점점 더 익숙해지기 때문에 사실 좋은 점이 더 많다.

강권주, 주체적인 여성 캐릭터

우리 드라마나 영화에서 대부분의 여성은 수동적 캐릭터로 표현된다. 그런 현실에서 강권주는 독보적인 여성 캐릭터, 또는 주체적인 여성 캐릭터로 보인다. 작가님의 선구안에 감탄했던 건 강권주를 시대가 요구하는 캐릭터로 완성해주셨다는 점이다.

등장인물과 에피소드를 이미 몇 년 전부터 준비하셨다고 들었는데 지금의 흐름과 딱 맞아떨어질 때가 종종 있었다. 이때 제작진과 배우들 모두 감탄했던 건 사회 현상과 이슈를 늘 살피고 집중하셨던 작가님의 내공을 마주했기 때문일 것이다.

남녀의 성을 떠나 강권주는 배우로서 단비 같은, 주체적이고 강직하며 선한 캐릭터였다. 그런 역할을 맡기 위해 시즌 2 시작 전, 당시 무술감독님이 운영하시는 액션 스쿨 수업을 받았는데 첫 수업을 받고 끙끙 앓아누웠던 기억이 난다. 새로운 경험이었고 팀원들 모두가 정말 성심성의껏 도와주셨다. 그때부터 무술 감독님의 권유로 복싱을 시작해 지금까지 계속하고 있다. 처음에는 체력 상승을 기대하고 시작했지만 연기할 때의 호흡과 정신력에까지 긍정적인 영향을 줘 꾸준히 하고 있다.

나의 무대, 112 신고센터

강권주의 주 활동 무대는 112 신고센터다. 정적인 동선 안에서 골든 타임 사건의 긴박함을 연기할 수 있었던 건 최고의 세트가 주는 112 신고센터의 긴장감 덕분이었다. 세트에 대해서는 할 말이 참 많다. 특히 시즌 2를 시작할 때 배경의 주 무대가 성운시에서 풍산시로 넘어가는 과정을 보여줘야 했다. 그 몇 안 되는 신을 위해서 시즌 1의 성운시 상황실 세트를 거의 완벽하게 정성 들여 복원했고 무사히 촬영했다. 그리고 몇 번의 촬영을 마치고 다시 철거, 며칠 뒤 같은 세트에 갔는데 마치 마술처럼 풍산시의 새 상황실 세트가 지어져 있었다. 함께한 배우들 모두 혀를 내두를 만큼 제작진이 똘똘 뭉쳐 <보이스>의 대본 한 신, 한 신을 존중하며 밀도 있는 장면을 위해 최선을 다했던 나날이었다. <보이스>의 주 무대이자 나의 무대였던 상황실 세트는 더할 나위 없이 멋지고, 천군만마처럼 든든한 곳이었다.

카타르시스를 느끼다

강권주로서 <보이스>는 좋은 배우들을 많이 만날 수 있는, 종합 선물 세트 같은 좋은 경험이었다. 기억에 각인된 순간이라면 시즌 1에서 이용녀 선생님과의 만남이 떠오른다. 선생님이 표현하시는 절실함은 마치 가식이라곤 전혀 없는 어느 순수한 동물의 슬픔 같았다. 대사 한 마디, 표정 하나하나에서 처음 보는 순수함이 느껴졌다. 그런 연기를 가까이서 볼 수 있었던 것만으로 감사드리며, 정말 귀했던 시간으로 남아있다.

경찰 제복은 강권주를 연기하면서 내게 허락된 큰 무기였다. 제복을 입고 대기실 거울 앞에 앉아 있으면 늘 많은 생각이 들었다. 워낙 큰 역할이기에 책임감에서 오는 부담이 짓누를 때도 제복을 입은 내 모습을 보면 이상한 자신감이 생겼다. 늘 이끌어주시는 현장의 가족들에게, 또 각 잡힌 제복으로부터 보호받는 기분이 들었다.

세 번의 시즌을 지나오면서 배우로서 가장 큰 카타르시스를 느낀 장면은 누가 뭐래도 시즌 3 마지막 화에서 도강우 형사를 결국 하늘로 떠나보내는 신이다. 막바지 촬영은 언제나 그렇듯 시간도 에너지도 늘 사정이 넉넉지 못하다. 그 신은 그날 촬영에서도 마지막이었기 때문에 아침부터 걱정되기 시작했고, 역시나 우려했던 대로 촬영 시간은 새벽을 넘어 다음날 아침이 되었으며 체력은 이미 고갈 상태였다.

눈을 뜨고 있기도 힘들 만큼 지친 상태에서 촬영이 시작됐을 때, 도강우 형사의 마지막 순간을 실감한 순간 참을 수 없는 눈물이 터져 나왔다. 그것은 물리적으로 연기가 불가능한 상태에서 나온 본능적인 감정이었다. 그리고 도강우를 떠나보내며 '나는 정말 강권주였구나' 하는 생각에 모든 피로와 고통과 슬픔이 정화된 순수한 카타르시스를 느낄 수 있었다.

그리고, <보이스>

앞으로 <보이스> 시리즈가 이어진다면 내가 강권주로 계속 112 신고센터를 지킬 수 있을까? 강권주가 없는 삶이란 참 허전할 것 같다. 마음은 언제까지고 강권주로 남고 싶지만 현실적인 이유로 만약 참여를 못 하게 되는 때가 오면 기쁘게 다음 센터장에게 자리를 물려주고 싶다. 배우 이하나는 물리적 한계가 있지만, <보이스>는 앞으로도 이야기가 무궁무진할 수 있는 튼튼한 엔진을 가졌기 때문이다. 언제까지 함께 할 수 있는 여건이 허락될지 모르지만, 마음만큼은 <보이스>를 일궈주신 작가님과 수많은 제작진분들, 그리고 <보이스>의 팬들 곁에 늘 강권주로 남고 싶다.

한때 나에게 너무 잘 들리는 내 '귀'는 저주와도 같았다. 그러나 나를 힘들게 했던 내 '귀'가 지금은 사람들을 도울 수 있단 사실에 감사하고 있다. 우리가 범죄 없는 세상에서 살 수 있다면 참으로 좋겠지만 빛이 있는 곳엔 반드시 어두운 그림자가 존재하는 법이다. 우리는 작은 실수 하나에도 아슬아슬한 줄타기를 하고 악의 구렁으로 떨어지기도 한다. 그 작은 실수를 바로 잡아야 하는 것, 어쩌면 그것이 인간의 도리일지 모른다. 그래서 나는 오늘도 사람들이 간절하게 부르는 소리에 귀를 기울이고 있다.

강 권 주
KANG

장혁 배우

시즌 1 무진혁 역

형사, 익숙한 듯 낯선 캐릭터

<보이스> 시놉시스를 읽고 무진혁이란 인물의 진정성과 리더십이 마음에 들었다. 많은 시청자분들이 내가 형사 역할을 많이 했다고 생각하시는데 사실은 <보이스>의 무진혁이 내 인생 첫 형사 역할이다. 익숙한 캐릭터라 피하고 싶은 생각은 없었냐는 질문도 받곤 하는데, 나는 남의 시선 때문에 내가 잘하는 연기 스타일을 바꿀 이유는 없다고 생각한다. 대신 작품에 얼마나 잘 맞는지에 중점을 둔다. 그래서 <보이스> 무진혁을 택했다.

'무진혁'이란 옷을 입다

무진혁은 타고난 촉과 동물적인 감각, 냉철한 판단력으로 범인을 검거하면서도, 절제된 액션과 강렬한 눈빛 연기가 필요했다. 다행히 무진혁이란 캐릭터와 내가 겉도는 느낌이 없다고 시청자들이 판단해주셔서 익숙한 옷을 입은 것처럼 연기할 수 있었다.

내 인생 첫 형사 역할이었던 무진혁을 연기하면서, 내가 아무리 첫 형사 연기를 하는 거라 잘 알지는 못해도 보통의 수사를 전문으로 하는 형사에 비해 무진혁은 형사보다 구조원에 더 가까웠다. 일반적인 수사물은 사건이 발생하고 신고나 사고 접수로 사건이 벌어진 다음 사후에 사건을 수사하면서 피의자를 검거하지만, 골든타임팀은 거의 실시간으로 범죄 현장에 출동해 사전에 피해자가 속출하지 않도록 피의자를 검거해야 하다 보니 내가 형사인지 구조대인

지 모르겠다 싶은 상황도 많았다. 그러다 보니 감정에 많이 치우치는 연기를 하게 됐다. 대신 그만큼 현장에서는 사건 대사를 전달할 때도 왜 이 사람을 검거하는지 철저히 그 이유를 파악하려 했다. 또 피해자를 어떻게 구해야 할지 좀 더 집중하고 골몰하며 연기했다.

무진혁 VS 심대식

대식이가 내부 공모자라는 스토리는 백성현(심대식 역) 배우와 나 모두에게 고민을 안긴 설정이었다. 사실 처음부터 내용을 공유하고 촬영에 들어갔지만 시청자분들께 설득력을 더 부여하기 위해 대식이 왜 그런 선택을 할 수밖에 없었는지, 심대식 역의 백성현과 끊임없이 이야기를 나눴다. 대식의 상황과 진혁의 입장을 놓고, 그럼에도 불구하고 어쩔 수 없는 선택을 해야 했던 대식의 상황이 주는 연민을 이해하고자 서로 노력에 노력을 더했다.

액션 장인, 이면의 그림자

"액션을 잘하는 배우!"

"액션 전문 배우를 꿈꾸는지?"

그런 이야기를 많이 듣는다. 아쉽게도 액션 장르를 좋아하지만 액션 배우가 되고 싶은 마음은 없다. 절권도와 복싱을 오래 해온 건, 춤이나 피아노 같은 다른 특기를 오래 해온 것과 다르지 않다. 쉽게 말해 액션도 나에게는 특기 같은 분야다. 누구에게나 좋아하는 것과 잘하는 것이 있듯 나는 액션을 좋아한다기보다는 액션을 잘하는 편이다. 배우 중에 피아노 잘 치는 배우, 춤 잘 추는 배우가 있듯, 나에게 액션은 전문적으로 보여줄 수 있는 특기에 해당하는 부분이다.

다만, 액션에 특화된 배우에게는 나름의 고충이 있다. 부상을 달고 산다는 거. <보이스> 촬영 중에도 액션 신 중에 허리가 틀어져서 주사를 맞고 촬영을 했다. 그래서 농담처럼 <보이스> 대본에서 코드 제로 상황이 제일 싫다고도 했었다. 코드 제로가 뜨면 그 즉시 전속력으로 출동해야 하니까.

주사를 맞고 촬영을 하던 날, 아침 뉴스에서 기온이 영상 15도라고 했다. 원래 바다에 빠지는 신은 없었는데 영상 15도라는 예보에 입수해도 괜찮겠다는 생각을 했고 그대로 진행했다. 그러나 어리석었던 건 바다 속 수온은 영상 15

도가 아니었다는 점이다. 그날의 몸 상태로는 추운 곳에 들어가면 안 되는 거였는데 입수 후 저녁까지 촬영이 이어지니 잠깐 앉아있는데도 허리가 너무 아팠다. 그때 이하나 배우가 가만히 안마를 해줬다. 정말 고마웠고 그렇게 서로를 챙겼던 촬영장의 동지들 덕분에 무사히 촬영을 마칠 수 있었다.

<보이스>가 남긴 것

4개월이 넘는 <보이스> 촬영 기간 동안 현장은 극기 훈련장 같았다. 한파 주의보가 수시로 내릴 정도로 지독했던 추위와의 사투를 벌여야 했고, 대사량도 만만치 않았다. 잔인한 장면이 많았던 탓에 그것을 이겨내는 것 또한 숙제였다. 모든 배우들이 체력적으로도, 심적으로도 지칠 수밖에 없는 상황에서 오직 내가 할 수 있는 건 무진혁 팀장으로 열심히 살아내는 일뿐이었다. 이번 드라마로 얻은 것이 있다면 캐릭터의 스펙트럼을 한층 더 넓히게 됐고, 드라마 촬영 내내 대한민국 형사와 경찰관분들의 엄청난 고생을 잠깐이나마 체험할 수 있었다는 점이다. 지금 이 순간에도 끼니도 거르고, 수시로 밤을 새우며 대한민국 치안을 담당해주시는 경찰관분들 덕분에 우리가 편하게 지내고 있다는 중요한 사실을 되새길 수 있었다.

다만, 밤낮없이 촬영하다 보니 가족과 함께하는 시간을 오직 작품에만 쏟아부은 것 같다. 무진혁의 <보이스>는 끝났지만 드라마 <보이스>는 앞으로도 시즌을 더하면서 더 많은 피해자의 목소리에 귀를 기울이리라 믿는다.

“...지혜야. 처음 경감 달았을 때... 내 어깨에 달린 무궁화 두 개,
그게 참 자랑스러웠는데... 그게 뭐라고..
내가 이미... 너한테 뺏은 게.... 네 목숨뿐 아니라 네 인생이었니.“

연쇄 살인범에게 아내를 잃은 후 상처 입은 야수처럼 범인을 쫓는 괴물 형사 무진혁. 어떤 불의에도 굽히지 않은 채 사건을 해결하고 악을 처단한다.

이진욱 배우

시즌 2·3 도강우 역

도강우를 선택하다

도강우는 이전까지 내가 연기했던 캐릭터와는 완전히 달랐다. 그간 감정적인 인물을 연기해 왔다면, 도강우는 그렇지 않아서 끌렸고 신선했다. 사이코패스, 유아독존, 사회성 제로, 검거 지상주의 등이 도강우를 표현하는 키워드다. 실제로 범죄 경력이 있는 것은 아닌지 의심받을 만큼 독단적인 언행과 실감 나는 현장 감식 능력을 갖춘 도강우는 매사에 자신만만하고 이성적으로 보이지만, 그 안에 숨겨진 사연과 따뜻한 마음이 엿보이는 캐릭터라 애착이 갔다. 덧붙여 극한의 긴장감과 통쾌한 카타르시스를 담은 대본에 끌려 도강우를 선택하게 됐다.

도강우를 연기하다

도강우는 선과 악이 공존하는 서늘한 캐릭터다. 그렇기에 도강우의 눈빛과 대사는 냉정하고 차갑게, 하지만 그 안의 감정은 따뜻함을 넣으려고 했다. 범인의 마음을 꿰뚫어 보는 눈빛과 속내를 알 수 없는 차가운 표정으로 미스터리한 인물을 그리려 했다. 예를 들어, 골든타임팀과 공조로 사람 살리는 일에는 인간적인 면모를 드러내고, 사건을 해결 할 때는 직관적이고 리더십 있는 모습으로 도강우라는 다면적인 캐릭터를 보여주려고 노력했다.

<보이스> 시즌 1, 그리고 <보이스> 시즌 2

주변에서는 전작의 좋은 반응이 부담이 될 거라는 우려가 많았다. 그러나 나는 <보이스> 시즌 1과 시즌 2는 다른 드라마라고 생각했다. 전작의 좋은 반응은 오히려 긍정적인 효과를 가져올 것이라고 기대했다.

<보이스> 시즌 1의 장혁 선배님은 개인적으로도 워낙 좋아하는 배우다. 시즌 2를 준비하면서 장혁 선배님과의 차별성을 생각하기보다는 도강우가 가진 캐릭터의 특수성을 어떻게 표현해야 할지에 대한 고민에 주력했다. 무진혁 형사가 터프한 액션과 남자다운 매력으로 사랑받았다면, 도강우는 예리한 칼날 같은 캐릭터였다. 회를 거듭하면서 도강우의 진심이 드러나면 시청자에게 또 다른 매력적인 캐릭터로 다가갈 것이라고 생각했다.

도강우는 범죄자의 입장과 시선으로 범인을 추적하기 때문에 수사 능력이 좀 더 직관적이고 극대화된다. 이런 도강우의 수사 능력은 천부적으로 타고난 것보다 사이코패스 유전자를 물려받았다는 불안감에서 오는 방대한 학습 능력으로 만들어졌다. 도강우가 사회성 제로, 유아독존이 된 이유가 과거의 아픔에서 시작되었기에, <보이스> 시즌 1의 무진혁과는 다른 캐릭터 공감이 있다고 생각한다.

<보이스>, 내 인생에서 중요한 작품

시즌 2가 최고 시청률 7.1%로 막을 내리며 나 역시 시즌 3에 대한 기대가 컸다. 시즌 2에서는 골든타임팀에 합류한 후, 누구와도 깊은 관계를 맺기 어려웠던 도강우가 조금씩 마음을 열며 사람다움에 대해 배워가는 모습을 보여드렸다. 시즌 3를 준비하면서 도강우가 어떤 사람일지 나 역시 기대됐고 마침내 완성될 도강우의 이야기에 설레기도 했다. 사람다움과 내적 본능 사이에서 고민하는 도강우의 모습을 보여드리면서도 끝내 악을 처벌하는 통쾌함, 언제나 믿음직스러운 골든타임팀의 모습도 보여드릴 수 있어서 좋았다.

시즌 2의 최대 미스터리였던 도강우의 과거가 시즌 3에서 밝혀지는 흥미로운 캐릭터 전개는 배우로서 두 번 다시 만나기 힘든 행운이었다. <보이스> 시즌 2와 3에서 특별한 능력을 가진 매력적인 캐릭터 도강우를 연기하는 동안 행복했다.

함께 작품을 만들어간 이하나 배우는 <보이스>의 절대 선(善)을 표현하는 데 있어 최고의 배우라고 생각한다. 처음부터 연기 호흡이 무척 좋았던 것도 그녀의 배려에서 비롯되었다고 믿고 있다. 다시 뭉친 골든타임팀 팀원들과는 서로의 빈틈을 말하지 않고도 채울 수 있는 사이가 되었다. 끝까지 옳은 일을 하려는 집념이 도강우의 가장 큰 매력이었다면 앞으로 강권주와 골든타임팀 팀원들 또한 정의롭고 옳은 일을 계속해 나갈 것이다. 나의 대장정은 이제 막을 내렸지만 <보이스>는 잊을 수 없을 만큼 의미 있고 즐거운 경험이었다.

도강우가 '혐오의 대상'이 된 건 희대의 살인마였던
그의 아버지 때문이다. 그 광경을 어린 시절 목격했던 도강우는
평생 지워지지 않는 '혐오'의 그림자를 짊어지고 살아간다.

김재욱 배우

시즌 1 모태구 역

극악무도한 사이코패스 살인마 캐릭터라 출연을 고민했을 것 같다. <보이스>에 참여하게 된 이유와 모태구 역할을 접했을 때 첫 느낌은?

<보이스>는 오래 기다린 작품, '모태구'는 오래 기다린 캐릭터였다. 대중들이 기대하는 이미지와 다른 역할을 해보고 싶었는데 적절한 시기에 원하던 작품을 만나 시청자에게 큰 사랑을 받았다. 모태구는 기본적으로 표현을 절제하되 가진 분위기나 에너지로 상대방을 압도하는 매력적인 캐릭터다. 상류층인 대기업 오너의 모습과 살인 본능에 충실한 사이코패스 모습이 공존하므로 그 차이점을 명확하게 드러내면 시청자들이 모태구라는 인물을 현실감 있게 받아들이고 더 큰 공포를 느낄 거라고 생각했다.

'모태구'라는 캐릭터에 접근하기 위해 준비한 것은?

단면적으로 생각하면 모태구는 극악무도한 사이코패스 살인마 캐릭터겠지만, 마진원 작가님이 그린 모태구란 인물 콘셉트는 '우아하게, 고상하게, 아름답게'로 명확했다. 따라서 모태구라는 캐릭터에 접근하기 위해 영화 <아메리칸 사이코(2000)>의 크리스찬 베일(Christian Bale)을 참고해 상류층의 비뚤어진 욕망, 우월주의를 가지고 타인을 대하는 모습을 나만의 방식으로 표현하려고 노력했다.

모태구는 정체나 광기가 드러나지 않는 캐릭터였기에 사회적 동물로 살아가는 치밀한 모습을 그려내기 위해 표정뿐만 아니라 패션, 헤어스타일 등까지 세심하게 고민하고 연기했다. 겉모습만으로 '이 사람은 어떤 식으로든 건드리거나 굴복시킬 수 없겠다'라는 느낌을 전달하는 데에 연기의 주안점을 두었던 것 같다. 모태구는 장르물에 최적화된 OCN이라는 채널과 만나 모든 제작진의 노력으로 매력을 더해 완성된, 성공적인 캐릭터라고 생각한다.

촬영하면서 기억에 남는 장면은?

강권주(이하나 분)와의 16화 옥상신이다. 모태구와 강권주 두 사람의 감정이 격돌하는 장면에서 강권주 앞에서 눈물을 흘렸던 건 모태구로서도, 또 김재욱으로서도 마음의 동요가 일었던 것 같다. 그 후 정신병원에 갇힌 모태구가 또 다른 사이코패스들에게 둘러싸여 잔인하게 살해당하는 장면은 배우로서 굉장히 만족스러웠다.

촬영 과정은 힘들었지만 정말 보람 있던 장면은 심춘옥(이용녀 분) 할머니를 살해하는 장면이다. 그 신 덕에 모태구란 캐릭터를 더욱 구체적으로 그릴 수 있었는데, 이용녀 선배님의 연기를 보고 선배님처럼 상대방에게 에너지를 주는 배우가 되고 싶다고 생각할 만큼 많이 배우고 감사했던 장면이다.

모태구가 <보이스> 내 공공의 적이어서 촬영장에서 외로웠을 것 같다.

외로웠지만 힘들진 않았다. 사실 장혁, 이하나, 백성현 등 다른 출연진들을 촬영장에서 만나면 반가워서 이런저런 대화를 하고 싶었다. 그러나 현장에서는 배우들이 나를 모태구로 보고 경계하는 것까지 그들의 몰입이었기에 그런 부분은 충분히 이해할 수 있었다. 그 모든 과정을 모태구가 되어 외로움까지 즐긴 거라 생각한다.

**<보이스> 시즌 1의 마지막을 장식했는데
사이코패스 의사를 만나 죽는 장면은 어땠나?**

연기하는 내내 모태구의 끝이 모두가 시원해할 만큼 통쾌하게 끝났으면 좋겠다고 생각했다. <보이스> 시즌 1의 마지막을 장식하며 사이코패스 의사를 만나 죽는 장면은 딱 모태구스러운 최후였다. 기대를 갖고 마지막 신 촬영에 임했고, 스스로 무언가를 하려 하기보다 완벽하게 당하는 입장으로 당

하는 자의 공포에 집중했다. 모태구가 완벽히 몰락하는 걸 시청자들이 보셔야 속 시원한 결말일 거라 생각했고, 더 큰 악에 의해 모태구가 완벽하게 처참한 최후를 맞는 것으로 악의 끊임없는 순환이 잘 표현되었다고 생각한다.

대중들이 모태구를 보며 '역대급 악역', '김재욱의 재발견' 등 찬사가 쏟아졌다.

종방 후 '장총 런웨이'란 말과 퇴폐미를 장착한 악역은 처음이었단 얘기를 들었다. 좋은 평가와 반응에 감사드린다. 처음에는 모태구의 분량은 많지 않았기에 주어진 시간 안에 기승전결을 만드는 데 집중했다. 7화까지 시청자의 입장에서 드라마를 지켜본 것도 많은 도움이 됐다.

<보이스>를 사랑해주신 시청자들에게 한 마디

<보이스>를 통해 많은 관심을 받았고 한편으로는 책임감도 커졌다. 함께 고생한 배우와 스태프, 그리고 <보이스> 작품을 사랑해주신 시청자들에게 정말 감사드린다. 모태구라는 절대 잊을 수 없는 캐릭터 덕분에 행복하고 즐거운 시간이었다.

선천적으로 사이코패스의 뇌를 가지고 태어난 모태구는
유년 시절 자신의 아버지가 살해하는 과정을 직접 목격한 이후,
그 증상이 더욱 악화돼 걷잡을 수 없는 끔찍한 살인마가 된다.
이 사회에 가장 감추고 싶었던 비밀들이 시대의 범죄자들을
만들고 있는 것이다.

권율 배우

시즌 2·3 방제수 역

방제수는 기존의 사이코패스와 결이 다른 역대급 빌런이다. 시즌 2와 시즌 3(특별 출연)에 출연을 결심한 이유는?

<보이스>의 가장 큰 매력은 위기에 처한 피해자를 구하고 돕는 것이라고 생각한다. <보이스>는 피해자들이 처한 위기가 나한테도 올 수 있다는 불안과 두려움을 들게 하는 반면 그런 상황이 되면 누군가가 나를 도와줄 것이라는 믿음과 희망을 갖게 해주는 판타지 요소가 있다. 다른 드라마와 다르게 <보이스>는 빌런을 소모적으로 소비하지 않아서 시선이 갔다. 방제수는 기존의 사이코패스와 결이 다른 역대급 빌런으로 시즌 2에 이어 시즌 3에서도 스토리 흐름상 에너지 레벨의 한 꼭짓점을 담당하기 때문에 특별 출연을 결심했다. 세 번째 시즌이 끝나고 보니 악으로 세 꼭짓점의 균형추를 담당했던 것 같아 꼭 필요한 장면들이었다고 생각한다.

사이코패스 연기가 쉽지 않았을 것 같은데, 캐릭터로서 방제수를 배우 권율은 어떻게 이해하고 있고 설명하고 싶은지?

방제수는 판타지 요소를 많이 갖고 있는 캐릭터이기에 단지 가상 인물로 끝나는 것이 아니라 시청자들이 피부로 실감할 수 있는 인물로 보이고 싶었다. 방제수를 삐뚤어진 사명감에 빠진 사이코패스로 생각하며 연기했고, 자신이 운영하는 세상인 '닥터 파브르'에서는 절대 권력을 가진 인물로 표현하려고 했다. 방제수는 기존의 빌런 캐릭터와 다르게 피해자들을 직접 단죄해 제거

하거나 타인을 이용해 살인 행각을 일삼으며, 이 같은 방식이 세상을 아름답게 만든다고 믿고 있다. 우리가 살고 있는 세상에서 벌어지는 무참한 사건들의 중심에는 방제수처럼 비뚤어진 사명감에 사로잡힌 가해자들이 많다. 그들이 벌이는 잔혹한 살인이나 무시무시한 범죄들을 방제수란 캐릭터를 통해 시청자들에게 보여주고 싶었다.

그런 방제수를 표현하기 위해 특별히 준비한 내·외적인 면이 있다면?

시즌 2에서는 방제수가 좀 더 강한 느낌이었으면 좋겠단 생각에 몸을 키웠다. 반면 시즌 3에서는 시간 경과와 심리상태를 표현하기 위해 몸무게를 감량해 날카로운 모습을 보여주려고 노력했다. 시즌에 따라 임하는 마음가짐도 달랐는데 시즌 2에서는 범죄에 대한 사명감을 중심에 두었다면, 시즌 3에서는 복수심으로 인한 증오를 중심에 두었다.

방제수의 강렬한 연기와 압도적 존재감이 시즌 2를 최고 시청률(7.1%)로 이끌었다. 기억에 남은 촬영, 감독, 배우들과 얽힌 에피소드가 있다면?

드라마를 찍다 보면 여러 가지 상황을 마주하게 된다. 시간에 쫓기기도 하고 촬영 막바지가 되면 다들 지쳐있다. 마지막 촬영 날이 그랬다. 이런 경험이 흔치 않은데 희한하게 마지막 촬영 스케줄이 시즌 2의 엔딩 신이었다. 어떻게 보면 길고, 어떻게 보면 짧은 기간 동안 한마음으로 달려온 <보이스>의 마지막을 위해 모두가 간절한 마음으로 촬영했다. 힘이 부치는 상황에서 숨소리 하나 내지 못할 정도로 집중했고, 간절한 마음들이 모여 엔딩 신을 찍었다. 이런 마음이 시청자들에게 전달되어 좋은 결과로 이어지지 않았나 싶다.

방제수가 생각하는 연기 명장면은?

시즌 2 옥상 신과 시즌 3 탈주 신이 기억난다. 드라마 안에서 가장 긴장감이 넘쳤던 신들이 오랫동안 기억에 남는 것 같다. 옥상에서 권주, 강우와 처음으로 눈을 마주했던 장면이나 구급차에서 탈주하는 신은 촬영하면서도 긴장감이 넘치고 나 역시 온몸이 미세하게 떨릴 정도로 몰입됐다. 기분 좋은 텐션을 느낄 수 있던 촬영이었고 결과물도 만족스러웠다.

<보이스> 시즌 2는 혐오 범죄를 다루고 있다. 방제수가 아닌 권율로서 혐오 범죄에 대한 생각은?

혐오 범죄가 발생하면 그것이 가능하게 된 사회구조도 함께 생각해야 한다. 혐오 범죄는 가해자와 피해자 사이의 갈등이나 원한 같은 상호작용으로만 발생하지 않는다. 인종, 성별 등 특정 집단에 속했다는 이유로 피해자를 범행 대상으로 정하기도 한다. 혐오는 인간의 존엄성을 훼손시키는 범죄이며, 인간은 누구도 타인을 혐오할 권리가 없다. 지나치게 경쟁적인 사회 속에서 많은 사람들은 타인이 나와 다르단 이유로 쉽게 편 가르기를 하고 미워하며 증오한다. 그런 이유로 혐오 범죄는 일반 범죄보다 사회적으로 더욱 비난받아야 하며, 가해자들에게 더 무거운 책임을 물어야 한다고 생각한다.

1927

방제수가 저지르고 있는 범죄는 최근 인터넷을 통해
점점 늘고 있는 '혐오'의 문화가 가진 특징과 그 심각함을
극화해서 드러내는 면이 있다. 그 혐오의 거미줄에 걸리게 되면
세상의 지탄을 받으며 스스로를 혐오하게 되고 결국 죽음에까지
이르게 만들 수 있다는 걸 방제수는 보여주고 있다.

박병은 배우

시즌 3 카네키 마사유키 역

거대 사이버 범죄 카르텔의 보스이자 인권 운동가로 활동하는 교수, 이 두 얼굴의 사이코패스 연기로 열연을 펼쳤다. 카네키를 연기한 소감은?

나는 평소에 캐릭터를 만들어갈 때 이 인물이 '사이코패스다, 아니면 착하디착한 시골 초등학교 선생님이다, 혹은 세상 최고의 멍청이다'라는 식의 규정을 하고 출발하지 않는다. 때로는 시놉시스에 적힌 인물 분석 내용도 일단은 잊고 아무 선입관 없이 무채색으로 그 인물에 다가가는 것부터 한다. 그래야 좀 더 인물의 깊은 속까지 닿는 것 같아서다. 언젠가 한 번쯤 본 것 같은, 그런 정형화된 캐릭터에서 벗어나려는 시도인데 그런 면에서 이번 카네키란 인물도 무척 공들이고 조심히 접근했다. 동생인 강우를 향한 집착과 세상을 향한 분노의 뿌리가 무엇인지 알아가고자 했고, 순간순간 꾸며 보이는 두 얼굴이 아닌 혐오에 다치고 굳어진 고정된 인격을 자유자재로 꺼내 보이는 인물을 표현해 보고자 했다. 악역이었지만 많은 분들이 기억해주시는 캐릭터로 남아 연기자로서 보람을 느낀다.

강권주와 처음 병원에서 마주칠 때, '뒤통수까지 살인마 연기를 하고 있다'며 시청자들이 찬사를 보냈다. 카네키 연기를 위해 특별히 준비한 것은?

병원에서 마주칠 때 대본에 나온 분위기와 대사, 그 밖의 모든 설정들이 너무 좋았다. 앞에서 말한 것처럼 '내가 사이코패스다. 강권주에게 무슨 일을 저지르러 왔다'는 생각들은 완전히 배제하고, 오랜 강화로 자연스럽게 표출되는 친절한 사람을 보여주자는 마음으로 촬영했다. 거기에 신 내용상 강권주의 상황 등 여러 가지 요소들이 시너지를 낸 것이라고 생각한다. 뒤통수 연기라니, 시청자분들께서 잘 봐주셔서 감사할 뿐이다.

시즌 1의 모태구, 시즌 2의 방제수와는 또 다른 살인마였다. 시즌 2와 3을 관통하는 빌런을 연기하며 다른 빌런과 어떤 차이점을 두었는가?

앞서 활약하신 빌런 역할의 배우분들 때문에 부담감을 느끼냐는 질문을 받곤 했다. 내 대답은 전혀 부담을 느끼지 않았다고 말씀드릴 수 있다. 김재욱 배우, 권율 배우 모두 최고의 캐릭터를 보여준 덕분에 감사드리는 마음으로 시작했고, 앞서 길을 잘 닦아놔서 부담을 덜고 든든한 마음으로 수위가 높고 강한 장면들도 용감하게 소화할 수 있었다. 단지 차이점이라면 카네키는 다른 빌런들과 달리 사회적인 인지도가 있는 인물이다 보니 인권 운동가 · 저명한 교수 등 존경받는 인물이 사이코패스로서 사회적 악행이나 혐오스러운 일들을 벌일 때 일어나는 느낌 등을 더 강하게 표현하려고 노력했다.

카네키는 예술에 조예가 깊고 다채로운 아지트와 미술 작품들이 등장했다. 또한 살인 도구로 와이어를 이용했는데 이와 관련된 특별한 에피소드나 고충이 있었나?

와이어를 손으로 꽉 잡아 움켜쥘 때마다 손이 너무 아팠다는 점이다. 문득 연기를 할 때 와이어로 당하는 피해자를 연기하는 배우들은 얼마나 아플까 걱정이 많았다. 그 분들을 생각하면 신속하고 안전하게 그 장면을 빨리 끝내는 것이 최선이었기에 카네키 캐릭터에 몰입해서 와이어를 다시 꽉 잡고 조였던 기억이 난다.

엔딩에서 친동생 도강우에게 죽음을 맞이한다.
마지막 촬영을 끝낸 소회는?

마지막 장면은 정말 힘이 들었다. 감독님, 나, 강우, 권주 모두 머리가 터질 만큼 고민하고 리허설을 거듭하면서 체력적으로도, 정신적으로도 끝까지 가서 완성한 장면이다. 강우의 살인으로 끝을 맺고 싶었던 카네키의 심정으로

접근한다면 마음에 드는 엔딩이라고 생각한다. 카네키의 숨이 딱 끊어지는 순간, 그 얼굴을 현장에선 찍었는데 방송엔 나오지 않았다. 혹시 죽지 않은 걸까 하는 생각이 들기도 했다.

아직도 많은 시청자들이 카네키를 두려워하면서도 보고 싶어 한다. 카네키라는 역대급 잔혹 빌런을 애정하는 시청자들께 한마디 한다면?

카네키에게 격한 사랑을 보내주시고 때론 뜨거운 분노를 표출하며 캐릭터로 아껴 주신 분들께 진심으로 감사를 전하고 싶다. 나 역시 카네키 캐릭터는 절대 잊지 못할 배역이다. 극도로 악랄한 악역이지만 배우로서 그 역할을 표현하고 구현하기 위해 최선을 다했다. 앞으로도 더 집중하고 몰입하는 배우의 모습을 보여드리고 싶다. 기회가 된다면 <보이스> 시즌 4에서 뵐 수도 있지 않을까 하는 애정의 마음을 전해본다.

"지금도 궁금해. 나는 살기 위해서 흙을 파고, 또 팠는데
아버지는 어떤 심정으로 날 묻은 건지.
나는 손톱이 빠지도록 우물 벽을 붙잡고 기어서 밖으로 나왔어.
어떡해야 할지 생각하는데 너무 붉게 물든 꽃이 보였지.
깊은 심연에서 나는 다시 태어난 거야."

유승목 배우

시즌 2·3 나홍수 역

<보이스> 시즌 2, 3에서 나홍수를 활약을 보며 언론에서는 '미친 열연'이라고 표현했다. 나홍수를 입체적으로 표현하기 위해 준비한 것은?

먼저 예상치 못한 언론과 시청자들의 호평에 감사드린다. 나홍수를 입체적으로 표현하기 위해 그의 현재와 과거를 설정한 후 캐릭터에 접근했다. 처음 작품을 시작할 때 도강우를 연기한 이진욱 배우와 연출을 맡으신 이승영 감독님과 함께 서로의 관계를 정리했다. 나홍수는 외로운 사람이다. 어린 시절 성장 과정과 가정 생활을 바탕으로 강우와의 관계를 명확히 설정했다. 강우를 친동생처럼 아꼈고, 강우 역시 나홍수를 형처럼 느끼며 관계를 이어왔다. 그렇게 믿었던 강우가 자신의 동생을 살해한 범인이라는 것을 알았을 때 갖는 배신감, 그런 강우를 형사로 다시 복직시킨 강권주 센터장(이하나 역)에 대한 감정도 저절로 형성이 됐다. 특히 회를 거듭할수록 작가님께서 회상 신을 통해 홍수와 강우의 가까웠던 장면들을 하나씩 구체적으로 넣어주셨고, 그런 장면들을 통해 캐릭터 퍼즐이 놀라울 정도로 딱딱 들어맞아갔다. 연기를 하면서도 디테일한 대본에 감사했던 기억이 난다.

나홍수는 몇 번의 죽을 위기를 겪다가 마침내 최후를 맞이한다. 많은 시청자들이 아쉬워했는데 개인적인 소감은?

사실 시즌 2의 10화에서 비닐에 싸여있던 순간, 설마 여기서 죽는 건가 싶었다. 그래서 감독님께 "아니 이렇게 허무하게 죽으면 안 되잖아요? 강우

하고 하나도 푼 게 없는데!"라며 하소연도 했었다. 나도 모르게 캐릭터에 질척였던 건 나홍수 캐릭터가 강우하고 풀어야 할 것이 남아있어 안타까웠기 때문이다.

하지만 그 역시 기우였고, 나홍수는 시즌 3에서 더 멋진 모습과 설정으로 다시 등장할 수 있었다. 강우의 아픔과 비밀을 알고 있으면서 주변에 알리지 않고, 강우와 강 센터 사이에서 가슴 아파하며 혼자 강우를 돕는 나홍수란 캐릭터가 가슴에 와닿았다. 강우를 향한 자신의 판단이 잘못된 것을 깨달은 후 그를 향한 믿음을 보여주는 정말 좋은 역할이었다.

나홍수는 결국 강우에 대한 걱정과 아픔 때문에 눈까지 뜨고 죽은 모습으로 삶을 마감한다. 나는 시즌 3을 들어가면서 이미 작가님께 나홍수 계장의 죽음을 전해 들었고, 강우와의 관계도 충분히 정리되어 '이 정도면 죽어도 괜찮다, 멋지고 의미 있는 죽음이다!'라는 생각이 들었다. 다만, 나홍수의 마지막을 보고 많은 시청자들이 울컥했다는 얘기에는 조금 먹먹하면서 뿌듯하기도 했다.

<보이스>가 시즌제 되면서 연속성이 중요해졌다.
시즌제를 빛낸 숨은 주역으로 유승목 배우님을 뽑을 수 있을 것 같다.

과찬이다. <보이스>에 출연한 모든 배우와 제작진들이 <보이스>를 빛낸 주역이라 생각한다. <보이스>에서 만난 배우들은 모두 본인의 캐릭터를 입체적으로 표현해 긴장감 있고, 묵직한 모습을 보여줬다.

배우의 입장에서 시즌제 드라마는 매력적이면서도 조심스럽다. 좋은 드라마가 시즌제로 편성되면 고정 시청자 확보라는 큰 장점과 함께 영화와 달리 인물과 관계들의 유기적인 변화를 기대할 수 있어서 좋다. 반면 연기하는 배우로서는 매너리즘에 빠질 가능성도 배제할 수 없는데, 이 같은 장점은 발전시키고 단점은 보완한다면 많은 시즌제 드라마가 제작될 거라 생각한다.

<보이스>를 찍으면서 특별하게 기억에 남는 장면이 있다면?

후지야마 코이치(이용우 역)가 친동생을 죽인 진범으로 강우를 지목하는 순간이다. 겨우 1년 전, 수년간의 오해를 풀고 강우를 믿게 된 나홍수에게는 청천벽력과도 같은 상황이었다. 의심을 품게 된 동시에 강우에게 블랙아웃 증상과 사이코패스 성향이 있다는 것을 알게 되고, 안타까운 마음을 가

진 채 경찰로서 단호한 결정을 내린다. 그러나 다시 이후의 상황이 두려워 강우를 품기로 하는 등 갈등과 혼란이 극에 달한 모습을 보여줘야 했다. 그 장면에서 참담한 심정을 표현할 수 있는 밀도 있고 섬세한 감정 연기가 필요했다. 나로서는 최선을 다했으나 평가는 시청자의 몫이었다. 다행히 종방 후 많은 시청자들이 강우 상태를 걱정하는 나홍수 모습에 공감과 몰입이 됐다는 얘기를 해주셨다. 이 자리를 통해 감사함을 전한다.

함께한 제작진과 배우, 시청자에게 하고 싶은 말은?

나에게 나홍수란 캐릭터는 최고의 선물이다. 지금까지 연기했던 캐릭터 중 최고의 역할이었다고 자신한다. 내 인생에 이런 좋은 캐릭터를 다시 연기할 수 있는 기회가 찾아올까? 쉽지 않을 것 같다. 지금껏 여러 작품을 해왔지만 <보이스>처럼 아쉬움이 남았던 적이 없었다. 보통은 한 작품이 끝나면 툭 털어버리고 새 작품을 기대했는데 이번은 아니다. '다시는 이런 좋은 역할에 빠져서 살 수 없지 않을까?'라는 생각이 들었다. 심해에서 뚜벅뚜벅 걸어 육지로 올라온 느낌이었다. 다시 깊은 저 물 속 아래로 내려가고 싶은 마음이 들 정도로 나홍수란 캐릭터에 애착이 있다. 잠깐이지만 함께 해줬던 제욱이, 세하. 고생 많았지만 묵묵히 함께해준 부건, 중기. 정말 힘들었던 캐릭터를 진실되게 훌륭히 연기한 진욱. 시즌 1부터 시즌 3까지 긴 여정을 잘 이끌어준 사슴 같은 하나. 개인적으로 너무나 좋았던 음악도 빼놓을 수 없다. <보이스>는 모든 제작진들의 고생이 좋은 결과로 보답받은 작품이다. 마지막으로 많은 사랑과 관심 보내주신 시청자분들께 진심으로 감사드린다.

백성현 배우
시즌 1 심대식 역

<보이스>에서 연기했던 '심대식'이란 역할은 많은 것을 배우고 선물 받은 고마운 캐릭터였다. 연기자라면 누구나 도전해보고 싶은 입체적인 인물로 촬영 내내 연기가 재밌다는 느낌을 받을 정도였다. 처음 대본을 받고 들었던 단순한 감상은 멋지고 강한 슈퍼 히어로와 함께 악마 같은 빌런을 잡으러 다니는 경찰들의 이야기였다. 드라마의 전체 설정과 전개가 시작부터 흥미진진했던 기억이 난다.

대본을 읽으면서 최우선적으로 목표를 잡은 것은 심대식을 현실감 있고 입체적인 캐릭터로 그려보는 것이었다. 어떤 공포 영화보다 무서웠던 쓰레기 집의 비밀 에피소드나 장기밀매 사건 등을 겪으며 범죄를 목도하는 심대식, 그의 변화를 시청자들도 느낄 수 있도록 땅에 단단히 서있는 캐릭터로 만들고 싶었다.

내가 그릴 수 있는 형사 심대식의 현실감이란 그가 우리 주변, 우리 동네 경찰서에 가면 흔히 마주칠 수 있는 여느 형사로 시청자들이 느낄 수 있도록 능동적이고 살아있는 디테일을 표현하는 것이 전부였다. 그런 이유로 심대식이란 캐릭터의 성격을 구축할 때 그가 영웅은 아니라는 전제에서 시작했다. 골든타임팀의 출동 요원으로서 많은 사건을 해결하며 시민들을 지키고 구조하는 데 일조하지만, 어디까지나 진짜 영웅은 무진혁 형사라는 생각으로 연기했다.

내가 생각했던 대식은 형사 일을 하게 된 조금은 정의감 있는 보통 청년, 다만, 제일 좋아한 형이 미친개 무진혁 형사라는 점. 그런 그의 뒤를 따르다 보니 어느새 골든타임팀 팀원이 됐고, 그렇게 영웅들 사이에서 그들의 영향을 받아 스스로도 영웅이 되어가는 캐릭터였다.

이런 심대식의 캐릭터는 마지막 에피소드에서 잘 나타나는데, 본인이 부패 경찰이라는 사실이 들통나자 무진혁 형사에게 고백하는 장면에서 이렇게 말한다.

"난 형(무진혁) 같은 영웅은 아니야."

그렇게 말해놓고 왠지 그렇게나 두려워했던 모태구를 홀로 만나러 가는 심대식. 모태구에게 잡힌 끔찍한 상황 속에서 대식은 죽음에 초연한 것 같은 모습을 보여주기는커녕 지난 <보이스> 에피소드들의 피해자들처럼 두려움에 떨며 살려달라고 애원한다. 영웅이 아닌 지극히 현실적인 인간 본연의 모습을 보인다. 대식은 어쩔 수 없는 나약한 부패 경찰일 뿐이었나 싶어 모두가 실망하던 순간, 죽음을 앞둔 마지막 상황에서 모태구에게 지옥에나 가라며 꺾이지 않는 모습을 보여준다. 아마도 이 모습이 바로 영웅은 아니었으나 영웅이 되고 싶었던 심대식 본연의 모습이 아닐까 생각한다.

이러한 심대식 캐릭터 해석을 바탕으로 흉악한 범죄들 속에서 시청자분들과 같은 감정 라인으로 공감대를 형성하고 싶었다. 이것이 대식이의 매력이라고 생각했다. 실제로 많은 시청자분들이 착하고 정의로운 한편 여러 환경과 조건에 매여있는 심대식을 많이 공감하고 사랑해주셨다. 캐릭터 구축 과정에서 장혁 선배님께서 왕가위 감독의 <열혈남아>를 레퍼런스로 추천해주셔서 많은 도움을 받기도 했다. 오래된 홍콩 영화였지만 고뇌하고 처절함을 연기할 때 많은 자양분이 됐다.

<보이스>의 첫 화부터 신경을 썼던 부분은 극의 후반, 대식이의 정체가 밝혀졌을 때 앞서 표현한 디테일들이 반전과 함께 조화를 이룰 수 있도록 섬세하게 연기하는 것이었다. 범죄 조직의 함정에 빠져 사람을 죽이게 된 아버지를 구하기 위해 어쩔 수 없이 범죄 조직에 협력하게 된 형사. 그들의 힘과 권력에 대한 두려움으로 골든타임팀과 사랑하는 형 무진혁 형사를 지속적으로 속이고 수사 정보를 빼돌리며 숨기는 캐릭터. <보이스>의 시작을 알린 형수님의 죽음으로부터 자유로울 수 없는 심대식을 첫 화부터 만들어나가는 일은 결코 쉽지 않았다. 이를 위해 김홍선 감독님과 현장에서 매일같이 상의하

면서 매 신, 매 컷마다 얼마큼 대식의 정체를 오픈하고 연기할지 정해나갔다. 극 중 심대식이 범인 같기도 하고 아닌 것 같기도 한 눈빛이나 표정들을 보여주기 위해, 혹은 시청자와의 밀당을 위해 현장에서는 같은 장면을 두세 가지 버전으로 찍고 편집에서 조절한 경우도 있었다.

<보이스>의 심대식은 모두의 노력으로 만들어졌다. 마진원 작가님과 현장에서 같이 고민해주신 김홍선 감독님, 장혁 선배님이 있었기에 심대식이라는 사람을 연기할 수 있었다. 그리고 저를 동네 아는 친구, 형, 동생처럼 생각해주시며 "대식아~ 대식아~"라고 불러주신 시청자분들의 애정 덕분에 나는 잠시나마 진정 심대식으로 살 수 있었다.

공무원증

김중기 배우
시즌 1·2·3 박중기 역

<u><보이스> 모든 시즌에 함께했다.</u>

지금은 여러 드라마가 시도하고 있지만 대한민국에서 시즌제 드라마를 만들고 방송한 건 <보이스>가 마중물 역할을 했다고 해도 과언이 아니다. 게다가 나는 <보이스>의 모든 시즌을 출연하는 쉽지 않은 행운을 선물 받았다. 세 시즌을 함께하며 좋은 사람들과 작업할 수 있어 행복했다. 마 작가님, 각 시즌 감독님들, 강권주, 무진혁, 도강우, 간장게장(장 계장), 나 계장, 골든타임팀 그리고 수많은 피해자들과 가해자들. 너무나 가슴 아프고 일어나서는 안 되는 사건들을 다뤘지만, 아이러니하게도 현장은 언제나 행복했고 돌이켜 생각해보면 참 고마운 시간들이었다.

<u>2016년 너무도 추웠던 겨울. 박 형사란 인물로 <보이스>의 첫 촬영을 했다.</u>

박중기. 본명이 김중기인 나로서는 더없이 좋은 배역 이름이었다. 실제 사건을 모티브로 한 작품인 만큼 나 역시 현장에 있을 법한 형사로 보이길 바라는 마음에 분장도 거의 하지 않고 최대한 자연스럽게 보이려고 노력했다. 내가 생각한 시즌 1에서의 내 역할은 인물보다 사건에 중점을 두고, 그 사건 안에 있는 인물로 보이는 것이었다. 그렇게 최선을 다해 형사 역을 연기하며 이야기에 녹아 들어가는 것이 목표였다.

<보이스>는 수사 드라마 특성상 어두운 밤, 산속이나 바다, 지하실, 폐공장 등 어둡고 위험한 곳을 뛰어다녀야 했다.

그렇게 많은 사건 현장을 촬영하면서 장 계장님을 비롯해 형사팀 팀워크도 좋아지고 언젠가부터 정말 강력팀이 되어 촬영했던 것 같다. 그렇게 좋은 추억으로 끝났다고 생각했는데 시즌 2에 시즌 3까지 이어지면서 끈끈한 팀워크는 더욱 견고해졌다.

<보이스> 시즌 2와 시즌 3에서 박중기는 강력팀에서 골든타임팀으로 옮기며 더 입체적인 인물로 바뀌게 됐다.

뭔가 툴툴거리지만 마음은 따뜻한 경상도 사나이란 느낌으로 박 형사에서 박중기란 인물이 되어갔다. 시즌 1에서는 사건의 일부분인 형사를 연기했다면 시즌 2부터는 박중기 형사가 사건에 들어가는 것 같았다. 처음부터 장경학 계장의 죽음을 오롯이 느껴야 했고 사랑하는 아내가 납치를 당하면서 사건의 피해자 가족이 되기도 했다. 그런 일련의 사건을 겪으며 도강우 팀장과의 감정선이 바뀌고 점점 팀장으로서 도강우를 믿게 되는 인물을 연기할 수 있었다.

박 형사의 부인이 납치되는 보이스 피싱 사건은 가장 걱정되고 신경 쓰인 에피소드였다. 이 사건으로 도강우 팀장과의 감정선이 180도 바뀌게 되는 시발점이 되었으며, 언제나 성질만 낼 것 같은 박 형사의 숨겨진 따뜻함을 보여줄 수 있었기 때문이다. 대본에는 모든 것이 담겨있지만, 그것을 오롯이 연기로 표현해내는 일은 쉽지 않다. 급박한 사건이 이어지면서 수시로 변하는 감정선을 표현하려면 현장에서 감독님의 디렉팅이 절실하다. 과하면 내려주고 덜하면 올려주는 디렉팅에 힘입어 그렇게 조금씩 조금씩 더 박중기가 되어가면서 시즌 3까지 참여하게 되었다.

골든타임팀이란

이제는 같은 배우들과 여러 해를 함께하다 보니 현장에 나가면 정말 우리가 골든타임팀으로 살아가고 있다는 착각이 들 정도다. 그만큼 연기 합도 좋고, 이하나 배우는 강권주 센터장 같고, 이진욱 배우는 도강우 팀장님 같고, 우리 모두가 진짜 골든타임팀으로 여겨질 만큼 익숙해졌다.

<보이스>에서 박 형사를 연기하면서 가장 먼저라고 생각하는 것이 있다.

시즌 2를 시작하면서 촬영 전에 전화를 받았다.

"박 형사님! 새로운 시즌 잘 부탁드립니다. 그리고 한 가지만 꼭 생각해주시면서 연기해주세요. 꼭! 사람을 구하겠다는 간절함을 가지고 연기해주세요."

작가님의 전화였다. 나는 이 간절함이 <보이스>를 시즌 3까지 관통해온 명확한 주제라고 생각한다. 모든 스태프와 배우들이 이 간절함을 가지고 지금까지 달려왔다. 그리고 여전히 간절한 마음으로 새로운 시즌을 기대하고 있다.

경 찰
POLICE

송부건 배우

시즌 1·2·3 구광수 역

<보이스> 시즌 1, 2, 3 전편에 출연하며 구광수 형사라는 골든타임 팀 출동팀 형사 역할을 연기하면서 가장 중점적으로 생각했던 부분은 민첩함과 우직함이었다. 구 형사는 작은 소리에 귀 기울여 사건을 해결해나가는 골든타임팀의 리더 강권주 센터장의 지시에 따라 3분 내 출동을 목표로 사람의 소중한 생명을 구하기 위해 현장으로 향한다. 범죄 현장에서는 피해자를 위한 빠른 대처와 반드시 구할 수 있다는 믿음으로 움직인다. 그 순간 의지할 수 있는 건 같이 일하는 내 옆의 동료뿐. 정의를 향한 진심은 반드시 통할 거라는 믿음이 구 형사를 움직이는 힘이다.

어쩌면 이런 마음은 <보이스>에서 연기한 모든 배우들과 스태프들의 공통된 의지였다고 본다. 모두가 당면한 사건에 집중해 각자의 위치에서 간절히 사건을 해결하고자 했고, 피해자를 안타깝게 바라보던 모두의 마음이 전해져 시청자 역시 같은 마음으로 함께 응원해주신 것 같다.

이런 공감을 이끌어낼 수 있었던 배경에는 작가님께서 세 번의 시즌을 함께하는 동안 올곧게 강조한 '절실함'이 있었다. 과연 나란 연기자는 절실함을 어떤 식으로 표현할 수 있을까? 구광수 형사의 모든 것, 이를테면 대사, 눈빛, 표정, 몸짓으로 어떻게 그 간절함을 보여드릴지 연구하고 고민했다. 다행히 회를 거듭할수록 구광수는 절실함이 몸에 배어 민첩하게 움직이고 말없이 바라보는 눈빛으로 진심을 전하는, 말보다 행동으로 보여주는 인물이 되어갔다. 그래서 현장에서 더 많이 뛰었고, 뛰는 만큼 뜨거워지는 가슴을 형사 특유의 냉철함과 이성으로 컨트롤 하려고 최대한 노력했다.

그러나 시즌 3에서는 '티나'라는 변수가 등장했다. 구광수는 아내인 티나를 사랑하고 배 속의 아이도 소중하게 생각하지만, 밤낮이 없는 골든타임 팀 출동팀 형사의 직업 특성상 어쩔 수 없이 가정에 소홀하게 된다. 서운해하는 아내에게 미안하고 마음 아파하지만 형사로서의 삶에 더 충실한 캐릭터였다. 그런 구 형사에게 비극이 찾아온다. 사기 결혼 사건의 피해자가 된 것이다.

구광수 형사의 아내인 티나는 자신의 예전 아이를 찾기 위해 구 형사에게 접근했고, 그 때문에 어쩔 수 없이 외국인 여성들을 납치해 아기를 낳으면 그 아이를 여기저기 내다파는 끔찍한 범죄에 연루된 범죄자였다. 그럼에도 구광수는 사랑했던 여자에 대한 충격과 배신을 속으로 억누르고 이성적으로 행동한다. 이 사건 역시 그가 해결하고 당면한 보통의 사건처럼 형사 본연의 책임감과 우직함으로 수사하고, 아내였던 티나의 잘못을 그녀 대신 피해자들에게 사과하며 용서를 구하는 마음으로 해결하고자 노력했다. 누구보다 걱정하고 사랑했던 아내, 티나에게 그가 전한 한마디가 나는 구광수의 진심이었다고 생각한다.

"나보다 피해자들한테 미안해해."

체육인 출신의 구광수 형사. 내가 그린 구 형사는 저마다 각자의 절실함을 다른 캐릭터로 표현하는 가운데 민첩하고 우직하게 배려하는 인물로 보이길 바랐다. 강권주 센터장의 아주 특별한 청력이 생명을 구하는 데 집중하듯 <보이스>를 채우는 우리의 절실함이 세상을 구하는 데 작은 보탬이 되길 바란다.

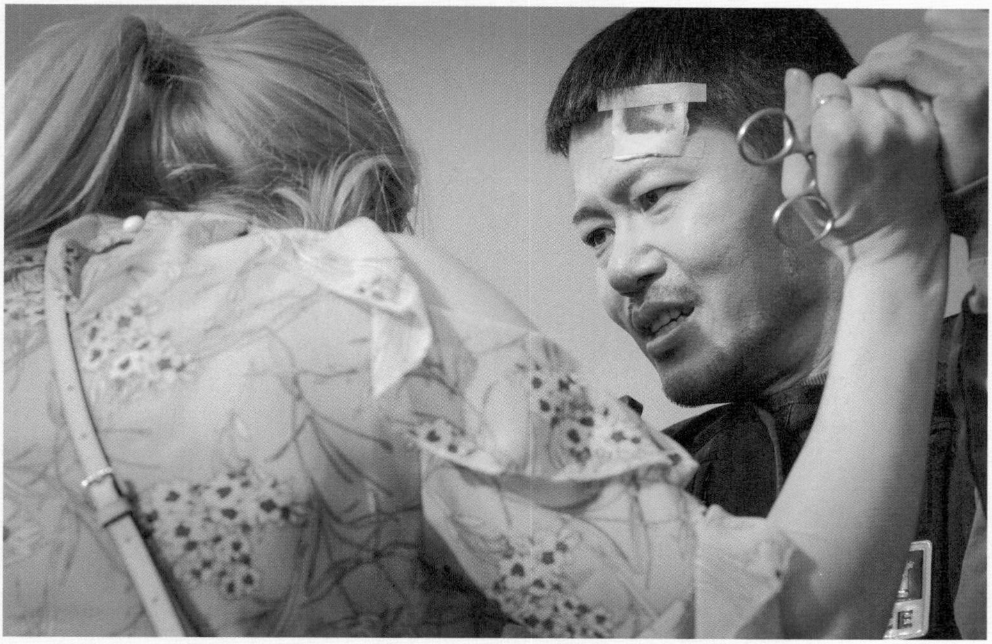

손은서 배우

시즌 1·2·3 박은수 역

<보이스> 시즌 1

<보이스> 첫 시즌은 사건의 연속인 장르물임에도 불구하고, 스태프들과 배우들 표정이 밝았던 기억이 난다. 촬영장 합류가 조금 늦어 걱정하며 촬영장에 갔는데 소외감을 느낄 여유도 없이 모든 배우와 스태프들이 편안한 분위기로 이끌어주셨던 감동적인 현장이었다. 현장 온도는 한번 좋은 분위기가 형성되면 촬영 내내 그 온기가 이어진다. <보이스> 촬영 현장 역시 모두가 최선을 다해 호흡을 맞춰가며, 최고의 장면을 만들기 위해 노력하는 모습들이 추운 날씨에도 불구하고 꾸준히 이어져 인상적이었다. 특히 힘든 촬영의 연속이었지만 항상 미소를 잃지 않고 진심과 책임감으로 계속 호흡을 맞추며 노력하셨던 강권주 팀장님, 이하나 선배님의 모습은 예쁘고 늘 든든했다. 함께 찍는 신이 가장 많았던 예성 씨는 촬영 때 친구처럼 편하게 배려해주어 감사 인사를 여러 번 전해도 부족하다. 덕분에 첫 촬영부터 몰입해서 연기할 수 있었다. 예성 씨와의 러브 라인을 궁금해하는 분들도 많았는데, 그 호흡을 살리기 위해 초반에는 박은수라는 캐릭터에 집중해 조금 더 시크한 모습을 보여드리려고 노력했다. 시즌 1에서 가장 기억에 남는 에피소드는 '힐링마마의 두 얼굴'이었다. 아이가 소재가 되면, 나도 모르게 감정 이입을 하게 되고 더 분개하게 된다. 아무래도 아이들은 우리 모두가 보호해야 하는 사회적 약자이기 때문인 것 같다.

<보이스> 시즌 2

<보이스>는 너무 많은 사랑을 받았던 작품이라, 시즌 2 제작 소식을 들었을 때 기쁨을 감출 수 없었다. 시즌 1에 이어 시즌 2에도 합류하면서 작품에 대한 남다른 애정이 샘솟았는데, 새로운 골든타임팀 멤버들과 하나씩 합을 맞춰가며 새로운 그림을 그려나가는 것 또한 즐거운 작업이었다. 시즌 1 때부터 좋았던 팀 분위기가 그대로 이어져 새로운 멤버, 또 새로운 스태프들과도 어색함 없이 좋은 호흡으로 촬영할 수 있었다. 시즌 2는 현실과 더 밀접한 사건들, 또 사회적으로 경각심을 가져야 하는 강력한 이야기로 채워졌다. 그런 사건들을 해결하는 가운데 5개 국어에 능통한 언어 천재, '걸어 다니는 번역기' 박은수의 역할도 빛이 났다. 시즌 1에서는 아쉽게도 언어 천재의 면모를 많이 보여드리지 못했지만, 시즌 2에서는 우크라이나어를 능숙하게 구사하며 박은수의 능력을 한껏 보여드릴 수 있는 장면이 있었다. 우크라이나어는 너무 생소한 언어라, 혼자 단시간에 준비하기에는 부족할 거 같아 우크라이나 선생님을 찾아 수업을 받았다. 수업하는 동안 녹음기를 켜놓고 단어 하나하나 반복적으로 외웠다. 앞으로 외국어 할 기회가 있을지 모르겠지만 그런 기회가 온다면 더욱 능통한 모습을 보여드리기 위해 노력할 것이다.

<보이스> 시즌 3

<보이스> 시즌 3까지 참여하게 되면서 내게 친정 드라마가 된 것 같다. 처음 <보이스>를 시작할 땐 시즌 3까지 올 거란 생각은 전혀 못 했다. 많은 시청자분들의 관심과 애정 덕분에 시즌 3까지 마칠 수 있었다. 책임감도 늘고 부담감도 있지만 감사한 마음이 더 크다. 시즌 3까지 같이 해온 배우들과는 만나기만 하면 웃게 되고, 사담도 나누면서 서로 편한 사이가 되었다. 그런 편안함이 연기할 때도 나와 더 자연스러웠던 것 같다. 작품 안에서 강권주와 박은수가 여러 위기와 사건들을 겪고 단단해지는 것처럼 <보이스>로 뭉친 배우들도 작품과 현실의 시간을 켜켜이 쌓으며 서로 신뢰하고 존중하는 관계가 되었다. 내가 생각하는 <보이스>는 '귀 기울이는 것'이다. <보이스>는 강권주의 절대 청력을 바탕으로 사건을 해결하기 때문에 피해자들의 목소리를 듣는 것에서부터 드라마가 시작된다. 따라서 피해자들의 아픔에 귀 기울이고 현실을 외면하지 않는 점에서 좋

은 작품이고, 사회적 문제점들에 대해 생각해 볼 수 있는 작품이란 점에서 의미가 깊다. <보이스>의 가장 큰 매력은 피해자들이 주인공인 드라마라는 점이다. 내가 맡은 박은수라는 캐릭터는 누구보다 이성적이다. 그런 점이 권주를 옆에서 보좌하는 후배가 갖춰야 할 최고의 강점이라고 생각했다. 권주가 겉으로 표현하지 않은 채 묵묵히 짊어지고 있는 무게를 들여다볼 줄 알고, 걱정하고 위로하면서 힘이 되어주는 팀원인 동시에 인간 대 인간으로 신뢰를 보여주는 캐릭터를 그려내고자 했다. 그런 면에서 권주나 은수는 서로가 서로를 존경할 만한 모습을 가진 인물이라 생각한다. 시즌 3에서는 현장에 출동한 권주를 대신해 신고센터로 들어온 코드 제로 신고의 사건과 상황을 권주에게 전달하고 코드 제로 지령을 내려야 했다. 권주의 권한을 위임받아 팀원들을 이끄는 리더의 모습을 보여드리기 위해 표정과 어투에 있어 기존 모습보다 조금 더 다부지고 예리하게 보이도록 톤을 잡았다. 스타일링 면에서는 시즌 1, 2와의 차별을 위해 단발로 바꿔 골든타임 콜팀이자 센터 내 지령팀 팀장으로 성장하고 발전하는 모습을 보여드리려 했다. 전 시즌을 통틀어 기억에 남는 에피소드는 아무래도 박은수가 연루된 데이트 폭력 사건이다. 더구나 최근 데이트 폭력에 관한 많은 뉴스를 접하면서 그 때 촬영했던 에피소드가 거듭 생각났다. 그 에피소드 제목이 '나는 오늘 꽃을 받았어요'인데, 남편에게 지속적인 폭력을 당한 여성 폴레트 켈리(Paulette Kelly)의 시에서 따온 제목이다. 센터에서 박은수가 그 시를 찾아 읽는 장면에서 마음이 너무 아팠던 기억이 난다. 모두가 그 아픔을 공감하면 좋겠다는 마음에 폴레트 켈리의 시를 싣는다.

나는 오늘 꽃을 받았어요

폴레트 켈리

나는 오늘 꽃을 받았어요.
오늘은 아주 특별한 날, 바로 내 장례식 날이거든요.
지난밤 그는 드디어 날 죽였지요.
내가 좀 더 용기를 갖고 힘을 내서 떠났더라면
나는 아마 오늘 꽃을 받지는 않았을 거예요.

박 은 수
PARK

김우석 배우

시즌 2·3 진서울 역

<보이스>가 드라마 첫 데뷔작으로 알고 있다. 참여하게 된 계기는?

원래는 꾸준히 뮤지컬만 준비하고 있었는데 회사로 오디션 제의가 들어와 겁도 없이 오디션에 참가했다. 얼떨결에 참가했으니 큰 기대도 없었다. 그런데 오디션 합격 소식을 들었고, 합격에 대한 기쁨도 기대도 마음의 준비도 할 겨를 없이 바로 다음 날 촬영을 시작했다. 생애 첫 경찰복을 입은 채 TV에서만 보던 선배님들을 눈앞에서 보니까 놀란 마음에 적응이 쉽지 않았다.

캐릭터 준비할 시간이 부족했겠다. 천재 해커 역할, 어디에 주안점을 뒀는지?

다행히 첫 촬영은 대사가 없고 단체 컷에서 잠깐 걸리는 신이었다. 촬영 전 캐릭터에 대해 계속 생각해서 그런지 큰 무리 없이 지나갔다. '진서율'이란 캐릭터는 정보 전달이 가장 중요한 역할이기에 말의 속도를 빠르게 하고, 발음에 신경을 썼다. 감정에 치중하기보다는 긴박한 가운데 센터장님에게 정확한 정보를 말하는 데 중점을 뒀다. 이하나 선배님의 조언이 힘이 됐는데, 112 신고센터 안에서는 긴박하더라도 침착하게 얘기하는 게 중요하다는 점을 알려주셨다. 극의 중후반에 이를수록 감정을 담는 대사가 많아졌고, 극의 흐름에 맞춰 더 긴박하고 신중하게 연기하려고 했다.

좋은 작품의 시즌 2에 투입된다는 부담도 있었을 것 같은데

사실 나는 <보이스>의 애청자였다. 시즌 1의 예성(오현호 역) 선배님의 캐릭터를 봤기 때문에 사랑받은 캐릭터를 망치진 않을까 걱정했다. 좋은 작품의 시즌 2에 투입된다는 부담도 당연히 있었다. 예상보다 욕을 많이 먹지는 않은 것 같아서 다행이었고, 기본만 잘 해내도 큰 수확이라 생각했다. 물론 보시는 분들도, 연기하는 내 자신도 아쉬운 점은 많지만 그 부분은 되새기고 기억해 앞으로 더 잘해내고 싶다.

손가락이 절단된 이후 시즌 3에도 합류할 수 있을지 미지수였다.

'과연 시즌 3에 합류할 수 있을까?'라는 생각을 했는데, 촬영 두 달 전쯤 같이 하게 될 테니 준비하고 있으라는 얘길 들었다. 누구보다 감사한 마음으로 시즌 3을 준비했다. 손가락 절단 사고는 보통 사람에게 흔히 일어날 수 없는 일이기도 하고, 손가락은 특히 진서율의 112 신고센터 업무에서 가장 중요한 신체 부위 중 하나이기 때문에 시즌 3에서는 연기에 변화를 시도했다. 진서율의 심경 변화에 주목해 트라우마를 표현하기 위해 키보드에 손을 올리기 전 주저하는 모습이나, 손가락이 저려 쭈뼛거리는 모습 등으로 후유증을 드러내려 했다. 이러한 변화로부터 손가락 절단 사고 후 진서율이 경찰로서 성장하는 터닝 포인트가 될 거라 생각했다.

김우석에게 진서율과 <보이스>는 어떤 의미인가?

현장은 내게 최고의 학교였다. 선배님들과 호흡을 주고받고 눈빛을 보면서 상황과 감정에 동화될 수밖에 없었다. 그래서 혼자 촬영하는 신보다 팀원들과 함께하는 장면에서 더 편하게 연기할 수 있었다. 손가락이 잘리는 신에서 권율 선배님이랑 호흡을 맞출 때도 권율 선배님이 왜 대중들에게 큰 사랑을 받는지 알게 됐다. 연기를 하고 있는 상대방도 겁을 먹을 수밖에 없을 정도로 눈빛에서 살벌한 기운이 전해졌다. 천재 해커 진서율이란 캐릭터는 컴퓨터를 잘 못하는 나에겐 선망의 대상이었다. <보이스>를 통해 좋은 기회를 얻었고 연기의 맛을 처음으로 알게 되었다. 선배님들과 함께하는 현장의 소중함을 느끼며 연기 고민을 했다는 것만으로 <보이스>는 김우석이란 인간을 배우로 키워준 좋은 자양분이 됐다.

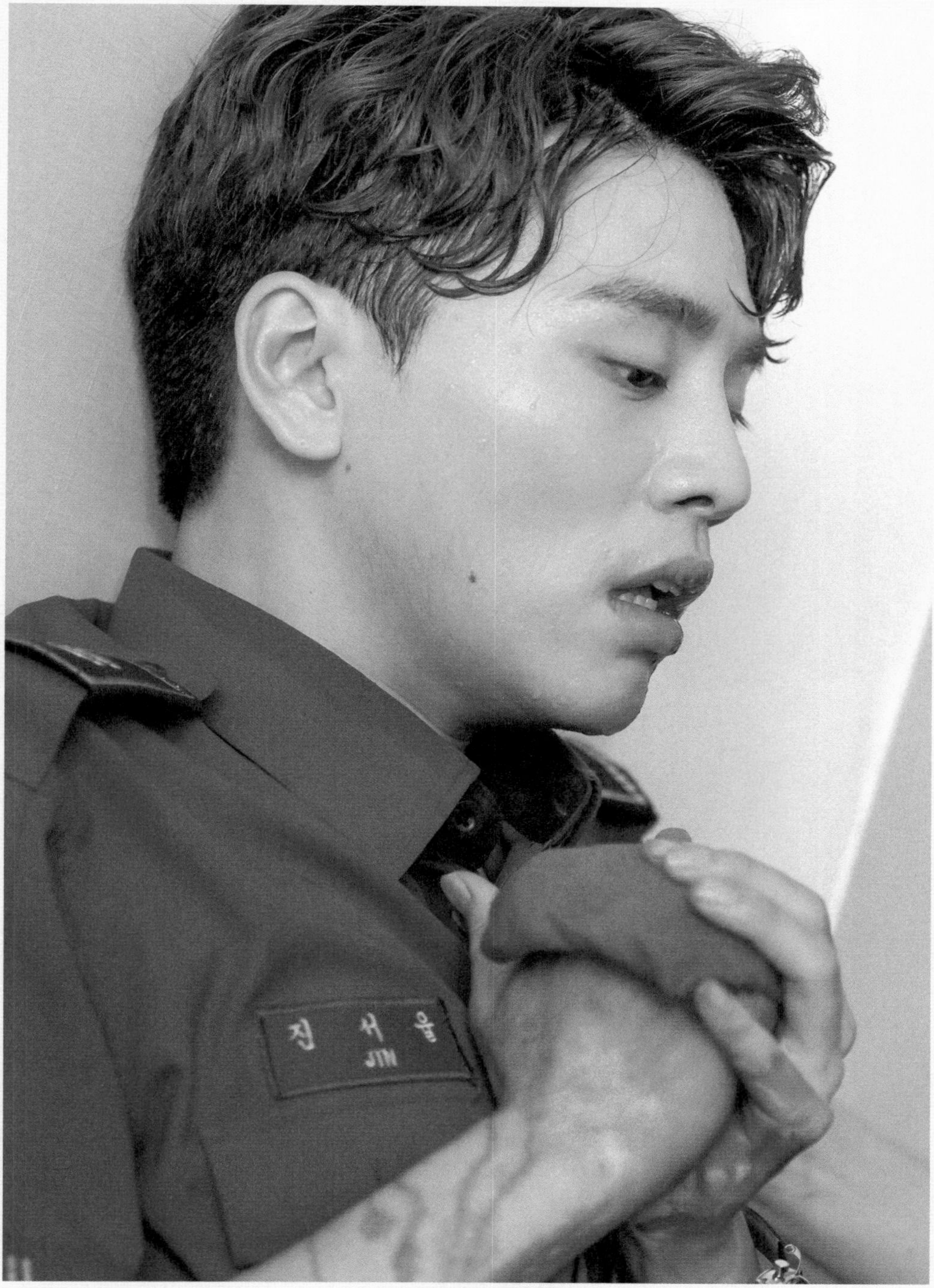
진서율
JIN

03 보이스의 소리

The sound of Voice

interview

마진원 작가

시즌 1·2·3

2019년 6월 30일, OCN 〈보이스〉 시즌 3가 뜨거운 화제 속에 막을 내렸다. 최종화는 케이블, IPTV, 위성을 통합한 유료 플랫폼 시청률에서 가구 평균 5.5%, 최고 6.3%로 자체 최고 시청률을 기록했다. 2017년 〈보이스〉 시즌 1의 최고 시청률이었던 5.6%, 2018년 9월 OCN 최고 시청률이자 〈보이스〉 시즌 2의 최고 시청률이었던 7.1%(닐슨코리아, 전국 기준)의 인기를 이어가며 대한민국 대표 시즌제 장르물로서의 명성을 입증했다.

<보이스>는 어떻게 시작됐는가?

2012년 오원춘 사건 보도[1]를 보고 피해자에 대한 안타까운 마음과 함께 112 신고센터에 대해 관심이 생겼다. 누군가의 잘잘못을 떠나 만약 신고센터에서 조금만 더 발 빠르게 대처했다면 적어도 소중한 생명을 구할 수 있었을 테니 말이다. 왜 응급이나 재해 상황 속 골든타임을 다룬 드라마는 많은데 범죄 사건의 골든타임을 다루는 드라마는 없는 것일까? 곱씹을수록 이런 이야기가 필요하단 마음이 절실해지던 중 인천지방경찰청 홍보계장님의 도움으로 인천경찰청 112 신고센터를 둘러볼 수 있는 기회가 생겼다.

1 2012년 4월 1일 대한민국 경기도 수원시 팔달구 지동에서 중국인 남성 오원춘(吳原春, 1970년 11월~)이 퇴근하던 한국인 여성(당시 28세)을 집으로 납치하여 목 졸라 살해한 뒤 시신을 토막 낸 사건이다. 오원춘은 2012년 4월 2일 경찰에게 붙잡혔다. 살해당한 여성은 살해당하기 전 경찰에 신고를 하였으나, 경찰의 늦장 대응으로 피해자를 구조하지 못했다는 논란이 일었다. 이에 경찰은 사과문을 발표하였다. [‘수원 토막 사건, 경찰 늦장 대응 논란 속 경찰 사과문 발표’《일요서울》2012년 4월 6일]

놓치지 말아야 할 소리
보이스
제 1 부
놓치지 말아야 할 소리
보이스2
혐오의 시대
놓치지 말아야 할 소리
보이스3
공범들의 도시
제 1 부

신고 전화가 가장 많이 온다는 주말 밤, 양해를 구하고 도착한 인천경찰청 112 신고센터는 다급하게 구조를 요청하는 신고자들과 침착하게 응대하는 요원들의 목소리들로 가득 차있었다. 누구라도 신고센터에 있다 보면 이 긴박하고 절박한 소리에 귀를 기울일 수밖에 없게 된다. 술에 취해 바다에 뛰어들겠다고 고함치는 남자, 남편이 칼을 들고 행패를 부린다며 겁에 질린 여자, 어린아이의 단말마 비명 후에 뚝 끊긴 전화까지, 천차만별이었지만 공청 무전 너머 들려오는 목소리는 하나같이 두려움과 다급함에 휩싸여 자세히 알아듣기 어려웠다. 불현듯 '만약 더 잘 들을 수만 있다면, 위험에 처한 사람을 빠르게 구조하고 범인 역시 빨리 잡을 수 있지 않을까'라는 마음이 들면서 <보이스>라는 드라마와 보이스 프로파일러 강권주의 캐릭터가 조금씩 만들어지기 시작했다.

그렇다면 <보이스>가 드라마가 되기까지의 우여곡절은 없었는지?

112 신고센터란 새로운 소재, 소리로 단서를 찾는 특별한 청력의 보이스 프로파일러와 베테랑 형사가 가상의 팀을 만들어 '3분 출동, 5분 도착, 10분 검거'라는 골든타임 안에 사람을 구하는 이야기 설정이 서자 큰 스토리가 나왔다. 112 신고센터에서 벌어지는 일인 만큼 에피소드는 실제 사건에서 모티브를 가져왔고 드라마의 소개랄 수 있는 첫 번째 에피소드에 오원춘 사건을 선택했다. 마침내 시놉시스가 완성되자 '목소리(원제)'란 제목을 달고 그 밑에 절박한 상황을 상징하는 핏방울을 그려 넣었다.

대본을 인상 깊게 읽은 스튜디오 드래곤 이찬호 책임프로듀서님과의 만남 이후 OCN 편성이 빠르게 확정되었다. 방송되기까지 시간이 얼마 남지 않은 상황 속에서 감독님 미팅과 캐스팅이 일사천리로 이루어졌고, 두 번째 에피소드 '힐링마마의 두 얼굴'의 피해자인 아람이 역을 맡은 아역 배우의 가슴 아픈 연기 속에서 대본 연습이 끝나고, 2017년 1월 마침내 소리 추격 스릴러 <보이스>가 첫 방송을 탔다. 사실 본방 내내 TV를 제대로 보지 못할 정도로 긴장했는데 첫 번째 에피소드 조광천 역을 맡은 김준배 배우분의 열연 때문이었다. 드라마의 모티브가 실화란 점을 알리기 위해 오원춘과 생김새가 비슷한 배우를 캐스팅했지만 너무나 리얼한 연기 때문에 피해자 가족분들의 상처가 덧나면 어떡하나 걱정이 앞섰다. 그러나 당시 사건 피해자의 남동생분으로부터 극 중 살인

안병건 웹툰 작가의 도움으로 만든 <보이스> 시즌 1 강권주와 무진혁 캐릭터 디자인

마가 처참한 벌을 받는 엔딩에 위로를 받았단 말을 전해 듣자 안도하면서도 마음이 먹먹했던 기억이 난다.

그렇게 2017년 <보이스> 시즌 1에 이어 2018년 <보이스> 시즌 2, 2019년 <보이스> 시즌 3까지 4년여 동안 <보이스>를 집필해왔다. 사실 그 긴 시간 동안 잔혹한 초강력 사건들을 들여다보는 마음이 힘들지 않았다면 거짓말이다. 시즌이 끝날 때마다 '다시는 이런 소재로 글을 쓰지 말아야지'라는 생각이 들 정도로 괴로운 시간도 있었다. 그러나 강건하게 <보이스>를 지켜준 이하나 씨, 장혁 씨, 이진욱 씨를 비롯한 많은 배우와 최고의 연출을 보여주신 감독님 이하 제작진, 끝까지 <보이스>를 봐주신 고마운 시청자 덕분에 2019년 6월 30일, <보이스> 시즌 3은 자체 최고 시청률을 기록하며 종영할 수 있었다.

<보이스>는 시즌마다 고유의 특색이 있다. 시즌별 주제는 무엇이며 시즌마다 새로운 감독과 작업을 했는데 어떤 경험이었는지 궁금하다.

작가로서 세 개의 시즌을 연달아 집필하는 것도 쉬운 경험은 아니지만 세 명의 감독님과 일을 하는 것 역시 흔치 않은 특별한 경험이었다. 그러나 감사하게도 이미 장르 드라마에서 독보적인 연출력을 보여주신 김홍선 감독님(시즌 1), 이승영 감독님(시즌 2), 남기훈 감독님(시즌 3)을 만나 독특하고 개성 강한 <보이스> 시리즈를 만들 수 있었다.

세 감독님과 일을 하면서 <보이스> 시리즈의 가이드라인이 완성되었는데 메시지는 유지하되 시즌마다 범죄 주제에 맞춰 톤 앤 매너를 다르게 하기로 한 것이다. <보이스>가 정체되지 않고 매번 새로운 컬러와 가치 있는 어젠다를 만들어온 건 세 감독님이 함께하셨기에 가능한 일이기도 했다.

2017년에 방영된 <보이스> 시즌 1이 재벌회사 대표인 연쇄 살인마를 법으로 응징하는 '정의 구현, 권선징악(勸善懲惡)'에 충실한 정통 액션 스릴러였다면, 2018년에 방영된 <보이스> 시즌 2, '혐오의 시대'는 골든타임팀이 현대사회에 잠재된 혐오 심리를 이용해 범죄를 저지르는 사명감형 사이코패스와 게임을 벌리는 심리 서스펜스 스릴러에 충실하고자 했다. 2019년에 방영된 <보이스> 시즌 3, '공범들의 도시'는 '사이버 범죄, 정신질환 범죄'를 상징하기 위해 호러 장르적 디테일을 더했는데, 세 번의 시즌 모두 현실 범죄가 어떤 장르를 띄고

<보이스> 시즌 1, 2, 3 포스터 이미지

있느냐에 따른 것이었다.[2]

<보이스>가 시리즈로 나갈 수 있는 엔진(원동력)은 무엇이라고 보는가?

<보이스>가 시즌제를 이어온 가장 큰 원동력은 제작진 모두가 작은 소리에도 귀 기울이며 생명을 구하는 '의미 있는' 이야기를 하고자 마음을 모았기 때문이라고 생각한다. 대부분의 범죄 추리물들이 죽음의 비밀을 푸는 동안 <보이스>는 피해자를 구하는 이야기에 끝까지 집중했기 때문에 좋은 결과로 이어지지 않았나 생각해본다.

또한 한 편의 미니 시리즈가 7시즌 이상을 이어가는 미국 드라마의 구조가 되기 위해서는 기술적인 동력 역시 필수적이다. 그런 점에서 <보이스>는 매번 새로운 시즌으로 나갈 수 있는 강력한 두 개의 엔진이 있다고 생각한다. 하나는 시즌마다 새롭게 등장하는 남자 주인공과 강권주가 만드는 대서사이며, 다른 하나는 바로 지금 우리 사회에 벌어지고 있는 초강력(코드 제로)[3] 범죄 에피소드이다. 이 두 가지 엔진이 병렬로 진행되다 만나는 구조로 인해 <보이스>는 옴니버스식 드라마에 갇히지 않고, 보다 강력한 이야기를 펼쳐나갈 수 있었다고 생각한다.

<보이스> 시즌 1에서 무진혁과 강권주가 가족을 죽인 진범을 쫓는 수사와 코드 제로 에피소드를 해결하는 이야기가 동시 진행되었다면 <보이스> 시즌 2 역시 강권주와 도강우가 자신들의 파트너를 죽인 범인을 추적하면서 혐오 범죄와 관련된 112 신고센터 에피소드를 해결하는 과정을 그렸다. <보이스> 시즌 3은 자신이 사이코패스임을 각성한 도강우와 그를 지키려는 강권주가 다크 웹의 배후를 추적함과 동시에 각종 사이버 범죄 에피소드들을 푸는 시즌 1, 2와 동일 플롯이다.

2 경찰청은 '2018 사이버 위협 분석 보고서'를 통해 지난 해 발생했던 사이버 범죄와 2019년 사이버 위협 전망을 밝혔다. 2018년에 발생한 전체 사이버 범죄는 14만 9,604건이며 이는 지난해(2017년) 대비 13.6% 증가한 수치다. 이는 최근 5년 내 최고치(2016년 15만 3,075건)에 근접한 수치로, 최근 주춤했던 증가 추세가 다시 이어지고 있다고 보고서는 설명했다. (원병철, 2018년 사이버범죄 결산과 2019년 주요 위협 전망, 보안뉴스, 2019년 2월 1일)

3 보이스의 소리 파트의 '드라마 <보이스> 속 용어 정리'에 구체적인 내용이 있음

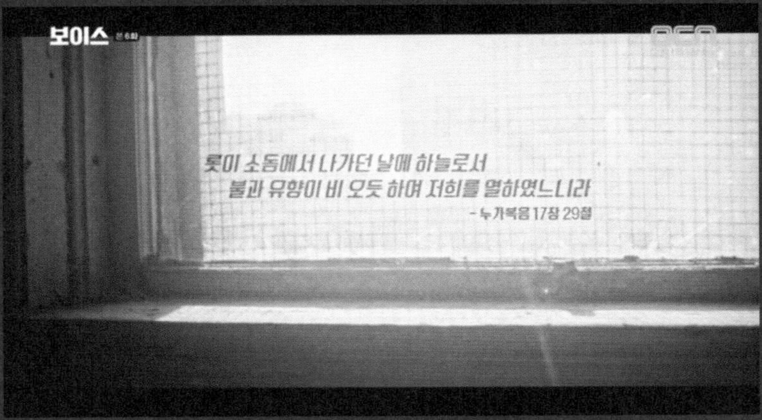

<보이스> 시즌 1의 7, 8화 | **'쓰레기 집의 비밀'** (2017년 2월 11, 12일 방영)

무진혁과 강권주는 부동산 재개발 관련 범죄 신고 전화를 받고 출동한 쓰레기 집 에피소드 안에서 시즌 1 대서사 빌런인 모태구와 마주친다. 에피소드와 대서사, 두 개의 엔진이 만나는 지점이다. 선천적 사이코패스로 태어난 모태구는 어린 시절부터 그 기질을 보였으나 부친인 모기범 회장이 그 사실을 감추는 바람에 잔혹한 연쇄 살인마로 성장했다. 만약 어린 시절 골든타임 안에 치료나 격리가 되었다면 무진혁과 강권주의 가족과 같은 수많은 희생자들이 생기진 않았을 것이다.

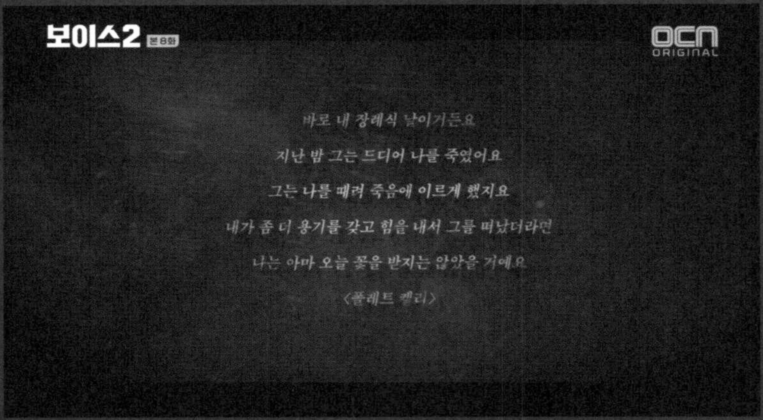

<보이스> 시즌 2(혐오의 시대)의 8, 9화 | **'나는 오늘 꽃을 받았어요'** (2018년 9월 2, 8일 방영)

도강우와 골든타임팀이 데이트 폭력 에피소드 속 진범을 추적하던 중 시즌 2의 빌런인 방제수가 만든 덫에 도강우가 빠지자 그를 의심하고 혐오하는 상황이 전개된다. 에피소드와 대서사가 만나는 순간 〈보이스〉 시즌 2는 클라이맥스로 치닫는다. 방제수는 불행한 출생, 어머니의 학대로 인한 트라우마, 자신을 배척하는 이웃들에게 겪은 혐오로 인해 혐오 범죄를 저지르는 사명감형 살인마다.

"사람들 마음속엔 각자만의 깊은 우물이 있어.
어떻게 관리 하냐에 따라, 맑은 물이 나오기도,
썩은 물이 나오기도 하지.
그 우물들 중 진실을 찾아 들여다보는 게..
우리의 일이야."

<보이스> 시즌 3(공범들의 도시)의 16화 | **'공범들의 도시'** (2019년 6월 30일 방영)

〈보이스〉 시즌 3의 빌런, 카네키는 '옥션 파브르'라는 사이버 범죄 카르텔을 이끄는 혐오 사업가다. 카네키는 자신의 친동생 도강우를 공범의 일원으로 끌어들이기 위해 많은 살인도 불사하지만 도강우는 괴물이 아닌 인간으로 남고자 악의 고리를 직접 끊는다. 〈보이스〉 시즌 3 에피소드에는 여러 명의 범인들이 등장해 '공범들의 도시'란 부제와 연결성을 갖는다.

끝으로 <보이스>를 작업하며 작가로서 느낀 점이나 전하고 싶은 메시지는 무엇인가?

사실 장르물 대본은 발로 쓰고 엉덩이로 고친다는 말이 나올 정도로 고된 작업이다. 취재는 물론, 개성적인 캐릭터를 만들기 위해 머리를 쥐어뜯고, 보조 작가들과 오랫동안 책상에 앉아 추리의 논리와 디테일을 고민하며, 또 신고센터에서 사용되는 수백 장의 신상명세서 역시 꼼꼼하게 작성하는 녹록지 않은 일도 병행된다. 특히 경찰 드라마는 12만 명의 경찰관들에게 누가 되지 않도록 매회 책임감 있게 글을 써야 하는 부담이 커 전문가들의 감수도 필수적이다. 다행히 시즌 2 때 만난 경찰청 홍보담당관실 이희목 경위님을 통해 경찰청의 전폭적인 지원을 받았고 김승철 경위님, 김현아 변호사님, 이명수 원장님, 이수정 교수님, 정찬재 경감님, 조민철 경위님, 최미정 교수님(가나다순) 등 3년간 <보이스>를 위해 아낌없는 자문을 해주신 분들 덕분에 완성도 있는 대본이 나올 수 있었다. 방 안에서 일을 하는 작가의 입에서 고된 작업이란 말이 나올 정도면 제한된 시간 안에 80신 이상의 대본을 16화까지 찍어야 하는 감독님 이하 제작진의 땀과 눈물은 이루 말할 수 없을 것이다. 사실 감독님들마다 공통적으로 입을 모아 하신 말씀들이 있다.

"작가님! 내가 꽤 많은 드라마를 해왔지만 <보이스>처럼 고된 작품은 처음입니다! 하하!"

그럼에도 새로운 시즌의 1화가 끝났을 때 제일 먼저 따뜻한 문자와 격려를 보내주시는 분들도 전 시즌 감독님들이니 고맙고 또 고마운 마음뿐이다.

또한 <보이스>는 배우 복이 많다고도 소문난 작품이다. 더 이상 말이 필요 없을 만큼 최고의 연기를 해준 강권주 역의 이하나 씨와 반드시 우리를 구해줄 것만 같은 미친개 형사 무진혁 역의 장혁 씨, 선악을 넘나드는 사이코패스 도강우 형사 역을 강렬하게 연기해준 이진욱 씨 그리고 각 시즌을 대표하는 빌런을 매력적이고 멋지게 연기한 모태구 역의 김재욱 씨, 방제수 역의 권율 씨, 카네키 교수 역의 박병은 씨, 유승목, 이해영 배우분을 비롯한 손은서, 예성, 김중기, 송부건, 김우석, 김기남 배우에게 진심으로 감사하다.

<보이스>는 전 시즌 총 15개의 강렬한 에피소드가 방송되었는데 배정화(시즌 1, 2~3화, '힐링마마의 두 얼굴'), 이주승(시즌 1, 4~5화, '어둠 속의 벨소

리'), 이용녀(시즌 1, 7~8화, '쓰레기 집의 비밀'), 김호영(시즌 1, 9~10화, '어둠 속의 사냥꾼'), 연제욱, 이유미(시즌 2, 3화, '심판의 시간'), 박은석(시즌 2, 6~7화, '별코인을 든 공모자들'), 재희(시즌 2, 8~9화, '나는 오늘 꽃을 받았어요'), 정이서, 정기섭(시즌 3, 2화, '시시오도시 료칸에는 야차가 산다'), 카슨 엘렌(시즌 3, 5~6화, '숨피탄의 비밀') 등 많은 배우들의 탄탄하고 실감 나는 연기로도 큰 주목을 받았다. 아마도 그분들의 노고가 없었다면, <보이스> 시리즈는 완성되지 못했을 것이다.

〈보이스〉는 이제 숨 가쁘게 시즌 3를 마무리했다.
그리고 여건이 되는 한 또 지금과 같은 열정으로 놓치지 말아야 할 소리를 위해
한 걸음씩 차분히 걸어가야 한다고 생각한다.
〈보이스〉 시즌 1에서 분노와 복수심에만 불타 있던 진혁이 112 신고센터
공청 무전에서 들리던 피해자의 간절한 외침을 듣자 곧바로 출동한 것처럼,
〈보이스〉 시즌 2에서 작은 소리에 귀를 기울이는 것이 자신의 사명이라고
생각하는 권주가 골든타임을 지키기 위해 끝까지 용기를 낸 것처럼,
그리고 〈보이스〉 시즌 3에서 도강우가 자신의 병과 필사적으로 싸워가며
피해자를 구한 그 마음처럼 말이다.
때론 타협하고 외면하고 싶은 순간에도 마지막까지 지켜내야 하는 가치.
그것을 지키고자 용기를 내는 바로 그 순간, 우리는 사회에서는 물론
우리의 인생에서도 골든타임을 지킬 수 있다고 믿기 때문이다.
그리고 그것이 지금까지 〈보이스〉가 걸어온 길이고
앞으로도 그 길을 걷기 위해 노력을 멈추지 않는 〈보이스〉가 되려고 한다.

interview

이수정 교수

경기대학교 대학원 범죄심리학과 교수
대법원 양형위원회 전문위원

시즌 1·2·3 자문

<보이스>는 세계 최초로 '보이스 프로파일러'를 그린 드라마다. 작가와 많은 대화를 나눴다고 들었는데?

보이스 프로파일링이란 실제로는 존재하지 않는 픽션이다. 현재 존재하지 않는 기술을 시청자들에게 진짜처럼 보이기 위해서 <보이스> 첫 시즌부터 마진원 작가와 의논을 많이 했다. 매회 사건마다 강권주 팀장의 반응을 어떻게 대사로 풀어내야 할지, 골든타임의 중요성을 어떻게 전달하는 것이 좋을지 치열하게 대화를 나눴던 기억이 난다. 오원춘 사건 때 심리 분석이 가능한 <보이스> 프로파일러가 112 신고센터 신고 전화를 받았으면 다른 결과가 있지 않았을까 하는 아쉬움이 <보이스>의 자문을 맡은 이유 중 하나다.

자문한 내용 중 가장 기억에 남는 부분은?

대부분의 다른 수사물들은 사건이나 해결 과정이 현실보다 과장되게 묘사되는 부분이 많다. 그래서 <보이스>는 그런 부분을 최대한 줄였으면 좋겠다고 조언했다. 기획 단계부터 자문을 맡아 골든타임 안에서 피해자를 구할 수 있도록 리얼리티를 살리는 심리 자문을 해왔다. 또한 프로파일러라는 직업이 기본적으로 예민해야 하고 외향적인 스타일이 아니기에 강권주 역으로 이하나 배우를 추천하기도 했다.

절대 청력을 제외하고 프로파일러의 자질로만 강권주를 평가한다면?

강권주는 법학, 경찰행정학, 심리학 등 기본 원리를 충분히 숙지하고 있다. 또한 프로파일러가 가져야 할 인간 행동에 대한 호기심이 크다. 강권주는 '이 사람들이 왜 이런 행동을 할까?'라는 관심과 집요함을 가진 성격이라 각종 범죄 사건 해결에 적극적이다. 그뿐만 아니라 112 신고센터와 출동팀을 아우르는 훌륭한 리더십과 피해자를 위로하고 공감하는 능력이 있어 경찰로서의 자질도 훌륭하다고 본다.

시청자들에게 범죄의 위험성을 알리고 경각심을 준 에피소드가 있다면?

<보이스>는 매 시즌 '오늘의 범죄'를 다뤄 시청자들에게 범죄의 위험성을 환기하려 노력했다. 그런 장점이 잘 드러난 에피소드로 시즌 1의 '힐링마마의 두 얼굴'을 꼽고 싶다. 당시 아동 학대를 피해 가스배관을 타고 탈출하던 11살 소녀 사건을 시작으로 대대적인 전수 조사가 일어나 은폐돼 있던 아동 학대 사건 다수가 수면 위로 떠올랐다. 자신이 아동 학대 피해자였던 가해자의 심리를 표현하기 위해 작가와 함께 고민했던 기억이 난다. 또한 '혐오', '묻지 마 범죄' 등은 최근 경찰과 범죄학자들이 경각심을 갖고 매우 주시하는 주제인데, 시즌 2, 3의 빌런 방제수와 카네키의 모습에서 잘 나타난 것 같다.

공익 차원에서 <보이스>가 진지하게 다뤘으면 하는 범죄 소재는 무엇인지, 그리고 앞으로 <보이스>가 어떻게 성장하기를 바라는지?

시즌 3의 7, 8화 '죽음으로 가는 액셀러레이터' 에피소드가 유명 클럽에서 벌어지는 개인의 일탈로 인한 범죄를 보여줬다면, 이제 조금 더 심도 있게 성 상납, 불법 촬영, 마약 범죄로 이어지는 구조적인 연결 고리를 보여줬으면 한다. 또한 시즌 1의 1, 2화 방복님, 시즌 2의 6, 7화 조아진처럼 사회적 약자인 가출 청소년이 치안의 사각지대에서 마주치게 되는 미성년자 인신매매 등을 더 구체적으로 보여줘 경각심을 전달하는 드라마가 되면 좋겠다. 현재 경찰은 다양한 신고 루트를 확보하기 위해 노력하고 있고, SNS나 인터넷을 통한 신고 접수 대응 등을 모색하고 있다. 앞으로 사이버 수사대와도 연동하고 대응하는 스토리 전개가 강화되면 드라마에도, 현실적인 범죄 예방 매뉴얼에도 큰 도움이 될 것으로 보인다.

interview

최미정 교수

충남대학교 대학원 과학수사과 교수
경찰청 지문 감식 KOLAS 심사위원

시즌 1·2·3 자문

<보이스> 시즌 1, 2, 3에서 주로 어떤 자문을 했고, 자문에 중점을 두었던 가치나 생각은?

사건 소재 공유와 과학 수사 증거물의 수집 및 채취 과정, 그리고 수사관의 인지 행동들과 사건 과학 수사 감정 영역의 대사 부분에 참여했다. 중점을 두었던 부분은 사건의 소재와 과학 수사 감정의 타당성을 통해 극의 전개 흐름을 원활하게 하는 것, 증거와 수사의 연관성과 과학적 근거가 있는 대사에 가치를 두었다.

<보이스>에서 표현된 흉악 범죄, 그중에서도 증오 범죄와 묻지 마 범죄 등과 같은 범죄 유형은 왜 증가하며, 어떻게 조심하는 게 좋을까?

배려와 존중이 없어지고, 지극히 개인주의화되어 가는 사회에서 흉악 범죄는 나날이 늘어가고 그 정도가 심해지고 있다. 그 원인은 많은 통계를 바탕으로 피폐해지는 사회 현상을 지목하고 있다. 따라서 우리는 범죄에 항상 대비하고 스스로를 방어하는 자세로 살아가야 하며, 범죄 위험에 대해 주위 사람에게 적극적으로 알려 공유하는 자세가 필요하다. 드라마나 소설을 통해 범죄의 전모가 대중에게 드러나면서 모방 범죄가 발생하는 폐해가 있기도 하지만, 오히려 예방 차원의 효과가 더 크다고 생각한다. 따라서 드라마에서 표현되는 사건의 소재와 과학 수사 기법을 일반인들이 시청하고 인지해 실생활에서 범죄의 대상이 되지 않도록 스스로 방어하고, 범죄의 대상이 됐을 때 현명하게 대처하는 자세를 가질 수 있을 거라 생각한다.

<보이스>는 반전을 받쳐주는 탄탄한 과학 수사 근거로 많은 호응을 얻었다. 자문한 내용 중 흥미로웠던 <보이스> 사건이 있었는지?

드라마 <보이스>에서 사용된 과학 수사 감식과 감정법은 실제 과학 수사 요원들이 감정하고 또한 국과수에서 감정하는 것들이다. 과학 수사 분야는 물리, 화학, 생물, 법학, 의학, 심리학 등의 기초 학문을 근간에 두고 발전한 학문으로, 물리 분야로는 광원의 사용, 교통사고 감정, 건축물 붕괴, 화재 폭발 사고 감정 등이 있고, 생물 분야는 법혈청학, 법유전학, 화학 분야로는 법 화학, 토양 분석 등 다양하고 많은 분야에 걸친 감정 방법이 있다. 본 드라마에 나온 사고나 자살로 위장한 살인(시즌 1의 고동철과 남상태, 시즌 2의 장경학, 시즌 3의 곽독기와 사사키) 등의 트릭은 실제 현장 수사 과정에서 많이 접하는 감정 내용을 참고해 자문했다. 예를 들어, 시즌 1의 경우 살해당한 사람들의 머리 상처를 보고 무기의 형태나 재료뿐 아니라 범인의 신장, 습관 등을 유추할 수 있는데, 두피를 드러내지 않은 상태로는 분석이 부정확하므로 부검을 맡겨 두개골의 파괴 현상을 봐야 한다는 것, 옷 입은 상태, 신발과 외투의 여부 등도 중요한 단서가 된다. 얇은 옷을 입었다면 손목이나 입 주위의 결박이나 테이프 자국이 있는지 등 납치 여부를 판단할 단서를 빨리 찾아야 한다. 이마 위쪽이 손상돼있다면 보통 앞에서 가격, 정수리 기준으로 뒤쪽으로 나있다면 뒤에서 가격, 정수리가 손상됐다면 사람을 꿇어 앉혀놓고 가해자가 서있었을 가능성이 높다. 피해자를 의자에 앉혀놓고 때릴 때는 힘이 많이 가해지기 때문에 정수리가 아닌 측면 등이 많이 손상된다는 내용 등을 자문했다. 그밖에도 시즌 1의 주요 사건 소재였던 염산 테러, 화재로 인한 증거 인멸, 가짜 피의 특징, CCTV를 통한 법 보행 분석, 각종 분석 시약의 목적과 사용법 등 다수의 자문을 했다.

시즌 2의 장경학 교통사고 신의 경우, 차체의 이상으로 일어나는 급발진과 운전자의 실수로 액셀을 밟아 일어나는 과속 사고의 구분 방법을 설명했는데, 가장 정확한 방법은 차량을 분해해 시스템을 복구하고 원인을 제대로 해석하는 것이지만 시간이 최소 몇 개월 걸린다는 현실적인 문제를 감안, 운전자가 사고 당시 브레이크를 밟았는지, 액셀을 밟았는지를 구분할 수 있는 1차적인 증거를 제시했다. 보통 교통사고 땐 열이 발생하기 때문에 신발 밑창과 페달의 접촉면이 뜨거워지고, 따라서 신발과 페달의 고무가 녹으며 밀림 현상에 의해 페달 무늬에 따른 접착이 가능하다는 것, 특히 오래된 차의 경우 페달의 고무와 뼈대가 되는 쇠가 눌리면서 압착이 되기 때문에 그 경우 더 무늬가 남기 쉽고, 운전자가 신고 있던 신발의 모래 등이 페달에 어느 정도 묻어있는가도 결정적이진 않지만 나름의 판단 기준이 된다고 자문했다. 특히 교통사고 시의 운전자는 있는 힘을 다해 브레이크를 밟으며 멈추려고 하기 때문에 물리적인 힘으로 인해 어느 정도 흔적이 남을 수밖에 없다.

시즌 3에서는 와이어로 사람을 죽이고 자살 등으로 위장하는 방법에 대해 자문했다. 와이어는 끈 종류보다 강력해 뼈가 드러날 정도로 살에 깊이 들어가며, 와이어 도르래를 이용해 공중에 매달 경우, 매달린 상태로 사람의 무게를 받아 나일론 빨랫줄보다 훨씬 깊게 살을 파고 들어가 몸에 큰 흉터를 남기는 것이 특징이다. 따라서 범인이 살해 계획 시, 살해 도구가 와이어임을 숨기려면 피해자에게 옷을 입힌 채 와이어로 조여 죽이는 방식을 사용하거나, 더 치밀하게는 그 위에 두꺼운 천을 덧대 죽였을 가능성이 높다는 것, 그 상태로 사망하면 눌린 자국은 크게 남지만 부검 전까지는 살해 도구 구분을 할 수 없다는 것, 경추가 부러지면 질식사로 사망하는데 그것만으로는 와이어를 사용한 자살인지, 타살인지 판단이 어렵다는 것 등을 자문했다. 또한 그 뒤 살해당한 시신을 배치하는 범인의 심리에서 흔히 자기 주도적 살인자는 시체 유기 시, 대상을 희화화할 수 있는데 그 행동이 바로 가해자와 피해자의 관계를 암시한다고 볼 수 있고, 신체 절단 부위를 통해 프로파일러는 여러 가지를 예측할 수 있으며 이런 기반에서 범인과 피해자의 스토리를 드라마로 충분히 가공할 수 있다는 것을 자문했다.

이처럼 현실엔 드라마보다 더 충격적이고 끔찍한 실제 사건이 많아 그것을 참고로 조언을 한다. 물론 실제 사건의 내용은 시기나 피해자, 가해자의 이름을 구체적으로 밝히지 않고 자문한다. 예를 들어, 교통사고를 위장해 아내를 살해하고 보험금을 타려 했던 사건, 트렁크에 시신을 은닉했으나 실패한 사건, 갈비뼈가 내장을 찔러 내출혈이 일어났지만 그것을 모르고 사망한 사건 등을 예시로 언급하여 '이런 일도 일어날 수 있다'라는 가능성을 제기하고, 어떤 줄거리는 가능하지만 어떤 줄거리는 불가능함을 판단하는 식으로 자문하기도 했다. 개인적으로 남자 주인공들이 풍부한 과학 수사 지식으로 범인을 판단하고 재빨리 활약하는 모습이 현실적으로는 어려운 일이기에 흥미롭고 재밌었다.

interview

이명수 원장

연세라이프정신건강의학과의원 원장
대한신경정신의학회 홍보기획이사

시즌 3 자문

<보이스> 시즌 3의 사이코패스 형사 도강우 캐릭터에 대한 자문을 맡았다. 도강우에 대해 어떻게 생각하나?

사실 머릿속 상상으로 누군가를 죽여보지 않은 사람이 있을까? 최소한 죽여 버리고 싶다는 생각을 한 번이라도 해보지 않은 사람은 없을 것이다. 그러나 대부분의 사람들은 별 탈 없이 잘 지내고 있다. 왜 그럴까? 이는 공격적 충동이 행동으로 이어지지 않을 것이라는 확고한 믿음이 있기에 우리는 잘 지낼 수 있는 것이다. 충동과 행동 사이에 충분한 거리가 떨어져 있거나, 그 둘 사이에 높은 벽이 쳐져 있다고 생각하면 된다. 프로이트(Freud)식으로 표현하면 이드(id)를 자아(ego)라는 벽을 통해 자가 검열하고 있다고 보면 된다.

좀 더 구체적으로 이야기해보면, '내가 누군가를 칼로 찌르면 어떡하지?'라는 생각이 충동적으로 내면에서 떠오르는 경우를 강박증이라고 한다. 이질적인 이런 생각으로 불안이 생기면 사람들은 치료하기 위해 병원을 찾게 된다. 반대로 '사람들이 나에게 피해를 주기 때문에 내가 그들을 죽여야 한다'라는 피해망상은 조현병 등 중증 정신 질환에서 볼 수 있으며, 그 생각을 스스로 강하게 믿기 때문에 자발적으로 치료에 임하지 않고 대개는 강제적으로 치료를 받게 된다. 다행인 것은 치료 과정 중에 그 믿음은 이질적인 것으로 바뀌게 되고 치료자와 환자는 충동을 해결하기 위해 치료적 동맹을 맺게 된다.

그러나 <보이스> 드라마에 등장하는 도강우 형사는 위에서 언급한 이론들과 결을 달리한다. 그는 강박증에 시달리는 것도 아니고 망상에 따른 공격성을 보이는 것도 아닌 정체성 혼란의 문제를 가지고 있다. 아버지로부터 물려받은 유전자(생물학적 요인), 어린 시절 형의 살인을 가까이서 목격한 심각한 정신적 트라우마(심리적 요인)는 위에서 언급한 '어떤 이유'로 작용해서 강력한 공격 충동을 행동화시키고 있다. 이 상태의 도강우는 본인의 공격성에 대한 이질감을 느끼지 않는다. 그런 그가 자기 안의 폭력적인 도강우가 나타나지 않도록 선택한 것은 억압이었다. 이 유일한 해결책은 그가 강력범을 다루는 형사의 삶을 선택하게 했고, 이는 아마도 형의 잘못에 대한 보상 심리일 수 있다. 어쩌면 억제하기 어려운 공격성 충동을 발현하기에 강력 범죄자들이 그나마 안전한 대상이어서 그랬을 수도 있다.

도강우의 각성과 전조 증상을 정신과 의사로서 설명한다면?

도강우는 각성한 상태가 되면 공격성을 드러낸다. 특히 일반적인 관점에서 용서하기 어려운 범죄자를 만났을 때 그의 공격성은 더욱 심해진다. 또한 누군가의 귀에서 흐르는 피를 볼 때 도강우는 각성이 오는 전조 증상을 보이는데, 이것은 어릴 때 겪은 미호에 관한 트라우마(심리적 요인)로 보인다. 도강우는 각성이 끝나면 실신으로 이어지는데 죄책감 내지는 상실감과 무력감이 적용됐을 것으로 본다. 죄책감의 기저에는 강권주 센터장, 즉 소중한 사람에게 본인이 해를 끼치는 존재가 될지도 모른다는 두려움이 깔려 있다. 과거에 소중한 사람을 잃었던 것에 대한 기억이 닿아 있고, 무의식이 되살아난 이후에는 현재 소중한 사람에 대한 상실을 두려워하는 마음이 엿보인다.

그럴 때일수록 도강우는 무기력해지고 자기 자신을 놓아버리며 혼절한다. 혼절 후 깨어나면 도강우는 중요한 과거를 기억하지 못하며 해리성 기억상실증을 보인다. 해리성 기억상실증에 관한 직접적인 원인을 정신분석학적 입장에서 찾아보면 불안을 유발하는 심리적 내용을 억압과 부인이라는 방어 기제를 통해 의식에 떠오르지 못하게 하는 것이라 설명할 수 있다. 또한 불안감이나 죄책감을 유발하는 생각이나 행동을 잊어버림으로써 불안이나 죄책감에서 벗어나는 것으로, 기억상실 행동이 학습되는 것이라 본다.

그렇다면 다른 사이코패스 범죄자들과 도강우의 차이점을 무엇이라고 생각하는가?

도강우는 괴물이 되지 않기 위해서 고뇌하고 투쟁하지만, 이미 괴물화가 완성된 범죄자들은 도강우를 같은 부류로 여기며 이를 부정하는 도강우를 조롱한다. 공격 충동을 해제시키는 '어떤 이유'가 존재한다는 것, 그로 인해 나타나는 공격적 행동이라는 결과물은 결코 기존 범죄자들의 행동과 다르지 않다. 이러한 원인과 결과가 보편적인 것일 수 있기에 그들의 조롱 자체를 비난할 수만은 없다.

하지만 정신과 의사로서 주목해야 하는 지점은 도강우의 '고뇌'다. 괴물이 되지 않기 위해 저항하는 과정이 있기에 일시적으로 공격성이라는 결과는 같아 보일지 모르지만, 그 과정의 다름이 최종 결과를 변화시킬 수 있다는 희망을 가져볼 수 있다.

시즌 3의 마지막 화에서 도강우는 자신의 공격 충동을 최후의 최후까지 억누르려고 애썼다. 그 장면이 의미 있었던 것은 상처와 고통을 잔혹한 분노로 표출한 형을 단죄하는 동시에 그와 함께하는 죽음을 선택해 소중한 이들을 보호하고자 했던 도강우의 모습을 통해 인간으로 사는 것이 무엇인지를 격렬하게 상징했기 때문이다.

interview

김현아 변호사

한국여성변호사회 인권이사

시즌 2·3 자문

시즌 2의 '심판의 시간' 에피소드에서 일명 조두순 사건을 연상케 하는 아동 성폭행 관련 내용을 다뤘다. 자문 방향과 방송 소감은?

먼저 가슴이 아팠다. 피해자와 가족들의 고통, 그리고 개선되지 않은 가해자의 재범까지 너무나 현실적으로 그려져 자문 이전에 한 인간으로 지켜보는 것이 힘들었다. 그러나 작가님이 이 에피소드를 통해 시청자들과 공유하고 싶은 메시지와 깊게 고민한 지점이 무엇인지 잘 알았기 때문에, 무엇보다 예방이 중요하고 피해자와 피해 가족을 이해하는 방향으로 자문을 드렸다. 아동 성범죄는 단순한 성범죄 피해를 넘어 피해 당사자인 아이에게 또 가족들에게 얼마나 고통스러운지, 보는 사람 모두가 절절하게 느끼기를 바랐다.

조두순 사건이 공론화되며 관련법을 포함한 일련의 변화가 있었다고?

조두순 사건은 사실 발생 초기에는 비록 가명이기는 했지만 나영이 사건이라는 피해자 중심의 명칭으로 사건이 불렸다. 시간이 지나면서 점차 피해자가 아닌 가해자에 초점을 맞춰야 한다는 비판이 일기 시작했고, 그 이후로 조두순 사건으로 지칭되었다. 이러한 명칭의 변화 역시 의식의 변화에 기여하는 바가 크다. 조두순 사건 이후에도 심각한 아동 성폭력 사건이 지속해서 발생하자, 정부와 국회는 성폭력 범죄에 대한 처벌 강화 및 예방을 위한 법안들을 만들었다. 가해자 전자 발찌 부착 기간이 연장되고, 약물치료 제도(화학적 거세)가 시행됐으며, 미성년자 성폭력 범죄에 대한 공소 시효를 성년에 달한 날부터 기산

하도록 하는 등 법적 변화가 있었다. 조두순 사건은 우리 사회의 잘못된 성 관념과 미약한 처벌, 개선되어야 할 법과 정책, 예방과 재발 방지책에 관심을 가지게 된 계기가 되었다.

시즌 2의 '심판의 시간' 에피소드 방송 후 남 일 같지 않다는 평이 많았다. 아동 성범죄의 징후와 상황 발생 후 대처 방법이 있다면?

아이들은 내가 겪은 이 상황이 무엇인지 잘 모를 수 있다. 신체적인 상처는 눈에 보이고 바로 치료가 가능하지만, 정신적인 상처는 시간이 지나 성인이 되어 나타나기도 하므로 반드시 심리적인 치료가 병행되어야 한다. 부모 역시 이런 일을 겪게 되면, 전문 기관의 도움을 꼭 받아야 한다. 법적인 대처법을 잘 모를수록 함께 상담도 받고, 신고 후 법적 도움을 통해 아이가 성범죄 피해를 잘 극복할 수 있도록 노력해야 한다.

시즌 3에서는 아동 대상의 그루밍 성폭력을 고발하는 '피노키오의 노래' 에피소드가 방영됐다. 이 시대의 아동 대상 범죄, 어떻게 대처해야 하나?

아이들에 대한 성폭력 양상은 시대에 따라 변하고 있다. 요즘 우리 아이들은 인터넷 세상에 무방비로 노출되어 있어 문제다. 특히 미성년자인 아이들의 호기심을 이용한 그루밍 범죄가 심각하다. 그루밍은 쉽게 말해 길들이기인데, 인터넷에서 아이들에게 말을 걸기 시작해 점차 수위를 높여가며 대화를 하고, 아이들에게 사진이나 동영상을 받아서 나중에는 유포하겠다며 협박한다. 아이들은 뒤늦게 뭔가 잘못되었다는 걸 알아도 선생님이나 부모님께 도움을 청하는 게 부끄럽고 어려워 차마 털어놓지 못하고, 결국 가해자에게 끌려다니며 더 심각한 범죄의 피해자가 되는 악순환의 상황에 놓이게 된다.

성인이 인터넷에서 아이들에게 몇 살인지를 물어보는 질문을 시작으로 성적인 대화를 끌어내는 것 자체가 이미 심각한 문제라고 생각한다. 해외 입법 사례처럼 이 단계에서 개입하는 법적, 제도적 정비가 우리나라에도 필요하다. 그래서 '피노키오의 노래' 에피소드에서 이런 내용을 자문했고, 앞으로 <보이스> 시즌이 이어진다면 아동 성폭력 관련 사건에 계속 관심을 두고 다뤘으면 한다.

interview

이희목 경위

경찰청 홍보담당관실

시즌 2·3 자문

<보이스>와 첫 인연은?

2018년 3월 경찰청 주최로 '경찰 소재 영화·드라마 제작지원 방향 설명을 위한 간담회'를 개최했다. 경찰청장을 비롯해 경찰 관계자들과 방송·영화 관계자 26명이 참석한 자리였다. 그때 간담회 참석자 중 <보이스> 시즌 2를 준비하던 제작 관계자의 요청으로 차후 제작지원을 위한 미팅을 약속했고, 미팅 준비를 위해 마진원 작가님과 첫 통화를 했다. <보이스>라는 강력한 범죄 장르물의 작가 그리고 이름에 대한 선입관 때문에 당연히 남성 작가라 예상했는데 활기차고 괄괄한 목소리의 여성 작가님이었다. 첫 통화 후 작가님께 받은 강한 인상은 경찰에 대한 애정이 많은 작가라는 것이었다.

당시 전국 경찰 드라마·영화 제작지원 총괄 담당을 맡고 있었는데, 방영 중인 타 채널의 드라마 제작지원에 한창 집중하던 시기였다. 그래서 <보이스>를 수많은 경찰 장르물 중 하나라고 생각했고, <보이스>팀과의 첫 미팅 역시 통상적인 제작 지원 미팅 정도라고 생각했던 게 사실이다. 그러나 5월 첫 미팅 전 작가님과의 수차례 통화를 통해 <보이스>에 대한 생각이 달라졌다. 먼저 생사의 갈림길에 선 범죄 피해자를 구하기 위해 112 신고센터 요원들과 형사들이 살인마 범죄 집단의 잔혹한 혐오 범죄에 맞서 싸우는, 권선징악을 바탕으로 하는 내용 전개가 마음에 들었다. 대개 통상적인 제작 미팅에는 드라마 제작 피디 정도만 참석한다. 그러나 <보이스>팀은 마진원 작가님, 이승영 감독님 그리고 주연 배우인 이하나 배우까지 참석해 다른 작품에서 볼 수 없었던 제작진들의 열의를 보여주었다. 이런 분들과 함께하는 드라마라면 경찰 이미지 제고에 도움이 되고, 범죄 예방 효과도 거둘 수 있겠다는 확신이 들었다. 이렇게 첫 만남을 통해 제작 지원이 결정됐고 본격적인 시나리오 소재 제공 및 감수, 촬영 지원을 시작하게 됐다.

경찰청 지원은 어떤 것이 있었는지?

실제 경찰청에는 없는 112 지령시스템이지만, <보이스> 드라마의 핵심 아이템인 골든타임팀의 콘셉트는 물론 경찰 활약상의 리얼리티를 최대한 살리기 위해 대본 자문팀과 현장 촬영 지원팀을 운영했다. 대본 자문팀은 경찰청 등 각 지역에서 근무 중인 기능별 전문 경찰관들로 구성해 작가팀에서 요청하는 여러 상황 중 실제 현장에서 발생할 수 있는 상황과 괴리가 생기지 않도록 자문을 통해 대본의 리얼리티를 보강했다. 또한 드라마에서 나오는 풍산지방경찰청은 경기남부지방경찰청 김포경찰서를 지원해 드라마상 주요 지방청으로 설정하도록 했다.

그뿐만 아니라 작전 수행 능력이 떨어지는 보조 출연자들을 대신해 인질 폭탄 테러범에 대한 경찰특공대 진압 장면(시즌 2)을 지원하고, 드라마에서 순직한 장경학, 나홍수 계장의 순직 경찰 추도식(시즌 2, 3)에 경찰의장대를 지원하였다. 이는 실제 경찰특공대 대원과 최신 대테러 진압 장비, 경찰의장대를 투입한 대표적인 인원·장비 지원 사례다.

그 밖에도 112 신고센터 촬영 세트장에 비치된 시의적절한 범죄 예방 홍보 포스터의 시안을 제공하고, 실제 현장 경찰관들이 착용하는 방검복, 방검장갑 등 세세한 장비 지원을 통해 드라마에 노출되는 경찰 활약상의 현실감을 높이는 데 일조했다. 이밖에 극 중 골든타임팀의 112 지령시스템(지방청 접수 및 지령→강력팀 출동)과 실제 경찰의 112 신고센터 지령시스템(지방청 접수→경찰서 지령→지구대·강력팀 출동)이 달라 시청자들이 현재 경찰 신고시스템을 오해할 수 있었기에, 시청자들에게 자막을 통해 실제 경찰 신고시스템에 대한 정확한 정보를 전달했다.

경찰
POLICE

<보이스>가 경찰들에게 남긴 것이 있다면?

드라마 <보이스>는 본격 소리 추격 스릴러라는 새로운 장르물로 시즌 1부터 화제작이었다. 그러나 현실의 경찰과는 조금은 동떨어진 판타지 요소가 많아 실제 현장에서 근무하는 경찰관들 사이에서 반응이 호의적이지만은 않았던 게 사실이다. 그러나 시즌 2부터 작가님을 포함한 이승영 감독님 등 제작진이 경찰청과 적극적인 소통의 노력으로 드라마의 완성도가 한층 더 높아졌고 현직 경찰관들도 시즌 1 때의 반응보다 한층 더 호의적으로 변하기 시작했다.

경찰 내부망 댓글 中

저는 드라마를 거의 안 보는데 유일하게 본방사수하는 드라마가 〈보이스〉 시즌 2입니다. 전에 상황실 팀장을 4년간 하면서 이런 팀이 있었으면 하는 생각을 했었기에 아주 감정 이입하면서 보고 있습니다. 주말에 아내와 같이 늦은 시간까지 보면서 설명도 해주고, 그동안 제가 무슨 일을 하는지 몰랐는데 많이 알아주는 것 같습니다. **경기남부지경찰청 김○○**

이렇게 현직 경찰관들의 호의적인 반응은 일반 시청자들로도 옮겨졌다. 시즌 2의 마지막 화 시청률이 7.1%, OCN 채널 역사상 최고의 시청률을 기록한 걸로 알고 있다. 경찰청과 <보이스> 제작진의 진심이 일반 시청자들에게 닿은 것이다. 이런 호의적인 반응들이 시즌 3까지 이어져 <보이스>는 대한민국 대표 시즌제 장르물로서의 입지를 확실히 다졌다고 생각한다.

경찰청은 2018년 11월 2일 제61주년 112의 날 행사일을 맞아 마진원 작가님, 이승영 감독님, 이하나 배우님 등 제작진에게 112 신고 홍보 유공으로 민갑룡 경찰청장이 직접 감사패를 전달했다. 경찰 드라마 역사상 제작진 전체가 경찰청 공식 행사에 초청돼 경찰청장에게 감사패를 받은 건 <보이스>가 처음이다. 시즌제 장르물 드라마의 새 역사를 쓰고 있는 드라마 <보이스>. 시청자와 경찰관들에게 지속적으로 사랑받는 대한민국 대표 드라마가 되길 바란다.

interview

정찬재 경감

(전)서울지방경찰청 양천경찰서 112 종합상황실

시즌 2·3 자문

<보이스> 자문을 승낙하게 된 계기는?

경찰청 대변인실에 화보 촬영 인재풀로 등록되어 행사 사진 등 촬영 업무를 종종 맡아 하던 중 경찰 관련 드라마를 제작할 예정인데 상황실 관련 자문이 필요하다는 얘길 들었다. 마침 근무지가 112 종합상황실이었기에 자문을 맡아주면 좋겠다는 제의를 받았다. 처음 제의를 받고 망설이기도 했지만 112 신고센터를 그리는 최초의 드라마란 점이 자문을 결정하는 큰 이유가 되었다.

드라마 <보이스>의 설정처럼 112 종합상황실과 연계된 골든타임팀이 실제로 존재해 코드 제로 사건을 해결한다면, 경찰의 초동 수사가 좀 더 강화될 수 있다고 생각하는지?

112 신고는 지역에 따라 차이가 있을 수 있지만 대부분 저녁 퇴근 시간부터 새벽 2~3시 사이에 접수량이 많아진다. 지역 경찰력(순찰차)에 한계가 있어서 신고가 많이 접수되는 지구대나 파출소는 인접 지구대, 파출소에서 지원을 해주고 있는 상황이다. 코드 제로 신고가 떨어져도 모든 순찰차가 사건을 처리하고 있으면 출동하지 못하는 경우도 발생하고 있다. 만약 골든타임팀이 있다면 강력 사건(코드 제로)에 대해서 지역에 관계없이 신속 출동을 할 수 있어 사건 처리에 많은 도움이 될 거라 생각한다.

112 종합상황실 전문가로서 <보이스> 시즌 2, 3에 어떤 자문을 하였나?

112 종합상황실에서 새로 바뀐 법규나 상황실 지시 사항 등을 확인해보고 이것을 드라마에 적극 반영하기 위해 대본 수정 요청과 자문을 진행했다. 특히 최근 범죄 유형들이 난폭해지고 흉기를 소지한 범죄가 늘어나고 있기 때문에 이에 안전하게 대응하기 위해 실제 112 지령실에서는 방검복이나 방검장갑 및 안전 장구를 착용하도록 현장 경찰관에게 지시하고 있다. 범인 검거도 중요하지만 경찰관의 안전이 위협 받아서는 사건을 처리할 수 없으므로, 법이 허용하는 테이저 건 등 경찰 장구 사용을 적극 권장하고 있다. 이를 반영하기 위해 <보이스> 대본에도 현장 요원 지령 문구에 "방검복 및 방검장갑을 착용하고 안전하게 범인을 검거하라!"는 대사를 추가할 것을 요청하기도 했다.

자문을 하며 재밌었던 에피소드가 있다면?

드라마의 엔딩 크레디트에 자문으로 내 이름이 나온 화면을 지인들에게 보여주면서 시청을 권유하고 드라마를 홍보했던 기억이 난다. 또 직원들에게 화면에 나온 내 이름을 캡처해 오면 영화 관람을 시켜주겠다고 독려하기도 했는데, 한 여직원은 <보이스>를 혼자 보다가 너무 무서워서 남편을 깨웠다가 부부싸움까지 이어졌다고 한다.

<보이스>는 많은 경찰 드라마 중에 자주 회자되는 드라마였다. 현직 경찰들의 호응까지 얻기란 쉬운 일이 아닌데 새삼 작가님의 노력에 감탄을 금할 수 없었었다. 앞으로도 <보이스>가 아직 알려지지 않은 범죄를 예방하고, 경찰이 시민들의 안전을 위해 어떤 일을 하는지 앞장서서 말해주는 드라마가 돼주면 좋겠다.

interview

조민철 경위

인천지방경찰청 형사과 강력계

시즌 1·2·3 자문

<보이스> 제작진과의 첫 미팅은 어땠나?

작가님을 비롯한 제작진과 출연진이 실제 상황실 근무를 파악하기 위해 인천지방경찰청을 방문한 날 첫 미팅을 했다. 마진원 작가님, 김정현 보조 작가님, 제작사 관계자, 시즌 1에서 오현호 역할을 맡았던 예성 씨 등 다 함께 미팅을 진행하며 <보이스>라는 드라마의 비전을 보았고, 내 역할의 가이드라인을 들을 수 있었다. 그 이후 수많은 통화와 문자를 이어가며 이런 상황에서 형사들은 어떻게 느끼고 어떤 말을 하는지를 질문하셨고, 내가 가진 모든 경험과 상식을 동원해 답을 드렸다. 문자로 문의를 하신 경우에는 최대한 빠르게 답을 드리려고 노력했다. 자문을 받아서 바로 대본에 반영해야 할 상황일 수 있기에 신속한 소통은 기본적인 예의라고 생각했다.

대본 자문은 어떻게 진행했는지?

형사는 나흘에 한 번, 오전 9시부터 다음날 오전 9시까지 당직 근무를 한다. 낮에는 경찰 본연의 업무를 해야 하므로 대본 자문은 대부분 저녁 늦은 시간이나 퇴근한 후에 했다. 대본을 통해 경찰이나 피해자, 사건 관계자들이 움직이는 모습을 떠올리며 과연 현실감 있는 설정인지, 경찰들이 현장에서 사용하는 말이나 행동이 맞는지 검토한다. 또 모방 범죄나 수사 기법 노출이 우려되는 장면에서는 공개되면 안 되는 내용이 있는지를 꼼꼼하게 확인한다. 결코 만만한 작업은 아니었는데, 평균적으로 대본 한 부를 검토하는 데 소요된 시간은 1시간

30분 정도였다. 처음에는 30여 장의 대본을 읽다 내용에 심취해 자문할 부분을 놓치고 넘어간 적도 있었다. 에피소드가 다음 화로 이어질 경우, 전 화의 내용이 기억나지 않아 다시 읽고 살피는 일도 많았다. 드라마 후반에 이르면 대본이 완성된 후 거의 몇 시간 후에 바로 촬영에 들어가는 상황이 될 때도 있었는데, 일을 하고 있을 때는 바로 자문을 할 수 없어 난감하고 죄송했던 기억이 있다.

가장 기억에 남는 에피소드가 있다면?

가장 기억에 남는 장면은 여주인공인 권주의 아버지, 강력계장으로 나온 장경학과 나홍수가 살해되는 장면이다. 이 세 명은 모두 경찰관이다. 현직 경찰로서 남 일 같지 않아서일까. 권주의 아버지와 권주가 마지막으로 통화하고, 모태구가 그 휴대폰을 건네받아 권주에게 아무렇지 않게 말을 하던 그 장면이 잊히지 않는다. 권주가 모태구에게 "너의 목소리를 기억한다, 반드시 내가 너 잡는다"라며 절규하던 목소리가 아직도 귀에 생생하다. 과연 내 부모가, 내 자녀가 누군가로부터 살해당하고 있는데 당장 아무것도 할 수 없는 상황이라면 어떤 심정일까. 그 트라우마는 평생 따라다닐 것이다. 그러나 <보이스>의 강권주는 자신의 트라우마를 극복하기 위해 노력하고, 결국 뛰어난 청력을 이용해 수많은 범죄들을 해결하며 피해자를 구호해내는 모습은 마치 잔 다르크 같았다.

또한 그렇게 촬영 현장에 대해 전혀 모르는 내가 시즌 3 마지막 장면에서 특공대장 역할로 특별 출연을 한 건 말 그대로 특별한 경험이었다. 카네키가 형인 줄 알면서도 더 이상의 끔찍한 범죄를 막기 위해 강우가 살인을 선택하는 장면에서 투입된 특공대장 역할이었다. 꽤 긴 시간 동안 찍었지만 막상 방영된 시간은 짧아 아쉬웠고, 직접 출연해보니 제작진과 연기자들의 노고를 다시 한번 느낄 수 있었다.

interview

김승철 경위

(전)경찰청 사이버안전국

시즌 2·3 자문

어떻게 자문에 참여하게 됐는지?

내 직업인 경찰이 등장하는 드라마이다 보니 시즌 1부터 관심을 가지고 있었었다. 후속편이 나온다는 소식에 꼭 챙겨볼 생각이었는데, 마침 운 좋게 사이버 범죄 전문가로 추천을 받아 자문에 참여하게 됐다. 경찰청 사이버안전국에서 근무하던 기간이 <보이스> 시즌 2와 3을 제작하는 시기와 맞물려 있었기에 가능했다. 당시 다크 웹 등 새로운 유형의 사이버 범죄에 대한 연구 업무를 진행하던 상황이었기에 관련 정보를 잘 전달해드릴 수 있는 최적의 기회였다. 부족하지만 관련 분야에 근무하면서 경찰 관련 드라마 제작에 도움이 된다면 보람 있는 경험일 것 같아 설레는 마음으로 제안을 수락했다.

자문한 내용과 자문 시 중점적으로 두었던 가치나 생각이 있다면?

사이버 분야는 용어부터 생소해서 시청자분들이 대사가 어렵게 느껴질 수 있기에 각종 기술들을 최대한 쉽게 설명하려고 노력했다. 더불어 일반인들이 잘 알지 못하는 사이버 범죄 유형을 널리 알리고자 하는 공익적인 목표도 있었다. 또한 극 중 전개를 위해 필요한 설정들 중, 기술적으로 구현하기 어렵거나 불가능한 부분들이 있어 해당 내용을 제작진에 전달하고 그 간극을 줄이는 데 집중했다. 또한 경찰의 특수한 수사 기법이 노출되지 않으면서 지나치게 현실과 동떨어진 내용이 담기지 않도록 자문에 임했다.

다크 웹을 비롯한 사이버 범죄의 특성은?

고전적인 인터넷 사기 수법인 '중고나라'와 같은 사이트에서의 개인 거래 범죄는 오늘날에도 전체 사이버 범죄의 절반 이상을 차지할 만큼 여전히 유효하다. 특히 최근의 중고나라 사기는 단순히 돈을 뺏는 것이 아닌 피해자의 인터넷 계정 자체를 노리는 경우도 많아 사용자의 각별한 주의가 필요하다. 피해자의 신뢰를 역이용해 돈이나 정보를 탈취하는 범죄 또한 급증하고 있다. 가족 등 지인을 사칭해 송금을 요구하는 SNS, 메신저 피싱을 비롯해 전통적인 형태의 피싱 메일도 내용이 점차 교묘해져 수신자가 읽고 첨부 파일을 실행시킬 수밖에 없도록 유도하고 있다. 방어 기술의 발전 속도 이상으로 범죄에 사용되는 추적 회피 기술 또한 지능화되고 있다. 최근 대부분의 사이버 범죄자들은 해외 업체의 웹 호스팅과 VPN(가상사설망)을 기본적으로 사용하고 있고, 가상 통화로 범죄 자금을 세탁하는 경우도 있어 추적이 쉽지 않고, 해외 수사 기관과의 공조가 필수적인 실정이다.

다크 웹 등 사이버 범죄의 실재 현황과 심각성을 경고해주신다면?

경찰에서 공식 집계된 것만 해도 연간 15만 건에 달하는 사이버 사건이 발생하고 있으며, 드러나지 않는 범죄까지 합치면 그 수치는 훨씬 많을 것으로 예상된다. 특히 과거 오프라인에서 일어났던 범죄들이 최근에는 사이버상으로 그 영역을 넓혀가고 있는데, 오프라인에서 이뤄지던 마약 거래가 최근에는 텔레그램이나 다크 웹 내 사이트에서 이뤄지는 것이 그 단적인 예이다. 수법 또한 고도화되어 피해자들은 자신이 범죄의 대상이 되거나 이용되고 있는지조차 모르는 경우가 많다. 해킹 등 기술적인 정보 통신망 침해형 범죄의 경우, 사실 해커가 일정 수준 이상의 기술을 가졌다면 일반적인 사용자의 범주에서는 피해 사실을 알아차리기 매우 어렵고, 그것이 사이버 범죄가 가진 가장 무서운 맹점이자 위험성이라 할 수 있다.

interview

윤송아 화가

고토 나오미 역
극 중 그림 제작

시즌 3

<보이스> 드라마 속 내 그림의 비밀

<보이스> 시즌 3에 나온 '입이 없는 소녀'는 오랫동안 숨겨왔던 내 상처이다. 과거에도 미래에도 절대로 아무에게도 말할 수 없는 치부와 상처, 저 깊은 곳에 있던 그것을 그림에 쏟아 넣었다. 또한 '입이 없는 소녀'는 나 자신을 위해 만들어진 나의 자화상이다. <보이스> 시즌 3 드라마 안에서 내가 연기하는 고토 나오미의 죽음을 흘러가는 죽음이 아닌 빛나는 죽음으로 만들어주기 위해 그린 그림이다. 이번 <보이스> 시즌 3에서는 그림이 중요한 역할을 차지하기에 작업 과정에서 계속되는 회의를 거쳐 그림이 완성되었다.

'입이 없는 소녀'뿐만 아니라 <보이스> 시즌 3 주제 그림으로 '이방인의 푸른 눈'을 그렸다. '이방인의 푸른 눈'에는 그 안에 우물을 그려넣었는데 시즌 3의 15화에서 드디어 그림의 비밀이 풀어졌다. '이방인의 푸른 눈'이 클로즈업되면서 그 푸른 눈동자 속 우물이 점차 드러났고, 그림 속 우물이 진짜 우물로 변하면서 도강우(이진욱)의 봉인되었던 과거 기억들이 풀려난 것이다. 사람은 자신이 감당할 수 없는 충격적인 일을 당하면 그것을 무의식의 세계로 밀어넣는다고 한다. 도강우는 그 충격과 상처를 살인 사건의 장소였던 '우물' 속 무의식의 세계로 밀어 넣었던 건 아닐까 싶다. '우물'은 자신의 가장 깊은 어둠, 기억하고 싶지 않은 과거. 하지만 내적 인격 형성에 가장 중요한 역할을 미친 그 결정적인 것을 상징한다.

처음 작품의 제목은 '눈동자 속 우물'이고, <보이스> 시즌 3 드라마 속

마진원 작가가 정한 제목은 '이방인의 푸른 눈'이었다. 나에게 있어 푸른 눈은 '물'이다. 우물 속 검은 물이 세상 밖에 나와 맑은 블루 사파이어처럼 빛나는 물. 이번 작품은 내 눈을 모델로 그리진 않았지만 영적인 의미에서 내 자화상의 연속이라 할 수 있겠다. 이번 <보이스> 시즌 3 드라마에서는 '눈'에 주목해 그림 작업을 했다. 사람의 눈부터 시작해, 진돗개의 눈, 나비의 눈, 잠자리의 눈, 거미의 눈까지 계속된 눈 시리즈는 눈은 늘 진실이 담겨있다는 데서 시작한다.

<보이스> 시즌 3 속 그림들은 눈동자에 비친 그 모든 것들이 사건의 단서와 비밀을 쥐고 있다. 사람의 눈동자에는 '우물'이 그려져 있고 도강우는 그 우물을 발견하면서 카네키(박병은)가 끔찍한 살인마이자 죽은 줄만 알았던 친형이라는 사실을 알게 된다.

진돗개의 눈동자 속에는 '나비'가 숨겨져 있다. 이는 형이 도강우에게 마지막으로 준 선물이고, 살인을 하는 이유가 여기에 숨어있다. 바로 나비 채집을 하듯, 사람들을 채집해 영원히 자기 옆에 두고 소유하고 싶은 욕심이다. 잠자리의 눈에는 촛불이 비쳐 있다. 이는 카네키가 홀로 있을 때면 늘 함께하는 촛불이다. 거미의 눈 속에는 검은 망토를 입은 살인자의 모습이 비쳐 있다. 그리고 나비의 눈 속에는 사람들이 마구 엉켜 서로가 서로를 죽이고 있다. 이는 <보이스> 시즌 3 악역 카네키의 최종 목표이자 꿈이다.

드라마와 그림 콜라보 작업을 하는 것이 이번이 처음은 아니다. SBS <괜찮아, 사랑이야>, MBN <리치맨>에서도 같이 했었고 이번 OCN <보이스> 시즌 3는 3번째 작업이다. 솔직히 말하면 드라마 대본에 맞춰 그림을 그려낸다는 건 쉬운 일이 아니다. 물론 배우들 뒤 배경으로 걸리는 그림들이야 있는 그림들을 출연시키면 되는 거지만, 그림이 메인이 되어 클로즈업되는 일은 전혀 다른 이야기다. 그림에 대사와 상황이 붙여지고, 클로즈업이 들어가게 되면 색감과 구도 형태, 그림의 스토리 모든 것이 완벽하게 맞아떨어져야 하기 때문이다.

이번에는 운이 좋게도 <보이스>의 힘을 입어, '2019 글로벌 아트페어 싱가포르'의 초대 작가이자 홍보 대사로 위촉되었다. 내가 그린 유키코 화백의 그림들과 MBN <리치맨>에 소개되었던 '웃는 소녀' 등 10여 점의 작품들이 싱가포르 마리나베이샌즈에 전시될 예정이다.

*본 내용은 윤송아 작가가 조선일보 칼럼에 실은 내용을 편집하여 사용했다.

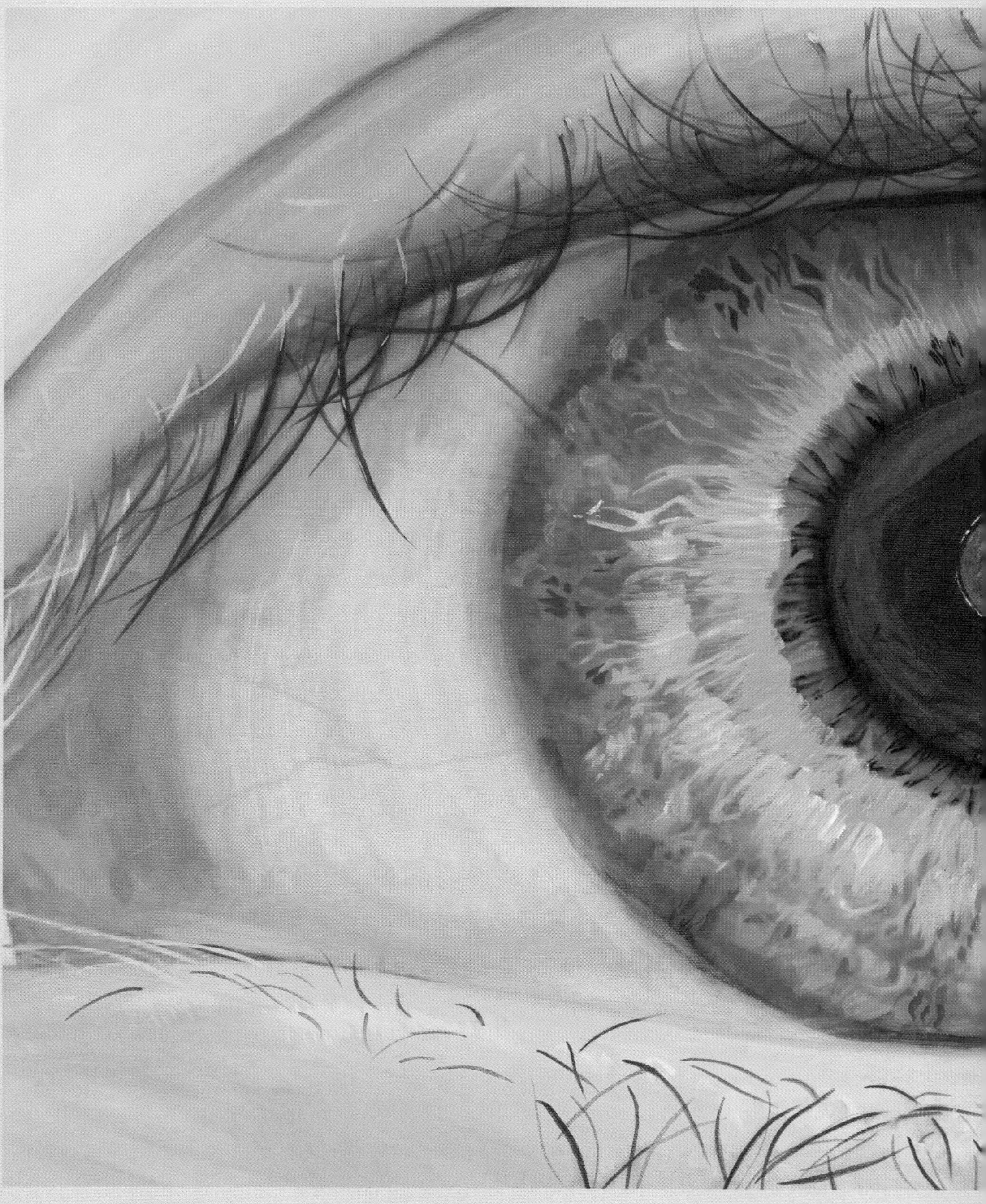

<보이스> 시즌 3에 등장한 '이방인의 푸른 눈' 그림

황혜정 OCN 국장

시즌 1·2·3

<보이스>의 전 시즌을 관통하는 소리 추적 스릴러 전략은 단순 강권주의 절대 청각 능력뿐만 아니라 피해자들이 차마 말하지 못한 아픔까지 내포하고 있다. 우리 사회가 귀 기울여야 할 '놓치지 말아야 할 소리'에 대한 이야기를 하고 싶었다. <보이스>는 특유의 긴박함과 빠른 전개가 재밌기도 하지만 '골든타임 안에 피해자를 구해낸다는 절실함'을 시청자가 함께 공감하는 데에 주안점을 두었다. 끔찍한 범죄를 소재로 다루다 보니 일부 장면에서 자극적인 수위의 표현이 불가피했고, 그로 인한 대중적 호불호가 극명하게 존재했다. 이 지점은 <보이스>의 최대 약점이자 위험 요소였지만 우리의 진심은 통했고 시청자는 골든타임팀의 절실함에 함께 공감하며 그들을 지지했다. 제작진은 매 시즌 빌런들을 악랄하지만 가장 매력적인 캐릭터로 만들어냈고, 시청자는 이들을 격하게 아끼면서도 통쾌하게 응징하길 바랐다. 시즌 1은 OCN 역대 시청률을 기록하며 대한민국 장르물의 한 획을 그었고, 시즌 2는 자신들의 기록을 또 한 번 경신했다. 이것은 제작진과 팬덤의 힘이다. <보이스>는 안 본 사람은 있어도 한 번만 본 사람은 없는 드라마가 되었다.

앞으로 <보이스>가 장수할 수 있는, 시즌제 드라마가 되기 위해선 어떤 점이 중요하다고 보나?

'사람을 구하는 이야기'라는 <보이스>의 진정성과 본질을 잊지 않았으면 한다. 현대 사회에 살고 있는 우리는 여전히 새로운 방식의 각종 범죄와 사회

악에 노출되어 늘 불안함 속에 살고 있다. 그런 현실에서 강권주 센터장과 골든타임팀은 우리를 보호하고 구출해주는 대표적인 캐릭터다. <보이스>에서 시청자가 열광했던 것은 내게도 일어날 수 있는 사건에서 생명을 구하고 악을 시원하게 응징하는 골든타임팀의 활약이었다. 절대 능력 <보이스> 프로 파일러 강권주 센터장의 부드러운 카리스마와 리더십을 중심으로 피해자 구출을 우선시하는 골든타임팀 캐릭터들이 시즌을 거듭하며 성장했다. 앞으로도 대중이 공감하는 사건을 진정성 있게 다룬다면, <보이스>는 대표적인 국민 장르물로 장수 시즌을 이어갈 수 있을 것이다.

OCN은 '장르물의 명가', '영화 같은 드라마'로 시청자에게 각인돼있다. 이처럼 전문성 있는 채널이 된 노하우가 있다면?

2020년이면 OCN 개국 25주년이 된다. No.1 영화 채널로서 영화뿐 아니라 당시 최고 인기였던 미국 드라마 <CSI>등을 수급 편성하면서 많은 사랑을 받았고, 2010년부터 본격적으로 OCN 화법의 오리지널을 내놓기 시작했다. 당시 OCN 오리지널 전략을 세우던 초기부터 지상파와의 차별점을 염두에 두었다. 특히 영화 채널에서 영화와 함께 편성해도 이질감 없는, 영화 같은 드라마 제작 기법을 고민하고 고집해왔다. OCN에서 인기 방영 중인 <CSI>와 같은 수사물부터 시작해보자며 뚝심 있게 만들다 보니 어느덧 대한민국 유일의 장르물 채널로 독보적인 포지셔닝을 하게 됐다. 여기에 이르기까지 OCN 팬덤 형성도 매우 큰 힘이 됐다. <신의 퀴즈>, <뱀파이어 검사>, <텐>, <손 더 게스트> 등 아직도 시즌제를 기다리고 있는 OCN IP도 있고, <나쁜 녀석들>은 최근 영화로 개봉되어 흥행 중이다. 2019년부터는 <드라마틱 시네마>라는 프로젝트로 영화 제작진과 드라마 제작진의 콜라보를 통해 영화의 차별적 소재와 연출 기법, 드라마의 캐릭터 장점을 결합한 새로운 장르 포맷을 시도해보고 있다. 또 OCN 팬덤을 위해 오프라인에서도 캐릭터를 만나고 체험할 수 있는 '스릴러 하우스' 페스티벌도 준비 중이다. 이제 OCN은 캐릭터, 팬덤, 스토리에 집중한 스토리테인먼트 브랜드로 더 새롭고 진화된 장르 콘텐츠를 만들 것이다. 그 중심에 <보이스>가 있으며, <보이스>를 사랑해준 팬들이 많은 응원과 지지를 보내줬으면 한다.

interview

최 경 주 OCN 팀장

시즌 1·2·3

<보이스> 세 시즌을 통틀어 가장 인상 깊었던 에피소드가 있다면?

<보이스>를 보는 또 하나의 재미는 골든타임팀과 시즌별 최고의 빌런뿐만 아니라 에피소드마다 주인공들이 있다는 것이다. 짧지만 매우 강렬한 그들의 연기를 보는 것도 시청자들에게 큰 즐거움이었다. 모든 에피소드의 주연분들 훌륭했지만 지금의 <보이스>를 가장 빠르게 대중의 화제로 올려놓았던 1등 공신은 아무래도 안방극장을 충격의 도가니로 빠뜨렸던 시즌 1 '힐링마마의 두 얼굴' 에피소드가 아닌가 싶다. 배정화 배우가 극 중 아들을 학대하는 엄마 역이었는데, 전형적인 가해자가 아닌, 학대의 세습을 보여주는 인물이었다. 소름 끼치는 명장면과 배우들의 실감나는 연기가 당시 큰 화제가 되었고, 우리 주변에 학대받는 아동들에 대한 관심과 경각심을 주었던 에피소드였다.

<보이스>의 본질은 결국 사람의 생명을 구하는 이야기이다. 범죄에 대해 경각심을 갖고 문제점을 인식하며 함께 해결책을 찾을 때 우리 사회는 조금씩 나아질 것이라 믿는다. 이러한 믿음이 <보이스>를 탄생시켰고, 시즌을 이어오며 <보이스>가 사람들의 마음에 경종을 울리고 있다고 생각한다. 그런 의미에서 모든 에피소드가 의미 있지만, 특히나 시즌 2 '심판의 시간' 에피소드가 기억에 남는다. 미성년자 성범죄 양형 기준을 다룬 에피소드였기에 방송되기까지 고민에 고민을 거듭하며 모든 제작진들과 OCN이 뜻을 모았다.

interview

추건호 CJ ENM 해외사업팀

시즌 1·2·3

<보이스> 가 글로벌 콘텐츠로 성장할 거라고 예상했나?

현재 <보이스>는 미국, 캐나다, 프랑스, 스위스, 홍콩, 싱가포르 등 미주와 유럽을 포함한 총 56개국(시즌 1~3 합산 기준)에서 TV 및 VOD 판매가 이뤄지며 전 세계 시청자들의 마음을 공략하고 있다. 또한 <보이스>는 리메이크도 활발하게 진행되고 있다. 일본 리메이크판은 카라사와 토시아키(からさわとしあき)와 마키 요코(まきようこ)가 주연 배우로 참여해 일본 NTV에서 방영됐고, 태국 리메이크판은 태국에서 많은 인기를 얻고 있는 앤드류 그렉슨(Andrew Gregson)과 케마닛 짜미콘(Khemanit Jamikorn) 배우가 주연으로 활약해 현지 지상파 채널 True4U에서 2019년 11월 5일 첫 방송을 시작했다.

<보이스>는 본질적 메시지가 훌륭한 작품이고, 국경을 넘어 공감할 수 있는 콘텐츠이기 때문에 해외 수출에 대한 가능성 있다고 생각했다.

<보이스> 가 일본에서 '보이스 110 긴급 지령실' 제목으로 리메이크 됐다. 현지 시청자들 반응과 분위기는 어떤가?

일본 리메이크판은 일본 NTV에서 토요일 22시 프라임 타임에 편성되면서 방영 전부터 기대를 모았다. 2019년 7월 13일부터 9월 21일까지 방영됐는데, 첫 방송 시청률 12.6%, 최고 시청률은 12.9%으로 2019년 일본 NTV 토요 드라마 중 시청률 1위를 기록했다. <보이스> 특유의 긴박한 전개와, 카라사와 토시아키 외 배우들의 힘 있는 연기력이 더해져 스릴러 장르 그 이상의 감동을 전했다는 평이다.

드라마 <보이스> 속
용어 정리

112 신고센터 코드 체계 (2019년 8월 기준)

112 신고시스템이란 신고를 통한 각종 사건, 사고를 접수하고 처리하는 일련의 과정에 C3[1]개념을 통합 및 체계화한 것이다. 경찰 통신망과 첨단 IT 기술을 통해 경찰 출동 요소를 신속히 현장에 배치하여 필요 조치를 취하고, 현장 상황을 유지하기 위해 지휘 및 통제하는 등 초동 대응 시간을 최소화하는 '긴급 대응 시스템'을 말한다.

Code 0 **코드 0**

'코드1' 중 아동 범죄, 강력 범죄, 현행범 경우에 선지령 및 제반 출동 요소 공조 출동을 한다. 예로 '남자가 여자를 강제로 차에 태워 갔다', '갑작스런 비명 뒤 끊긴 전화 신고' 등 출동 목표 시간은 최단 시간으로 한다.

Code 1 **코드 1**

생명과 신체에 대한 위험이 임박, 진행 중이며 또는 현행범인 경우 '모르는 사람이 현관문을 열려고 한다', '어떤 사람이 주차된 차 문을 열어보고 다닌다' 등이다. 출동 목표 시간은 최단 시간으로 한다.

Code 2 **코드 2**

생명과 신체에 대한 잠재적 위험이 있는 경우 또는 범죄 예방을 위해 필요한 경우이다. '영업이 끝났는데 손님이 깨워도 일어나지 않는다', '집에 와보니 도둑이 들었는지 집이 난리다' 등 출동 목표 시간은 긴급 신고에 지장 없는 범위 내 가급적 신속 출동한다.

Code 3 **코드 3**

즉각적인 현장 조치는 불필요하나 수사, 전문상담 등이 필요한 경우이다. '언제인지 모르지만 금반지가 없어졌다', '며칠 전에 폭행을 당해 병원 치료 중이다' 등 출동 목표 시간은 당일 근무 시간 내에 한다,

Code 4 **코드 4**

긴급성이 없는 민원, 상담 신고이며 출동 목표 시간은 타기관 인계 또는 상담 종결 내에 한다.

1 Command(지휘), Control(통제), Communication(통신)

양방향 무전기

현재 경찰은 업무 환경에 맞도록 단방향 무전 방식을 사용하고 있다. 무전기는 크게 주파수를 맞추어 사용하는 '아날로그 무전기'와 암호화가 적용되어 해킹 및 도청이 불가능한 '디지털 무전기'로 나뉜다. <보이스>에서는 대사 및 정보 전달의 효율성을 높이기 위한 극적 장치로 양방향 디지털 무전기를 설정했다. 또한 경찰 무전기를 해킹하여 주변음을 청취한다는 극적 상황도 연출했다(시즌 2). 양방향 무전기는 재난 상황, 해경, 군부대 등에서 부분적으로 사용하고 있으며, 현재 구축 중인 재난 안전 통신망이 완료되면 단방향, 양방향 무전 사용이 가능한 무전망을 경찰, 소방, 해경 등에서 사용하게 된다. 단, 전용 무선망으로 해킹이나 도청은 불가능하다.

112 신고센터 경찰 무전 소통 방법 및 요령

무전은 경찰이 모두 듣고 공유하는 것이므로 반말하거나 욕하거나 지나치게 편하게 말하지 않는다. 가장 중요한 요소는 정확성 높은 정보 전달이므로 자신감을 갖고 목소리 톤을 약간 높게 하며, 목소리에 힘을 실어 말하는 것이 좋다. 다만, <보이스>에서는 시청자들의 이해와 등장인물의 감정선 표현을 돕기 위해 다소 알아듣기 편하고 일상적인 무전 대사를 사용한다.

무전 출동 부호

무전은 경찰 모두가 듣는 통신 수단이므로 각각의 팀을 구분하기 위해 저마다의 출동 부호가 있다. 출동하는 차 역시 번호가 부여되어 있으며 무전은 차량의 번호나 장소, 사람의 역할에 따라 정해진다. 그렇기에 출동팀 팀장인 무진혁 혹은 도강우는 '출동 1호' 또는 '출동 하나', '출 하나'란 부호로, 강권주는 '센터장'이란 부호로 서로를 호칭한다. 다른 신고 접수 요원의 무전 번호는 센터 N호 등으로 부호와 번호를 부여해준다. 하지만 <보이스> 내에선 편의상 신고 접수 요원(콜팀)의 무전 번호를 생략했다.

무전 약호

경찰은 무전 중 외부에 사건 정보가 유출되지 않도록 경찰들만 알아듣는 무전 약호를 사용한다. 실제 경찰에서 사용하는 무전 약호는 대외비이며, <보이스> 내에선 내용 전달의 효율성을 위해 편의상 생략했다.

I AM THE
GREATEST

보이스
보이스2 패밀리 여러분
감사패 수여

경찰
POLICE
보이스

Chapter 2.

보이스 대본

VOICE script

• 용어 정리

D	Day. 낮 상황을 명시해야 할 때 쓰임
E	Effect. 등장인물의 대사나 음악을 제외한 효과음으로, 화면 밖에서 들려오는 소리를 나타낼 때 쓰임
N	Night. 밤 상황을 명시해야 할 때 쓰임
Na	직접적인 대사가 아닌 화면 밖에서 들려오는 목소리
교차편집	별개의 사건을 교대로 편집하여 보여주는 기법으로, 주로 극적 긴장감을 높일 때 쓰임
씬	Scene. 특정한 사건이 벌어지는 장면이나 상황을 뜻하며, 동일한 장소와 시간대에 벌어지는 행동과 대사가 한 씬을 구성함 *표기법상 '신'이 맞으나 작가의 집필 형식에 따라 본 대본에서는 '씬'을 사용함
위로	'오버랩(O.L)'과 같은 의미로, 현재의 화면이 사라지면서 다음 화면으로 교차되는 기법
인터컷	Intercut. 극중의 특정 액션이나 상황을 상세히 설명하거나 강조하기 위해 영상적인 세부묘사를 삽입하는 기법
몽타주	Montage. 시간이나 사건의 경과를 나타낼 때 따로 촬영한 화면을 붙여 편집, 축약하는 기법
일루전	Illusion. 착각, 환각을 극화시켜 표현하는 기법
페이드아웃(F.O.)	Fade-out. 화면이 점점 어두워지고 장면의 전환이 나타나는 것
페이드인(F.I.)	Fade-in. 어두운 화면이 점점 밝아지는 것
플래시백	Flashback. 과거에 대한 회상이나 추억을 묘사하는 장면 혹은 그 기법

일러두기

1. 본 대본은 마진원 작가의 대본 집필 형식을 최대한 살려 편집했습니다.
2. 대사는 어감을 살리는 데 비중을 두어 한글맞춤법과 외래어표기법에 어긋나더라도 그대로 살렸습니다.
3. 말줄임표와 쉼표, 느낌표 등은 작가의 의도를 따랐습니다.
4. 본 대본은 작가의 최종 대본으로, 방송되지 않은 부분이 포함되어 있거나 방송과 다를 수 있습니다.

Season 1 • 1화

자막 **본 드라마는 실제 사건에서 영감을 얻었으나 드라마적으로 재구성된 픽션이며 등장인물은 실제 인물과 관련이 없음을 밝힙니다.**

1 성운시 전경 / N

2 다세대 주택가 전경 / N

비가 추적추적 내리는 을씨년스러운 골목,
바닥에 고여 있는 빗물 불길하게 흔들리는 위로.

(E) 헉헉... (거친 숨소리 들린다)

자막 **2014년 11월 25일 PM 10:15 성운 은형동**

3 다세대 주택가 일각 / N

차가운 빗속, 피 흘리는 옆구리 부여잡고 피투성이
맨발로 다급히 도망쳐 내려오고 있는
한 여자, 허지혜(30대)의 처참한 몰골 보인다.

다른 일각, 안에는 슈트 겉에는 검은 우비를 입은
한 사내가 손에 쇠공망치를 들고 허지혜를 찾아 골목을 뒤지고...
재빠르게 바로 옆 골목 쓰레기 더미(종이박스, 건축물 폐자재 쌓인)
속으로 몸을 숨긴 허지혜, 떨리는 손으로 주머니 속에서 핸드폰 꺼내는데....

허지혜 (핸드폰에 저장한 '남편'에게 전화하지만 통화 중이란 음성만 흘러나오자
끊고는 다급히 112 번호 누르는데)

4 112 신고센터 / N

여러 대의 모니터를 보며 신고를 접수하고 처리하는 야간 조 요원들 가운데
뒷모습만 보이는 권주, 전화 받는다.

권주 네, 112 신고센터입니다.

허지혜 (E) 살, 살려주세요.... 누... 누가... 절 죽이려고 해요....

권주 (놀라며) 네? 신고자분! 다시 한 번 말씀해주세요! 누가 죽이려고 한다고요??
(다급히 '젊은 여성. 누가 죽이려고 한다며 살해 위협 신고' 입력하면)

5 다시 지혜 일각 / N

허지혜 (막으려 애쓰지만 옆구리에서 쏟아져 나오는 피, 명확하게 말하려 하지만
마음만큼 목소리 크게 나오지 않고) ...누가... 절... 죽이려고 한다고요.....

권주 (E) 신고자분! 혹시 그곳 위치나... 주소 알려주실 수 있으세요?

허지혜 (겨우 고개 들어 주변 힘겹게 돌아보며) 모르겠어요...
계단이 보여요.... 좁은 계단이요...

조경사 (끼어들며 / E) ...뭐야?

권주 (E) 신고자가 많이 다친 것 같은데... 대화도 잘 안 되고... 어딘지 모르겠대요.

조경사 (E) 줘봐... (연결 바뀌는 소리) 저기요, 신고자분 침착하시고요.
거기 주소를 알아야 우리도 출동할 수 있거든요.

허지혜, 온몸에 힘 빠진다. 검은 우비가 올까 불안하게 주변을 살피다가
조경사의 질문에 골목 저쪽 교회 십자가를 발견하고

허지혜 (가느다란 목소리로) 저기 교회가 있어요... 반석 교회요.........제발... 도와주세요...
(하는데 순간 한 칸 남은 안테나 깜박이다 툭 끊기는 전화!
지혜 황급히 통화 버튼 눌러보지만 신호 준비 소리만 계속될 뿐인데)

인터컷 *골목 다른 일각 / N*

골목을 빠져나와 쇠공망치를 들고 계단을 오르는 검은 우비
지혜가 숨은 쓰레기 더미 근처로 다가오다 걸음을 멈추고 휙 돌아보면.

6 다시 112 신고센터 / N

조경사 (40대 남, 전화 끊기자 당황해) 뭐 하는 거야, 끊겼잖아, 빨리 걸어봐!
권주 아 네... (주저하면)
조경사 뭐해 안 걸고! 참나! (사건 접수 상황 모니터 한쪽 재다이얼 버튼 누르면)

7 다시 지혜 일각 / N

허지혜 (피에 젖은 손가락으로 힘겹게 다시 전화하려는 순간, 전화 걸려온다, 급히 받으면)
남자 (전화벨 소리에 걸음을 멈추고 번뜩 돌아보는데)
권주 (E) 저기... 신고자분, 전화가 끊겼네요.
힘들겠지만 조금만 침착하게 말씀해주실래요?
허지혜 (힘겹게 목소리 잦아 들어가며) 반... (석)교회가... 보인다고요....제발...
살려... 주세요... 제발...

순간! 뒤에서부터 쑥 나온 남자의 손, 지혜의 뒷덜미를 잡은 채
깊은 골목 안쪽으로 질질 끌고 가자 와르르 쓰레기 더미들 무너진다.

인터컷　112 신고센터 / N

권주　*여보세요, 신고자분? 여보세요??!!*

8　골목 안쪽 협소한 곳 / N

쿵! 하고 쓰레기 더미에 던져지는 지혜,
악착같이 정신을 차리고 앞 골목 입구를 향해 검은 우비
옆을 기어간다. 그 모습 지켜보던 검은 우비 다시 지혜의 목덜미를 잡아
머리를 쇠공망치로 내려친다! 악 소리와 함께
머리에 피를 흘리며 쓰러진 지혜를 뒤집고는 다시 쇠공망치로 내려치려는데...!

허지혜　(눈물 가득한 채) ...살려주세요... 제발... 집에.. 애가 있어요.

남자　......

허지혜　제발 ....목숨만... 아니, 시키는 대로 할게요...
선생님이 하라는 대로 다 할게요..

남자　(딱, 딱, 딱하고 울리는 독특한 발음 너머 낮고 음침한) 그러게 (...딱).....
왜 (딱) 까불어... (피 묻은 쇠공망치 높이 쳐들고는 힘껏 지혜를 향해 내려치면)

인터컷　112 신고센터 / N

권주　*(이어 무언가로 빡! 후려치는 소리에 자신도 모르게) 안 돼!!!*

검은 우비, 쓰레기 더미 속 "여보세요..?!! 신고자분!!! 여보세요!!!!"
권주의 다급한 목소리가 나오는 핸드폰을 쓱 쳐다보다
피가 잔뜩 묻은 쇠공망치로 내리쳐 부수고는
온몸 꿈틀꿈틀 떨고 있는 지혜를 향해 다시금 무자비하게
쇠공망치를 내려치기 시작하는데!!
충격에 머리가 들썩이고 눈물 흘리며 서서히 죽어가는 지혜 보이는 위로.

9 성운 항구 전경 / N

자막 **성운항**

10 동 일각 / N

추적추적 눈비 내리는 항구 일각 작은 밀항배 대기하고 있으면
일각에선 봉고차에서 내린, 불량스러운 인상의 남자들
시시덕거리며 밀항배로 향하는 위로.

박중기 (E) 행님, 지금 백상아리네 패거리 돼지몰이(일본 밀항) 도착한 거 같은데요?

11 강력1팀 봉고차 안 / N

앞에서부터 진혁, 박중기(경위), 구광수(경사), 김평중(경장) 앉아
차창 밖, 배로 걸어가는 남자들 날카롭게 응시하고 있다.

박중기 (황당하단 듯) 아 새끼들 강도 살인범들 주제에 뭘 잘했다고 쪼개고 있노...
진혁 ...지원팀은 어디래냐?
구광수 (무전 확인하고는) 지금 성운대교 앞이라고 좀만 기다리라는데요?
진혁 지랄들 한다. (생각 고르다 총 꺼내 장전하며) 우리끼리 딴다.
구광수 (놀라) 에?? 방금 대기하라고 무전 왔는데요?
진혁 ....기다리다 배 뜬다.
중기는 나랑 아빠상어 잡고 광수랑 평중이는 나머지 애들 잡아.
강력1팀! 오늘 한 놈도 놓치지 말고 다 따고 밥 먹으러 간다! (봉고차 문 열면)
일동 넵! (기합 들어 뛰쳐나가는데)

12 성운항 / N

밀항배로 타려던 백상아리 패거리 일각에 봉고차에서 내려 달려오는 형사들 보자

"뭐야 시발! 짭새야?" 하며 다급히 도망치는데!!
"꼼짝 마!", "귀 묵은나! 꼼짝 마라꼬!"
외치는 소리와 함께 진혁의 강력팀과 백상아리 패거리의 거친 추격전이 시작되고 일각 도망치다 막다른 골목에서 진혁과 맞닥뜨리는 백상어!!!!

진혁 (가쁜 숨 몰아쉬며 무릎 짚고) 새끼... 그동안 달리기 연습만 했냐! (헉헉) 너 가중 처벌 중에 젤로 살벌한 게... 형사 빵빵이 돌리는 건지 알지? (허리춤에 총 꽂고 수갑 든 채 다가서는데)

백상어 (헉헉대다 눈빛 날 서지며 품에서 칼 꺼낸다) 아 씨, 가까이 오지 마! 나도 이판사판이야!

진혁 (눈 하나 깜짝 않고 보며) 아쭈... 대화하자고 손을 내미는데 연장을 꺼내? 이 새끼가!!

백상어 (허) 대...화? 지랄한다. 나보고... 미친개 무진혁이 말을 믿으라고? (거칠게 칼 휘두르면)

진혁 (허! 순식간에 백상어 팔 꺾어 제압한다. 숨 고른 후) 백상아리야... 너 황소개구리, 뉴트리아, 중국산 떡붕어... 개네들 공통점이 뭔 줄 아냐?

백상어 (악! 고통에 몸부림치다) 시발 뭔 개소리야!

진혁 생태계 교란 동물이다. 잡으면 구청에서 돈도 줘, 근데.. 니가 딱 그래. 인간 생태계 교란시키는 쓰레기. (팍 보도블록에 백상어 얼굴 박으며) 앞으로 제발 이딴 짓 하지 마라. 내가 너 같은 새끼들 지구 끝까지 추적해 분리수거 하는 데 전문이다...!! (하는 순간 주머니에서 핸드폰, '동우 엄마' 뜨며 울리지만 무심히 넘기고 수갑 채우면)

박중기 (헉헉거리며 그제서야 도착해) 행님 잡았습니꺼? (하다 보고) 역시! (엄지 척 하고는) 야 이 새끼야.. 어차피 잡힐 거 와 뛰고 지랄을 해싸노... 사람 힘들게. (이마 깨져 피 흘리는 백상어 봉고차로 끌고 간다)

진혁 (형사들에게 체포되어가는 백상어 패거리들 만족스럽게 바라보는 위로)

박중기 (E / 신나) 으하하하! 오늘 그 새끼 수갑 채울 때,
짜르륵 하는 소리 들으니, 을마나 기분이 째지던지....

12-1 할매집 + 은형동 골목 일각 / N

찌개 끓고 있는 테이블에 둘러앉은 진혁, 박중기, 구광수, 김평중
건배하며 신나서 술 마시는, 시끌시끌 화기애애한 분위기다.

박중기 (신나 진혁 보며) 나가 고 새끼 잡을라고 한 달 잠복 때리는 바람에
디스크에서 방광염까지 생겼다 안캅니까.

구광수 (술 마시며 농조로) 에이 누가 보믄 백상어 새끼, 행님이 다 잡은 줄 알겠네.

박중기 (허! 구 형사 보며 너스레) 아쭈 새끼 누가 잡은 게 뭐가 중요하노. 같은 팀끼리~~

진혁 (픽) 고기 탄다. 주둥이들 그만 털고 먹어라.
(기분 좋게 소주 한 잔 들이켜고) 이모 여기 고기 좀 팍팍 줘.

할매 (저 멀리서 고기 접시에 덜며) 허이구, 대한민국 나쁜 놈들은 니들이 죄다 잡나부다.

김평중 (신나) 네 이모님! 올해 저희 팀 실적 최고거든요!
(하는데 어디선가 들리는 핸드폰 소리, 이리저리 살피다 진혁 점퍼 주머니 속의
핸드폰임을 알고) 어... 팀장님... 전화 온 거 같은데요?

진혁 어. (주머니에서 핸드폰 꺼내 보면 대식으로부터 온 전화다, 받고) 어.. 대식아.

박중기 (흘끗 보고) 또 2팀 대식입니까? 그노마는 와 맨날 형님한테 전화질입니까?

대식 (**이하 교차편집 / 은형동 골목 일각에** 굳은 얼굴로 다른 경찰들과 서서)
형.. 지금 혹시 형수랑 연락돼?

진혁 (그제야 기억나고) 어... 아까 전화 왔던데.. 왜?

대식 (주저하다) 지금 은형동에 살인 사건 나서 장 계장님이랑 왔는데...

진혁 (듣다 표정 서늘하게 굳고) ?!!!!

13 동네 골목 / N

빗줄기가 눈발로 바뀌며 젖은 골목 미친 듯이 뛰어가는 진혁 위로.

인터컷　　할매집 일각 + 은형동 골목 일각 / N

진혁　　*(굳은 표정으로 통화 중이면)*

대식　　***(이하 교차편집 / 은형동 골목에서)*** *어떤 놈이... 길 가던 여자....성폭행하려다*
살해했다는데...지갑에...형수님 신분증이 들어 있더라고...
...형수님한테 빨리 전화해봐. (후) 일단 지문 뜨긴 했는데...

진혁　　*(눈빛 흔들리고) 뭔 헛소리야... 얼굴 보면 .....알 거 아냐.*

대식　　*.... (잠시 주저하다 어렵게) 그게... 시신이 심하게 훼손돼서....*
신원 확인이... 어려워...

진혁　　*!!!!!! (다급히 지혜에게 전화 걸지만 꺼져있다는 안내 음성만 나오고)*

터질 것 같은 감정 악착같이 참으며 사건 현장을 향해 달려가는 진혁,
순간 골목 일각, 아래 계단에 와있는 경찰 차량들과 몰려 있는 주민들 발견하자
다급히 다가서면 섬뜩한 풍경 속 과수팀 사진 촬영 중인 것 보인다.
진혁 미친 듯이 폴리스라인 둘러서있는 주민들 뚫고 들어가면
은형서 형사 한둘과 성운청 장 계장 및 대식, 2팀 형사들 보이는데.

장경학　　(심각하게 은형서 형사에게 지시하다 다가오는 진혁 보자 당황하고
대식 보며) 니가 전화했냐? 아우 이 새끼가 진짜...
(난감해 다가서는 진혁 막아서며) 진혁아 진정해.. 아직 확실한 거 없다.

진혁　　(취기 속에, 눈 질끈 감았다 뜨며) 대식이 말 뭐예요?
...백상아리 새끼 잡느라 정신없어서 지혜 전화 못......받았는데..
.... 좀 전에 전화한 애가 여기 있을 리가 (하는데)

일각 과수팀이 수거 중이던 도시락 통(진혁이 알고 있는)과
그 안에 있던 반찬들(진혁이 좋아하던 하트 모양의 케첩으로 장식한 계란말이,
잡채 및 접힌 메모) 땅바닥에 흩어져 있는 것 보인다!

진혁　　(눈빛 격하게 흔들리고) !!!

장경학　　(진혁 시선 읽고는 아차 싶어)... 진혁아, 여긴 우리가 알아서...

(애써 진혁 시야 가리려 노력하는데)

진혁 (휘청이던 눈빛 격하게 흔들리며).......비켜요...

장경학 진혁아...!

진혁 (버럭) 비키라고요!!!

장경학 (어쩔 수 없이 비켜주면)

경계선 경찰들 거칠게 밀쳐내고는 출입 금지 테이프 안으로 들어가는 진혁,
일각 시신을 덮은 붉은 피가 배어난 하얀 천 보자
잠시 침 삼키고, 부들부들 떨리는 손으로 천 넘기는데
순간 (사체는 보여주지 않은 채) 그 끔찍한 모습에, 주저앉는다.
고통을 참느라 깊게 손톱자국 남은 가녀린 손바닥과, 손가락에 낀
결혼반지(자신의 것과 같은) 눈에 들어오자

진혁 (온몸 떨려오고) !!!!! 으.. 으.. 으으으.... 지혜야.. 지혜야.... !!!!! (지혜 손 잡아
어떻게든 일으키려다 몸에 힘이 빠져 툭 쓰러지면) .....으으....!!
(시신 옆에 나란히 누워 지혜를 덮은 흰 천 절망으로 보는데)

주체할 수 없는 슬픔과 분노에 온몸이 찢어지는 듯한 고통으로 몸부림치는 진혁.
흰 눈발 굵어지며, 지혜를 덮은 피에 젖은 천위에 소복소복 떨어지는 모습에서
페이드아웃하는 위로.....

기자1 (E) 어제저녁 10시경 성운 은형동 주택가 골목길에서
한 여성이 괴한에게 잔혹하게 살해당하는 사건이 발생했습니다.

14 성운 시내 전경 / D

도로를 달리는 차들과 스마트폰을 든 채 바쁘게 오가는 사람들로 북적이는
도심 일각 빌딩 위 전광판 화면 속에서 기자1 보도하는 모습 보인다.

인터컷 빌딩 위 전광판 화면 속 CTC 뉴스 / D

사건 현장 주변, 사람들 통제하는 경찰들 보며 수군거리는 동네 사람들 뒤로 하고 기자1, 리포트 하고 있다.

기자1 피해자는 성운경찰청 소속 강력1팀 팀장인
무진혁 경감(형사)의 아내 허 모 씨로 밝혀졌는데요.
허 씨의 남편인 무진혁 경감은 유공 경찰 표창을 다수 받은 경찰로
이번 사건도 범죄 수사에 바쁜 남편이
장기간 집에 못 들어오자 허 씨가 직접 도시락을 전하러 가던 중
참변을 당한 것으로 알려져 주변의 안타까움을 더하고 있습니다.
(리포트 하는 동안 자료 화면으로 나오는 허지혜 사진)

인터컷 성운지방경찰청 앞 / D

기자1 (E) 특히 이번 경우는 납치당한 피해자가 112에 신고했지만 신고센터 요원의
안일한 대응으로 인해 안타깝게 살해를 당한 것으로 드러나
경찰에 대한 강도 높은 비판이 이어지고 있습니다.

목도리로 얼굴을 둘둘 말고 나타나는 112 신고센터 권주, 조 경사.
두 사람, 우르르 모여드는 기자들 피해 참고인 자격으로 경찰차에 올라타는데.
(뉴스 화면 속에 자막, '사건 당시 응대를 맡았던 성운경찰청 112 신고센터 조 모 요원(40세/남)과 강 모 요원(30세/여)'이라고 짧게 지나간다)

앵커여 (뉴스 화면과 함께) 한편 성운지방경찰청은 모든 사건 관련자에게 엄중히
책임을 묻겠다는 발표와 함께 김기호 112 신고센터장의 사임이
확실시 되고 있습니다.

인터컷　성운지방경찰청 대회의실 / D

기자들 앞에서 사임하는 112 신고센터장의 모습.

김기호　*(비통한 듯) 저 또한, 이번 사건 전반에 대한 책임을 통감하면서 다시 한 번 피해자와 유족, 국민 여러분께 깊은 사과의 마음으로 사퇴를 결정하기로 하였습니다. (중략)*

15　허지혜 장례식장 전경 / 다른 날 / D

16　동 일각 / D

장례식장 일각, 환하게 웃는 허지혜의 얼굴 영정 사진 보이는 빈소 안
오가는 경찰 정복 입은 문상객들 사이 차마 볼 수 없을 정도로
황폐하고 메마른 얼굴로 빈소 지키며 영정 사진 바라보는 진혁 보인다.
대식, 문상객들에게 음식 나르다 그런 진혁 걱정스럽게 보는데.
순간, 장경학과 박중기, 구광수 들어와 문상하고는 진혁과 마주본다.

진혁　(처절한 표정으로 바닥 보다 다시 영정 사진만 바라보는데)

박중기　(진혁 바라보다 어렵게 입 떼며) 행님...그 새끼...오늘 새벽에.. 잡혔습니더...

진혁　(멈칫)...

박중기　(차분하려) 고동철이라꼬 용강동 람바다클럽 문지기 새낀데 짜가 열 개랍니다. 그리고... 그 새끼 집에서 피 묻은 비옷 나와서 DNA 검사 했더니... (후... 차마 시선 못 마주치고) 형수님...꺼 맞다고... 나왔십니더..

진혁　......

장경학　(후....) 며칠 있음 재판 잡힐 거야. 112 센터 측에서 실수한 거 때문에 위에서 빨리 끝내재. 그 새끼 무기는 거의 확정이니까 마음 잘 다스리고 (하는데)

진혁 (터질 것 같은 심정에 주먹으로 벽 쾅!!! 치며 부서져라 이 악물고)
형님..... 지혜가요... 내가 하도...... 집에 안 들어가니까...
내.. 도시락 챙겨 오다.. 그렇게 된 거랍니다..
나요.....요즘처럼.. 형사질 하고 산 게... 후회스럽고...저주스러운 적이 없어요...
그 새끼... 꼭 감옥에 처넣으세요.
절대... 살아선 밖으로... 못 나오게 하세요.
만약...나오면... 그 새끼... 내가 죽입니다....
내....가...

일동 !!! (처절하게 느껴지는 진혁의 고통과 아픔 앞에 숙연해지는 위로)

기자1 (E) 사건 발생 일주일 만에 성운 시민들을 충격에 빠뜨렸던
은형동 형사 부인 살인 사건의 첫 공판이 오늘 오후 성운지법에서 열릴 예정입니다.

17 성운지법 전경 / D

기자1, 법원 앞에서 리포트 중이다.

기자1 현재 피의자 고동철은 술에 취해 아무것도 기억나지 않는다며
심신미약 상태였음을 주장하는 가운데....(중략)

자막 **은형동 살인 사건 선고 공판 2014년 11월 5일**

18 대기실 일각 / D

초췌한 얼굴의 권주, 정복 입은 채 긴장한 상태로 의자에 앉아 일각에
놓인 TV 뉴스 보고 있다. 머리에 상주임을 보여주는 흰 핀 보이는데..

인터컷 TV 화면 / D

기자1 *(E) 당시 신고 전화를 받았던 112 신고센터 요원의 증언에 따라 형량이 결정될 것으로 보이며 이미 결정적 증거를 확보한 경찰은... (중략)*

권주 (TV를 보는 눈빛 흔들리는 위로)

검사 (E) 피고인 고동철은, 11월 25일, 오후 10시 15분 남편의 도시락을 전해주러 가던 피해자 허지혜 씨를......

19 동안 / D

피고인석에 앉은 고동철(29세), 방청석에는 진혁 및 대식과 경찰 관계자들 보인다. 검사 일각 TV 안 허지혜 사망 당시 사진들 (피범벅으로 뭉개져 얼굴을 거의 알아볼 수 없는 각종 현장 사진) 가리키고 있다.

검사 (E) 성폭행하기 위해 외딴곳으로 끌고 가던 중 피해자가 격하게 저항하자 (흉기로 보이는 야구 방망이 사진 보여주며) 들고 있던 흉기로 얼굴뼈가 함몰되고 뇌 연수가 파열될 때까지 30여 차례 피해자를 가격했습니다. 게다가 피고인은, (허지혜의 눈과 코에서 피 흘러나오는 사진 보여주며) 피해자 허지혜 씨가 숨이 끊어지지 않은 상태에서 그런 극악무도한 범죄를 저질렀습니다.

방청객 (끔찍한 장면에 술렁이고)

진혁 (차마 보지 못하고 눈 감는다, 애써 참고 있는 두 주먹 불불 떨리는데)

고동철 (고개 숙인 채 불안한 눈빛 흔들린다)

변호사 (성의 없이 일어나며) 피고인은 그날 만취 상태라 아무것도 기억하지 못한다고 말씀드렸는데요.

검사 (냉랭한) 피고인은 지금 감형을 받기 위한 노골적인 허위 진술로 법정을 모독하고 있습니다. 본 검찰은 사건 당시 응대를 했던 112 신고센터 강권주 경위를 증인으로 신청합니다.

판사 증인 나오세요. (부르면)

옆문 통해 들어선 권주, 굳은 표정으로 증인석에 앉는다.
방청객들 권주 알아보고 "응대 잘못한 그 여자 아냐?" 등등 술렁이면
진혁, 들어서는 권주 보자 자신도 모르게 주먹에 힘 들어가는데
그런 진혁을 불안한 표정으로 바라보는 대식.

검사 (권주에게 다가서) 증인은, 사건 당시 허지혜 씨를 살해한 범인과 통화를 했죠?

권주 ....네.

검사 그럼 범인의 목소리를 정확하게 기억하고 있겠군요?
피고인, 이름이 뭐죠?

고동철 (불량스럽게) 에??.... 고.....동철입니다.

검사 (자신만만하게 권주 보며) 증인이 들은 목소리가 맞죠?
그날 증인이 받은 전화 통화에서 피고가 술에 취해 (하는데)

권주 (잠시 주저하다, 결연한 표정으로) ....제가 들은 목소리가 아닙니다.

검사 ?! (당황하고)

방청객 (놀라며 "뭐야 무슨 소리야." 술렁이면)

20 방청석 진혁 일각 / D

진혁 ?!!! (자신의 귀를 의심하듯 눈빛 격하게 흔들린다)
쟤... 지금 뭐라고 떠드는 거냐..

대식 (역시 당황하고 주저하다 조심스레) 그게....
실은 쟤가 고동철이 범인 아니라고....
형수님 죽인 범인이 자기 아버지도 죽였다고 떠들고 다녔단 소문이 있었어.
그러다 지 아부지 뺑소니 사고로 순직한 거 밝혀졌거든.
아무래도 지 잘못 덮으려고 뻘소리 하다 안 되니까 약치는 거 같아. 형...

진혁 !! (당장이라도 방청석 안으로 뛰어 들어갈 듯 권주 노려보는데)

21 다시 재판정 일각 / D

판사 (역시 당황스럽지만) 자자, 정숙하세요. 증인 지금
범인 목소리와 피고인의 목소리가 다르다고 얘기하는 겁니까?

권주 (방청석에서 자신을 노려보는 진혁의 분노에 찬 눈빛 느껴지지만 결연하게)
네........ 사건 당시 녹취록을 들어보시면 제 말이 맞다는 걸 아실 겁니다.

판사 (황당하지만) 그럼, 법정에 제출한 거 말고 녹취록이 더 있단 말인가요?

권주 (결연한) 네, 허지혜 씨 살해 직후 22시 18분부터 22시 21분까지 총 3분간
순찰 중인 저희 아버지를 살해한, 범인과 무전 한 내용이 분명 있습니다.
20대 후반에서 30대 중반의 남성으로 음성은 (고동철 바라보며)
저 사람보다 조금 더 낮고 턱에서 미세하게...
딱딱거리는 소리가 들렸습니다.

고동철 (푹 고개 숙이고 있다가 어?? 눈빛 묘하게 번뜩이고)

검사 (다급하게 일어서) 잠시 증인과 이야기 좀 하겠습니다.
(권주에게 다가와 둘만 들리게 귀에 대고) 너, 뭐 하는 짓이야? 미쳤어?

권주 (결연하게 보며) 저는 ....처음부터 목소리가 다르다고 말씀드렸어요.
그걸 대충 넘기신 건 검사님이시죠.

검사 (허! 낯빛 변해) 뭐.. 너 아직도 그 헛소리야?
너 지금... 그딴 잘 들리지도 않는 소리 갖고 사람 엿 먹이겠다는 거야 뭐야?

권주 (무시하고 결연하게 재판장 향해) 재판장님, 범인은 다른 사람입니다.
그날 녹취록 틀어주십시오.

검사 !!!!

진혁 (온몸 벌벌 떨린다)

판사 (당혹스럽다, 좌중 조용히 시키고) ... 녹취록 들어봅시다.

법정 안, 침묵 속에서 재생(음파가 표시되는 기기로)되는 녹취록 내용.

인터컷 사건 당시 녹취록 녹음 재생 중인 일각 / D

"... 살려주세요.... 제발... 집에 애가 있어요.

제발 목숨만... 아니, 시키는 대로 할게요... 아저씨가 하라는 대로 다 할게요..."

애원하는 허지혜의 목소리 들린다.

방청석에서 녹취 듣던 진혁, 고통스러운지 고개를 숙이는 모습 너머

녹취록 속 범인의 목소리는 "그러게 왜 까불어..." 부분만 들릴 듯 말 듯

아주 작게 흘리 듯이 들리고... 뚝 끊기는데...

진혁 (들으며 참을 수 없이 분노하는데)

권주 (어...? 당황하는데) 분명 ... 뒤에 더 녹취된 내용이 있을 텐데요?
제가 저희 아버지와 무전 한...

판사 (권주 날카롭게 일별하며) 경찰청에서 보내온 사건 관련 녹취록은 이것뿐입니다.

권주 (눈빛 흔들리고 벌떡 일어나) 말도 안 돼요!! 뭔가 잘못된 겁니다.
제가 범인과 통화를 했다고요. 범인 목소릴 제 귀로 똑똑히....

판사 (불쾌한 듯 보며) 증인, 이러면 위증죄로 처벌받을 수가 있어요!!

고동철 (눈치보다 기회다 싶은 표정으로 변호사 향해) 아 씨, 뭐해요.
저 여자가 나 아니라잖아. (변호사 딴청 하자 버럭)
변호사가 뭐 이래. 뭔 말이라도 해서 내 형량 줄이라고!!

방청석 !!!! (술렁술렁 어수선해지는데)

순간 우당탕! 요란한 소리와 함께 방청석에서 기물 날아와 재판정 앞에 떨어진다.
일동 돌아보면, 분노한 진혁 참을 수 없단 표정으로 서있다.

진혁 허... 지금 니들... 뭔 개소리하냐... 허.. (어이없단 듯 실소하다 표정 변해
권주 잡아먹을 듯 노려보며) 너... 저 새끼 안방서 증거 나온 거 몰라?

법정 경위들 (달려가 진혁 양팔 잡고 끌어내려 하면)

진혁 (거칠게 뿌리치며) 이거 놔! 못 놔!
야 이 미친....! 너 같은 걸 경찰이라고!!
너 저 새끼한테 뭐 받아 처먹었냐!!!
너! 내 손에 죽고 싶지 않음 사실대로 말해!! 당장!!!

판사 (재판봉으로 장내 조용히 시키며) 정숙하세요, 정숙!

법정 난동은 중죄입니다.
(그래도 진혁 진정하지 못하자) 잠시....휴정하겠습니다. (땅땅)

권주 !!! (진혁을 안타까운 눈으로 길게 바라보다 법정 경위들의 재촉에 쫓기듯 밖으로 나가고)

고동철 (변호사와 같이 일어서다 진혁과 눈 마주치자 비웃듯 픽 웃는다)

진혁 !!!! (눈 돌아간다) 이 시발 놈이! (자신의 양팔을 잡은 법정 경위 거칠게 뿌리치며) 야 이거 못 놔? 놔!!!!!!! (이성 잃고 포효하는 위로)

22 동 밖 / D

법원 입구, 기자 서서 리포트 하고 있다.

기자1 오늘 재판 도중, 범인의 목소리가 아니라는 112 신고센터 요원의 새로운 주장이
나오면서 피고 고동철이 진술을 번복하는 뜻밖의 상황이 벌어졌는데요.
그러나, 112 요원이 주장하고 있는 범인의 목소리가 담긴 녹취록은
아예 존재하지 않는다고 경찰 측에서 밝혔습니다....
112 요원이 피의자 고동철과 어떤 커넥션이 있는 건 아닌지
추측이 분분한 가운데...

점점 기자 목소리 줄어들며 새로운 기사 제목 뜨기 시작한다.
하나둘씩 올라가다 뒤이어 빠른 속도로 나열되는 신문 기사 헤드라인들...

"은형동 형사 부인 살인 사건 이후 한 달, 엇갈리는 증언과 진술"
"은형동 형사 부인 살인 사건 용의자 목소리가 달라요! 증언 하에 결국 재판 중단"
"은형동 형사 부인 살인 사건 용의자 고동철 재수사 중에 잠적" (사진 보이고)
"은형동 형사 부인 살인 사건 허 씨 남편인 성운경찰청 강력1팀 무진혁 경감,
112 신고센터에서 난동 부려" (사진 보이고)
"그러나 은형동 형사 부인 살인 사건 반전의 여 요원 이미 휴직계 내고 미국 유학길 떠나"
(사진 보이고)
"은형동 형사 부인 살인 사건 1년, 고동철 여전히 잠적, 아직도 고통받는 유가족"

"은형동 사건 2년, 끝내 미제로 남는 것인가"

"기억의 미제사건, 3년 전 은형동 살인 사건"

"미제 사건을 말한다. 3년째 오리무중 은형동 살인 사건"

좌르륵 넘어가는 헤드라인들, 점차 겹쳐 가는 글자들...

"은형동 형사 부인 살인 사건 이후 한 달, 엇갈리는 증언과 진술"
"은형동 형사 부인 살인 사건 용의자 목소리가 달라요! 증언 하에 결국 재판 중단"
"은형동 형사 부인 살인 사건 용의자 고동철 재수사 중에 잠적"
"은형동 형사 부인 살인 사건 허 씨 남편인 성운경찰청 강력1팀 무진혁 경감, 112 신고센터로 침입해 난동 부려"
"은형동 형사 부인 살인 사건 반전의 여 요원 휴직계 내고 미국 유학길 떠나"
"은형동 형사 부인 살인 사건 1년, 범인은 오리무중, 아직도 고통받는 유가족"
"은형동 사건 2년, 끝내 미제로 남는 것인가"
"기억의 미제 사건, 3년 전 은형동 살인 사건"
"미제 사건을 말한다. 3년째 오리무중 은형동 살인 사건"

"은형동 형사 부인 살인 사건 이후 한 달, 엇갈리는 증언과 진술"
"은형동 형사 부인 살인 사건 용의자 목소리가 달라요! 증언 하에 결국 재판 중단"
"은형동 형사 부인 살인 사건 용의자 고동철 재수사 중에 잠적"
"은형동 형사 부인 살인 사건 피해자 유족 무 모 씨, 112 신고센터로 침입해 난동 부려"

"은형동 형사 부인 살인 사건 반전의 여 요원 휴직계 내고 미국 유학길 떠나"
"은형동 형사 부인 살인 사건 1년, 범인은 오리무중, 아직도 고통받는 유가족"
"은형동 사건 2년, 끝내 미제로 남는 것인가"
"기억의 미제 사건, 3년 전 은형동 살인 사건"
"미제 사건을 말한다. 3년째 오리무중 은형동 살인 사건"

"은형동 형사 부인 살인 사건 이후 한 달, 엇갈리는 증언과 진술"
"은형동 형사 부인 살인 사건 용의자 목소리가 달라요! 증언 하에 결국 재판 중단"
"은형동 형사 부인 살인 사건 용의자 고동철 재수사 중에 잠적"
"은형동 형사 부인 살인 사건 피해자 유족 무 모 씨, 112 신고센터로 침입해 난동 부려"
"은형동 형사 부인 살인 사건 반전의 여 요원 휴직계 내고 미국 유학길 떠나"
"은형동 형사 부인 살인 사건 1년, 범인은 오리무중, 아직도 고통받는 유가족"
"은형동 사건 2년, 끝내 미제로 남는 것인가"
"기억의 미제 사건, 3년 전 은형동 살인 사건"
"미제 사건을 말한다. 3년째 오리무중 은형동 살인 사건"

"은형동 형사 부인 살인 사건 이후 한 달, 엇갈리는 증언과 진술"
"은형동 형사 부인 살인 사건 용의자 목소리가 달라요! 증언 하에 결국 재판 중단"
"은형동 형사 부인 살인 사건 피해자 유족 무 모 씨, 112 신고센터로 침입해 난동 부려"
"은형동 형사 부인 살인 사건 반전의 여 요원 휴직계 내고 미국 유학길 떠나"
"은형동 사건 2년, 끝내 미제로 남는 것인가, 오리무중, 아직도 고통받는 유가족"
"기억의 미제 사건, 3년 전 은형동 살인 사건"
"미제 사건을 말한다. 3년째 오리무중 은형동 살인 사건"

자막 **즉석 사진도... 경찰과 응급환자들을 위한 비상출동 시간도**
세계 어느 곳이든 3분이다.
왜냐하면
3분은 한 사람의 인생에서 기적을 일으키기에
충분한 시간이기 때문이다.
〈다카이 노부오〉

제1화 그놈 목소리

23 성운시 전경 / D

자막 **은형동 사건 발생 3년 후**

24 성운지방경찰청 112 신고센터 / D

"또 장난 전화하면 벌금 무실 수도 있어요." (요원4)
"네? 주차 문제는 두 분이 알아서... 아, 네네! 경찰 도착할 겁니다." (신입요원)
여기저기 벨 소리와 전화 응대하는 소리가 들리는 센터 안
각 도로의 상황과 지도가 실시간으로 중계되는 대형 모니터 아래,
빽빽하게 나열된 책상들 중 각자 맡은 자리에 앉아 3대의 모니터 보며
신고 접수하고 처리하는 요원들 보인다.

자막 **성운지방경찰청 112 신고센터**
접수대: 신고자의 위치를 자동 확인하여 신고 내용을 컴퓨터에 입력
지령대: 신고 내용을 범죄 발생 장소에서 가장 가까이에 있는 순찰차에 알려 출동 지시
분석대: 출동한 경찰관이 사건을 처리한 결과를 컴퓨터에 입력하고 통계 관리

신입요원 (전화 받으며) 네, 112 신고센터입니다.

여자 (E) 제보할 게 있어서 그런데, 지금 CTC 뉴스 좀 틀어보세요.

신입요원 (전화 받고 당황한) 네? 그게 무슨 말씀이시죠?

여자 (E) 제보할 게 있으니 뉴스 보시라고요!

요원4 (옆에서) 뭐야?

신입요원 지금 TV에서 뭐가 나온다고 보라는데요?

(모니터를 TV로 전환하면 뉴스 나온다)

인터컷 모니터 화면 / D

'CTC 12시 뉴스'란 자막 위로 다세대 주택 집 안에 자리한 기자,

누워있는 노인(70대) 옆에 앉은 손자(23세)와 인터뷰 중이다.

손자 *(분개한) 제가 알바 간 사이, 할아버지가 보이스 피싱 전화를 받은 거예요.*

왜 그런 거 있잖아요. 손자가 지금 납치당했다고...

기자 *지금 방송된 노인과 손자의 이야기는,*

보이스 피싱에 속아 손자가 납치된 것으로... (화면 전자 제품 매장 안 TV로 연결)

25 전자 제품 매장 안 + 앞 / D

진열대 위, 줄을 맞춰 세팅되어 있는 같은 사이즈의 평면 TV에서도

뉴스 나오고 있다.

인터컷 평면 TV 속 CTC 12시 뉴스 화면 / D

기자 *알고 평생 폐지 수집으로 모아 온 돈을 잃은 한 노인의 안타까운 사연입니다.*

지금부터 악질 보이스 피싱범의 목소리를 들려 드리도록 하겠습니다.

(노인이 넘겨준 핸드폰 속 녹음 버튼 재생하면)

익명남 *(E / 변조된 목소리 자막 보여주며) 어? 손자가... (여기서부터는 들리지 않는다)*

죽어도 상관없어? 당장 돈 보내지 않음 니 손주 새끼는 뒈져!

TV 소리가 들리지 않는 쇼윈도 앞 그 모습을 지켜보고 있던 여자의 모습 화면에 잡히면, 트렌치코트 차림에 올림머리를 한 권주다.

권주 (TV 화면 보며 표정 굳어 핸드폰 한다)
지금 뉴스에 나오는, 살해 협박 보이스 피싱 사건,
지금 인터뷰하는 손자가 한 짓이에요.

신입요원 (어이없단 듯 / E) 네에?? 그걸 어떻게 알아요?

권주 변조기를 통해 목소리를 다르게 하려고 애를 썼지만 녹음된 목소리와 손자의 호흡, 말투, 억양이 일치하거든요.

인터컷 평면 TV 속 CTC 12시 뉴스 화면 / D

자막 처리되며 나오는 조부와 손자의 인터뷰 영상

조부 *(거의 패닉 상태로 울먹이며) 어떻게 사람이 그럴 수가 있소...*

손자 *(조부 부축하며) 누군지 잡히기만 하면 가만 안 둘 거예요.*
울 할아버지, 엄마 아빠도 돌아가시고, 혼자서 저 키우시면서
얼마나... 고생하셨는데. (눈물 쓱 닦고)

권주 (뉴스 지켜보며) 사람의 목소리는 지문과 같아요.
손자가 자작극을 했을 확률이 99프로니, 조사해보세요!

26 다시 112 신고센터 / D

신입요원 네? (놀라 전화기 붙잡고) 저기여? (하는데 통화 끊기자, 기가 막힌 듯 전화기 바라보는 표정 위로 모니터 속 이어지는 뉴스)

인터컷 모니터 속 CTC 12시 뉴스 화면 / D

앵커여 *다음 뉴스입니다. 한 달 전 고정동에서 두개골이 함몰된 뒤,*
사체가 수십 조각 난 채로 발견된 유 모 양의 살해 용의자로

27 성운지방경찰청 앞 거리 / D

앵커여 *(E) 피해자의 전 남자친구인 모 의대 병원 레지던트 장 모 씨가 지목되어*
경찰이 소환 조사할 예정이었으나 신병 확보에 실패한 것으로 밝혀졌습니다.
경찰은 평소 용의자와 피해자가 돈 문제로 많이 다투었다는 점,
피해자의 사망 추정 시각 전, 마지막으로 만난 정황 등이 파악되어
구속 영장을 신청했습니다.

보행 신호등 파란불 켜지자 인파들에 섞여 전방을 향해 걸어가는 권주.
귓가에, 옆에서 걷고 있는 남자 행인의 시계에서 나는 작은 초침 소리...
"그래서. 정말로 돈을 빌려줬단 말야?" 건너편 여자 행인의 통화 소리,
정지신호에 대기 중인 버스의 배기음 등이 사방에서 동시다발적으로 섞여
확성기처럼 크게 들려오는 위로.

권주 (Na) 내 이름은 강권주...
나에겐 남들이 모르는.. 아주 특별한 능력이 있다.
바로.... 눈이 아니라 귀로... 세상을 보는 것....
어릴 적 눈을 다치고 회복된 후, 나는 세상의 모든 소리들이...
귀로... 들리고.. 귀로... 보인다....

괴로운 듯 멈춰서 목에 건 헤드폰 귀에 쓰는 권주,
주변의 볼륨이 전체적으로 낮아진다...
그제야 편안한 얼굴로 다시 건널목을 건너려는 권주,
순간, 늦게 건널목으로 뛰어드는 누군가와 툭 부딪히는데
보면 교복 차림에 백팩 멘 여자아이(17세), 복님이다.

복님 뭐야! (권주 흘낏 노려보고는 다시 핸드폰 통화하면서 간다)
진짜 얘기만 함 십만 원 준다는 거죠?
알았어요. 이따 은형역 도착하면 콜 할 테니까 대기 타고 있어요!

그렇게 스치는 권주와 복님 위로.

28 성운지방경찰청 전경 / D

포주 (E) 아니 용의자면 인권도 읎어라~~?!!!

29 동 강력계 안 / D

강력계 사무실 안, 잡혀가는 동네 양아치들(4부에 나오는 고교생들)
보이고, 일각 짜증 가득한 박중기 앞에 앉은
처참하게 멍이 든 얼굴에, 피 묻은 침 흘리는 양아치 패션의 포주(30대)와
경찰복 차림(근무 중 상황)으로 앉아 딴 곳 보고 있는 진혁의 초췌한 모습
(3년 전과는 확연히 다른) 보인다.

자막 **성운지방경찰청 강력계**

포주 (열불 터지듯 이리저리 형사들에게 동의 구하며)
으따, 나가 은형동에서 아무리 오피방[1] 매니저로 일한다 혀도
이게 이렇게 줘터질 일이냐고요. (진혁 가리키며) 날 아주
다짜고짜 패고 뜯고 아주 기술적으로다 밟았당게요!!

박중기 (서류로 포주 머리 팡팡 치면서) 야, 이 새끼 너 가만 안 있어!!
(하다 진혁 한심하게 보며) 행님, 진짜 와이랍니까!
행님이 저 새끼 잡는다고 설치는 바람에

1 주거용 오피스텔 성매매 업소

오늘 우리 팀, 고정동 용의자 놓치가 완전 똥 돼부렀십니다!
그 새끼 지금 사람 머리 박살 내 죽였다고 난리도 아닌 거 알죠?

진혁 (괜히 포주 보며) 그니까 좋게 말할 때 불지 그랬냐.
그 새끼 어디 짱박혔는지.

포주 (억울해 미치겠다) 음마 이 순경 양반이 끝꺼지...
나가 동철이 형님이랑 연락 안 된 지 일 년이 넘었다고 몇 번이나 말해라!!

박중기 (그런 진혁 답답하고 속상한 듯 보며) 형님....대체 와 이라십니까.
제발... 지구대면... 지구대답게 하십시더!
형님 맘 모르는 건 아닌데 3년 전 일 언제까지 쫓아다닐 낍니꺼?
이젠 포기할 때도 된 거 아입니까, 네?

포주 시방 3년 전 사건이요? (귀 쫑긋해 들이대며)

진혁 (심드렁하게) 그러게 형사 니들이 좀 잘하지....
니들이 무능하니까 일개 지구대가 나서는 거 아니야....

박중기 허...뭐라꼬예? 행님!!!! (목소리 커지는데)

일각 문 열리면서 대식, 한 손에 자양강장제 들고 들어온다.

대식 아이고 이거 수고들 하십니다. 여기 여기 (하면서 자양강장제 돌리고)
(박중기에게 다가가서 나직이) 덕분에 오피 새끼 잡았는데 좀 봐주시죠. 우리끼리.
(나직이 박중기 보며) 참... 박 형사님 저번에 얘기한 거, 잘 해결됐죠?
제가 그거 푸느라 애 좀 썼습니다~~

박중기 (후) 마! 그걸 와 여다 갖다 붙이노... (하다)
아 됐고 난 모르겠으니까네, 장 계장님한테 니가 알아서 보고해라.
니야말로 언제까지 (진혁 눈짓하며) 맛탱이 간 행님 뒤치다꺼리할래...

대식 (히죽 웃고) 에이... 알면서 뭐... 형 갑시다. (진혁 채근해 데리고 나가려는데)

포주 (아까부터 유심히 진혁만 뜯어보다, 뭔가 번뜩 떠오른 듯 표정 달라지며)
아 시방 거기 좀 서보쇼! (다가와 진혁 얼굴 유심히 살피다 허!!) 맞네...
이.... 짭새 성님... 그 성님 맞제라? 몇 년 전에 동철이 성님헌티
맞아죽었단... 그 아줌씨 남편? (이제야 상황 알겠다는 듯 헛웃음 터뜨리며)

어쩐지 워메... 돌은 놈처럼 날 패는 거시... 다 이유가 있었구먼...

진혁 !! (표정 싸늘해져 멈춰서면)

박중기 (당황하고) 이 새끼가 아가리 안 닥치나?

포주 (묘하게 웃으며 다가선다) 아따... 성님, 뒤끝 한번 징하네잉...
발발이 성님, 거 112 경찰 아가씨 증언 받고 튄 게 은젠디 아즉까지..

대식 (진혁 눈치 보며) 형 가자고...

포주 (진혁 뒤에 대고 비릿하게) 그래서 여자는 서방 잘 만나야 하는 벱이당게.
남편이 이 모양으로 지랄맞응께, 길 가다 칼 맞고 뒈져부렷지...

진혁 (천천히 돌아본다) 허... 어이 시발놈아.. 너 뭐랬냐..

포주 와요! 나가 틀린 말 했다요! (지지 않고 노려보면)

진혁 ... 후우 너 이리 좀 와봐라? 어?... (손가락 까닥까닥하면)

박중기 (얼른 막아서며) 아 행님 그만 쫌요!! 또 이라믄 징계로 안 끝나요!

진혁 아...맞다......하긴..징계 무섭지.. 암...

진혁, 박중기와 마주하고 일단 손 내리며 참는 듯하자
형사들 한숨 돌리며 긴장감 흐트러지는 순간,
벼락같이 포주에게 덤벼들어 미친 듯이 주먹 내려찍기 시작하는 진혁!
진혁, 양팔에 매달린 형사들 뿌리치고는 아악 비명 지르는
포주 위로 올라가 몰아쳐서 패는데!!! "야, 빨리 떼어놔!"
주변에 있던 형사들과 대식 우르르 몰려들어 진혁 포주로부터
떼어내려 하지만 쉽지 않고 미친 듯이 날뛰는 진혁 때문에 아수라장 되는
형사들 위로...

배병곤 (E) 골든타임팀...........?

30 브리핑 룸 / N

배병곤 청장과 장경학 계장, 그 외 경찰 간부들
프레젠테이션 중인 권주에게 미심쩍은 시선 향하고 있다.
브리핑 룸 전방, 빔 프로젝터 스크린에

'112 신고 전화 이후 3분 안에 현장 도착, 5분 안에 범죄 현장 확인,
10분 안에 범인 검거 100% 달성을 목표로 하는 골든타임팀 신설 계획 브리핑'
이라는 제목과 함께 띄운 자료 보인다.

자막 **성운지방경찰청 청장 배병곤**

자막 **성운지방경찰청 강력계장 장경학**

장경학 (황당하단 듯 권주 보며) 그러니까...강 센터 말은,
우리 팀 보고 강 센터 밑에서 빵빵이라도 치라 이거야? 지금?

권주 (침착하게 장경학 보며) 빵빵이가 아니라
공조 후 빠른 출동이 정확한 표현 같습니다만.

배병곤 (어이없단 듯 권주 일별하며) 이봐 강 센터!
아무리 미국에서 아메리칸 스타일을 배우고 왔대도
한국 경찰 실정을 이렇게 몰라서 쓰겠나...
게다가 이건 우리 경찰의 위계질서에 어긋나는 일이야.

권주 (냉랭하게 좌중 응시하며) 그럼, 112 신고 직후 시스템 문제 때문에
초동 검거에 실패한 사건은 어떻게 책임지실 생각이신가요?
(반응하는 배병곤과 장경학) 특히 성운지방청 센터처럼
콜백(Call back)[2]률이 바닥인 곳에서라면 더더욱 직무유기 같은데요.

배병곤 뭐야!

권주 아시잖아요. 올해 2월 송진동 사건, 지난 10월 화미동 사건
다 시스템과 원칙 때문에 신고자들이 사망한 사건들인 거.
하다못해 좀 전, 부월동 보이스 피싱 사건만 해도
음성 분석만 제대로 했다면 일 분 안에 해결할 수 있는 사건이었습니다.

장경학 (날 서) 이봐 강 센터! 그딴 식으로 문제 삼으면 한도 끝도 없어!
대체 우리끼리 싸워서 좋은 게 뭐가 있어? 원칙은 원칙이야!

권주 그러니까... 원칙을 바꿔서 112 센터의 기능을 최대한 확대,

2 신고 접수 중 끊긴 전화에 대해 다시 전화를 걸거나 문자 메시지를 보내주는 경찰 시스템

접수대 지시에 따라 신속하게 움직이는 전담팀을 만들자는 겁니다.

장경학 (허!) 뭐야?

31 강력계 앞 복도 / N

피 묻은 주먹 쥐고 걷는 진혁, 답답한 듯 머리 헝클이며 따라붙는 대식.

대식 아 형도... 좀만 참지. 강등당한 지 얼마나 됐다고, 포주 앨... 그렇게 패놓음 어뜩하냐?

진혁 (앞만 보고 걸으며 심드렁) 상관 마라... 더 내려갈 데도 없다....

대식 형... 이제 우리 그만하자...

고동철이 그 새끼... 이렇게 찾아도 없는 걸 보면, 죽은 게 분명해...

형이 잘 살아야 동우도 좋아질 거 아냐!

형수님이 이 모습 보면 얼마나 가슴 아프겠냐 (하는데)

진혁 입 다물고 밥이나 사, 인마. 저 새끼 잡느라 쫄쫄 굶었더니....

대식 (순간 결심한 듯 뒤에 대고) 형수 사건 재판 때 위증한 112 센터 애,

3일 전에 여기 센터장으로 발령받았대!

그것도 지가 자청해서!

진혁 !!!! (우뚝 선다, 감전이라도 된 듯한 표정으로 돌아보며)

너........지금 뭐라고 했어!

32 성운지방경찰청 112 신고센터 / N

자막 **성운지방경찰청 112 신고센터 (112 종합상황실)**

요원2 (지구대 측 경찰과 싸우며) 그럼 어떡합니까...

기지국 위치가 거기밖에 안 나오는데. 일단 가보세요!

요원3 신고자가 한국말 못 한다니까요!!!

요원4 꼬마야... 장난 전화하는 거 아니야! (하며 전화 끊는다)

장난 전화나 사소한 신고 이어지고 있는 신고센터 안,
권주의 안내로 배병곤 및 장경학 이하 간부들, 요원들의 업무 지켜보고 서있다.

장경학 (못마땅해) 나 참, 범인 잡기도 바쁜 시간에... 이게 뭐 하는 짓인지...

권주 (표정 더 굳는).....

배병곤 (낮게 하품하고 권주 들으란 듯) 그러게 말이야.
프레젠테이션도 들어줬고 콜센터 시찰도 했으니
우리가 해줄 수 있는 건 다 한 거 같은데, 안 그런가?

장경학 (장단 맞추며) 네, 맞습니다. 청장님!

간부들 (다들 그렇단 듯 고개 주억이며 추임 하면)

권주 (그 모습, 기가 차 하는 표정에서)

33 112 신고센터 복도 / N

의경과 순경들 지나가는 사이 분노한 표정으로 빠르게 걸어가고 있는 진혁.

인터컷 강력계 앞 복도 / N

대식, 당혹스러운 표정으로 이야기하고 있다.

대식 *우리 112 센터가 콜백률 전국 꼴찌잖아, 자기가 6개월 만에
전국 1위로 만들 테니 본청에 근무하게 해달라고 딜 했대.
미국에서 엄청 큰 사건 하나 해결했다고, 본청에서 팍팍 밀어주고.
(후.....) 아무리 그래도 그렇지. 미치지 않곤 어떻게 여길 올 생각을 하냐...
(사이) 암튼 난 걔가 고동철이 뒷배 봐주던 회장한테 받은 돈으로
유학 갔다는 소문, 맞다고 본다.*

진혁, 입술 꾹 다문 채 참을 수 없는 분노로
의경들이 지키고 있는 112 신고센터 입구를 향해 가는데!!

34 다시 112 신고센터 / N

배병곤 (권주 들으란 듯 크게) 자 그럼 우린, 다른 회의도 있고 해서... 가자고!

권주 (기분 상하고) .....

배병곤 (앞장서며 장경학 향해) 참, 장 계장! 고정동 그 새끼 꼭 잡아야 하는 거 알지. 내가 요즘...기자들 등쌀에 혈압약을 먹어도 혈압이 안 떨어져!

장경학 걱정 마십쇼. 지금 애들이 그쪽에서 잠복 중이니 오늘 안에 검거될 겁니다. (권주 향해) 강 센터 담부터 또 이딴 일로 청장님 시간 뺏으면 서로 피곤해 질 거야. (간부들 눈짓하면) 갑시다.

간부들 (우르르 따라나서는데)

권주 (냉랭하게) 시간을 뺏을지 아닌진 더 두고 봐야 되는 거 아닌가요?

배병곤 (멈칫 돌아보며) 뭐야?

권주 그렇잖아요. 센터 둘러본 지 10분도 안 됐는데 그런 속단을 내린다는 게 황당해서요.

장경학 강 센터! 지금 어디 앞이라고 함부로 입을 (놀려! 하는데)

진혁 (E / 쾅 소리) 아 나 참 이것 좀 놓으라니까!

일동 (놀라 돌아보면)

진혁 (권주 보자) 와 너... 진짜 왔네. (잡는 의경에게) 놓으라고!!

신고센터 입구 들어가겠다며 거칠게 밀어붙이는 진혁과 "관계자 외에는 못 들어가십니다." 하는 의경이 다투고 있다. 뒤에서 어쩔 줄 몰라 하는 대식, 청장 이하 간부들과 권주의 시선 집중되는데... (이후 유리문 안팎의 상황으로 분리됩니다)

권주 (진혁 보자, 눈빛 흔들리지만 얼른 감추고 의경 향해) 괜찮습니다. 놔주세요. 실례합니다. (청장에게 목례하곤 입구로 나가 유리문 밖에 선다)

의경 (어쩔 수 없이 진혁 잡은 팔 놓으면)

권주 (진혁 앞으로 다가서며) 오랜만이네요. 무 경사님. (유리문 안 사람들 일별하며) 저쪽으로 가서 얘기하시죠. (가려는데)

진혁 (권주 팔 거칠게 움켜쥐곤) 가긴 어딜 가? 너 차암, 낯짝 한번 두껍다? 니가.. 감히...어떻게.... 여길 와?

범인한테 돈 처먹고, 법정에서 위증한 니 따위가....감히.. 여길 어떻게 오냐고!!!
너....우리가 우습게 보여? 니 눈엔 대한민국 경찰이 만만하게 보여!!

인터컷 *유리문 안쪽 일각 / N*

유리문 너머로 진혁과 권주를 심각하게 바라보는
신고센터 요원들과 배병곤 이하 간부들.

배병곤 *(놀라, 진혁 보며) 뭐야, 무진혁이 아냐?*
장경학 *(역시 놀라고 순간 알겠단 표정으로 황당한) 이제 보니 강 센터 저 친구,*
은형동 사건 때 응대한 요원 같은데요...(나직이) 형사 와이프 죽인 범인
잡았다가.... 112 요원이 이상한 증언 해서 놓쳤던 그 사건 말입니다.
배병곤 *뭐야? 그런데 여길 왔다고??*
(어이없단 표정으로 변해 유리 너머의 두 사람 묘하게 일별하면)

권주 (초췌한 진혁 애써 담담하게 응시하고) 망가졌단 소문 듣긴 했지만 예상보다
더 상태가 안 좋으시네요. 저희 팀 팀장 자리 제안드릴 참이었는데,
고민해봐야겠는데요. (하는데)
진혁 (허! 실소 터진다) 팀장? 아이고 팀장 자리 주셔서 감사합니다아~
(하다 날 서) 왜, 내가 이럴 줄 알았냐?
하긴 어떡하든 살겠다고 지 아부지 죽음까지 팔아먹은 너야 아무데나 붙어먹겠지.
너... 니 아버지 제삿밥은 제대로 챙겨드리냐?
권주 (표정 미동 없이 진혁 보며) 맘대로 생각하세요. 저주를 하든, 욕을 하든.
어차피 제가 무슨 말을 해도, 안 믿어주실 테니...
제 사과는 좀 더 마음의 준비가 되신 후 받아야 할 것 같네요.
진혁 뭐야.....? (핑!! 돌아 권주, 멱살 거칠게 잡으며) 이거 완전히 미쳤고만!!!
대식 (놀라) 아 형 진짜... 왜 이래?? (나직이) 청장님 보고 계시잖아... (뜯어말리면)
진혁 놔!!! 이 새끼야! 안 놔!!
권주 (멱살 잡힌 채 진혁 복잡한 표정으로 쏘아본다)

진혁 (자신을 바라보는 권주 시선 거슬린다, 권주 멱살을 꽉 잡은 채 노려보며)
말해! 너.. 3년 전에 왜 그딴 개소리 나불대고 사라졌냐?
들리지도 않는 소리 들린다고 왜 개구라쳤냐고!!!
정말 니 아부지 죽음까지 팔아먹으면서
발발이네 뒷돈 처먹고 유학 가려고 그랬던 거냐! 어!!

35 접수대 일각 / N

112 신고통합시스템 모니터에 신고자 전화 들어온다. 소란 구경하던 요원3, 버튼 눌러 받는데.

요원3 네, 112 센터입니다... 네. (놀라 긴장으로 표정 굳고)
신고자분 이름이 어떻게 되나요? 네... (키보드 치다 옆자리
요원2 향해 다급히) 은형동 삼거리에서 납치 신고가 들어왔습니다!

요원2 (놀라) 납치 신고?

36 다시 진혁 일각 / N

권주 (진혁 아프고 길게 보다, 툭) 제가 만약, 진실을 말하면 믿어주실 건가요?

진혁 뭐......? (하는데)

요원2 (일각에서 다급히 권주 향해 다가와) 센터장님 은형동에서 납치 신고가
들어왔습니다.

권주 납치요?! 제 자리로 연결해주세요! (다급히 안으로 들어서려 하면)

진혁 (가는 권주 멱살 잡고 놓지 않은 채) 가긴 어딜 가!! 당장 대답해!!!

권주 (그런 진혁 침착하게 바라보며) 촌각을 다투는 상황입니다. 응대 끝나고
다시 얘기하시죠.

진혁 ....!

37 센터장 자리 일각 / N

자리로 돌아온 권주가 헤드셋 하고 키보드 쳐서
신고자(복님)의 전화 연결하는 사이 요원2, 옆에서 브리핑한다.

요원2 이름은 방복님, 나이는 열일곱, 어플에서 채팅남이랑 만나기로 해서
은형역으로 갔다가 5분 전에 납치되었답니다.

권주 센터장 강권줍니다. 신고자분 어떤 상황인지 다시 한 번 말씀해주시겠어요?

복님 (E / 겁에 질려 숨죽여 간절히 소리치지 말고) 아, 몇 번을 말해요..!
어떤 미친놈한테 납치당했다고요.. 빨리 좀 오세요...!

권주 (공포에 질려 거칠어지는 복님의 숨소리와 극도의 긴장에 요동치는
심장의 박동 소리가 눈앞에 또렷하게 헤드셋 너머 형상화되는 위로)

38 복님 일각 / N

3층 공사자재 더미 일각에 웅크리고 앉은, 교복 차림인 복님 보인다.
핏자국으로 얼룩진 얼굴에 한쪽 눈은 시퍼렇게 부어올라 있는데.

복님 (겁에 질려, 주변 돌아보며) 그 아저씨 완전 개또라이예요.
가방 안에 이상한 카, 칼... 같은 것들이...잔뜩 들어있었다고요.

인터컷 다시 112 신고센터 / N

권주 *(놀라지만 내색 않고) 칼이요? 자세하게 설명 좀 해줄래요?*
(요원2 향해) 당장, 핸드폰 위치 추적하고 가입자 파악해요!
(하면서 모니터 한쪽의 공청[3] 버튼 누른다)

요원2 *네! (하고 확인하면)*

3 경찰 전부가 들을 수 있는 무전으로 주로 코드 제로 등의 긴급 상황 시 사용하며 대본상에선 고딕체로 표시한다.
단 <보이스>의 극적 설정에 따라 소통의 범위 등에는 예외 경우가 있음을 밝힌다.

복님 (E / 바들바들 떨며) 어떤 남자가… 채팅 어플에서…
만나서 얘기만 해도 십만 원 준다고 해서…
은형역에서 만나기로 했는데…

39 지하철역 출구 / 이하 회상 / N

복님, 지하철역 출구, 사람들 분주히 오가고
풍선껌 짝짝 씹으며 만나기로 한 남자 기다리고 있는데.
멀찍이서 걸어오는 잘생긴 젊은 남자 행인 20대 초반이다.

복님 혹시 핸썸......님? (다가서는데)
행인 네? (뭐야 하듯 보고 스쳐가 일각에서 기다리는 여자와 팔짱 끼고 가고)
복님 아니면 아니지, 띠껍게 꼬나보긴… 재수 없게.

다시 핸드폰 메신저 어플 보려는데 전화 걸려온다.
"여보세요?" 받는데 저만치서 휴대폰 하며 다가오는 남자.
40대 초반, 후줄근한 작업복 차림새의 조광천이다.

복님 (탐탁지 않은 얼굴로 대충 인사하면)

조광천, 복님 위아래로 훑어보다 앞장서 어둑한 골목길 안으로 들어서면
복님, 어쩔 수 없이 따라 들어가는데…

40 은형역 앞 골목 / N

복님 (앞장서 걸어가는 조광천 따라가지만 분위기 스산하다, 기분 왠지 오싹해져)
저기여… 아저씨.. 저 갈래요. 딴 사람 찾아보세요. (획 돌아서는데)
조광천 (거칠게 복님의 팔을 잡아당기며 섬뜩한) 개소리 마라....
복님 (겁나지만 부러 인상 확 구기며) 뭐야? 개 구리게… 질척대고… (하는데)

조광천　(무지막지한 힘으로 거칠게 복님 끌고 들어간다)

복님 놀라 "이거 놔! 안 놔?!!" 사정없이 조광천의 손등을 물면
"이런 씨..." 하며 무자비하게 복님의 얼굴과 몸을 구타하는 조광천,
결국 기절한 복님을 들쳐 업고는 더 어두한 골목 안으로 들어간다.

41　3층 공사 중인 건물 + 112 신고센터 / N

1층 철문이 철컥! 열리고 이어 철문 열고 닫고는 계단을 오르는 조광천.
콘크리트와 철근이 그대로 드러난 외벽이 노출되어 있는 3층 공간에
메고 들어온 복님을 일각 비닐 위로 내던지는데...
순간 아까 복님에게 물린 손등에서 피 심하게 나오는 것 확인하자 짜증 난 얼굴로
2층에 있는 화장실 안으로 들어서면, (여기까지 과거 인터컷 상황 이하 현재)
복님, 황급히 몸을 일으켜 주변을 둘러본다.

권주　(E) 주변엔 뭐가 보이죠?
복님　바닥에 비닐 있고... 벽돌... 나무... 모래... 무슨 공사하는 데 같아요.
권주　(**교차편집 / 112 신고센터**에서 마음의 소리) 바닥에 비닐을 깔았다는 건 단순한
성폭행 납치가 아닐 수도 있어. (소리 내어) 그 아저씨, 지금 어딨죠?

그 사이, 2층 화장실에서 변기 물 내리고 나오는 조광천.
복님, 인기척 소리에 바닥에 떨어져 있던 벽돌 밖으로 던지고
다른 일각 모래 포대 뒤로 황급히 숨는다!!
2층 집 나와 계단 오르다 벽돌 떨어지는 소리 들은 조광천
다급히 복님 있던 자리 확인하는데 복님 보이지 않자,
급히 계단으로 내려가 철문을 닫고 사라진다.

42　다시 112 신고센터 권주 일각 / N

복님　(E) 3층에서... 창밖으로 벽돌을 던졌더니... 제가 나간 줄 알고 밖으로 나갔어요.
권주　(!!!) 잘했어요, 복님 씨! 그리고 지금 긴급 상황이니까 반말로 할게.

복님 (E) 네... (하는데)

요원2 (대형화면, 각자 모니터 지도 위에 신고자 좌표 확인하자)
핸드폰 위치 추적 결과 나왔는데 은형동 삼거리 기지국 일대
2킬로 주변입니다! 선불폰이라 GPS 좌표 추적에 시간이 걸릴 거 같습니다!

자막 **PM 07:20 성운 은형동 사건 발생**

권주 코드 제로 납치 사건 발생! (결연한 표정으로 모니터 안 112 신고통합시스템에
코드 제로 버튼 누르면 ***00:00:01*** 카운트 시작되고)
납치자는 흉기를 소지하고 있고 살인 용의자일 가능성이 있다.
신고자는 영동구 은형동 36번지 반경 2킬로 내 건물
3층에 은신해 있다. 인근 지구대 긴급 지원 바란다.
서구 지구대 무진혁 경사, 지금 골든타임팀에서 출동한다!

진혁 (!!, 일각에서 어이없단 듯 나서며) 이게 미쳤나.
니가 뭔데 감히 나한테 오더 내리고 지랄이야?

권주 (진혁 쏘아보며) 초를 다투는 강력 사건입니다! 10분 안에 해결하지 못하면,
신고자의 목숨이 얼마나 위험해지는지 누구보다 잘 아실 텐데요.

진혁 !!!!

복님 (E) 경찰은 언제 오는 건데요!
나 무섭단 말이에요!! ...살려주세요... 제발...

진혁 !!! (순간 지혜의 목소리 스치고)

허지혜 *(E) ...누가... 절... 죽이려고 한다고요.....*

진혁 (허! 권주 이글거리는 눈빛으로 노려보다 차마 거부하지 못하고 헛웃음 치다)
좋다, 갔다 와서 보자. (확 나간다)

대식 형! (놀라 진혁 쫓아가다가 배병곤 청장과 장경학 계장 향해 얼른 목례하고
다급히 따라 나간다)

권주 (그런 진혁 자신도 모르게 뒤돌아 길게 보는데)

장경학 (어이없단 듯) 이봐 강 센터, 맘대로, 골든타임팀이라니??
신고센터는 지구대에 연락하는 걸로 업무 완료인 거 몰라?
단순 치한이면 어쩌려고 일을 키워!

권주 단순 치한의 경우 흉기를 다량 소지하지 않습니다.
비닐 따위도 미리 준비하지도 않고요!

장경학 그건 강 센터 생각이고! 이 정도 상황에서 우리 강력팀 지원 불가능해!

권주 (날 서 보며) 상관없습니다. 어차피 3년 전과 달라졌을 거라고
기대하지도 않았거든요.
(뒷모습 위로 ***00:00:38*** 카운트가 계속되는 위로)

43 동 박 복도 / N

진혁, 굳은 표정으로 성큼성큼 가면, 대식 따라붙는다.

대식 (잡으며) 가긴 어딜 가! 지금 저 계집애가 형 도발해서
지 실적 올리려는 거 몰라? 게다가 거기, 형수 사건 있던 덴데...

진혁 (선다, 돌아서) 그래서? 못 본척해? 애가 울면서 살려달라잖아!

대식 ...!

44 다시 112 신고센터 권주 일각 / N

복님 (E / 눈물과 함께 공포로 목소리 바르르 떨리며) 출, 출동했다더니 왜 안 와요!
대체 언제 오는 건데요...
시발.... (떨며 울컥) 나 같은 년은 이렇게 죽어도 상관없다 이거지!
내 인생도 차암 구질구질하네... 하긴, 이름부터 이렇게 구린데...

권주 (!, 복님 상태 걱정스럽고 부러) 우리 나중에 같이 이름 지으러 갈까?

복님 (황당해서 / E) 뭐라고요?

권주 (밝고 차분하게) 내 이름도 한 구질하거든. 권할 권에 술 주 자. 강권주.
아빠가 나 태어난 날에도 술을 드시는 바람에

딸내미 이름을 그따위로 지어버렸지 뭐니?
그 바람에 학창시절 내내 내 별명이 주정뱅이였어.
(눈빛 흔들리지만 내색 않고) 진짜 웃긴 아빠 아냐?

복님　(E / 전화기 너머 복님의 숨소리가 점차 안정되어 간다)
뭐야… 울 아빠 같은 꼴통 더 있잖아. (낮게 웃으면)

권주　(그런 복님, 안쓰럽고 진심 어린) 복님아, 니 마음 어떤지 잘 알아. 근데
적어도 여길 벗어나야 사람들한테 보란 듯이 잘 사는 모습을 보여줄 수 있어.

복님　(E / 멈칫 주저하다) 언니 말만 잘 들으면 여길 나갈 수 있단 거죠?

권주　약속할게...

복님　(E) ......알았어요....

권주　고맙다... 근데 경찰이 빨리 도착하려면 복님이 니 기억이 제일 중요해.
잘 생각해봐. 끌려갈 때 다른 거 또 생각나는 거 없니?
길이라든가 아님 그 남자가 들고 있는 거든 뭐든 아무거나 상관없어.

45　골목길 / N

다세대 주택이 골목 양쪽으로 다닥다닥 붙은 골목의 집과 집 사이
살기등등한 눈빛의 조광천 나와 복님 찾는 듯, 주변 다급히 살펴본다.
사람들 지나가자 사납고 거친 눈빛으로 건물 뒤로 숨는 조광천,
손에는 끔찍한 돌망치가 들려있는데...

46　복님 일각 + 112 신고센터 / N

복님　(미간을 찌푸려 기억을 되살리며) 그러니까...
아... 놀이터가 보였던 거 같아요.

권주　(**교차편집 / 112 신고센터**에서) 놀이터...?
(하면서 모니터 확인하면 은형동 36번지 근처 '분꽃 놀이터' 보인다)

인터컷 분꽃 놀이터 근처 골목 안 / N

들쳐 업혀 가던 복님, 뭔가 더 자세히 보려고 눈 부릅뜨는 순간
놀이터 보이고 주변을 살피려 더 고개를 돌려보는데... 홱 왼쪽으로 돌려지는 몸.

복님 그 아저씨가 놀이터에서 절 왼쪽으로 끌고 갔어요.

47 112 신고센터 / N

권주 !! 왼쪽?!... (다급히 지도 한쪽 지정해서 클릭하면 대형 모니터 한쪽에
CCTV 화면 나오고 바로 재개발 골목 보이자 얼른) 여기는 센터,
납치자가 분꽃 놀이터 삼거리 중에서 재개발 지역 쪽으로 간 듯하다.
삼거리 왼쪽 방향이다. 다시 한 번 말한다.

48 도로 + 순찰차 안 / N

빠르게 달리는 순찰차 안, 운전석의 고 순경, 조수석의 진혁 보인다.

권주 (E) 다시 한 번 말한다. 여기는 센터, 납치자가 분꽃 놀이터에서 재개발 지역 쪽으로
간 듯하다. 삼거리 왼쪽 방향이다.

고 순경 (운전하다 진혁 표정 살피며 눈치로) 아니, 해가 서쪽에서 뜰 일이네요.
무 경사님이 지원을 다 나가시고.

진혁 ..... (생각 고르는 위로)

플래시백 112 신고센터 / N (1부 34씬)

권주 *(진혁 담담하게 응시하고) 망가졌단 소문 듣긴 했지만 예상보다*
더 상태가 안 좋으시네요. 저희 팀 팀장 자리 제안드릴 참이었는데,
고민해봐야겠는데요.

권주 *(표정 미동 없이 진혁 보며) 맘대로 생각하세요. 저주를 하든, 욕을 하든.*

어차피 제가 무슨 말을 하든, 안 믿어주실 테니...

진혁 (잇새로 후...) 후.... 미친...

고 순경 (놀라, 그런 진혁 눈치로 보고)

49 다시 복님 일각 / N

복님 그리고...... 알록달록한 기둥 같은 게.... 보였어요.

인터컷 *은형동 골목 근방 / N*

복님의 흐릿한 시야에 알록달록한 기둥 같은 것이 휙 지나간다.

복님 *(E) 알록달록한 기둥이...*

뒤이어 갑자기 복님의 시야가 어두워지면서 쾅 하고 철문 닫히는 소리가 난다.

50 다시 권주 일각 / N

권주 (모니터 화면 속 지도 살펴보며) 삼거리에서 왼쪽 방향...... 알록달록한... 기둥? 대체 뭐지? (생각 곱씹는 위로 카운트 ***00:03:12*** 보이면)

자막 **PM 07:23 성운 은형동 사건 발생 3분 경과**

51 은형동 36번지 세 갈래 길 앞 / N

끼이익, 거친 파찰음과 함께 서는 순찰차에서 진혁, 고 순경 다급하게 내린다. 은형역을 기준으로 뒤쪽 다세대 주택으로 난 세 갈래 길 골목 보인다.

자막 **은형동 삼거리**

진혁　(앞에 펼쳐진 세 갈래 길 중 재개발 동네 향하는 길 예민하게 바라보는데)

일각 서둘러 도착하는 면학지구대 순찰차, 경찰 두 명(50대 후반, 30대 초반)
긴장한 표정으로 내린다.

경찰1　(진혁 보자 인사하고) 면학지구대 황칠용 경삽니다.

경찰2　(따라 인사하고) ....

진혁　(달랑 두 명 보며 허!) 답니까? 이게?

경찰1　(큼) 다들 미래당 마라톤 대회 지원 나가서요...
부림지구대에서 금방 온다고 했는데... 이상하네... (눈치 보면)

진혁　(심란한) 신고자가 놀이터 끼고 재개발 구역으로 끌려갔다고 하니까
그쪽으로 갑시다! (고 순경, 경찰1, 2와 함께 재개발 집들 있는 쪽으로 가는데)

52　은형동 뒷골목 다세대 주택 주변 / N

조광천이 씩씩거리며 복님이 숨어있을 법한 골목 사이사이
공사장 기자재 덮은 천들을 들춰내며 찾아다니는 위로.

53　112 신고센터 권주 일각 / N

요원1　(일각에서 다가오며) 면학지구대, 현장 도착했다고 하고요.
근처 거주 기록 있는 강력 범죄 전과자 명단입니다.

권주　(다급히 받아 읽으며 복님에게 무전으로 얘기한다) 복님아
지금 경찰 아저씨들이 은형동 삼거리 골목에 도착했대.
금방 구하러 갈 거니까... 조금만 참아... (말하는데 헤드셋 안쪽 멀리
지속적으로 전기 합선되는 듯한 드르르르 드르르르 묘한 소리 들린다) ?!
(마음의 소리) 뭐지? 아까부터 이 소리는..?
(미간 모으며 청각 능력 집중하는 위로)

54 은형동 재개발 골목 전경 / N

55 동 일각 / N

방치된 폐가가 연달아 있는 재개발 구역을 지나가며
갑자기 인기척 나자 퍼드득 놀라는 고 순경, 경계 자세 갖추며 그쪽 방향
바라보는 진혁, 길고양이가 눈 빛내다 슥 사라진다.
고 순경 조용히 노려보는 진혁과 안도의 한숨 쉬는 경찰1, 2.
다시 폐가로 시선을 돌려 살펴보던 진혁.

진혁 (다른 쪽으로 몸 돌린다)

고 순경 여기 안 들어가세요? 무전에 나온 데랑 비슷한데요.

진혁 (전봇대 위에 달린(잘 보이지 않는) CCTV 일별하며) 여긴 아냐. 저기 카메라랑
(바닥에 두툼한 먼지 보며) 먼지들 보이지? 하나도 빠트리지 말고 집중해.
(성큼 폐가 지나치며 전방 살피는데 대문에 커다랗게 낙서 그려진 집 보이자
집 안 날카롭게 보고) 계십니까.
(안에서부터 아무런 대꾸 없자 표정 긴장되고 안으로 들어가잔 눈짓한다)

고 순경 (!!! 역시 긴장해 들어서며)

경찰1, 2 진혁의 지시에 따라 건너편 집들 살펴보는데.

인터컷 *집 안 / N*

집주인이 떠나면서 버린 생활용품들이 빛바래 흩어진 집 안,
진혁과 고 순경 문 여기저기를 열고 확인하다 낮은 한숨으로 나온다.

진혁 (대문 밖으로 나오며 경찰1, 2에게)
우리는 이쪽으로 갈 테니, 두 분은 저 골목 끝에서부터 내려오세요.
뭔가 보이면, 바로 무전들 하시고요.

경찰1, 2 예... (하고 일각으로 황급히 뛰어가면)

진혁 (고 순경 보며) 고 순경은 저쪽으로 돌아봐.

진혁, 고 순경과 반대쪽으로 달려가 골목을 들어서,
계단이 보이는 큰길을 향해 가다가 문득 걸음을 멈추고 보는데
진혁이 보고 있는 골목, 3년 전 지혜가 숨진 곳이다!

플래시백 *다세대 주택가 골목 일각 / N (1부 13씬의 확장씬)*

출입 금지 테이프 너머 시체를 덮은 하얀 천 밖으로 나온
지혜의 손가락에 끼워져 있는 결혼반지를 바라보는 진혁의 넋 나간 표정 위로.

포주 *(E / 진혁 뒤에 대고 비릿하게) 그래서 여자는 서방 잘 만나야 하는 벱이당게.*
남편이 이 모양으로 지랄맞응께, 길 가다 칼 맞고 뒈져...

진혁 후... (떠오른 참혹한 기억에 심장이 옥죄듯 답답해져 오지만 애써 추스른 채
힘겹게 계단을 걸어 내려가는데, 휘청이는 다리 다잡고)

56 다시 조광천 일각 / N

아무리 찾아도 복님이 보이지 않자 공사장 시멘트 덩어리나
담벼락을 쾅 하고 치는 조광천, 표정 초조해지는데
골목 안으로 사람들 걸어오는 모습 보이자, 안 되겠다 싶어 다시 복님을 납치한
주택으로 돌아간다.

57 다시 복님 일각 / N

복님, 초조하게 주변 돌아보다 조금 몸을 움직여 계단을 통해 아래층을 바라본다.
아무도 없는 듯 고요하자 용기 내 몸을 일으키는 복님.
천천히 계단 앞에 서 어두운 아래 2층 바라보며 갈등하다
침 꿀꺽 삼키고 조심스레 계단 아래로 한 발 떼는데...
바지직... 하면서 발에 밟힌 나무 조각 부서지는 소리가 나자
순간 움찔하며 굳어 있다가 다시 힘주어 내려서는 발.

58　다시 112 신고센터 권주 일각 / N

권주　(강력 범죄 전과자 관련 자료 예민하게 모니터로 보는 위로, 헤드셋 너머 계단 내려서는 소리 들리자 놀라) 복님아?!

복님　(E / 나직이) 언니, 나 지금 2층으로 내려가고 있어요.

권주　뭐?! 무슨 소리야?! 당장 돌아가 있어! 조금 있으면 경찰 아저씨들이 도착할 거야!

59　다시 복님 일각 2층 계단 앞 / N

주변 돌아보다 조심스레 계단 밟고 2층에 내려서는 복님, 주변 살피면 사람의 인기척 전혀 느껴지지 않는다.

복님　언니! 그 아저씨 없나 봐요. 밖으로 나갈게요.

권주　(E) 안 돼! 그놈이 언제 돌아올지 모른다고!

복님　(고집스레) 진짜 아무도 없는 거 같다니까요.
(2층에서 1층으로 연결되는 어두운 계단 희망에 젖은 눈빛으로 바라보며 내려서는데)

순간! 탕 소리와 함께 일 층 출입구 철문을 열쇠로 여는 소리에 반사적으로 문 열린 2층 집 안으로 몸을 숨긴다.

복님　!! (너무 놀라 뒤로 주저앉아 바들바들) 언니 어떡해요.
그 아저씨 다시 왔나 봐요...

권주　(헤드셋을 통해 들려오는 소리 예민하게 들으며 / E) 일단 빨리 숨어!
어디든. 빨리!

복님　(다급하게 전방에 보이는 방 안으로 들어서, 문짝 뒤에 숨는다, 온몸 숨이 막힐 정도로 떨려오고)

60 1층 계단 / N

조광천 망치 든 채, 식식거리며 올라서다. 2층에서 나는 인기척 소리에 멈칫 선다. 살기등등해지는 눈빛으로 빠르게 계단 타고 올라서는 위로!!

61 다시 2층 복님 일각 / N

2층 방문 뒤에 숨은 복님, 2층으로 뛰어올라오는 조광천의 발걸음 소리 거칠게 들리자 공포에 떨기 시작한다.

복님 (핸드폰 꽉 쥐곤 바들바들 떨며 눈물 흘린다)

2층 휙 둘러보는 조광천, 방마다 다 문 열려있고 인기척 느껴지지 않자 계단 밟고 3층으로 황급히 올라가는데!

62 다시 112 신고센터 권주 일각 / N

권주 (초조하게 헤드셋 너머 들려오는 소리에 집중해 있다가 나직하게)
복님아.... 괜찮아?

복님 (E / 덜덜 떨며) 네 언니... 그 아저씨...
지금 3층으로 올라가고 있는 것 같아요.

권주 (그나마 안도의 한숨 내쉬는데)

순간, 헤드셋 너머 3층을 향해 계단을 밟고 올라가는 둔탁한 걸음 소리에 이어 끼이익 끼이익, 쇠 파이프 등의 금속 물체 벽에 긁는 불쾌하고 서늘한 소리가 얼핏 들린다.

권주 ?!

인터컷　　*권주의 청력을 이용한 상상 / N*

시멘트 바닥과 마찰로 팅팅 튕기는 흉기, 쇠 파이프와 칼 등 날카로운 종류들이 소리에 맞춰 머릿속에서 다양하게 형상화된다.

권주　　(마음의 소리) 분명 쇳소린데 뭐지??
쇠 파이프? 아니야... 모서리가 좀 더 둥글어... 아 조금만 더...
(하는데 소리 멈추는데, 뭔가 불길한 느낌 들지만 애써 지워내고 다급히 무전 한다) 여기는 신고센터, 위급 상황이다!
현재 납치자가 신고자를 집 안에서 찾고 있다.
서둘러 도착 바란다.

63　　다시 진혁 일각 / N

권주의 다급한 무전 들리자, 진땀을 흘리며
골목 안 주택들을 뒤지던 진혁 초조해지는데 고 순경 달려온다,

진혁　　(안 되겠다 싶어, 지나가는 사람들마다)
여기 혹시 알록달록한 기둥 있는 집 아십니까?
(그러나 다들 고개 저으며 무심하게 지나가고)

고 순경　　(다급히 행인 앞 막아서며) 저기요, 알록달록한 기둥 있는 집 아세요?

행인　　몰라요. (갸웃하며 지나간다)

진혁과 고 순경은 초조하기 그지없는데.

자막　　**PM 07:24 성운 은형동 사건 발생 4분 경과**

일각 슈퍼 주인(70세), 슈퍼에서 쓰레기 버리러 나오다가, 앞에서 행인들에게 알록달록한 기둥에 대해 묻는 진혁과 고 순경 본다.

슈퍼여　　알록달록? (뭔가 생각난 듯 다가오며)

저기 안쪽 골목에 있던 어린이집 하나가 이번에 폐업했는데
거기 기둥에 꽃동산 그림이 그려져 있다우.

진혁 !!! 꽃동산 그림이요?

64 은형동 뒷골목 거리 / N

슈퍼여 (E) 어. 엄청~ 알록달록하다니까. 근데 거 원장도 차암 안됐어...
돈 좀 아낀다고 뜨내기를 운전기사로 썼다가 아 글쎄 그놈이
애들한테 몹쓸 짓을 하는 바람에 쫄딱 망해버렸잖아.
누가 그런 데 앨 맡기겠어...

진혁과 고 순경, 무전 하며 일각으로 다급하게 달려가는 위로.

진혁 (달리며) 서구 하나! 서구 하나!! 용의자로 특정되는 자의 위치를 찾았다.
근방 골목, 문에 꽃동산 그림이 그려진 폐업된 어린이집,
그곳에 고용된 적이 있다. 그쪽으로 이동, 이동!

권주 (E / 안도의 한숨 내쉬다) 무 경사님 혹시 어린이집에
입간판 같은 거 달려 있나요? 전기로 연결된 거요...

진혁 (날 서) 너 갑자기 또 뭔 헛소리야? 어린이집에 그딴 게 왜 있어.

인터컷 다시 112 신고센터 / N

진혁 쪽 무전에 귀 기울이고 있던 권주. 기우인가 싶어 고개 젓고는

권주 *(마음의 소리) 하긴, 그런 게 있을 리 없지. 내가 왜 이러지?*
(복님에게) 복님아, 경찰이 지금 복님이
있는 곳을 찾은 것 같아. 우리 조금만 버티자, 응?

65 다시 복님 일각 + 112 신고센터 / N

공포에 질린 채, 방문 뒤에 쪼그려 앉아 있던 복님,

권주 목소리 듣자 얼굴 환해진다.

복님　　진짜요?? (눈물까지 글썽거리며) 언니... 미안해요.
언니 말 들었어야 하는데... 엄마가 그랬거든요. 나보고 청개구리짓 그만하라고...
그러다 나중에 엄청 후회할 일이 생길지도 모른다고...
엄마 말이 맞았어요... (훌쩍훌쩍 서러운 눈물 나오는데)

권주　　(E) 괜찮아 복님아. 사람은 누구나 실수를 해...
나도 무척 아픈 실수를 했었어...

복님　　(멈칫)

권주　　(E / 절실한 목소리로) 아무리 두렵고 괴로워도...
절대 포기하거나 도망가선 안 돼... 그래야 기회가 생겨...
용서를 빌고 다시 시작해보자고 ...노력할 수 있는 그런 기회 말야...
그러니까 절대 포기하면 안 돼...

복님, 먹먹해져 눈물 훔치는데 순간, 문 틈 사이로 3층을 둘러본 조광천.
짜증 가득한 얼굴로 내려와 2층 집 안으로 들어오는 모습 보인다.
움찔해 몸 더욱 웅크리는 복님, 조광천 거칠게 집 안 둘러보다
건물 안에 복님이 없다고 판단하자, 검은 가방 들고
다급히 2층을 나가는데!
문틈 사이로 그 모습 보고 안도의 한숨 쉬는 복님.

복님　　(계단으로 사라지는 조광천 보이자) 언니... 이번엔 정말로 가려는 것 같아요!

권주　　(**교차편집 / 112 신고센터** 순간 약간 마음 놓는데)...

66　　1층으로 내려가는 계단 조광천 일각 / N

가방 든 채 빠르게 계단을 내려가다가 문득 걸음을 멈추는 조광천.
뭔가를 발견한 표정으로 발밑을 보는데 복님의 휴대폰에 달려있던
작은 캐릭터 인형이다! 출입구와 2층을 번갈아 보는 조광천의 섬뜩한 시선에서!

67 다시 어린이집 터 진혁 일각 / N

재개발 지역을 둘러싼 장막을 따라 달려가는 진혁과 고 순경.
안으로 향하는 입구를 발견하고 조심스럽게 들어간다.
드넓은 공간에 달랑 하나 남은 3층 건물!
철거 중인 벽에는 어린이 그림이 그려져 있고..
진혁, 고 순경과 조심스레 1층 안으로 들어서는데 이미 공가가 된 듯한 어수선한 어린이집 풍경이다. 부서진 의자나 어린이용 나무 탁자 등이 아무렇게나 굴러다니는 등 폐업한 흔적이 역력한데...
저 멀리, 안쪽에 2층 계단으로 연결되는 통로 발견하는 진혁,
순간 누군가 움직이는 인기척 안쪽에서 들린다.

진혁 !!! (천천히 권총 장전한 채 고 순경과 눈짓하며 다가서며 무전)
현장에 접근하고 있다! 계단에 납치자가 있는 것 같다. (하는 위로)

68 다시 2층 방 안 복님 일각 / N

권주 (E / 걱정스레) 복님아 그 아저씨 일 층으로 내려갔니?
지금 경찰 아저씨들이 거기로 들어가고 있거든.

복님 (문틈 사이로 밖 보면, 아무도 없다, 안도의 숨 내쉬며) 네, 내려간 것 같아요.

권주 (E / 뭔가 찝찝하지만) 다행이다. 이제 걱정 마.

복님 (눈물 뚝뚝 떨어지며) ...언니... 고마워요.
언니, 나... 여기서 나가면 집으로 돌아갈 거예요...
다시 학교 다녀서 졸업하고... 강아지 미용 배워서... 취직할 거예요...
엄마가... 너무 보고 싶어요.

권주 (E / 가슴 아프고) 울지 말고 이제 곧... 집으로 돌아갈 수 있어. (지령 내리며)
지금 납치자가 일 층으로 도주 중이니, 검거 바란다. (그러나 이상하게 불안한데)

69 다시 112 신고센터 권주 일각 / N

권주 (마음의 소리 / 수많은 이미지들 떠오르고) 이렇게 간단하게 잡힐 리가 없는데...
납치자는 분명 연쇄적인 범죄를 저질렀을 확률이 높아...
도망친 신고자를 집요하게 찾아다녔고, 흉기를 지니고 있어...

플래시백 다세대 주택 안 (1부 59씬, 61씬, 62씬) / N

숨어있는 복님을 집요하게 찾는 조광천의 여러 가지 소리들 컷컷

플래시백 112 신고센터 권주 일각 (1부 62씬) / N

순간, 수화기 너머 3층을 향해 계단을 밟고 올라가는 둔탁한 걸음 소리에 이어
끼이익 끼이익, 쇠 파이프 등의 금속 물체가 바닥에 긁히는
불쾌하고 서늘한 소리가 얼핏 들리는 것 같은데...

권주 (심란한 듯 생각 고르는데, 순간 복님으로부터 전화 들어오는
빨간불 깜빡인다, 얼른 다시 버튼 누르면)

복님 (E) 참.. 언니!!! 나 이제 기억났어요.
저 아저씨가 뭐 들고 있는 거 없냐고... 언니가 아까 물어본 거!

권주 (멈칫)

복님 (E) 아까 그 아저씨 집 나갈 때 가방 말고 뭔가가 매달린
길쭉한 나무 손잡이 같은 걸 들고 있었어요.
틈에 가려서 잘 보이진 않았지만... 작은 방망이 같았어요.

권주 !! 뭔가가 매달린 나무 손잡이라고...?
(다시금 그 소리 복기하듯 미간 모으고 생각 고르면)

인터컷 권주의 청력을 이용한 상상 / N

시멘트벽과 마찰로 요란하게 쓸리다 팅팅 튕기는 소리 내는 어떤 흉기
길쭉한 나무 손잡이에 연결된 망치 종류의 둔탁한 질감과 부피감이

머릿속으로 다양하게 형상화된다.
작은 빠루 망치에서 중함마, 오함마 등...
그러다 소리에 부합하는 망치의 형태 보이는데...
바로, 해머 스타일의 돌망치다!

권주 (설마!) !!!! (놀라, 마음의 소리) 설마....... 돌.... 망치?
(눈빛 흔들리며) 그걸 왜... 그건... 도살장에서나 쓰는 건데...
(순간 불현듯 기억 떠오른다)

플래시백 모니터 속 뉴스 / D (1부 26씬의 인터컷)

앵커여 *다음 뉴스입니다. 한 달 전 고정동에서 두개골이 함몰된 뒤,*
사체가 수십 조각 난 채로 발견된 유 모 양의 살해 용의자로

권주 !!! 내 생각이 맞았어! (눈동자 커지며 고함친다)
어린이집이 아니었어!! (무전 한다) 무 경사님 거기가 아니에요!
용의점이 달라요. 어린이집 성추행범과 이놈은, 다른 놈이라고요!
복님아!!! 당장 거기서 나와, 당장!

순간, 쾅!!!!! 소리와 함께 문 부서지듯 열리는 소리 위로.
찢어질 듯 비명 지르는 복님,

권주 (온몸 떨려오고) 복님아?? 복님아!!!

70 어린이집 진혁 일각 / N

진혁의 발길질에 부서지며 열리는 문.
진혁과 고 순경, 함께 쪽방 안으로 들이닥치면
쪽방 바닥에 간단한 안주와 막걸리 차려놓고 술잔 기울이다

화다닥 놀라며 일어나는 인부들 보이는데...

인부1 다, 당신들 뭐야? (하다 경찰임을 알자 놀라 물러서는)

진혁 (당황해 나와 암담하고 혼란스러운 표정으로 주변 둘러보는 위로)

71 2층 거실 / N

커다란 돌망치를 든 채 서늘하게 복님에게 다가서는 조광천.
놀라 비명도 못 지른 채 입만 떡 벌리며 더 물러날 수 없는 벽에 기대는 복님.

복님 뭐야! 저리 안 가! 저리 가라고!!!!
(바락바락 외치다 조광천이 든 망치 끝에
피딱지와 머리카락이 붙어있는 것 보이자, 표정 공포에 질린다)

조광천 (잔혹한 표정으로 천천히 다가서면)

복님 저리 가! 저리 가라고!!! (눈 질끈 감고 발버둥 치며 반항하는데)

조광천, 어린애 팔 비틀듯 복님 제압하고는 바로 들고 있던 망치로
'빡' 거칠게 복님 머리 내려치는 순간!

72 다시 112 신고센터 / N

권주 (다급히) 복님아, 복님아??
(하는데... 무언가로 빡! 후려치는 소리에 자신도 모르게 의자에 주저앉고) 안 돼!!!!

인터컷 복님 일각 / N

잡힌 채로 온 힘을 다해 저항하다 망치 머리에 비껴 맞고 바닥에 쓰러지는 복님,
온몸 꿈틀꿈틀 떨고 있으면
조광천, 마치 돼지라도 잡은 양 복님 발목 잡고 질질 끌고 화장실로 향한다.

복님, 손에 힘이 풀리면서 쥐고 있던 휴대폰 거실 한쪽에 놓치고 마는데...

공청 (E / 질질 끌려가는 소리 센터 안을 울려 퍼지고)

일동 (공청으로 울리는 끔찍한 소리에 쥐 죽은 듯 조용해지는데)

권주 (다급히 공청 무전으로) 피해자가 폭행당한 후 다른 장소로 옮겨지고 있다, 반복한다, 피해자가 다른 장소로 옮겨지고 있다.
용의자는 다른 연쇄 사건의 살인범일 가능성 있으니 경계 바란다!

장경학 (듣고 있다 놀라 나서며) 이봐 강 센터! 갑자기 그게 무슨 소리야?

권주 (날 서 일별하며) 제 생각이 맞았습니다!!
납치자가 휘두른 것은 돌망치라고도 불리는,
망치 중에서도 가장 강력한, 도살장에서나 쓰는, 도굽니다.
고정동 피해자 머리에 난 둥근 함몰 역시 돌망치로 맞아서 생긴 상처고요.

장경학 지금 뭔 소리 하는 거야? 지금 우리 애들, 고정동 용의자 잡으러 간 거 몰라?

권주 (지지 않고) 고정동 용의자는 절대 초범이 아닙니다. 초범이라면
그런 식으로 오랫동안 사체를 훼손할 배짱이 없죠.

장경학 (허) 이봐! 강 센터. 이딴 식으로 숟가락 얹으려는 거면 센터장 자리도 위험해져!
내가 이래서 골든타임팀 만드는 걸 반대... (하는데 핸드폰 울리자 받고,
표정 굳는다) 뭐라고? 알았어... (전화 끊고는 당혹스러운 표정으로 배병곤 향해)
저... 지금 고정동 용의자 장철수를 체포했는데... 아 이 새끼...
사건 당일, 알리바이 증명할 증인이 있다는데요...

배병곤 뭐야!! (하다 눈빛 흔들리고, 버럭) 당장, 은형동으로 지원팀 보내! 당장!!!

일동 (술렁이며)

장경학 알겠습니다. (다급히 지원 요청 전화하면)

권주 (결연하게 자리에 서, 침착하게 생각 고르며 / 마음의 소리)
망치 같은 무기로 대범한 살인을 해온 놈이라면 많은 인부들이 오가는,
재개발 공사현장이 아니라 사람들이 더 방심할 만한 빈집을 찾았을 거야...
누군가를 납치해 죽이고 실컷 훼손할 수 있는 여유로운 공간.....

복님 *(E) ......알록달록한 기둥 같은 게.... 보였어요.*

권주 (미간 모으며 최대한 집중한다) 대체 그게 뭐지? 그리고 그 소리는.... 뭐였지?

인터컷 권주의 상상 / N

복님이 절박하게 잡고 있는 핸드폰 송화기 너머 어디선가 들려오던 소리 떠오른다.

(E) (드르르르 드르르르 묘한 소리)

권주 점차 소리의 파장을 자신이 알고 있는 물건에
상상으로 대입하기 시작하는데...

권주 *(마음의 소리) 전기 합선되는 듯한 소리였어.*
어디선가 들었던 소리였는데... 어디서 들었지...

...순간 스쳐가는 권주의 머릿속 그림, 네온사인이다.

권주 (마음의 소리) 아니야... 네온사인은... 비슷하지만 아니야. 그렇다면...

73 2층 거실 + 화장실 앞 / N

굳게 닫힌 낡은 화장실 문, 깨진 구멍을 통해 내부가 보이면.

74 동 화장실 안 / N

공사 중으로 파이프관 드러난 화장실 안
수도꼭지에서 새는 물이 툭툭 떨어지고 있고
바닥 한편에 검붉은 핏자국이 불길하게 남겨져 있다.
조광천에 끌려 들어온 복님의 몸,
미동 없이 가늘게 숨만 쉬는 듯 가슴께 오르락내리락한다.
조광천, 복님 화장실 일각에 아무렇게나 던져놓고는

가방에서 낡은 가죽으로 된 칼집(Knife roll)을 꺼내 펼쳐놓는다.
칼집 안쪽으로 고정된 각종 칼들 일렬로 자리하면
손끝으로 훑다가 가장 예리해 보이는 날카로운 창칼 잡아
비릿한 미소 짓는 위로.

75 다시 112 신고센터 권주 일각 / N

권주, 모니터 화면 위에 뜬 은형동 지도 집중해 보고 있다.

권주 (지도 위에 표시된 상가 표시 위로 하나씩 대입하는데
'코인빨래방'에 세탁소 입간판, '영만호프'에 호프집 간판,
'정분식'에 분식집 간판 연상하며 / 마음의 소리)
그런 소리들보다... 더 큰 소리 같았는데..
(알록달록한 색깔들이 겹쳐지면서 드르르르 거리는 소리가 들린다....)
드르르르 거리는... 소리... (하다 지도의 어딘가를 응시하고, 눈빛 흔들린다) 설마...!

76 다세대 주택 있는 반대쪽 골목길 일각 / N

진혁, 경찰들과 도착하자마자 다급하게 '철거 반대! 재개발 반대!'
문구가 걸린 대문을 부러 더욱 소란스럽게 두들기고 있다.

진혁 경찰입니다! 잠시 확인할 게... (하지만 대꾸 없자 발로 꽝 차고)
경찰이라고요! 옆집에 무슨 소리가 났나 안 났나 확인만 하면 됩니다.
문 좀 열어주세요! (소리치며 갑갑한 듯 머리 헝클이는데)

권주 (채널1(진혁만 소통가능한) 무전으로 / E) 무 경사님!! 찾았어요! 바로 그거였어요!!!

77 다시 112 신고센터 권주 일각 / N

권주, 모니터 안 은형동 지도 보며 결연한 표정으로 진혁과 무전 중이다.

권주 알록달록한 색깔 그리고 그 소리!! 그거 이발소 표시등에서 나는 소리였어요!

진혁 (E) 너 지금 뭔 소리 하는 거야?

78 다시 진혁 일각 / N

권주 (E) 무 경사님! 복님이가 납치된 곳은 이발소가 있는 건물이에요!!
그리고, 복님이를 납치한 남자가 갖고 있는 흉기가 바로 돌망치입니다.

진혁 (황당한) 그게 무슨 소리야! 아깐 연쇄 살인 같다더니 지금은 돌망치?
너 지금 소설 써!

권주 (E) 지금 제 말, 이해하기 어려울지 모르지만, 믿어주셔야 합니다.
무 경사님도 아시잖아요? 고정동 살인 사건 피해자가 둥근 둔기에 머리를 맞고 살해당했단 거...

진혁 (멈칫, 생각 고르는 위로)

박중기 *(E) 그 새끼 지금 사람 머리 박살 내 죽였다고 난리도 아닌 거 알죠?*

진혁 !! (당황스럽고, 그러나 더 이상 찾을 방도도 없자, 무서울 정도로 침착해지는데)

권주 (E) 분명히 이발소 표시등 소리였습니다!
더 이상 제 앞에서 사람이 죽는 거 보고 싶지 않습니다. 더 이상요!

진혁 (절절한 권주의 목소리 속 어떤 진심 느껴지자)!!

79 다시 112 신고센터 권주 일각 / N

요원들 (권주의 무전 들으며 놀라서 웅성거리며 서있다)

배병곤 (일각에서 권주 무전 황당한 듯 보며) 뜬금없이 이발소 표시등이라니?
살인범 잡으랬더니 재 뭐라고 떠드는 거야?

장경학 글쎄 말입니다. (어이없다는 듯 권주 보는데)

80 다시 진혁 일각 / N

진혁 (다급히 고 순경에게) 이 근처에 사람이 거주하지 않는 이발소 있는지 찾아봐!

고 순경 아 네! (다급히 일각으로 가 사람들에게 묻는 위로)

권주 (무전으로 간절한 / E) 무 경사님! 시간이 없습니다! 빨리요!

진혁 (후! 초조하게 주변 살피지만 이발소는 보이지 않는데...)

순간, 진혁이 바라보는 골목에 동물적으로 떠오르는 기억 속 한 장면!

인터컷 은형동 일각 / 진혁의 회상 (1부 13씬의 확장씬) / N

허지혜의 사건 당일, "지혜야... 지혜야..."
이름을 읊어대며 미로 같은 골목들을 미친 듯이 달리는 진혁.
문득 마주한 골목길 한쪽에 이발소가 보인다.
"아... 지혜야... 지혜야!" 쏟아질 것 같은 눈물을 악착같이 참으며
주변을 둘러보고는 다시 허지혜의 사건 현장을 찾아 달리는 진혁 위로.

진혁, 미친 듯이 같은 골목들을 찾아 따라가는데 좁은 골목 틈 사이
'은형 이발소' 간판이 달린 3층 낡은 주택 보인다.
기억 속의 그 장소와 똑같다! 게다가
옥상 위에 증축 중인 3층이 있고 2층 창문 밑
이발소 입구에 '휴업 중'이라는 종이 안내판과 그 옆에 건물 모서리,
매달려 돌아가고 있는 알록달록한 이발소 표시등 보이는데!!!

진혁 !!! (무전으로 다급하게) 여기는 서구 하나, 센터는 인근에 있는 순찰차 위치 파악하고
은형 이발소로 지원 요청 바란다!!

81 동 주택 전경/ N

82 2층 화장실 안 / N

조광천, 천천히 칼 중에서 창칼(중국식 고기 써는) 들고 쓰러진
복님 곁으로 다가서 비릿한 표정으로 칼 들어 목부터 배꼽까지 천천히 가늠해본다.

복님 (그 서늘한 느낌에, 조금씩 의식을 차리기 시작하고)

천천히 눈꺼풀을 올리고 멍하니 주변을 돌아보던 복님, 자신의 옆에서
칼날을 드리우고 선 조광천을 발견하자, 처절하게 비명을 지르는 위로.

인터컷 112 신고센터 권주 일각 / N

00:09:44 *대형 모니터와 바로 앞 모니터 그리고 자신의 손목시계까지*
빠르게 돌아가는 타이머 초조한 듯 지켜보는 권주.

인터컷 진혁 일각 / N

이발소 건물을 향해 미친 듯이 달려온 진혁.
굳게 잠긴 철문을 열기 위해 어쩔 수 없이 잡아당기고
몸으로 부딪혀 보지만 꿈쩍도 하지 않는데

83 화장실 안 / N

이리저리 피하는 복님을 향해 창칼을 휘두르던 조광천,
복님이 몸을 피한 타일 바닥에 간발의 차로 칼을 내리꽂는다.
비틀거리며 일어나 화장실 물건들을 닥치는 대로 던지며 저항하지만
벽으로 몰리는 복님, 벽에 덜렁거리며 매달린 수건걸이대라도 빼려
노력해보지만 소용없고...

복님 (헉헉거리며 점차 지쳐가는데)

조광천 (거칠게 다가선다)

복님 (두려움에 목소리 뒤집어지고, 눈물 차오른다) 살... 살려주세요...
아저씨... 목숨만... 살려주세요. (두 손 모아 싹싹 비는데)

조광천 (복님의 목 콱 움켜잡고는 눈 마주하며) 애쓰지 마라.
전에 그 가시나이도 오만 난리굿 하다 더 아프게 디졌다...

복님 (컥컥... 얼굴 벌게져 눈물 뚝뚝 떨어지고)

조광천 (살기 어린 눈빛으로) 어떻게 죽여줄까...
전에 그 가시나이처럼? 아니면.......... 더 되게?

공포에 젖어 입만 벙긋거리는 복님을 향해 다시, 돌망치를 들어 올리는 조광천과
안으로 들어가기 위해 힘겹게 건물 한쪽을 기어 올라가는 진혁,
112 신고센터 안 주먹 쥔 채 초조한 표정으로 서있는 권주의 모습
긴박하게 교차되는 위로.

자막 **PM 07:30 성운 은형동 사건 발생 10분 경과**

보이면서 1부 엔딩!!

Season 1 • 2화

자막 **본 드라마는 실제 사건에서 영감을 얻었으나 드라마적으로 재구성된 픽션이며 등장인물은 실제 인물과 관련이 없음을 밝힙니다.**

1 동 주택 전경 / N

2 2층 화장실 안 / N

조광천, 천천히 칼 중에서 창칼(중국식 고기 써는) 들고 쓰러진
복님 곁으로 다가서 비릿한 표정으로 칼 들어 목부터 배꼽까지 천천히 가늠해본다.

복님 (그 서늘한 느낌에, 조금씩 의식을 차리기 시작하고)

천천히 눈꺼풀을 올리고 멍하니 주변을 돌아보던 복님,
자신의 옆에서 칼날을 드리우고 선 조광천을 발견하자,
처절하게 비명을 지르며 몸을 튼다.
이리저리 피하는 복님을 향해 창칼을 휘두르던 조광천,
복님이 몸을 피한 타일 바닥에 간발의 차로 칼을 내리꽂는다.
비틀거리며 일어나 화장실 물건들을 닥치는 대로 던지며 저항하지만

벽으로 몰리는 복님, 벽에 덜렁거리며 매달린 수건걸이대라도 빼려 노력해보지만 소용없고...

복님 (헉헉거리며 점차 지쳐가는데)

조광천 (거칠게 다가선다)

복님 (두려움에 목소리 뒤집어지고, 눈물 차오른다) 살... 살려주세요...
아저씨... 목숨만... 살려주세요. (두 손 모아 싹싹 비는데)

조광천 (복님 콱 목 움켜잡고는 눈 마주하며) 애쓰지 마라.
전에 그 가시나이도 오만 난리굿 하다 더 아프게 디짓다...

복님 (컥컥... 얼굴 벌게져 눈물 뚝뚝 떨어지고)

조광천 (살기 어린 눈빛으로) 어떻게 죽여줄까...
전에 그 가시나이처럼? 아니면.......... 더 되게?

공포에 젖어 입만 벙긋거리는 복님을 향해 다시, 돌망치를 집어 들어 올리는 조광천 너머로

인터컷 *은형동 골목 진혁 일각 / N*

'은형 이발소'라고 쓰여 있는 3층짜리 작은 주택,
결국 굳게 잠긴 철문을 열지 못한 채
안으로 들어가기 위해 힘겹게 건물 한쪽을 기어 올라가는 진혁.

인터컷 *112 신고센터 권주 일각 / N*

주먹 쥔 채 초조한 표정으로 서있는 권주의 모습
*진혁과 긴박하게 교차하며 **00:10:01** 카운트되는 위로.*

자막 **PM 07:30 성운 은형동 사건 발생 10분 경과**

3 다시 조광천 일각 / N

복님의 숨을 단번에 끊기 위해 돌망치를 높게 들어 올린 조광천.
더 이상의 저항을 포기한 복님의 텅 빈 듯한 눈동자에
조광천의 악귀 같은 모습이 비치는데...
복님의 머리 위로 떨어지기 시작하는 조광천의 돌망치.

인터컷 *거실 일각 핸드폰 떨어진 자리 + 112 센터 / N*

미간을 모으며 청력에 집중하는 권주,
떨어진 복님의 핸드폰을 통해 화장실에서 복님을 향해 돌망치 휘두르는
소리가 화장실 타일 벽을 타고 점차 파장이 확장되다
권주의 귀에 구체적으로 형상화되어 도달하는데!

권주 (망치가 복님이 아닌 타일을 때린 것을 알고 절박하게 눈을 감고)
그래, 그렇게 피해!! 계속 움직여! 복님아!! 포기하면 안 돼!!

인터컷 *화장실 안 / N*

마치 권주의 외침에 맞춰 돌망치를 피하는 듯한 울부짖는 복님 위로.

일각, 긴장한 표정으로 그런 권주의 뒷모습을 보고 선
배병곤 청장과 장경학 계장.

배병곤 (장경학 의아한 듯 보며) 재, 무슨 소리가 들려서 저러는 거야?
장경학 (갸웃하며) 글쎄요...

돌망치를 다시 들어 올려 복님의 머리를 내려치려는 순간,
진혁, '쾅' 하는 소리와 함께 화장실 문을 부수고 들어가
조광천에게 온몸을 던져 부딪친다.

진혁의 공격에 나가떨어져 화장실 개수대에
거세게 머리를 박고 주저앉는 조광천, 의식을 잃은 듯
돌망치 손에서 툭 떨어져 저만치 굴러가는데...
다급히, 몸을 일으켜 복님의 상태부터 확인하는 진혁.

진혁 괜찮아? (부축하는데)
복님 (후들후들 떨리는 다리 다잡고 일어서다 순간 뒤쪽 보며) 꺄아아아아!!
진혁 (돌아보면)
조광천 (금세 정신 차리고 일어나 머리에 피 흘리며 돌망치 든 채 다가오고 있다) !

4 다시 112 신고센터 권주 일각 / N

배병곤 청장, 장경학 계장, 센터 요원들,
공청을 들으며 긴장 가득한 채 얼어붙어 서있으면.

권주 (진혁의 무전기를 통해 진혁의 도착 상황 들리자 잠시 안도했다가 복님의 비명 소리와 조광천의 걸음 소리가 들리자 바짝 긴장하고) !!

5 다시 화장실 일각 / N

떨어지는 조광천의 돌망치를 간발의 차이로 피하며,
복님을 안고 옆으로 구르는 진혁, 돌망치 끝이 진혁의 몸통을 스치며 떨어진다.
조광천의 멱살을 쥐고는 바닥으로 메다꽂는 진혁,
조광천과 화장실 안 벽과 변기 등에 몸을 부딪치며 몸싸움을 이어가다,
조광천의 머리통을 붙잡고 쾅, 세면대 거울에 갖다 박고는

진혁 (복님 향해) 빨리 나가!
복님 (벌벌 떨며, 거의 기다시피 밖으로 도망친다)

쾅! 거칠게 진혁을 밀쳐내는 조광천,
진혁이 콘크리트 노출된 벽에 머리를 부딪쳐 정신이 없는 틈을 타
바닥에 떨어진 돌망치를 다시 거머쥐고는 살기등등해 진혁을 향해 다가오는데...

6 112 신고센터 / N

권주 !!! (조광천의 다가오는 발소리와 진혁의 무력한 신음 소리 헤드셋에 또렷하게 들리고) 무 경사님! 정신 차리세요!! 무 경사님!!!

7 다시 진혁 일각 / N

권주의 무전 소리에 정신이 번쩍 든 진혁, 다급히 몸을 돌려
움직이자 진혁의 머리를 제대로 겨누던 돌망치가 진혁의 어깨를 빗겨 치며
아슬아슬하게 바닥을 때리는데!!!
초인적 힘으로 고통을 참아내며 몸을 가까스로 일으키는 진혁!!!

8 동 밖 / N

고 순경과 지구대 경찰들, 은형 이발소 건물로 달려가는 위로.

권주 (E) 여기는 센터! 무진혁 경사가 용의자와 격투 중이다.
은형동 근처의 모든 요원들 은형동 18번지 은형 이발소로 출동 바란다!
다시 한 번 말한다.

고 순경 (경찰1, 2와 눈짓하며 서둘러 입구로 향하는데)

순간, 엉망진창인 몰골로 허둥지둥 잠긴 철문을 열고 밖으로 튀어나오는 복님.

고 순경 (황급히 복님 부축하며) 괜찮니?

복님　　!! 으아앙 (그제야 긴장 풀린 듯 주저앉아 울기 시작한다)
저 미친, 미친놈이 망치로 경찰 아저씰 죽이려고 해요!

고 순경　　!! 괜찮아, 진정하고... 아저씨들이 구할 거야! (달래고 경찰2에게 복님 인계하며)
앰뷸런스에 인계해주세요!

경찰2　　(황급히 복님 데리고 나가면)

고 순경　　(무전 하며) 신고자 무사 탈출! 우리는 건물로 진입하겠다!

9　　다시 화장실 일각 / N

진혁, 집요하게 망치를 휘둘러대는 짐승 같은 조광천의 공격을 가까스로 피하며
버티지만 결국 화장실 벽에 막혀 그대로 주저앉고 마는데!

10　　다시 112 신고센터 / N

권주 이하 경찰 간부들, 요원들 다들 걱정스러운 표정으로 그 소리 듣고 서있다.
그러나 공청 무전기 너머 들리는 엎치락뒤치락하는 거친 격투 소리!
점점 거세어만 지는데...

권주　　('제발'... 초조한 듯 손에 힘 들어가며 무전 속 소리에 집중하는 위로)

11　　다시 화장실 일각 / N

결국 엉망진창으로 체력이 방전된 채 헐떡이는 진혁,
다시 한 번 달려드는 조광천의 공격을 피하다가, 순간 옆에 놓인
조광천의 검은색 가방이 쓰러져 열리면서 안의 물건들이 우르르 쏟아져 나온다.
보면, 여러 대의 핸드폰들 사이 주인 모를 피해자들의 다양한 소지품
(피 묻은 목걸이, 결혼반지 등) 들과 고정동 살인 사건 피해자가 갖고 있던
커플 사진(남자친구인 장철수와 함께 여행 가서 찍은 것 등) 보이는데
하나같이 다 핏자국이 심하게 묻어있다!!!

진혁 !!! (눈빛 격하게 흔들리며) 이 미친 새끼...

순간, 한눈이 팔린 진혁의 목을 낚아채 벽에 세워 올리는 조광천.
무지막지한 힘으로 밀어붙이는 사이 진혁도 한쪽에 걸어둔 수건을 집어
조광천의 목을 재빠르게 감아 조른다. 핏발이 터질 듯한 고통을 참으며
서로의 목을 조르는 두 사람. 결국 눈이 뒤집히고 다리가 풀리며 주저앉는 조광천.
숨 돌리기 무섭게 진혁, 한쪽에 던져진 돌망치를 집어 들고는 조광천의 얼굴을
갈기기 위해 쳐드는데...!

인터컷 112 신고센터 / N

권주 *!!! (청각을 통해 진혁이 조광천에게 돌망치를 내리치려는 상황 또렷하게
형상화되자 놀라고, 다급히) 안 됩니다, 무 경사님!! 그 사람 죽이면 안 돼요!!!*

진혁 (분노로 차라리 차분해진) 닥쳐! 이런 새낀 죽어도 돼!

권주 (E / 진심 어린) 그런다고 달라지는 건 없어요.
떠난 사람들 다시... 돌아오지 않는다고요.... 그러니까 제발요.....

진혁 !! (권주의 진심 어린 목소리에 광기 서려 망치를 내리치려던 손,
허공에서 격하게 흔들리고)

결국 진혁, 으아아악!!!!! 피를 토하는 듯한 고함과 함께 들고 있던 돌망치로
조광천의 얼굴을 스쳐 화장실 옆 바닥을 패이도록 때리고는
허탈한 표정으로 털썩 주저앉는다.
순간, 고 순경, 경찰1, 다급히 뛰어 들어와 그 현장 보자
피투성이 짐승처럼 으르렁거리며 드러누운 조광천에게 다가와 땀 뻘뻘 흘리며
양팔에 수갑 채우는데!!!

12 다시 112 신고센터 / N

복잡한 심정으로 공청 무전 듣고 있는 권주 이하 간부들과 요원들,

'쾅!' 하는 소리에 흠칫 긴장하다

고 순경 (E) 여기는 서구 하나, 서구 하나, 용의자 검거 성공! 무진혁 경사 무사하다!

피해자는 현재 병원으로 이송 중!

고 순경의 현장 무전 들리자 다들 십년감수했다는 표정으로 숨을 돌리는 너머

00:15:01 카운트되는 위로.

자막 **PM 07:35 성운 은형동 사건 발생 15분 만에 범인 검거로 골든타임 종료**

배병곤, 장경학(역시 안도의 한숨 내쉬고)

권주 (떨리는 손끝 아무도 모르게 다잡고는 다시 냉정한 표정으로 배병곤 청장과

장경학 계장 향해) 사람들이 다치고 아픈 걸 직접 들으니 이제 좀 후련하신가요?

장경학 (당황해) 이봐 강 센터! 감히, 어디 앞이라고! 지금 제정신이야!

권주 (매섭게 보며) 제가 분명히 경고 드렸잖습니까!!

피해자가 죽은 뒤엔, 아무것도 의미 없다고요.

살아있을 때 피해자를 구하는 것이 저희 골든타임의 의무이자 의미입니다!

(좌중 카리스마 있게 둘러보며) 그럼, 팀이 신설된 걸로 알고

팀원들 역시 제 권한으로 선발하겠습니다.

장경학 (날 서) 강 센터! (하는데)

배병곤 (불쾌하지만 지켜보는 주변 요원들 의식해 사람 좋은 척)

장 계장 진정하게. 뭐 강 센터 말도 일리가 있구만...

(권주 보며) 골든타임팀인지 뭔지 해보게. 단 6개월간 시범 운영해보고

팀이 계속 갈지 안 갈지는 그때 결정하도록 하지.

그럼 다들 가자고. (돌아서다 권주 일별하며) 근데...강 센터...

그놈이 이발소에 숨어있는 건 대체 어떻게 안 건가?

권주 (!) 그건... (잠시 주저하다 얼른 사무적으로)

여기 도착하자마자 읽어본 고정동 사건 분석 보고서 덕분입니다.
미국에서 공부한 보이스 프로파일링도 도움이 됐고요.

배병곤 (그런 권주 묘하게 일별하며) 앞으로도 활약상 주목해보겠네. (나가면)

장경학 (배병곤 나가자 얼른 쫓아나간다)

권주 (그런 두 사람 일별하는 위로)

13 다시 진혁 일각 / 화장실 앞 / N

들어선 지원팀(형사 기동대들) 수갑 채운 조광천 일으켜 연행해가고,
나머지 인원들 일사불란하게 사건 현장 보존하는 사이로
엉망이 된 채 절룩거리며 걸어 나오는 진혁, 정신 추스르는데.

고 순경 (진혁에게 다가와 걱정스레) 무 경사님. 병원 가셔야 하는 거 아니세요?

진혁 ....됐어.

고 순경 그래도 이만하시길 천만다행이에요... (하다)
근데 112 센터장님 완전 귀신이네요. 저 새끼 여기 숨어있는 건 어떻게 아셨대요?

진혁 (멈칫, 좀 전의 상황 복기되고, 눈빛 흔들리며 생각 고르는 위로)

플래시백 은형동 뒷골목 거리 (1부 64씬) / N

권주 *(E) 무 경사님 혹시 어린이집에 입간판 같은 거 달려 있나요? 전기로 연결된 거요...*

진혁 *(날 서) 너 갑자기 또 뭔 헛소리야? 어린이집에 그딴 게 왜 있어.*

플래시백 다시 112 신고센터 (1부 72씬) / N

권주 *피해자가 폭행당한 후 다른 장소로 옮겨지고 있다.*

인터컷　어린이집 일각 (1부 72씬 진혁의 시점 확장씬) / N

권주　*(E) 반복한다, 피해자가 다른 장소로 옮겨지고 있다.*
용의자는 다른 사건의 살인범일 가능성 있으니 경계 바란다!

플래시백　다세대 주택 있는 반대쪽 골목길 일각 / N (1부 76, 77씬 진혁의 시점)

권주　*(E) 무 경사님!! 찾았어요! 바로 그거였어요!!!*
알록달록한 색깔 그리고 그 소리!! 그거 이발소 표시등에서 나는 소리였어요!

진혁　*너 지금 뭔 소리 하는 거야?*

진혁　(혼잣말하며) 모두 다... 소리... 라고 했어. 3년 전 그때처럼...
(후) 그 또라이, 진짜로 무슨 소리를 듣는 거야 뭐야..
(순간 발밑에 밟히는 복님의 액정 깨진 핸드폰 보인다!!!
떨리는 손으로 천천히 주워들며,
핸드폰 바라보는 진혁의 눈빛 격하게 변하는 위로) !!!

14　112 신고센터 밖 복도 / N

배병곤 청장 불쾌한 듯 굳은 표정으로 걸어가고 있으면
장경학 계장이 눈치 보며 뒤따르고 있다.

자막　**성운지방경찰청 청장 배병곤**
자막　**성운지방경찰청 강력계장 장경학**

배병곤　후!! (불쾌하고 날 선 표정으로) 강 센터 이제 보니 보통 깡다구가 아니구만.
그딴 사단을 내놓고 어떻게 뻔뻔하게 센터로 돌아올 생각을 하다니....

장경학　(표정 묘한 채 따라붙으며) 그때 강 센터 부친도 뺑소니차에 치여 사망을 했는데
그 사건도 은형동 진범이 죽였다는 등 이상한 소릴 했었죠.
뭐, 소문엔 피의자한테 돈, 받았단 얘기도 있었던 것 같고요.

배병곤 (표정 예민해지며) 아주, 갈수록 첩첩산중이구만. (장경학 노려보며 선다) 그러게 고정동 범인 하나 제대로 못 잡아서, 내가 일개 센터장 건방을 들어주게 만들어!! 어!!!!

장경학 !! 죄송합니다. (고개 조아리는데)

배병곤 (유리벽 너머 상황실 안 권주 보며) 강 센터 지금 무슨 꿍꿍이로 신설팀 만든다고 설치는지 알아봐. 팀원들은 누구 생각하는지도!

장경학 네, 알겠습니다. (일행들 이끌고 앞서가는 배병곤 뒤에 고개 숙이고 묘한 표정으로 다급히 어디론가 전화 걸며 유리벽 너머 권주 본다)

제2화 힐링마마의 두 얼굴

15 성운지방경찰청 전경 / N

자막 **성운지방경찰청**

자막 **PM 08:20 성운 은형동 사건 발생 1시간 경과**

기자1 (E) 오늘 오후, 엽기적 살인으로 시민들을 불안에 떨게 한 고정동 사건 용의자가 드디어 생포되었습니다. 경찰에 의해 검거된 용의자는 불법 체류 외국인으로 지난 6개월간 은형동 및 영동 공단 일각 빈집을 전전하며 여성들을 대상으로 연쇄 살인을 저질러 왔는데요. 오늘 오후 7시경, 새로운 피해자를 납치 살해하려던 중 112 신고를 받고 출동한 한 지구대 경사와의 격투 끝에 검거되었습니다.

16 동앞 / N

기자들로 혼잡스러운 성운지방경찰청 입구, 고개 숙인 조광천 양손 수갑 찬 채

경찰들에게 이끌려 성운지방경찰청 앞으로 들어서면 기자들 앞다퉈
취재 경쟁 펼치는데... 일각, 기자들 앞에서 약식 인터뷰하는 장경학.

장경학 피의자 조광천은 도살장에서 쓰는 돌망치를 사용, 피해자의 머리를 가격하는 방식으로 살해한 뒤 사체를 수백 조각으로 훼손, 검은 봉지에 담아 유기한 것으로 추정되고 있습니다.

기자1 (앞다퉈 마이크 대며 취재한다) 논현동, 부림동 등지에서 실종된 여성 중 다수가 피해자에 포함돼있다고 하던데 맞습니까?

기자2 강력계가 다른 용의자를 추적하는 동안에 112 센터의 신고를 받고 출동한 지구대에서 범인을 검거했다면서요?

기자3 혹시 그 경찰분과 인터뷰 가능합니까?

장경학 (멈칫 당황하지만 냉랭한) 자세한 사항은 엄정한 수사 과정을 거친 뒤 브리핑을 통해 발표하도록 하겠습니다. (돌아서면)

기자들 (더 이상 인터뷰를 거부하는 장경학의 모습에 실망 섞인 아우성 이어지다 뒤이어 주차장 앞으로 도착하는 지구대 순찰차 보이자 주목하는데)

순간, 조광천과의 격투 흔적이 고대로 남은, 엉망진창인 몰골의 진혁,
차에서 내리자 감 잡은 기자들 앞다퉈 몰려간다!

기자1 고정동 용의자를 검거한 지구대 경사 맞으시죠? 잠시 인터뷰 좀 할 수 있을까요!

기자2 짧은 시간에 범인의 은신처를 찾으셨다는데 그 비결이 뭡니까?

진혁 !!! (대꾸 없이 기자들 피해 지방청 들어간다)

장경학 (지방청 안으로 강력계 형사들과 들어서려다 그 모습 보자 뒤틀리고) 아주, 스타 나셨구만.

17 동 복도 / N

로비 문을 지키는 의경들의 도움으로 기자들 피해 가까스로 건물 안에 들어선 진혁,

굳은 표정으로 모퉁이를 돌아 신고센터 향해 빠르게 걸어가는 위로.

인터컷 *이발소 건물 화장실 앞 (2부 3씬의 확장씬) / N*

2층 집 안으로 들어온 진혁, 주먹 크기만큼 부서진 화장실 문을 통해
조광천을 발견하고 서둘러 걸음을 옮기려는데 순간 진혁의 발밑에 밟힌
복님의 핸드폰(1부 72씬에서 끌려가면서 떨어뜨린)에서 작은 소음이 들려온다.
혹시나 조광천의 주목을 끌까 싶어 얼른 끄려고 집어 올리는 순간,
"그래, 그렇게 피해!! 계속 움직여! 복님아!! 포기하면 안 돼!!" 하는
마치 화장실 안 현장을 직접 보고 있는 듯한,
권주의 절박한 목소리가 들리자 당황하는 진혁!!

진혁 (주머니 속 복님의 핸드폰 잡히자 눈빛 더 혼란스러워지는 위로)
대식 (맞은편에서 반색으로 다가오며) 올~ 성운경찰청 구세주! 오셨어?
이번에 형 완전 제대로 한 건 했다니까. (하다 심상치 않은 진혁 얼굴 보며)
표정이 왜 그래? 무슨 일 있어?
진혁 (대꾸 없이 걷기만)
대식 (따라붙으며) 뭔 일인데 그래, 얘기 좀 해봐? (하면)
진혁 (더 이상 못 참겠단 듯 서며 벼락같이 대식 향해)
야 너 (일각 손짓하며) 저기 이발소 표시등이 돌아가고 있어.
근데 여기서 저 소리 들릴 거 같아, 안 들릴 거 같아?
대식 (헉, 놀라) 뭔 소리야? 설마, 형 그 새끼한테 머리라도 맞았어?
진혁 말해봐! 들려? 안 들려!?
대식 ......형 목소리야 크게 들리지.
진혁 아후, 그게 아니라.... 그 또라이가 또 이상한 소리 들린다고...
(후... 자신도 왜 이러나 싶고, 확 머리 헝클이고)
됐다. 내가 지금 너랑 뭔 얘길 하냐.
(일각으로 지나가는 센터 요원 발견하자 부르고) 거기, 센터장 지금 안에 있냐?
요원1 (달려와 서선) 아뇨. 요 앞, 병원 가셨습니다.
은형동 피해자 보고 오신다고요.

진혁　　....! (후문 쪽 출구 향해 거칠게 걸어 나간다)

대식　　형? 형! 어딜 가. (설마 보며) 뭐야... 설마 걔, 또 뭔 소리가 들린다고 한 거야?

박중기　　(일각에서 형사들과 다가와 묘한 표정으로 피식거리며) 대식아...
진혁이 행님... 혹시 강 센터 만나러 간다나? 어휴, 불쌍한 우리 행님
이번에도 말리믄 진짜 답 없을 낀데...

대식　　.....그게 무슨 소립니까. (놀라 보는 위로)

18　　병원 전경 / N

자막　　**성운 병원**

19　　동 병실 안 / N

머리 붕대로 감싼 채 환자복 입고 침대에 앉아있는 복님,
그 앞에 선 장터 해장국집 글자 새겨진 앞치마 입은, 허름한 차림새의 복님 모
권주 앞에 서서 연신 고개 조아리고 있다.

복님 모　　(바닥에 머리가 닿도록 권주에게 인사하며) 감사합니다... 감사합니다...
우리 애 살려주셔서 대체 이 은혜를 어떻게 갚아야 할지...

권주　　아닙니다. 당연히 해야 할 일을 한 것뿐인데요.
복님이가 잘 견뎌주지 못했으면 저희도 힘들었을 겁니다.
따님을 용감하게 잘 키우셨어요.

복님 모　　(권주 손잡으며) 아니에요. 다 제 잘못입니다. 제가 먹고사는 데만 바빠서...
애 마음을 몰랐네요. 다 못난 어미 때문에 이런 일이 벌어진 겁니다.
(북받쳐 흐느끼면)

복님　　(자신도 울컥하지만) 아 왜 이래!! 경찰 언니 앞에서 쪽팔리게...
가게 앞치마는 또 뭐래.

복님 모　　(애써 눈물 추스르며) 너 잘못되면 ...엄만 콱 죽어버릴 거야!

복님 　아 씨 뭐야...구리게... (하지만 눈시울 붉고)

권주 　(모녀의 모습 먹먹하게 보며, 부친 생각난다. 얼른 참아내고 시계 보며)
어쩌죠, 전 다시 센터에 돌아가 봐야 할 것 같은데.

복님 모 　그러셔야죠. 바쁘신 경찰분이 여기까지 다 와주시고... 정말 고맙습니다.

권주 　아닙니다, 그럼... (복님 모에게 목례하고 복님에겐 눈인사한 후 돌아서는데)

복님 　고마워요, 언니...

권주 　(멈칫)

복님 　.....나한테 살라고 이렇게까지 말해주는 사람 언니가 처음이었어요...
언니가 실수했단 일도... 잘 해결됐음 좋겠어요.

권주 　(시큰해지고) 그래... 고맙다.

20 　동 병실 박 / N

미소로 나오지만, 금방 여러 가지 생각에 착잡해지는 권주,
다시 마음 다잡고 엘리베이터 앞에 걸어가 서는데 문 열리고 나타나는 진혁.

권주 　(엉망인 몰골의 진혁 보며 당황하다가 이내) !
여긴 어쩐 일로... 복님이 병문안 온 거면 저쪽... (하는데)

진혁 　너! (권주를 벽에 몰아세우려다가 바로 옆 병실에서 나오는 간호사 보고는
어금니 물고) 따라와..!

권주를 인적 없는 다른 일각으로 끌고 가 서는 진혁.

진혁 　(혼란스러운 눈빛으로 복님 핸드폰 거칠게 내보이며) 너...!!!
그놈이 숨어있는 데가 이발소라는 건 어떻게 알았어?

권주 　!!!

진혁 　너, 내가 어린이집이 의심된다고 할 때, 거기 입간판 같은 게 있냐고 물어봤지?
그거... 왜 물어본 거야? 물어본 이유가 있을 거 아냐!

권주 　.....(잠시 고민하다, 담담하게 진혁 올려다보며)

그 이유는 3년 전에 이미 말씀드리지 않았나요.

제 귀가 남들보다 더 잘...

진혁 (벽 손바닥으로 확 치며) 그 말을 나보고 믿으라고?

니가 무슨 초능력자야? (눈빛 격해져 흔들리며)

이번에도 뭔 소리 들린다고 개수작 부리려나 본데 당장 사실대로 말해! 당장!

권주 (흔들리는 진혁의 표정 깊게 일별하며) 저야말로 무 경사님이 왜 이렇게 흥분하는 지

도무지 이해가 안 되네요... 자신이 들은 대로 믿으면 될 일 가지고요.

진혁 (빡치듯) 뭐야....? 너 지금 나랑 장난해?

니가 지금 얼마나 말도 안 되는 소릴 지껄이는지 몰라서 그래??

권주 ...... (진혁 담담하게 응시하며) 말씀드렸잖아요.

...이발소 표시등 특유의 소리가 전화기 너머... 들렸다고요.

그래서 3년 전 법정에서도 제가 들은 대로밖에 증언할 수 없었던 겁니다.

(결연하게 진혁 올려다보면)

진혁 와.... 어떻게... 야 너... 끝까지... (그러나 권주의 눈빛 속 분명한 진심 느껴지자

당혹스러운데 순간 대식으로부터 핸드폰 걸려온다, 받으며) 야, 나중에 통화...

인터컷 범죄 분석실 앞 복도 / N

대식 *(범죄 분석실에서 나오면서 당혹스러운 표정으로)*

형, 지금 112 개랑 같이 있지? 개가 하는 소리에 절대 말리지 마.

좀 전에 박 경위님한테 들었는데, 강 센터가 조광천이 숨은 데 찾은 이유,

분석팀에서 받은 자료 때문이래.

보니까 진짜로 용의자가 떠돌이에 연쇄 살인마일 가능성 다 나와있더라고.

진혁 뭐??!! (대식의 말 당혹스러운 눈빛으로 듣다 전화 끊고는 실소로 허공 보다)

허...허... 허.. (하다 자신도 모르게 큰소리로 웃는데) 하하하하!!

권주 (그런 진혁 불쾌한 듯 바라보며) ...왜 웃는 거죠?

진혁 (바로 정색하며, 참을 수 없는 분노와 경멸로 권주 노려본다)

어떻게 너란 인간은 밑바닥이란 게 보이지 않냐.

너, 전화기 뒤에 숨어, 이러쿵저러쿵 지시 내리니까 같은 경찰로 보이지?

권주 말조심하시죠!

진혁 (버럭) 너 청장 앞에선 조광천이 잡은 이유 분석팀에서 받은 자료라 그랬대매.
근데 왜 내 앞에선 니 귓구녕으로 들었다고 우기고 지랄이야.

권주 !! ....그건 제가 다 설명해 드릴게요. 제 얘길 들어보심 이해가... (하는데)

진혁 (더 듣고 싶지도 않단 듯 자르며) 됐고! 니 인생 니가 어떻게 말아먹든
내 상관할 바는 아닌데.... 적어도 니가 인간이라면...
나한테 미안하단 마음, 단 한 번이라도 품은 적 있는 인간이라면...
골든타임인지 뭔지 만든다고 설치지 말고 꺼져라.

권주 !!! (눈빛 흔들리고)

진혁 마지막 경고다..... 너 같은 걸 딸이라고...
뺑소니차 잡으려다 그렇게 순직하신 너희 아버지한테 제발 부끄러운 줄 알아!
(터질 것 같은 심정, 누르며 확 돌아서 가면)

권주 !!! (진혁의 말 폐부를 찌르고, 눈빛 아프게 흔들리는데)

21 지방청 앞 할매집 전경 / N

사람들 오가는 뒤로 보이는 할매집, 유리문 너머로 진혁과 대식이 보인다.

대식 (E) 뭐야... 강 센터가 진짜로 그렇게 말했단 말이야?

22 동 안 / N

국밥과 소주병 테이블 위에 차려져 있고
답답한 듯 소주잔 원샷하고 내려놓는 진혁과 건너편에 앉은 대식 보인다.

진혁 (자꾸 마지막 권주 눈빛 잔상에 남지만 내색 않고)
....(소주 삼키다 터진 입가 쓰려 인상 쓰면)

대식 와~~ 허언증도 아니고 뭐야? 나도 별의별 연놈들 다 만나봤지만 이딴 식으로

일관되게 뻔뻔한 앤 처음 보네... 거기다 끝까지 지도 억울하다고?

진혁 ... (마시며) 그만큼 얘기했음 알아들었겠지.

대식 그래... 형은 이제 신경 꺼... 조금이라도 제정신 박힌 물건이라면
형 무서워서 알아서 성운 바닥 뜰 거야. 암! 뜨지.

할매 (70대 할매, 일각에서 안주 갖고 와 놔주며 진혁 향해) 나이가 몇 사발인데
아직도 처맞고 다녀.

대식 에이, 이모님 이거 영광의 상처예요. 형 오늘 고정동 살인마 새끼
맨주먹으로 잡았다니까요.

할매 (대식 머리 딱 때리며) 그딴 거 암 소용없다!
니들 몸땡이나 잘 챙기고 살어! (가면)

대식 우리 이모님은 차암 맞는 말만 해! (무심히 오이 된장에 찍어 먹다가 장난스레)
근데... 형은 그런 생각 안 해봤어? 강 센터 말이 진짜 사실이면?

진혁 (멈칫) 뭔 헛소리야?!

대식 아니... 접때 무슨 다큐 방송 보니까 뇌 전두엽에 딱 충격을 받으면,
신경 세포가...막 초인적으로...발달하기도 한대. 혹시 알아?
우리나라에도 유리겔라 같은 초능력자 있을지...

진혁 (후...) 일 절만 해라. 술맛 떨어진다.

대식 아 형 왜 이래, 헤헤... 웃자고 한 말이야 웃자고!

진혁 (답답한 듯 벌떡 일어서고) 나, 간다!!

대식 형, 형! 먹다 말고 어딜 가. 말이 그렇다는 거지.
(당황해서 보다 진혁 이미 나가버리자, 돈 꺼내 내려놓으며)
이모님, 여기 돈 놓고 가요!! 잔돈은 팁이에요, 팁!! (나간다)

23 권주 빌라 전경 / N

모던한 이미지의 빌라.

24 동안 / N

완벽하게 방음 시설을 갖춰놓은 스튜디오 형태의 공간,

피곤한 표정으로 들어서는 권주, 옷가지 두곤 한쪽 벽면에 드리워진 커튼 걷으면
벽 안을 다닥다닥 메우고 있는 3년 전 '은형동 형사 부인 살인 사건' 관련
각종 기사 자료와 사진, 지도에 표시된 범죄 장소 붙어있는 커다란 보드판 보인다.
주요 내용 앞에 결연한 눈빛으로 서는 권주 위로.

진혁 *(더 듣고 싶지도 않단 듯 자르며 / E) 됐고! 니 인생 니가 어떻게 말아먹든*
내 상관할 바는 아닌데.... 적어도 니가 인간이라면...
나한테 미안하단 마음, 단 한 번이라도 품은 적 있는 인간이라면...
골든타임인지 뭔지 만든다고 설치지 말고 꺼져라.

성운시 지도에 붙은 '2014년 11월 25일, 허지혜, 강국환 사망'
이라고 쓰여 있는 메모 고통스러운 표정으로 바라보다
일각에 꽂힌 USB 꺼내 컴퓨터에 플레이시키는 위로.

진혁 *(E) 마지막 경고다..... 너 같은 걸 딸이라고...*
뺑소니차 잡으려다 그렇게 순직하신 너희 아버지한테 제발 부끄러운 줄 알아!

인터컷 컴퓨터 화면 / N
'은형동 사건 녹취 (6mb)' 파일, 오디오로 화면 파형 그려지며
소리 들리기 시작하는데... 처음엔 소음처럼 들리던 소리...
숨소리와 탁탁, 어수선한 발소리 같은 것만 들려오다...

허지혜 *(E) 제발.. 살려주세요... 제발... 집에 애가 있어요.*
제발 목숨만... 아니, 시키는 대로 할게요... 선생님이 하라는 대로 다 할게요...
남자 *(E / 딱, 딱, 딱하고 울리는 독특한 발음 너머 낮고 음침한) 그러게 왜 까불어.....*
(아주 작게 들려온다)

컴퓨터 앞에 앉아있는 권주, 볼륨 최대한으로 키우기 시작하면

남자　　*(E) 그러게... 왜 까불어.... 그러게... 왜 까불어.... 그러게... 왜 까불어....*

반복되는 특정 문장들이 점차 겹쳐지며 음성 사이 거의 생략되다시피 한 어떤 소리가 점점 발견된다.

남자　　*(E) 그러게, 그러게, 왜, 왜, 까불어, 까불어, 어, 어, 어.....*
그럼그럼까불지까불지말았말았어야지어야지
그럼그럼까불딱지까불지말았딱말았어야딱지어야지
*그럼그럼**딱**까불지**딱**까불지말았**딱**말았어야**딱**지어야지*
*........**딱**.....**딱**..........**딱**.........**딱**......*

권주　　(절대로 잊을 수 없단 듯, 주먹 으스러져라 쥐며 그 목소리와 특징 다시금 귀에 담고 담으며 / 마음의 소리) 걱정 마, 아빠...
이젠 무슨 말을 듣더라도 나... 절대 안 흔들려...
반드시 그놈한테 법의 심판받게 할 거야.. 반드시.....
(책상 위에 놓인 강국환과 찍은 사진 보며 눈물 차오르고) 그러니까..
아빠가 나... 많이 응원해줘...

25　　어린이 전문 병원 엘리베이터 안 / N

3.. 4.. 5.. 층수 바뀌는 계기판, 생각에 잠긴 진혁 표정 위로.

플래시백　병실 밖 (2부 20씬) / N

권주　　*...... (진혁 담담하게 응시하며) 말씀드렸잖아요.*
...이발소 표시등 특유의 소리가 전화기 너머... 들렸다고요.

플래시백 할매집 안 (2부 22씬) / N

대식 *아니... 접때 무슨 다큐 방송 보니까 뇌 전두엽에 딱 충격을 받으면,*
신경 세포가...막 초인적으로...발달하기도 한대. 혹시 알아?
우리나라에도 유리겔라 같은 초능력자 있을지...

진혁 전두엽 같은 소리 하고는... (하다 옆구리에 들고 온 선물을 고쳐 낀다)

26 입원실 안 / N

문 여는 진혁. 4인용 입원실 안이 보이고.
TV 모니터 속 조광천 관련 뉴스 나오면서, 기자들에게 휩싸여 지방청으로 들어가는 진혁 나오는 모습 보고 있던 동우(민머리에 마스크 끼고 환자복 차림), 한 손에 선물 꾸러미 든 진혁 들어서자 활짝 웃으며 반가워한다.
(침대에는 만성 면역성 혈소판 감소증(Chronic Immune Thrombocytopenia) 팻말 붙어있다)

동우 아빠!!!

진혁 (동우 꽉 끌어안으며) 우리 강아지 잘 지냈어!!

동우 (눈 반짝이며) 어 아빠, 아빠 지금 TV 뉴스에 나온 거야?!!! 짱 멋있어!!
(하다 진혁 얼굴 보며) 어 근데...왜 아빠 얼굴이 호빵맨이야!
저 나쁜 아저씨한테 맞아서 그래?

진혁 (짐짓 씩씩한 척 알통 보여주며) 나 참 아빨 뭘로 보고.
나쁜 아저씨 쫓다가 실수로 넘어진 거야! 잊었어? 아빠 주먹 무쇠주먹인 거!
(하다 선물 내밀며) 짜잔!!

동우 (선물 들여다보곤) 헉!! 이거 내가 정말 갖고 싶었던 건데!
울 아빠 이제 완전 잘 나가나보다~~

진혁 그러엄! 이제 아빠 없음 대한민국 경찰 큰일나아...
(하다 씩 웃으며 동우 안고 병실 침대에 걸터앉으며) 좋다! 기분이다!
니 생선(생일 선물) 뭘로 해줄까! 갖고 싶은 거 다 말해!

동우 (으이구 하며) 됐어. 이거면 충분해! 병원비도 빠듯하면서...

아.. 엄마가 해준 버섯잡채 먹고 싶다. 할머니 건 맛없어.
(웃다 시무룩하게 고개 떨구며) 참 아빠... 어제 엄마가 꿈에 나왔는데
....엄청 슬프게 웃고 있었어.

진혁 (멈칫 뉴스 끄고 동우 머리 헝클이며, 아픈) 걱정 마, 동우야.
아빠가 꼭 그 나쁜 놈 잡을 거니까. 그럼 엄마도 활짝 웃을 거야....
아빠, 한번 한다면 하는 거 알지?
(착잡해지는데 대식으로부터 전화 들어온다, 받으면) 어 왜. (하는데)

대식 (E / 기함해) 형...! 일 났어!

진혁 ?! 아, 뭔데.

대식 (E) 좀 전에 인사과 선배한테 연락 왔는데 강 센터가....
형이랑 나 112 센터에 발령 냈대!!

진혁 뭐!!! (눈 커지는 위로)

27 성운지방경찰청 전경 / D

오현호 (E / 황당하단 목소리로) 112 센터 골든타임팀이요?

28 동 112 신고센터 옆 회의실/ D

상황실 옆 회의실, 오현호 어리둥절한 표정으로 서먹하게 앉아있는 면접 현장.
가운데엔 권주 건너편엔 팀장 천상필이 관찰하듯 앉아있다.
옆에 빈 의자 하나 보인다.

자막 **성운지방경찰청 112 신고센터 1팀장 천상필 경위**

자막 **성운지방경찰청 신흥지구대 관리반 오현호 순경**

권주 네, 오늘 오현호 씨를 부른 이유는 이번에 신설되는 팀에,
신입 멤버 자리를 제안하기 위해서고요.

오현호 (황당하게 보며) 저기, 너무 감사한데요. 당최 무슨 일을 하는 업무인지

감이 안 와서... 설마 상담 업무..... (헉)... 센터장님. 실은...
제가 1시간 이상 실내에 있으면 호흡 곤란이 오는 불치병이 있어서요.
(아픈 척 쇼하려는데)

박은수 (일각에서 문 열고 들어서며) 늦어서 죄송합니다.
(오현호 옆 의자에 앉아 권주 보며) 절 보자고 하셨다고요?

자막 **성운국제공항경찰대 박은수 경장**

오현호 !? (호감 어린 박은수 외모에 괜히 의식되어 제대로 앉고)

권주 박 경장은 좀 있다가. (인사 서류 넘기며) 오현호 씨, 29세,
현재 성운 신흥지구대 관리반 근무 중.
조기유학 중 '킹나이프'라는 닉네임으로 미해킹올림픽에서 1위,
한국에 돌아와서도 꽤 오랜 기간 화이트해커(White hacker)[4]로 일했더군요?

오현호 큼, (박은수 의식하며 힘주어) 뭐, 제가 한때 그쪽에 뜨기만 하면
사람들이 아주 그냥~~ (하다) 근데, 그거 일부러 기록 안 한 건데 어떻게 아셨어요?

권주 (서류 탁 덮고) 오늘부터 출근하세요.

오현호 네??? 저기요, 센터장님? 저는 아직 마음의 준비가...

권주 (듣지도 않고 서류 보며 옆에 앉은 박은수 일별하며) 박은수 씨,
현재 성운국제공항경찰대 수사과 근무.
영어, 불어, 중국어, 일본어, 러시아어, 5개 국어가 가능하다면서요?
우리 콜팀에도 외국인 신고 전화가 많은 편이거든요.

박은수 (불편하게 권주 보다 냉랭하게 일어서며)
저... 죄송한데 이런 상황일수록 솔직히 얘기드리는 게 예의일 것 같아서요.
전 지금 대변인실 가려고 열심히 승진 시험 준비하고 있습니다.
112 콜센터는 상상해 본 적도 없는 보직이고요.
저보다 이쪽 일이 맞는 사람들 위주로 알아보시는 게 좋을 것 같습니다.
그럼 전, 먼저 가보겠습니다. (일어서 나가려는데)

4 선의의 해커를 의미하며, 민·관에서 활동하는 보안 전문가들 통칭함

권주 (서류 탁 덮고) 골든타임팀은 누구보다 먼저 출동하는 팀입니다.
콜센터도, 상담원도 아니고요. 부모님 돌아가시고 지금은 음식점 하시는
할머님, 여동생이랑 살고 있다던데... 할머님이 겪으신 일 생각하면,
좀 더 신중하게 판단하는 게 맞을 것 같은데요?

은수 !!! (멈칫 보면)

권주 그럼 박은수 씨는 내일 오전까지 연락 주고. 오현호 씨는 팀원이 된 걸 환영합니다.
자세한 사항은... 여기 천 팀장님이 알려줄 거예요. (나간다)

오현호 (다급하게) 저기요, 저기... 경감님!!
저한테 지금 전혀~~ 선택권이 없단 거죠?

권주 (돌아보고) 우리 팀 안 오겠다면 내일부터 민원봉사실 근무하게 될 거예요.
(나가면)

오현호 (나가는 권주 향해 눈치껏 싹싹하게) 뭐, 그럼 알겠습니다.
제가 원래... 피할 수 없으면 즐기라고... 포기가 빠르거든요.
(권주 뒷모습 일별하며) 오우, 큰누님 카리스마 철철인데!!
(하다 박은수 보며 살짝 윙크하며) 그건 그렇고 박 경장님 완전 이쁘이신데...
핫~하다를 러시아 말로 뭐라고 해요??

박은수 (허) 꺼질래? 성추행으로 고발하기 전에.
(쌩 찬바람 나게 나가지만, 생각 고르는데)

29 동 112 신고센터 / D

회의실을 나와 요원1이 내민 결재 파일에 사인하고 자리로 가는 권주와 천 팀장.
천 팀장, 들고 나온 서류 센터장 자리에 내려놓는 권주 보며

천 팀장 박은수 씨가 센터로 올까요? 지금 저희한테 딱 필요한 인재는 맞는데...

권주 (생각 고르며) 본인 의지에 맡겨야죠. 일단 오현호 씨부터 매뉴얼 교육시켜주세요.

천 팀장 네. 알겠습니다. (다시 회의실로 향하면)

권주 (생각 고르며 입구 향해 걸어가는데 전화벨 울리자 받으며) 여보세요?

진혁 (날 서 핸드폰 통화하며 / E) 야! 니가 뭔데 맘대로 발령을 내!?

너 어제 내 말 어디로 처들은 거야!

30 동 복도 / D

사복 차림의 진혁 열받아서 공문 한 손에 쥔 채 권주와 통화하며
112 센터 향해 거칠게 걸어 들어가고 있다.

진혁 (시근시근) 나 지금 거기로 가고 있으니까 꼼짝 말고 있어라! (하는 위로)

자막 **AM 09:20 성운 부림동 사건 발생 10분 전**

31 센터 옆 복도 / D

권주 (걸어가며 담담히 통화한다) 제가 지금 좀 바빠서요.
그리고 엄연히 제가 상사인데 앞으로 거친 언사는 삼가주세요.
아, 출동팀 자리는 강력계에다 만들어놨으니까 그쪽에서 근무하시고요.
(하다가 호출 보며 전화 끊는데)

32 다시 진혁 일각 복도 / D

진혁 뭐라고! 야!! 너 지금 장난해? 이런 개... (하는데 전화 먼저 끊기고)
여보세요, 여보세요!! (하다 핸드폰 보며) 이게 진짜...
(안 되겠다 싶어 112 센터로 거칠게 발걸음 옮기는데)

대식 (문 열고 나오다 진혁 보자 황당하단 표정으로) 형, 완전 돌겠다...
저기가 출동팀 사무실이래... (강력계 안쪽 향해 눈짓하면)

진혁 (확 문 열고 들어선다)

33 강력계 안 / D

강력계 사무실 한쪽 구석, 구형 컴퓨터, 모니터,
공청 무전기 두세 개가 모인 공간 보인다.
'골든타임 긴급 출동팀'이라는 팻말이 외부 향한 파티션에
붙어있는 걸로 다른 강력팀과 구분 짓고 있는데!!!

진혁 !!! (황당하단 듯 둘러보면)
대식 인사과에 알아봤더니 팀 6개월 임시 운영 기간 동안은 빼도 박도 못하게
근무해야 한다네.
그 또라이, 완전 작정하고 우리 물먹이는 거 같아.
좀 이따 10시에 회의실에서 인사 발령 신고 있다는데...싫음 사표 쓰래.
진혁 (후... 어금니 꽉 깨무는데)

순간 박중기팀 형사들 회의 마치고 우르르 들어오다, 출동팀 앞에 선
진혁과 대식 보자 멈춰 선다.

박중기 (실망과 비웃음 가득한 얼굴로) 허이구... 우리 진혁이 행님...
팀장 승진 축하드립니다~
한 큐에 몇 계단 점프한 거고, 지금? (옆 구광수 보며)
우리도 112 센터장 비위 좀 맞춰주믄 누구처럼 출세하는 건가?
진혁 (일별하며) 일 절만 해라... 나도 지금 터지기 직전이다....
박중기 (피식 작정한 듯) 아, 와요... 내가 뭐 틀린 말 했습니까?
대체 이게 어떻게 된 사단인지 우리도 겁나 궁금하거든.
행님 성격에 행수님 그렇게 만든 요원을 상사로 모신다카이.
지하에 있는 행수님이 이 사실 알믄 가만히 계실지 모르겠네, 열 뻗치가~
진혁 (핑 돌고 옆에 높인 의자 쳐들고) 이 새끼가!!
일동 (놀라 달라붙어 말리는데)
장경학 (들어서다 보고 버럭) 뭐 하는 짓들이야!
일동 !!!!

34 112 신고센터 / D

권주 (신고센터 안으로 빠르게 들어서며) 무슨 일이죠?

요원2 (다급히 다가서며) 센터장님, 지금 7세 남아가 집에서
엄마에게 칼로 찔렸단 신고 전화가 들어왔습니다. 유심칩이 없는 번호인 데다
내용이 황당해서... 장난 전화의 가능성도 있는 것 같습니다.

권주 (헤드셋 쓰며) 저한테로 전화 돌리세요. (모니터에 수신 신호 들어오고)
꼬마야... 칼에 찔렸다고?

아람 (E) 네...

권주 (조심스럽게) 정말 엄마가 그랬니?

아람 (E) 네... 진짜예요... 엄마가... 절 죽이려고 해요......
좀 전에 여기를 칼로... 이렇게 푹.... 찔렀어요.

권주 (아람의 목소리 떨림과 억양에서 진심 느껴지자 긴장하고 옆자리 요원에게
'최근 유심칩 없는 번호로 장난 전화가 자주 걸려왔나요?' 써 보이면)

요원3 (확인해보고) 기록 없는데요.

권주 !!! (심각해져 다급히 코드 제로 스위치 누르면
00:00:01 카운트와 함께 센터 안 붉은 경광등과 사이렌도 짧게 울리는데)

자막 **AM 09:30 성운 부림동 사건 발생**

권주 ... 우리 친구... 어딜 찔린 거지?...

아람 (E) 배요... 어지러워요...

권주 우리 친구... 용감하다! 울지도 않고.
지금 엄마... 어디 계셔? 겁내지 말고 방문 사이로 살펴볼래?

오현호 (처음 겪는 실시간 상황, 긴장되면서도 호기심 가득한 눈빛으로
권주 뒤에서 주시하는데)

인터컷 미지의 어두운 공간 속 / D

아람 *(겁에 질려) 모르겠어요. 엄마가 막... 찾아다니는 소리가 들려요.*

순간 공청 스피커 너머에서 요란하게 들려오는 소음!

(E) (우당탕 소리와 함께 문 쾅 닫히는 소리 들린다)

인터컷 오수진의 집 안 / D

남편 최병욱(30대 훈남), 오수진, 딸의 행복한 가족사진들 걸려있는 거실.

살기등등한 표정으로 식칼 쥐고 아람 찾던 오수진.

순간 현관문 열려있는 것 확인하자

눈빛 격하게 변해 현관문 쾅 열어젖히며 집 밖으로 뛰쳐나간다!

권주 (쾅! 문 열리는 소리에 놀라) 꼬마야? 꼬마야...!

35 다시 출동팀 사무실 / D

장경학과 대립하고 있는 진혁 보인다.

진혁 (화 애써 참아내며 서있으면)

장경학 이 새끼가 뭘 잘했다고 큰소리야 큰소린!!
내가 너 차분하게 기다리면 다시 복귀시켜 준다고 했잖아.
그새를 못 참고 거기서 일한다고 해?

진혁 (후, 머리 헝클이며) 저도 어젯밤에 대식이한테 연락받고 안 거라니까요.
내가 미쳤다고 저 물건이랑 한 팀에서 일해요. 네?

장경학 허! 그럼 왜 강 센터가 너 아니면 안 된다고 고집을 피워!
니가 여지를 줬으니까 쟤가 널 발령해달라고 한 거 아냐!!
쟤 지금 센터 키워서 우리 물먹이려고 쇼하는 거 몰라??
뻔하게 알면서 꼭 도와야겠냐??

진혁 !! (터지듯) 아니라고요!! (사이) 아 그럼 맘대로 해요! 나도 열받으니까!

장경학 이 새끼가. 너 지금 뭘 잘했다고 큰소리야!

순간, 출동팀 책상에 놓인 공청 무전기에서 코드 제로 사이렌과 함께 권주의 무전 울린다.

권주 (E) 코드 제로, 코드 제로, 부림동 34번지 반경 2km 이내에
아동 상해 사건 발생했다. 용의자는 아이 엄마로 추정!
칼을 들고 아이를 상해한 상태로 아이가 과다 출혈했을 가능성이 높다.
근처 부림지구대와 출동팀 당장 출동하라. 다시 한 번 말한다.

일동 !!!

진혁 (공청 무전기 당겨 입에 대곤) 야! 누구 마음대로 출동이야!!!
너 당장 여기로 튀어와! 튀어와서 상황 설명부터 해!

36 다시 112 신고센터 / D

권주 (각오했단 듯 미동 하나 없이) 지금 코드 제로 사이렌 소리 안 들립니까?
당장!! 출동하세요. 아님... 오늘부로 경찰 배지 떼시게 될 겁니다!

37 다시 출동팀 사무실 / D

진혁 (허, 머리끝까지 폭발할 것 같고) 뭐? 경찰 배지....? (허)
그래, 알았다 뗄게, 떼면 되지.
너 같은 거랑 같이 일할 바엔 내가 경찰 배지 뗀다! 떼!!

권주 (E) 지금 이럴 시간 없단 거 무 팀장님이 더 잘 아시지 않나요.
늦을수록 아이의 목숨, 위험합니다.
설마... 무 팀장님 때문에 아이가 죽길 바라시는 건 아니시죠?

진혁 이게 진짜..... 야!!!! (눈 뒤집혀 센터 향해 뛰쳐나가려는 순간)

대식 (얼른 진혁 말리며) 형, 일단 출동하자! 애는 구하고 봐야 할 거 아냐...

진혁 허! (머리끝까지 열받지만 어쩔 수 없이 권총 소지하고 나가는)

38 다용도실 + 세탁기 안 아람 일각 / D

낡은 러닝셔츠와 팬티 차림으로 오래된 통돌이 세탁기 안 종잇장처럼
몸을 구겨 넣은 채 앉아있는 아람,
머리 위에 빨랫감 이불 뭉쳐서 뒤집어쓰고 세탁기 바닥과 벽에 밀착한 채
신음을 참으며 절박하게 핸드폰 귀에 대고 있다.
다친 배에서 흐르는 피, 세탁기 아래 조금씩 고여가는데...

아람 저 괜찮아요.
권주 (안도로 / **이하 교차편집 112 신고센터에서**) 정말 괜찮은 거야? 지금 어디... 있니?
아람 (숨 가늘어지며) 세탁기... 안이요... 엄마는... 현관 밖으로 나갔어요.
권주 (!! 침착하게) 그래... 잘했다. 우리 용감한 꼬마 친구.
이름이랑 나이 좀 누나한테 말해줘. 엄마 이름도.
아람 ....일곱 살 손아람이에요. 엄마... 이름은 몰라요...
권주 (!, 천 팀장에게) 피해자 이름은 손아람, 7세 남아!! 무슨 수를 쓰든
핸드폰 가입자 확인하고 정확한 위치 추적하세요!
(하고는) 아람아, 찔린 곳이 어딘지 누나한테 설명해줄래?
아람 배꼽 밑이요... (배를 감싸고 있는 손 안쪽에서부터 꾸역꾸역 나오고 있는 피,
손바닥에 번진 피 보다 눈 질끈 감고 다시 상처 감싸쥐는데...)
권주 (마음의 소리로) 배꼽 밑? 장이 다쳤을 수도 있는데... (얼른 침착하게) 아람아...
지금부터 누나 하는 말 잘 들어. 피가 많이 나오면 몸이 아프니까...
피가 안 나오도록 누나가 마술을 부릴 거야. 우리 아람이 손바닥으로
상처 난 데를 꼭 눌러봐. 어때? 피가 덜 나오지?
아람 (끔찍한 듯 자신의 상처 외면하며 떨리는 손으로 권주가 시키는 대로
손바닥으로 꼭 누르자 꿀럭꿀럭 나오던 피가 많이 잦아드는데) ...했어요.
권주 (안도하며) 그래 잘했다. 방금 경찰 아저씨들 출동했으니까 걱정 말고
누나한테 자세한 집 주소 좀 말해줄래?
아람 (힘없이) 방 안에만 있어서 잘 몰라요.
권주 (허! 당혹스럽지만 애써 내색 않고 신고 내용 키보드 치면 사건 접수 상황에
'감금 학대' 입력된다) 그래도 잘 기억해봐. 창문 밖으로 뭐 보인 거 없었니?

아람 (힘겹게 생각 고르며)....음... 창밖으로 똑같이 생긴 집들이 보였어요.

권주 집?

아람 네... 벽돌집이요... 빨간 벽돌집...

인터컷 *창밖 / D*

두꺼운 커튼 사이 오수진 집 창밖으로 빨간 벽돌의 '다복빌라'들 보인다.

39 다시 112 신고센터 / D

권주 (다급하게 오현호 보며) 오현호 씨 34번지 근방 2km 안에 빨간 벽돌집 있는지 체크해봐! 가능하지?

오현호 그 정돈 껌이죠! (대답하며 빈자리에 앉아 바로 마우스 잡고 화면에서 부림동 주택간 줌 아웃하고 해상도 높인 뒤 빨간색으로 짐작되는 건물들 몇몇 주소 찍어 로드뷰 빠르게 확인하면 '행복 빌라', '나이스 빌라' 등 여러 빌라 단지 전경 중 벽돌로 만든 5층 빌라 단지, 다복빌라 보인다) 빨간 벽돌집은 다복빌라뿐인데요?

권주 !! (다복빌라 줌 아웃된 화면 확인하며) 아람아, 니가 본 집... 키가 컸니 작았니.

아람 (E) 다른 집보단 작았어요. 근데 나무보다 조금 더 키가 컸어요.

권주 !!!!

아람 (E) ......누나... 자꾸 졸려요....

권주 (!!) 아람아, 자면 안 돼. 아람이가 자면 경찰 아저씨가 못 찾으니까. 누나랑 계속 재밌는 얘기하자, 응? (대화하다 천 팀장에게) 핸드폰 가입자 아직인가요?

천 팀장 (난감한) 유심칩이 없는 핸드폰이라 시간이 걸릴 것 같습니다.

40 도로 / D

경광등 켜고 다른 차들 빠른 속도로 앞질러 가는 출동팀 차.

41 출동팀 차 안 / D

달리는 차 안, 권주 공청 들린다.

권주 (E) 여기는 센터, 현재 피해 아동이 부림동 다복빌라에 거주하는 것으로 보인다.
아이는 모친의 칼부림으로 인해 복부에 심각한 자상이 있는 상태다!
다용도실 세탁기 안에 은신해 있으며 감금 학대의 정황으로 봐서 이차 범행
가능성이 농후하다. 긴급 출동팀은 무전 시 '출 하나'로 호칭 통일해주길 바란다.

대식 (운전하며, 고개 절레절레) 형... 우리 완전 지능형 또라이한테
제대로 걸린 거 같네... (혀 차며) 근데... 일곱 살이면, 동우보다 어린 거 아냐?

진혁 (생각 복잡한).....

42 다복빌라 전경 / D

주민들 평화롭게 오가는 단지 안 풍경, 나란히 자리한 빌라 골목 근처
아이들 해맑게 뛰노는 놀이터가 보이는 위로.

자막 **부림동 다복빌라**

43 동 일각 / D

날 선 표정의 오수진, 입구에서 다급히 튀어나와 쓰레기봉투 쌓인 곳 주변 둘러보며
아람이 숨을 만한 곳을 샅샅이 들여다보지만 보이지 않는데!

오수진 (점차 절박해지며) 어디 있는 거야 대체 어디, 미치겠네.
들키면 안 되는데... (손끝 벌벌 떨리는데)

동네1 재연이 엄마! (동네2와 쓰레기봉투 들고 서서) 왜 전화를 안 받아?

오수진 (당황해 돌아보며) 저.. 전화라뇨?
(주머니 안에 핸드폰 확인하는데 보이지 않는다! 애써 내색 않으며)
아.. 보니까 분리수거도 안 하고 버린 집이 있어서

정리 좀 하느라고요... 전화 온 줄도 몰랐어요.

동네1 사람 참... 그렇게 속없이 착해서 어째. 앞으로 그거 하지 마.
그렇잖아도 우리 항의하러 가는 참이야.

오수진 항...의요?

동네1 응 저기, 3동 105호 집 여자, 자꾸 재활용이랑 음식 쓰레기 분리하래도 쌩까더니
이거 봐봐. (쓰레기봉투 흔들어대며) 애 토한 거에, 피 묻은 애 옷까지 들어있어!

오수진 세상에...!

동네2 그 집 여자 밤마다 아들놈 팬단 소문도 있더라고. 이참에 쫓아버리려고 하는데
같이 가자, 응?

오수진 (멈칫, 차분한 미소로) 저... 죄송한데 오늘 딸애 병원 가는 날이라서요.
정말 죄송해요.. (인사하고 안으로 향하면)

동네1 (가는 뒷모습 보며 못마땅) 보면 은근 낯가려? 사람은 착해 뵈는데...

동네2 그르게... 보면 반상회도 맨날 안 나오던데, (하다) 지금 남의 집 신경쓸 때야?
집값 떨어지게 생겼는데! 어서 가자고!!! (경비실로 급히 가는 위로)

44 집 안 / D

벌컥 현관문 열어젖히고 들어서는 오수진,
거실 바닥을 뒤지며 미친 듯이 핸드폰 찾지만 보이지 않는데...!
결국 유선 집전화로 자신의 핸드폰에 전화 걸지만
"지금은 통화 중이오니..." 음성 흘러나온다.
초조해 머리 헝클이다 다급히 집전화 걸기 시작하는데... 누군가 받으면!

오수진 (안절부절) 작업하는데... 애가 도망쳤어!
핸드폰 들고 집 밖에 나간 것 같은데 어떡하지! 경찰에 신고라도 하면....!

45 다용도실, 세탁기 안 + 112 신고센터 / D

세탁기 속에 숨어 힘겹게 몸 웅크리고 있는 아람, 색색 숨 몰아쉬며
마른 입술로 핸드폰에 대고 "도와주세요... 제발요..." 반복하고 있다.
초조한 표정으로 그 소리, 무전으로 듣고 있는 권주와 요원들 모습 교차되는 위로.

46 부림동 다복빌라 단지 / D

요란하게 사이렌 울리며 다복빌라 안으로 들어가는 출동팀 차.
이어 부림지구대 경찰들도 반대편 도로에서 바로 차선 넘어 따라간다.

자막 **AM 09:33 성운 부림동 사건 발생 3분 경과, 골든타임 내 도착**

진혁과 대식이 탄 출동팀 차 서면, 부림지구대 지원팀들도 뒤이어 도착한다.
차에서 내려 순찰차 있는 곳으로 가는 진혁과 대식.

진혁 (차에서 내리는 경찰들 보며) 무전 내용 다 들었죠?
창문 밖으로 빌라 단지가 보이는 동은 저기 1, 2, 3, 세 개 동입니다.
그곳을 중심으로 수색합니다. 서두르세요!!!

47 다시 112 신고센터 + 아람 일각 / D

권주 (진혁의 도착했다는 무전 받으며, 안도로) 아람아, 경찰 아저씨가
근처에 도착했대. 아까 현관문을 열었다고 했지.
그럼 혹시 집이 몇 층이었는지 기억할 수 있겠니?

아람 (**이하 교차편집 / 아람 일각**) 모르겠어요... 너무 환해서 무서웠어요...

인터컷 현관 / D

쩔룩거리며 앙상한, 상처투성이 다리로 현관 앞에 도착한 아람.

도망치려고 현관문 여는 순간, 들어오는 햇살에 멈칫한다.

권주 (멈칫) 너무 환해서 무서웠다고?

아람 집이 늘 깜깜했거든요. 진구 형도 말했어요. 깜깜해서 더 춥고...
아픈 거라고...

권주 (!!?) ...진구 형이라니? 진구 형이 누구니...?

아람 여기 왔을 때부터 있던 형이요...

권주 ?!

아람 (눈물로) 엄마랑 아빠가 그랬어요.
형이랑 나랑 너무 많이 먹어서... 우리 집이 가난해질 거라고요.

권주 (당혹스럽고) 저기 아람아... 진구 형도 지금 같이 있어?

아람 아니요... 형이 맨날 아파서 병 나으러 할머니 집에 갔는데...
할머니 집이 너무 좋아서 집에 안 온다고 했대요.
(시무룩해서) 형이 그러는데 나... 오기 전엔 어떤 누나도... 있었대요.
근데... 그 누나도 너무 아파서... 이젠 병원에만 있대요.

권주 (설마? 묘한 촉에, 온몸 떨려오고)
아람아. 오늘 무슨 일이 있었는지 누나한테 설명해줄 수 있겠니?

아람 ......엄마가... 목욕하자고 했어요... 이따가 아빠 오면 저수지로 놀러 간다고...

권주 ?!

인터컷 *화장실 / D*

오수진, 욕조에 팬티 바람의 아람을 머리부터 처박고
버둥거리는 몸을 짓눌러 고정한다.

아람 *(E / 떠올릴수록 몸서리쳐지는 듯 흐느끼며)*
근데 엄마가 막 때리면서 아람일... 물속에 넣었어요.
너무 무서워서 도망치려 하는데...

인터컷 안방 / D

화장실 안, 아람 오수진을 밀치고 화장실 옆 안방으로
도망가자 놀란 오수진, 보이는 대로 부엌에서 칼 꺼내서 쫓아간다.

아람 *(E) 엄마가 쫓아와서... 칼로 제 배를... 배를 찔렀어요.*
너무 아파서 엄말 밀었더니 엄마가... (하다 패닉 상태로) 헉헉헉...

칼에 베이는 순간 놀라 오수진을 밀치는 아람.
오수진 순간 균형을 잃고 넘어지며 화장대 모서리에 뒤통수 박고는
잠시 의식을 잃은 듯 그대로 쓰러진다.
놀라 보던 아람, 오수진의 주머니에서 떨어져 뒹굴던 핸드폰 집어 들고는
방에서 나와 현관문 열고 나가려 하다 밝은 빛에 놀라 나가지 못하고
어쩔 줄 몰라 두리번거리다가 다용도실로 발길을 옮겨서는 세탁기를 바라본다.

권주 (입술 지그시 깨물며 애써 침착하려 노력하며) !!!
아람아 괜찮아, 힘들면 더 이상 말하지 말고 천천히 ... 숨 깊게 쉬어... 천천히...
(다독이지만 너무나도 충격적인데)

48 다복빌라 경비실 일각 / D

권주 (E) 전 요원에게 알린다. 부림동 다복빌라 아동 상해 사건을 아동 살해 사건으로
격상한다. 신고자 외에도 용의자가 감금 학대한 아동이 더 있었던 것으로 보인다.

진혁과 대식 무전 들으며 당혹스러운 듯 서로의 얼굴 바라보며
다급하게 1동 경비실로 가는데... 일각 동네 여자1, 2들(2부 43씬 출연)과
이야기 중이던 빌라 경비(60대), 다가오는 경찰들 보자
쓰레기봉투 들고 다급하게 다가온다.
동네 여자들과 함께 1, 2 역시 긴장한 표정으로 따라서고.

경비 (모자 벗으며) 아이고, 오셨어요. 안 그래도 연락받았습니다.
아동 학대 신고가 들어왔다면서요?

진혁 (주변 계속 살피며) 네. 혹시, 이 근처, 짐작 가는 세대가 있습니까?

경비 (얼른 모자 벗어 땀 닦으며) 그렇잖아도... 오늘 좀 거시기한 일이 생겨서...
(말하기 곤란한 듯 주저하면)

동네1 (뒤에서 듣고 있다 못 참고) 아우 아저씨! 뭘 그렇게 뜸을 들여요.
형사님들! 좀 전에 우리 단지 애 하나가 지 엄마 신고했다면서요!
걔, 3동 105호 애예요. 분명해요!

대식 혹시 때리는 현장을 목격하신 겁니까?

동네2 본 거나 마찬가지라니까요! (경비가 들고 있는 쓰레기봉투 파헤쳐,
피 묻은 옷가지며 깨진 주사약, 일회용 주사기 내보이며)
이게 다 저 집에서 나온 거예요. 보세요! 누가 봐도 이상하잖아요?

경비 (조심스레 나서며) 실은 제가 밤에 순찰 돌 때 봤습니다.
그 집 아주머니가 뭔 일인지 기냥... 눈이 뒤집혀서 애를 그냥 무섭게 패는데...

동네1, 2 ("어머 세상에!", "봐봐 맞잖아!" 수군거리는 위로)

대식 !!! (경비 보며) 105호 주민 신상 좀 알 수 있을까요?

경비 아, 네... (얼른 경비실 안에서 만들다 만 도자기 밑에 놓인 주민 열람서 갖고 와
열고 보여준다) 여기...

인터컷 주민 열람서 / D

3동 105호 황지숙. 주민등록번호 860714-2364712
나이 만 30세. 아들과 거주 (전세) / 얼굴 사진 보이고.

진혁 (열람 보며 날카로운 눈빛으로 무전 한다) 여기는 출 하나, 출 하나, 다복빌라 3동
105호 세입자 황지숙 신원 파악하라. 주민등록번호 860714-2364712.
용의자로 특정되는 주민을 찾았다. 그쪽으로 이동하겠다!

49 다시 112 신고센터 / D

권주 (무전 내용 들으며 안도로) 아람아... 지금 경찰 아저씨들이 아람이 있는 근처까지 도착했으니까.... 좀만 참자! 응?

인터컷 다용도실 세탁기 안 / D

아람 *(피 질금질금 흐르는 배, 작은 손으로 힘겹게 움켜쥔 채) ...네...*

권주 무슨 소리가 나도 절대 겁먹지 말고 꼭 그 안에 숨어있어야 해... 약속할 수 있지?

아람 (의식 가물가물해지며 핸드폰 잡고 있는 손 자꾸 힘없이 떨리는 위로 / E) 또... 실... 로폰... 소리... 가 들려요...

권주 뭐? (하는데 권주의 헤드셋 안으로 들려오는 은은한 울림소리, 딩-) ?!

아람 (가물가물 / E) ...아빠가... 집에 오면 늘... 실로폰 소리가 들렸거든요... 그 담엔... 늘... 엄마가... 울었어요...

권주 ?!

인터컷 경비실 일각 / D

진혁 *(공청 들으며)...*

50 다시 오수진의 집 / D

초조한 듯 거실 오가던 오수진, 커튼 뒤 조금 열린 베란다 나가는 창문 사이로 바깥의 시끌시끌한 소리 들리자 놀라 다가서 보면,
건너편 동 앞으로 달려가는 진혁과 대식 및 경찰들 모습 보인다.
놀라 커튼 닫으면 바로 옆, 결혼사진 속 '최병욱' 얼굴 선명하게 보이고
커튼 안쪽 베란다 밖에는 풍경이 걸려있다.
초조하게 손톱 물어뜯는데, 순간 집전화 벨 울린다.

오수진 (안방으로 달려가 다급하게 받으며) 여보세요! (하면)

남자 (E / 변조된 느낌) 애는 찾았어?

오수진 아직... 근데... 밖에 경찰이 왔어. 애가 신고한 것 같아... 여기로 오면 어떡하지...? (안절부절못하는데)

남자 (E / 버럭) 허구한 날 집구석에만 있으면서 왜 애를 놓쳐, 놓치길!

오수진 (힘겨운) 나도 힘들어...! 왜 자꾸 나한테만 뭐라고 하는 건데!!

51 세탁기 안 / D

부들부들 떨던 아람의 손, 툭 풀리며 핸드폰 떨어진다.
세탁기 바닥에 부딪히며 '퉁!' 소리 나는 핸드폰!
아람, 눈 커지며 나오려던 비명 애써 입 틀어막으며 참는데...

52 112 신고센터 / D

공청으로 112 신고센터를 울리는 핸드폰 충돌음에,
권주를 돕던 요원들도 긴장하고...

권주 (최대한 목소리 낮춰) 아, 아람아...?

53 다시 집 안 일각 / D

오수진 !! (획 뒤쪽 돌아보고, 목소리 낮추며) 방금 집 안에서 무슨 소리가... 났어...

남자 (목소리 매서워지며 / E) 그 새끼 밖에 안 나간 걸지도 몰라... 애들 중에 젤 겁이 많았잖아. 집 안 다시 뒤져봐!

오수진 알았어...

남자 (E) 찾으면 알아서 해결해. 늘 하던 대로. 실수하면 알지? (끊어지고)

오수진 바닥에 떨어진 칼 주워든 채, 소리 나는 쪽 굳은 표정으로 바라보는 위로.

인터컷 세탁기 안 / D

아람 바들바들 떨면서 떨어진 핸드폰 줍는데...

오수진 (집 안 서늘하게 둘러보며) 아람아... 오늘 엄마랑 저수지 놀러 가기로 했잖아.
엄마가 안 혼낼게... 어서 나와. 응?
말은 부드럽게 하지만 이 방, 저 방 문 벌컥벌컥 열어대는 오수진.

54 다용도실, 세탁기 안 / D

세탁기 안에 숨은 아람, 오수진이 미친 듯이 방과 거실을 뒤지고 다니는
소리 들으며, 온몸 사시나무처럼 떤다.

아람 (속삭이며) 누나... 어떡해요... 엄마가 나 집에 있는 거 아는 거 같아요...
금방... 이쪽으로 올 것 같아요... 무서워요... 누나... (흐흐흑... 울기 시작하고)

권주 (입이 바싹바싹 마르지만 애써 밝게 / E) 괜찮아. 지금 경찰 아저씨들이
아람이 집으로 가고 있어!!

인터컷 거실 / D

흥분한, 오수진 쿵쿵거리며 거실 왔다 갔다 하며 아람 찾아다니는 위로...

55 다시 112 신고센터 / D

권주 (초조해진다, 무전 하고) 지금 용의자가 신고 아동이 숨어있는
곳으로 접근 중이다. 위급 상황이다!! 다시 한 번 말한다!

56 다시 빌라 진혁 일각 + 112 신고센터 / D

진혁과 대식, 권주 공청 들으며, 다급하게 3동으로 달려가는 위로
정보과 경찰의 다른 무전 들린다.

정보과　(E) 주민등록번호 860714-2364712 황지숙. 삼 년 전 이혼하고 현재
부림 초등학교 1학년인 8세 아들과 둘이서 다복빌라 3동 105호 거주!
아동 폭행 신고 기록 있음! 전 거주지 담당 면학지구대에서 보호관찰 기록 확인!

진혁　(무전 들으며 / 의아한) 8세? 확실해? 7세 아니고?

정보과　(E) 네, 초등학교 1학년으로 나오는데요.

권주　(무전 듣다 멈칫하고 진혁의 무전 채널 누르며 / **이하 교차편집 112 신고센터**) 잠깐만요!
애가.. 초등학교에 다닌다고요? 이 앤 집 밖으로 나간 적이 없다고 말했어요!

진혁　(달려가다 생각 고르며) 지금 상태에서 애가 제정신이겠어!
(무전 하며) 애 생년월일 다시 확인해. 일찍 학교에 들어갔을 수도 있으니까.
일단 파악된 집부터 확인한다!

권주　(허! 어쩔 수 없이 물러서고, 아람에게) 아람아, 지금 경찰 아저씨들이
아람이 집 앞으로 가고 있대... 우리 조금만 더 참자!
(말은 그렇게 하지만 초조하게 입술을 깨물며 / 마음의 소리) ...뭔가 이상해...
분명 아람이는 다복 빌라가 나무보다 조금 더 컸다고 했어...
1층 창문에서 나무 꼭대기가 보일 리가 없는데...
게다가... 감금한 아이를 대놓고 학대한 것도 아귀가 안 맞고 대체.. 뭐지...
(미간 모으며 생각 고르는 위로)

아람　*(E) 아빠가... 집에 오면 실로폰 소리가 들렸어요.*

권주　(마음의 소리) 실로폰 소리...

57　다복빌라 3동 105호 앞 / D
막 복도 입구로 다다른 진혁, 경찰들 뒤따른다.
동네 사람들 멀찍이 빙 둘러 웅성웅성 보며 경찰들 구경하는데...

황지숙　(악에 받쳐 / E) 너 진짜 죽고 싶어!! 죽고 싶냐고!!

진혁　!!! (주먹 쥐어 멈추게 한 뒤, 경찰들 한 명 한 명 자리 지정해주면)

경찰들 (진혁이 지정한 자리 지키고 서로 눈짓으로 준비 완료 사인 보내는데)

58 다시 112 신고센터 / D

권주 (***00:04:18*** 대형 화면 타이머 보다, 천천히 눈을 감고 아람과의 통화를 복기하는 위로)

인터컷 권주의 상상 / D

아람이 절박하게 잡고 있는 핸드폰 송화기 너머
아주 작게 집 안 어디선가 들려오던 '딩-', '딩-' 하는 소리 떠오른다.
권주 점차 소리의 파장을 자신이 알고 있는 악기의 음파에
대응하기 시작하는데...
첫 번째로 피아노... 뚝뚝 한 음, 한 음 끊어지는 파장과 불일치한다.

권주 (마음의 소리) 아니야. 현을 때려서 내는 소리가 아냐...
어쩌면 악기가 아닐 수도 있어. 마치... 도자기가... 부딪히는... 것 같은...
(하며 오래 생각해보지만 결국 절망하며)
처음 들어보는 소리야.... 대체 무슨 소린 거지?

59 3동 105호 앞 복도 / D

경찰들 (긴장해서 105호 바라보고 서있으면)

진혁 (권주로부터 무전 온다)

권주 (E / 채널1로) 무 팀장님 뭔가... 느낌이 이상해요.
아무래도 거기가 아닌 거 같은데... 도무지 어딘지를 모르겠어요.

진혁 (예민해지고 나직이) 너 자꾸 왜 그래? 지금 큰 그림 볼 수 있는 건 너야.
안에서 여자가 고함치는 소리 들리니까 확인할 때까지 침착하게 대기해!
(경찰들 이끌어 계단 내려가는데)

자막　**AM 09:35 성운 부림동 사건 발생 5분 경과**

60　다시 다복빌라 2동 406호 오수진 집 / D

61　다용도실 세탁기 안 / D

세탁기 안에 숨은 아람, 자신의 머리 덮은 이불 꼭 쥐며 꼼짝 못 하고 있는데...
출혈 진행되며 아람의 눈 자꾸만 감긴다.

인터컷　*112 신고센터 / D*

권주　*(초조하지만 내색 않고) 아람아, 절대.. 포기하면 안 돼....... 포기하지 않기로 누나랑 약속할 거지? 누나가 들을 수 있게 핸드폰 한 번만 톡 하고 쳐줄래?*

아람　(힘없는 손 들어 핸드폰 수화기 톡 친다)

권주　(그런 아람이 고마우면서도, 마음 무너지는 듯한데)

순간, 예민해질 대로 예민해져 집 안을 헤매다가 문득 다용도실
벌컥 열고 들어서는 오수진,
다용도실을 살피며 설마 하는 표정으로 세탁기로 다가와 서는 오수진.
오수진이 다가오는 소리를 들으며 숨죽이고 있는 아람, 이를 악물고 비명 참는데...
주변을 휘익 둘러보던 오수진, 짜증 난단 듯 낮은 한숨 내쉬며
다용도실 문 닫고 나간다.

인터컷　*112 신고센터 / D*

권주　*(오수진이 내는 소음 헤드셋으로 전해 들으며 두 손 꼭 잡고 긴장하다가 철컥! 문 닫히는 소리에 안심하려는데 달칵! 하고 이어 다시 문 열리는 소리에 표정 굳고)*

천천히 다용도실 문 여는 오수진.
핏물이 조금씩 흘러나오고 있는 세탁기 호스 섬뜩하게 바라보는 위로.

62 3동 105호 황지숙 집 / D

대식 (E) 꼼짝 마!!!

쾅! 문 차는 소리와 함께 무장하고 우르르 들어선 진혁, 대식과 경찰들.
보면, 비쩍 마르고 예민한 인상의 황지숙, 소아비만으로 보이는 아들을 엎어놓고 거칠게 볼기짝 때리고 있다가 들이닥치는 경찰들 보고 놀란다.
바닥엔 전날 먹은 탕수육, 자장면 등 중국집 배달 음식으로 보이는 음식물들이 지저분한 그릇과 함께 바닥 여기저기를 구르고 있다.

진혁 (주변 날카롭게 살피며) 아동 학대 신고받고 나왔습니다!
잠시 집 안 좀 확인하겠습니다. (눈짓하면)

경찰들 (얼른 세탁기 안 확인하러 가면)

황지숙 당신들 뭐야? 왜 이래! 내가 뭘 어쨌다고요...!!!

순간, 경찰들이 황지숙과 아들 떼어놓으려 하자,
아들 엉엉 울면서 경찰들 때린다.

아들 울 엄마한테 왜 그래요?! 우리 엄마 잡아가지 마!!! (황지숙 품에 안겨 울며)
엄마 잘못했어요! 다신 안 먹을게요!

진혁, 대식 (??? 당황하는데)

경찰3 (일각 세탁기 안 확인하고는 둘러보다 다급하게 다가와 나직이) 형사님..
세탁기 안도 확인했는데... 완전 헛다리 짚은 것 같은데요... (벽 한쪽 가리키면)

진혁 (보면 온 벽에 붙어있는 '소아당뇨 투병 시 주의할 음식들 리스트'와 테이블 위에 놓인 각종 당뇨약 보인다) !!!!! (아차 싶은 위로)

63 다시 112 신고센터 / D

초조하게 공청기의 소리를 들으며 기다리고 있던 권주, 주변 요원들.

권주 (아람의 동태에도 귀 기울이며) 아람아 혹시, 거기 경찰 아저씨, 도착하지 않았니?

아람 (E / 거의 끊어지듯 가늘게) ... 모르겠어요. (하는데)

대식 ! (E / 다급히 무전으로) 여기는 출 하나, 출 하나, 아무래도 잘못 짚은 것 같다. 3동 105호 사건 현장이 아닌 것으로 확인됐다!

권주 !!! (무전 듣자마자 벌떡 일어나고)

요원들 ("대체 뭐지?", "실팬가?", "어떡해." 하며 술렁이는데)

순간, 대형 화면 주변 공청기에서 처음 듣는 서늘한 성인 여자의 목소리가 저 멀리 울린다!

오수진 (E / 서늘하게) 착한 우리 아람이... 거기 숨어있었구나... 엄마한테 와야지...

일동 !!!!

권주 !!!!

64 다용도실 / D

날 선 눈빛으로 세탁기 향해 다가서는 오수진.
세탁기 뚜껑 안으로 얼굴을 들이밀며 세탁물 사이로 숨어있는 아람이를 쳐다본다.
섬뜩한 미소를 보이고는 뚜껑을 열고 스윽 손을 집어넣어 아람이의 목덜미를 잡는 오수진 위로.

65 112 신고센터 권주 일각 / D

아람의 잦아들어 가는 비명 소리 고스란히 들리는데
쥐 죽은 듯 고요해지는 센터 안, "안 돼...!" 외치는 권주!

인터컷　　황지숙 빌라(3동) 앞 / D

경찰들과 함께 혼란스러운 듯 주변 빌라 미친 듯이 살펴보는 진혁.

빽빽한 빌라들을 혼란스럽게 돌아보는 진혁의 절박한 표정
공포에 혼이 나가 무표정해진 아람의 얼굴,
세탁기 열어 아람을 끌어내는 오수진의 섬뜩한 눈빛,
처절한 표정으로 ***00:14:01*** 카운트를 바라보는 권주.
초조하게 대형 모니터 안 깜박이는 다복빌라에 모인
수많은 경찰관 위치 표시 속, 4명의 표정 위로 자막 뜨면서 엔딩.

자막　　**AM 09:44 성운 부림동 사건 발생 14분 경과**

Season 2 • 2화

자막 **본 드라마는 실제 사건에서 영감을 얻었으나 드라마적으로 재구성된 픽션이며 등장인물은 실제 인물과 관련이 없음을 밝힙니다.**

1 다시 도로 일각 / D

순간!!!! 콰쾅!!! 거친 파열음과 함께 중앙 분리대 박은 뒤
허공으로 치닫는 검모(검은 모자를 쓴 남자)의 레커차, 그대로 차선을 넘어
달려오는 덤프트럭에 받힌 채 전복되어 화염에 휩싸이는데!!

2 강우 차 안 + 도로 / D

강우 !!! (옆에서 각도기가 붙드는 손 뿌리치고 차량 속 소화기 챙겨 차 밖으로 나가면)

각도기 행님!!! 미쳤소잉? (다급히 나가 강우 필사적으로 붙들고 매달린다)
저 불길 안 보인단가요?

강우 놔! (각도기 거칠게 뿌리친 채 레커차 향해 달려가는데)

각도기 (달려가는 강우 차마 쫓아가지 못한 채 발만 동동 구르며) 아이고! 행님!!!

3 출동차 안 / D

권주 !!!!

인터컷 모 처 / D

목소리 *(컴퓨터 속 검모 차 사고와 달려가는 강우 일별하며 나직이 혼잣말로) 큭큭...*
에스키모들이 어떻게 늑대를 잡는지 알아?
가장 추운 날 창을 땅에 꽂고 방금 목을 딴 동물의 피를 발라둬.
그럼 배고프고 추위에 지친 늑대들이 다가와
지 혀가 베이는 줄 모르고 그 피 핥다가...결국엔....혀가 잘려서 죽지...
니들... 처럼... 말이야.... (서늘하게 웃는 위로)

4 도로 / D

휴지처럼 구겨지고 박살 난 채 불길 치솟는 레커차 앞으로
미친 듯이 달려가는 강우와 그런 강우 보고 놀라 출동차에서 내린 권주!

권주 (레커차를 향해 다급히 달려가면) !
박중기, 구광수 (따라 내려서며) 뭐꼬! 저 자식 죽을라꼬 환장했나? (달려가고)

뒤이어 순찰대와 강력팀 차량 도착하고, 우르르 내려서는
순찰대 요원들과 양춘병 이하 형사4, 5!

순찰대1 (레커차 앞으로 달려가며 무전 하고) 여기는 속포 고속도로 순찰대,
추적 중인 용의자의 차량이 전복되었다.
앰뷸런스와 소방대 지원 바란다!
양춘병 (나홍수에게 무전 하며 달려가고) 계장님, 큰.... 일 났습니다.
장수복이가 탄 차량이 가드레일을 들이받고 전복됐습니다!

5 장수복 방 안 / D

나홍수 (형사들이 수거한 차량 부품, 회로도 등 확인하던 중
양춘병 무전 듣고 기함하고) 허! 그 새끼가 범인 확실해! 어떡하든 살려!!

6 레커차 일각 / D

전복된 채 화염과 함께 검은 연기 치솟는 레커차 주변,
위협적인 열기에도 아랑곳 않고 달려간 강우,
들고 온 차량용 소화기 휘둘러 창문 부수고 소화액 뿌려
운전석 안의 화염 잠시 누그러뜨린 사이,
운전석에 끼여 중태가 된 검모(이하 장수복)를 끌어내고
차량 속 혹시 남아있을 공범의 흔적 및 급발진 증거 다급히 찾는데
한쪽에서 피어난 불 속에 전소된 핸드폰 보인다.

강우 (한발 늦었다 싶은 순간 대신 운전석 깊은 안쪽에 떨어진,
불붙으려는 장수복의 오른쪽 운동화 발견하고 집으려고 하는데)

권주 (달려와 박중기, 구광수와 함께 강우 거칠게 끌어내며, 버럭) 미쳤어요!

강우 (훅 뒤로 당겨져 헛손질하고) 이거 놔! 놓으라고!!!!
(권주의 팔 날 서 뿌리치며 다시 운전석 안으로 들어가는데)

권주 (다시금 강우의 팔 잡아당기다 달아오른 앞문의 강철 프레임에
팔 데이지만 잡은 손 놓지 않고, 버럭) 엔진 소리가 심상치 않아요!
폭발할지도 몰라요!
(박중기, 구광수 향해) 빨리 끌어내세요! 차가 이상해요!!

강우 (있는 힘껏 몸부림치며) 개소리하지 마!!! 저거, 저거 잡아야 한다고!

구광수 (힘으로 잡아당기며) 차 터진다잖아! 죽으려고 환장했어요!

구광수와 박중기, 버티는 강우 팔 하나씩 잡고 거칠게 끌어내는 순간,
잠시 소화기로 잦아들었던 운전석 불꽃 무섭게 다시 타올라
펑 소리와 함께 화염 솟구쳐 차량 전체를 감싸고 타오르기 시작하는데...!!

7 다른 일각 + 112 신고센터 / D

강우 !!!!! (박중기, 구광수에게 끌려가다 뿌리치고 분노에 차) 으아아악!
(괴성 질러대면)

일동 (예상치 못한 강우의 태도에 당황하는데)

강우 (험악한 얼굴로 권주 노려보며) 당신이 지금 무슨 짓을 한 줄 알아!!!
진범이 단 급발진 장치.. 증거! 모두 날린 거야!!
(폭발로 날아온 레커차 부속품 쾅쾅 차면)

권주 !! (당혹스런 표정으로) 지금 그게 무슨 말이죠? 말도 안 되는 소리 말아요!
장수복이 자기 차에..... 왜... (하는데 무전 들어온다)

박은수 (E) 센터장님! 진 요원 말에 의하면 장수복은 컴맹이라 급발진 프로그램을 만든
사람은 다른 사람일 거랍니다.

권주 (설마?? 눈빛 격하게 흔들리면)

강우 (권주 확 밀치고 순찰대가 응급 처치 중인 장수복에게 달려가는데)

권주 !!! (당혹스러운 표정으로 화염에 휩싸인 차량과 장수복 바라보다 이마 짚으며 /
마음의 소리) 정말... 공범이 장수복을 급발진 장치로 죽인 거라고?
우리가 추적하는 걸 알고?

박은수 (**교차편집 / 112 신고센터** 무전에 귀 기울이며) 센터장님 괜찮으세요? 안 다치셨어요?

8 도로 일각 + 112 신고센터 / D

권주 (무전 하며) 어, 걱정 마.. 난 괜찮아. (다급히 생각 고르며) 진 요원,
아까 급발진 프로그램 다른 사람이 만든 것 같다고 했다며? 확실해?

진서율 (**교차편집 / 112 신고센터**에서 무전 하며)
제가 장수복 교도소 기록 중에 완전 대박 건수 확인했거든요.
교도소 교육용 컴퓨터로 야동 보다가 빽내서 개망신당했고요.
체포되기 전에도, 파밍Pharming[1] 당해서 신고한 것도 검색됐어요.
이런 수준으로 그런 프로그램 만들었다는 건
유치원생이 박사 과정 한다는 소리와 똑같습니다.

1 금융 회사 등의 정상적인 홈페이지 주소로 접속하여도 피싱(가짜) 사이트로 유도되어 범죄자가 개인 금융 정보 등을 몰래 빼가는 수법

권주 (혼란스럽고) 알았어. 일단 증거 더 찾아봐. (다급히 장수복에게 달려가는데)

9 다른 일각 / D

순찰대1 (진땀 흘리며 장수복에게 심폐소생술 하다 순찰대2에게) 맥박이 점점 떨어집니다.

순찰대2 (심각하게 보며 / 무전 하고) 여기 순찰대 하나, 앰뷸런스 언제 온대!

강우 (달려와 순찰대1 밀치고 눈빛 날 서 장수복 멱살 쥐고는)
누구 맘대로 죽으려고! 눈떠, 새끼야 눈 뜨라고!!
말해, 3년 전 그 새끼가 한 짓 맞잖아?! 말해!!

장수복 (강우 돌아보며 간신히) 소...설 쓰지 마... 누가 뭘 했다고... (큭) ㅈ...랄..이야.

강우 (멱살 흔들고) 개소리하지 마. 니가 한 거 아니잖아. 그 새끼가 시킨 거 맞지!

장수복 (컥컥 다시 호흡곤란 온다)

순찰대1 (다급하게) 왜 이러십니까! 지금 자백하지 않았습니까!!!
목에 화상이 심해서 더 이상 대화는 불가능합니다!

권주 (따라와 서고 / 마음의 소리) 화상으로 성대가 망가졌는데도
저렇게 안정된 목소리를 낸다는 건 자신이 하는 말이 진실이라고 믿는 거야.

10 장수복 방 안 + 도로 일각 / D

나홍수 뭐야!? 결국 도강우 그 자식이 너무 따라붙어서 사고 난 거잖아!

양춘병 (**이하 교차편집 / 도로 일각**에 서서 끄덕이며) 그게... 순찰대 말은
그럴 가능성도 있다고 합니다.

나홍수 (날 서) 하... 이 새끼가 끝까지!! 장수복 어떻게든 자백 받고
도강우는 장수복 사고 피의자로 긴급 체포해! 당장!!

양춘병 (난감하고) 네, 하지만... 영장도 없고..

나홍수 (버럭) 일단 처넣어! 검사한테 긴급 체포 승인받아올 테니까.
내가 이번에 그 새끼 옷 벗게 만든다. 어떻게 하든! (이 갈고)

11 장수복 일각 / D

강우, 씩씩거리며 장수복 멱살을 잡는다.

강우 (폭발해 장수복 흔들어대고) 말해! 형준이 죽인 새끼 말하라고!! 당장!!

장수복 (끅끅거리면서 입을 움직여 말하려 하지만 소리 거의 나오지 않고)

양춘병 (달려와 서면)

순찰대1 지금 단독 범행이라고 자백하는데 자꾸 저 형사가 공범을 찾습니다.

양춘병 ! (허, 강우 보고 버럭) 제발 작작 좀 하세요!!
좀 전에 장수복 있던 그린 고시텔에서 증거물 다 나왔다고 무전 왔어요.
까놓고 도 팀장님이 이딴 식으로 밀어붙이지만 않았어도 이런 사고 안 났어요!
(형사들에게 눈짓하며) 지금부터 도강우 씨 긴급 체포합니다!

형사들 (강우 양쪽으로 가서 붙들고 끌어내리려 하면)

강우 허!! 이 새끼들이..! (가장 먼저 손댄 형사4의 팔 꺾어 확 밀친다)
긴급 체포하려면 종이 쪼가리라도 들이대고 말해! 그전에 손대면 부러트린다.

형사들 (잠시 당황하는데)

강우 (날 서 보며) 지금 니들이 무슨 짓을 했는지 알아! 3년 만에 돌아온
그 사이코 새낄 놓친 거라고! (자기 분에 못 이겨 날뛰며)
이제 그 새끼, 딱 한 달간 사람들 사냥하고 사라져 버릴 거야.
니들 땜에 한 달 동안 무고한 사람들이 죽어나갈 거라고!!!
(날 서 형사들 뒤로하고 가며) 머저리 같은 새끼들... 니깟 것들도 형사라고.

일동 (그런 강우 황당하단 듯 보는데)

권주 (역시 듣고 당혹스러운데)

12 권주 일각 / D

장수복 (헉헉...거의 다 죽어가는 모습으로 작게 벙긋거린다)

권주 !!!! (일각 순찰대1이 풍산청 강력팀 형사들에게 진술하는 사이
다급히 장수복의 얼굴에 귀 갖다 대는 위로)

플래시백 112 신고센터 (시즌2, 1부 44씬) / D

진서율 *(다른 게시물 읽으며) 그리고 자기 건드리면 죽인단 화풀이 글도 있고요...*

이 새끼 완전 똘 같은데요?

권주 (마음의 소리) 분명 경찰이나 타인에 대한 분노 장애가 있는 상태였어.
사건 이후 외톨이로 살아왔고, 이런 마음을 이용해 공범이 접근했을 확률이 높아.
(장수복에게) 장수복 씨, 내 말 잘 들어요.
당신한테 이런 일을 시킨 사람....처음으로 당신을 도와준 사람이죠?

장수복 (눈빛 변해 입모양으로만) ㅇㄴ...ㅊ...ㅎㅈㅁ...
ㄴㄱ...ㅁ..ㅇㄷㄱ....

권주 (장수복의 말 띄엄띄엄 읽으면서 / 마음의 소리) 아는 척하지 마....
니가 뭘 안다고... (장수복에게) 맞아요. 내가 아는 건 없지만...
그 사람이 당신을 죽이려고 한 건 확실해요.

장수복 (흥분하고) ㅆ ....ㅁㅅ... ㄱㅅㄹㅇ.... (하다 갑자기 어딘가를 보더니 조소로)

권주 (마음의 소리) 뭐지? 갑자기 목소리가 안정되기 시작했어!
(빠르게 주위를 살펴보고 장수복이 내뱉는 소리에 집중하는데)

장수복 ㅊㄱ....ㄱ...ㅇㅇ..........
ㅅ..ㄴ...ㅇ ㅅㅈ....ㄷㄱㅇ

권주 (마음의 소리) 점점 목소리가 안 들려... 뭐라 그러는 거지?
(청력 최대한 집중하며) 친구...가 왔어...... (하다)
사냥이 시작..... 될 거야... !!!!!????
(당혹스럽고) 사냥이라니...! 사냥이 시작된다니... 무슨 소리죠?
그 친구... 여기 있다는 겁니까! 이름, 이름이 뭐죠? 풍산시 사는 사람인가요?

장수복 (멈칫하다... 흠칫)

권주 !! (마음의 소리) 풍산시 사는 사람이냐고 물어보니까 반응했어!
(장수복이 아까 웃을 때쯤부터 들려오던 착! 착!! 소리 신경 쓰이고) 뭐지 이 소린?
(청각 예민해진 채 주변 돌아보면)

인터컷 도로 일각 / D

속포 고속도로 사고 현장 수습 중인 경찰들, 2개 차선 막아놓은 진입 금지 팻말

풀고 대기 차들에 출발 신호하고 있다. 서서히 움직이는 차들 사이 시끄러운 소음 들리는 위로.

착착화상이 너무착 착 심합니다!
엄마착 착 나 화장실 가고 싶어!!
여기 경찰들 착착뭐야?
띠리리리리리-네! 여보세요.
살인 용의착자..착 입 니다!!!.......물착러착나 주십시오!

권주 !!!! (마음의 소리) 착착 소리가 들리면서부터 장수복이 웃기 시작했어.
(아까 장수복이 했던 말 떠올리는 위로)

장수복 *(E) ㅊㄱ.... ㄱ... ㅇㅇ...........(치구....가...와어.........)*

권주 (소스라치게 놀라) 설마 이 근처에 있는 거야?
(주변 둘러보지만 미심쩍은 사람은 보이지 않는데 다급히 장수복 보며)
대답해! 지금 그놈이 여기 있단 거지! 그렇지!! 그놈 어딨어, 어딨냐고!!!

순찰대1 (일각에서 진술 끝내고 와 말리며) 지금 뭐 하시는 겁니까! 숨 못 쉬는 상탭니다!

박중기, 구광수 (역시 놀라 달려와 권주 말리며) 센터장님 인자 고만하이소!

장수복 컥컥컥!!! (하다 그대로 축 늘어지고)

순찰대1 (다급히 장수복 응급 처치하면)

권주 (눈빛 격하게 흔들리며 / 마음의 소리) 분명! 공범이 있어...
이 모든 걸 장수복에게 지시하고 장수복이 죽는 순간까지도
자신을 믿게 만든... 공범이.... (온몸 떨려오는 위로)

강우 *(E) 이제 그 새끼는 자기 룰대로 딱 한 달간 사냥하고 사라져 버릴 거다.*

권주 !!! (일각 걸어가는 강우 발견하자 미친 듯이 달려가고)

13 강우 차 일각 / D

강우 (날 선 표정으로 차 문 열고 조수석에 앉아) 장수복 집 수배해서 거기로 간다.

각도기 (운전석에 앉아있다 강우 보며) 괜찮으셔라? (출발하고)
근디... 시방.. 장수복이 집 찾아가 봤자 경찰들이 다 헤집고 갔을 텐디...

강우 2차 국과수 감식[2] 끝나고 비는 시간에 들어간다. 분명 놓치고 간 게 있을 거야.

각도기 (운전하다 백미러 달려오는 권주 보며)
어, 저기 센터장 오는디요, 행님?

권주 (E / 멀리서 외치며, 잘 들리지 않지만) ...현장에... ....있어요...!

각도기 (귀 쫑긋하며) 현장에... 뭐가 있다고 그러는 거 같은디요.

강우 (전방만 응시한 채) 있긴 뭐가 있어. 실적 올리려고 간보는 걸 갖고.

각도기 (운전하며 힐끔 사이드 미러에 비친 헉헉거리며 무릎 짚는 권주 일별하며)
그라도...센터장이란 여자 여까정 온 걸 보면 촉이 장난 아닌 거 같은디
들어나 보고 가지...
암튼, 센터장 아니었음 행님 그 잘난 면상 홀랑 탈 뻔했당께.

강우 ! (멈칫 생각 고르는 위로)

플래시백 레커차 일각 (시즌 2, 2부 6씬) / D

권주 *(다시금 강우의 팔 잡아당기다 달아오른 앞문의 강철 프레임에*
팔 데이지만 잡은 손 놓지 않고, 버럭) 엔진 소리가 심상치 않아요!
폭발할지도 몰라요!

강우 (아차 싶지만 부러) 장수복 주소나 알아봐.

각도기 알겠어라. 참 이거.... (어딘가로 전화하며) 오 순경님 저여라.
오늘 강오산 사건 용의자 있잖소잉...

2 1차 현장 감식(경찰) 이후 2차 국과수 감식(국과수 요원)이 이루어짐

14 권주 일각 / D

권주 (후.. 머리 쓸며 사라지는 강우 차 보며 애써 진정하는데)

박중기, 구광수 (달려와 걱정스레 권주 보며) 괜찮습니꺼?

후... 장수복 좀 전에 사망했습니더.

권주 !!! (혼란과 충격의 눈빛으로 주변 황망히 돌아보는 위로)

자막 **PM 08:00 장경학 팀장 납치 살해 사건 용의자 장수복 사망**

15 모처 / D

컴퓨터 가득한 '목소리'의 공간 안, 여전히 어둡고,
여러 대의 모니터엔 속포 인터체인지 CCTV 화면이 보인다.
일각 한 모니터 트럭의 후방 카메라 시점으로 권주 보며
고무 가면을 쓴 채 웃음을 터뜨리는 '목소리'.
순간, 덜컹 흔들리던 내부, 카메라도 멈칫하고...
다시 부릉거리는 엔진 소리 이어지자 화면 속 권주의 모습 멀어지기 시작한다.

인터컷 *도로 / D*

탑차 트럭, 경광등을 흔드는 순찰대의 신호에 따라 완전히
속포 인터체인지를 빠져나가기 시작하면 탑차에서 들리던
힙합 종류의 핫한 음악 소리 점점 커지면서

보이스2 〈혐오의 시대〉 타이틀 뜬다.

16 CTC 뉴스 인서트 (여러 뉴스 연속적으로 이어짐) / D

스튜디오에 앉아 심각하게 멘트하는 앵커.

앵커1 *('딸을 이용한 인면수심 살인 행각' 타이틀 띄우고)*
지난달 3월 27일 미담의 주인공이 변태적 성욕 해소를 위해 딸의 친구를 유인, 추행하고 살해한 것으로 드러나 충격을 주고 있습니다.

앵커2 *('인터넷 커뮤니티에 중독된 10대 살인마' 타이틀 띄우고)*
초등생을 납치해 엽기적으로 살해한 10대의 가해자가 인터넷 커뮤니티에 중독됐던 것으로 드러났습니다.

앵커3 *('BJ 살해 협박 도를 지나치는 인터넷 방송' 타이틀 띄우고)*
오늘 오후 3시경 인터넷 방송 BJ를 죽이겠다며 개인 정보를 수집하고 유포한 뒤에 집 앞에까지 찾아간....

앵커4 *('구애 거절 여성 칼로 찌르고 달아난 40대 남성 검거' 타이틀 띄우고)*
단지 자신의 구애를 거절했다는 이유로 여성을 칼로 찌르고 달아난.. (F.O.)

[자캐, 살인 불렀나] 인천 초등생 살인범, 12개 가상 캐릭터로 살았다
"여성 BJ 죽이러 간다" 살해 협박 생중계…막장까지 떨어진 1인 인터넷 방송
"온몸이 다 멍이었다" 연인 폭행해 뇌사 판정…'데이트 폭력' 남성 구속 기소
김치녀, 맘충, 한남충… 온라인 여성 혐오 '도 넘었다'
혐오 범죄의 온상으로 진화하는 몰카. 드론, 물병 등장.
[혐오 비즈니스] 혐오 쏟아내며 돈 버는 유튜브

헤드라인들이 모여 겹쳐지기 시작한다.

[자캐, 살인 불렀나] 인천 초등생 살인범, 12개 가상 캐릭터로 살았다
"여성 BJ 죽이러 간다" 살해 협박 생중계…막장까지 떨어진 1인 인터넷 방송
"온몸이 다 멍이었다" 연인 폭행해 뇌사 판정…'데이트 폭력' 남성 구속 기소
김치녀, 맘충, 한남충… 온라인 여성 혐오 '도 넘었다'
혐오 범죄의 온상으로 진화하는 몰카. 드론, 물병 등장.
[혐오 비즈니스] 혐오 쏟아내며 돈 버는 유튜브

[자캐, 살인 불렀나] 인천 초등생 살인범, 12개 가상 캐릭터로 살았다
"여성 BJ 죽이러 간다" 살해 협박 생중계…막장까지 떨어진 1인 인터넷 방송
"온몸이 다 멍이었다" 연인 폭행해 뇌사 판정…'데이트 폭력' 남성 구속 기소
김치녀, 맘충, 한남충… 온라인 여성 혐오 '도 넘었다'
혐오 범죄의 온상으로 진화하는 몰카. 드론, 물병 등장.
[혐오 비즈니스] 혐오 쏟아내며 돈 버는 유튜브

[자캐, 살인 불러나] 인천 초등생 살인범, 12개 가상 캐릭터로 살았다
[illegible]
[혐오 비즈니스] 혐오 쏟아내며 돈 버는 유튜브

제2화 사냥의 시작

사냥 중 최고는 사람 사냥이며,
무장한 사람을 오랫동안 사냥하고 또 그걸 즐긴 사람은
다른 어떤 즐거움도 결코 가질 수 없다.
〈헤밍웨이〉

17 성운지방경찰청 전경 / N

자막 **성운지방경찰청**

박은수 (E) 도강우, 37세, 계급은 경감

18 112 신고센터 / N

일각 야간조 요원들 신고 응대 받는 너머, 진서율(속포 살인 사건 보고서 수집), 박은수(도강우 프로필 조사) 등 치열하게 사건 조사 중이다.

자막 **2018년 6월 3일 AM 01:00 장수복 사망 후 5시간 경과**

권주, 센터장 자리에 서있다 박은수 옆으로 가서 자료 보면

인터컷 모니터 화면 / N

도강우 37세 계급: 경감 주민등록번호: 820717-1830417

주소: 홍희구 홍희서로 304-35 투데이 오피스텔

경찰대 졸업 – 지능수사팀 – 강력수사팀

박은수 초등학교 3학년 때까지 일본에서 살다 한국으로 건너왔습니다.
미제 사건 해결사로 불렸지만 사회성이 제로라 적이 많았고요.
범죄자 심리를 너무 잘 알아서 사이코패스 아니냐는 괴담도 돌았답니다.

권주 (멈칫 보며) 사이코패스?

박은수 (자료 보며) 네, 일전에 게임 중독에 걸린 열네 살 아이가 조모를 살해했는데
할머니 시신을 단번에 찾아냈어요. 의사 부인 살인 사건도 과수팀도 못 찾은
지문 찾아내 해결했단 기록이 있고요.

인터컷 *사건 해결 몽타주 / N*

- 낡은 주택 안, 형사들 시신 숨긴 장소 철저히 수색하지만 오리무중인데...
순간 일각 수돗가 수챗구멍 안에서 노인의 머리카락을 뽑아내는 강우.
- 화장실 안, 바닥에 누운 시신과 옆에 떨어진 샴푸 용기 보는 강우,
수건걸이 안쪽(보이지 않는)에서 미세한 반쪽 지문 발견한다.

권주 허! (생각 고르며) 도강우 형사랑 같이 있던 남자는?

박은수 네, 곽독기라고... 스물네 살. 사기 전과 5범으로, 정보원인 것 같습니다.

권주 (전과자? 황당한데)

진서율 (일각에서 나형준 살인 사건 보고서 읽다가) 센터장님,
지금 풍산청 사건 보고서 받아서 읽고 있는데 보고서상으로는
도강우 형사가 범인인 게 확실한데요?

권주 ?!! (얼른 진서율 모니터상의 보고서 일별하면)

인터컷 *〈나형준 형사 살인 사건 보고서〉 / N*

⊙ 사건 개요 2015년 6월 22일 23시경

속포 리조트로부터 수사 무마를 목적으로 금품을 받은 도강우 형사가
그 사실을 인지한 같은 팀의 나형준 형사를 전정가위로 살해.
나형준 형사 손에 묻은 가해자의 DNA, 지문 등을 없애기 위해
손목을 절단해 증거를 은폐하고 신체를 훼손한 사건.

⊙ 수사 사항
(현장 및 감식 수사)
– 사건 현장 인근에서 정신을 잃은 피의자 도강우 지문과 족적 다수 발견.
– 사건 현장에 있던 나형준의 자상과 일치한 전정가위에서 도강우 지문 다수 발견.

(금융 계좌 분석)
– 사건 발생 이후 도강우 명의 계좌에 출처 미상의 9,000만 원 입금.

진서율 (도강우 진술서라고 쓰인 다른 화면 띄워 보여주며)
근데 도강우 형사가 쓴 개인 진술서는 완전 달라요.
자긴 돈 받은 적, 그 계좌 본 적도 없다고 딱 잡아뗐고요.
딴 이유로 나형준과 싸우고 집에 가다가, 다시 되돌아왔는데
누가 자기 뒤통수를 때려서 기절했고... (배 위의 현장 사진 보이며)
정신을 차리니까... 덩치 큰 놈 하나가 나 형사 손목을 산 채로 잘라서
별무늬 포장 상자에 넣고 옆에 가면 쓴 놈은 사진을 찍더래요.
20대 후반에서 30대 초반 음성에, 대략 175 정도의 체격이라고 특정했어요.
(흉기 사진, 조용석 자살 사진 보이며) 근데 결정적 살해 증거인 가위가 사라지고,
조용석이라는 동네 복지원 지적 장애인이.. 자기가 한 범행이라고
유서를 남기고 자살하니까... 풀려났고요.

권주 !! (공범의 계략이 있단 직감에 휩싸이고 / 마음의 소리)
그놈이라면 충분히 하고도 남았을 거야... 그런데 왜 도강우 형사를 살려둔 거지?
(생각을 떨쳐내고 진서율에게) 속포 리조트한테 뒷돈 받았단 도강우 계좌
다시 알아봐. 나형준 형사 3년 전 계좌도!

박은수 (일각에서 전화 받고 다급히) 센터장님, 지금 풍산청에서 연락 왔는데

7시부터 강오산 사건 긴급 브리핑 들어간답니다.
장수복 단독범으로요.

권주 !!!

19 장수복 고시텔 앞 + 강우 차 안 / N

낡은 고시텔 건물 앞, 국과수 차량 외엔 차도 사람도 오가지 않는 조용한 골목길 일각, 어둠 속 주차된 강우 차 보이는 위로.

자막 **그린 고시텔**

순간, 고시텔 입구에서부터 국과수 요원들이 현장 분석을 마치고 장비들을 챙겨 나오는 모습 보인다.

국과수1 (나홍수와 통화하며) 네, 나 계장님 현재로서는 1차 현장 감식이랑
크게 다른 거 없겠는데요. 일단 브리핑은 진행하세요.
들어가서 다른 거 나옴 연락드리겠습니다. (차에 올라타 출발하면)

인터컷 *다시 강우 차 안 / N*

강우 *(조수석에 앉아 멀어지는 국과수 차량 보다 코 골며 자는 각도기 흔들어 깨우면)*

각도기 *(화들짝 놀라 일어나서 침 닦고는) 워메, 지는 절대로 잔 거 아니랑께요.*
계... 계획 세우고 있었어라.

강우 *(조용히 차 문 열고) 나가자. (나가면)*

각도기 *(다급히 따라 나가고)*

20 동 안 / N

두 차례 현장 분석이 끝난 방 안, 채 치우지 않은 가구며

어지러운 여러 사람의 발자국 장판 위로 찍혀있고,
단서를 제외한 쓰레기만 가득하다. 몰래 문 따고 들어오는 강우와 각도기.

각도기 (코를 감싸며) 시방 이게 뭔 냄새여.... 어디 송장이라도... 있는 거 아녀요?

드글대는 표정으로 방 안 스캔하듯 살피는 강우, 쓰레기들 사이
'니뽄 걸 찐한 밤'이라고 쓰여 있는 CD 바닥에 굴러다니는 모습 보이고
의자에 앉아 책상을 훑어보는 강우.
한쪽에 동그랗게 찍힌 듯한 자국들에 쓰레기 더미 속
빈 소주병을 올려놓고 맞춰보면 그때 순간이 생생히 재연된다.

강우 (E) 하, 빵에서 나온 지 고작 두 달 만에 이 큰 사건을 치면서
술판을 벌였다... 하긴 자긴 손발만 하면 된다고 생각했겠지.

인터컷 *장수복 방 안 / D*
컴퓨터 앞에서 야동을 보며 벌건 얼굴로
소주를 물처럼 들이키는 장수복의 모습 보인다.

자료가 붙어있던 벽을 보자 테이프 자국을 발견하는 강우.
자세히 보면 간격들이 모두 자로 댄 듯 일정한데!!
강우의 상상이 재현되며 강박적으로 자료를 붙이는 누군가 모습이 보인다.

강우 (미세한 테이프 자국 흔적 보며 / 마음의 소리)
간격을 맞추기 위해 다시 떼었다가 붙였어.
그 새끼가 몰래 들어와서 붙인 거지... 하... 강박증 걸린 새끼답네...
(순간 책상 옆으로 붙은 여러 중국집 스티커 중
특히 손때가 많이 묻은 스티커(24시간 봉황중국집) 보이자 각도기 향해)
아까 총무가 드나드는 사람 없다고 했지?

각도기 네, 짱깨나 가끔 다녔지...따로 없는 것 같다던데요.

강우 (중국집 스티커 보는 눈빛 묘해지는 위로)

21 풍산지방경찰청 전경 / D

나홍수 (E) 그럼 지금부터 강오산 장경학 팀장 납치 살해 사건에 관한 긴급 브리핑을 시작하겠습니다.

22 회의실 안 / D

정면 단상 빔 프로젝터 화면 옆에 선 나홍수,
스크린 화면에 장수복의 인적 사항 띄운 채 브리핑하고 있다.
자리에 어 청장과 간부들 및 양춘병을 비롯한 강력팀 형사들 앉아있고
일각 구석진 자리에 뒤늦게 (피곤한 얼굴로) 다급히 들어와 앉는 권주 보인다.

자막 **AM 07:00 장수복 사망 후 11시간 경과**

인터컷 *화면 속 장수복 인적 사항 (얼굴 나오고) / D*

이름: 장수복, 주민등록번호: 780529-1239483
기타 사항: 폭력 전과 3범, (전)견인차 업주 (소형 견인차 면허 소유)
2017년 9월 2일 경찰 공무 집행 방해 및 폭행으로 체포
2017년 9월 25일 교도소 수감
2018년 4월 25일 출소

나홍수 (보호 관찰 기록, 교도소 기록 띄운 채)
지난해 9월, 성운청 골든타임팀에 의해 체포된 장수복은
경찰에 대한 분노, 특히 자신을 검거한 골타팀에 대한 증오 범죄를 계획한
것으로 보이며(화면 바꾸자 장경학 집에서 강오산으로 향한 경로 지도 보이고)

어제 오후 5시경, 성운시 삼수역에 자살 폭탄 테러 사건이 터지자
비번이었던 장경학 팀장이 집에서 출동할 것을 미리 파악,
전기 충격기를 이용해 납치한 것으로 보입니다.

인터컷 *장 팀장 집 앞 골목 + 공사장 인근 외진 주차장 / 가정 상황 / D*
경학, 누군가 자신의 차를 일방적으로 견인하는 모습에 달려가 항의하는 순간,
레커차에서 내린 장수복이 대뜸 (전기 충격기로) 경학을 공격, 납치하는데...

나홍수 강권주 성운청 112 신고센터장은 사건 지휘 중 장 팀장과 통화하고
이상한 점을 인지했지만 후속 조치가 없었던 걸로 조사 결과 밝혀졌고요.

권주 (눈빛 떨리고)

나홍수 오후 5시 30분경, 강오산 버스정류장 인근에서 장수복은
장 팀장에게 신경안정제의 일종인 알프라졸람(Alprazolam)[3]을 주사하고,
가사 상태로 만든 후 장 팀장이 약물에 취해 사고를 낸 것처럼 꾸몄으며....

인터컷 *강오산 교통사고 짧게 재구성 (몽타주) / D*
장수복의 조작과 함께, 급발진을 시작하는 경학의 차. 경학의 노력으로
방향이 틀어지고, 정류장을 빗겨 친 뒤 난간에 걸린다.

나홍수 (장수복의 방에서 찾아낸 급발진 관련 남은 부품과 회로 설계도 보이며)
전자 제어 장치만 해킹하면 급발진이 된다는 걸 알게 되자
인터넷에 급발진 자료를 올리며 범죄를 준비해왔습니다.
또한 등산 커뮤니티에 가입해 희생자들의 개인 정보 역시 수집한 것으로 추정됩니다.

일동 (너무나 치밀한 범죄에 크게 술렁이고) !!!

권주 (초조한 표정으로 보면)

어 청장 (고개 절레절레 저으며) 경찰 생활 30년 만에 이런 악질은 처음이다, 마.

3 불안 완화, 진정, 수면 장애 완화, 항경련 작용, 근육 이완 등의 효과가 있는 신경 안정제

질질 끌지 말고 얼릉 끝내뿌라. 경찰이 피해자가 돼서야 쓰겠노?
추가 수사 철저히 해서 마무리하라.

나홍수 네, 최대한 빨리 마무리하도록 하겠습니다.

일동 (일어서는데)

권주 (E) 잠시만요!! 성운청 112 신고센터의 강권주 센터장입니다.

일동 (돌아보면)

23 회의실 권주 일각 / D

권주 (결의에 찬 표정으로 나와서며) 이번 사건 공범 가능성은 왜 배제하시죠?
도강우 형사 말로는 공범이 장수복을 이용하고 살해했다고 하는데요.
게다가 (자료 내보이며) 장수복의 교도소 기록에 따르면
컴퓨터 사용이 미숙한 걸로 나옵니다. 이런 전문적인
급발진 자료를 올렸다고 하기엔 뭔가 미심쩍고요!

일동 (황당하단 듯 술렁이면)

나홍수 (애써 감정 누르며) 이봐 강 센터!
도강우 그 자식은 3년 전 미제 사건 용의자인 거 몰라?
증거 불충분으로 풀려났을 뿐... 모든 게 불순한 놈이라고!!!

권주 (지지 않고 보며) 모든 증거와 증언은 편견 없이 다룬다!
수사의 기본 아닙니까?
만약 정말 공범이 있는데 저희가 놓친 거라면
앞으로, 피해자가 더 늘어날 수도 있습니다.

나홍수 (허, 기가 막히단 눈빛으로 권주 보며) 지금 남의 관할에 와서
수사 결과 부정이라도 하겠단 거야 뭐야?

어 청장 (손 흔들어 나홍수 자제시키고 사람 좋은 미소로)
아야, 고마해라. 강권주 센터장이라고 했제?
파트너가 죽어서 아프고 힘든 마음 이해한다.
하지만 이번 사건, 증거가 명백하다 아이가.
그라고 우리한테 3년 전 사건은 아픈 손가락이데이.

청끼리 선후도, 예의도 있는데 함부로 말하는 건 아니제.
(간부들 일별하며) 그럼 얘기들 다 한 것 같은데 고마 끝냅시더. (앞서 나가면)

간부들 (권주 일별하며 청장을 따라 나간다)

24 동 밖 / D

권주 (청장 및 간부들 다급히 따라 나가) 청장님!
(하지만 청장 이하 대꾸 없이 사라지고 주먹에 힘 들어가는데)

나홍수 (E / 날 서) 허! 아주 도강우 자식 혓바닥에 제대로 홀린 모양이네.

권주 (돌아보면 나홍수다, 불쾌한) 말씀이 지나치시네요?

나홍수 (살벌한 표정으로) 지나쳐? 도강우 그 자식 말 한마디에
브리핑 자체를 깔아뭉개는 강 센터는 지나친 게 아니고!!
(흥분해) 도강우가 어떤 새낀지 알고나 편드는 거냐고!
그 새끼 고작 뒷돈 땜에 파트너 살해하고 어떡하든 다시 경찰로 복귀하려고
아픈 사건 후벼 파는 말종 중에 말종이야!!!

권주 (지지 않고 차분하게) 방금 3년 전 나형준 형사 사건, 보고서 보고 오는 길입니다.
현직 경찰이 공범을 봤다고 일관되게 증언하는데 한 번쯤은
다른 각도로 수사해야 하는 거 아닙니까!

나홍수 허 (저벅저벅 다가오며 강한 적대감으로) 강 센터 지금 죄책감 때문에
머리가 어떻게 된 모양인데 우리가 바본 줄 알아???
도강우 그 자식 지 감시하던 경찰 때려눕히고 사라진 날..
살해 증거물인 전정가위가 없어졌어!
그 자식 모친이 하던 카페 빚도 그날 이후 변제됐고!
골타팀을 성공시켰다길래 실력 좀 있는 줄 알았더니만...실망이군.
하긴 센터에 앉아 지시만 하니 현장 돌아가는 상황을 알 리가 없지.
(날 선 표정으로 가면)

권주 !!! (당혹스러운데)

양춘병 (다른 형사들과 나홍수 따라가면서) 괜찮으십니까?

나홍수 (날 서) 도강우 그 새끼 체포 영장 언제 나온대?

양춘병 (따라가며) 하 검사님 쪽에서 곧 떨어질 겁니다.

나홍수 나오는 대로 그 새끼 처넣어. (앞서가면)

양춘병 넵! (옆에 형사들에게) 도 팀장님 지금 어딨어?

형사3 홍희동 집에는 없습니다.

양춘병 (생각 고르며) 설마 장수복이 집에 간 거 아냐?

형사3 설마요. (하다 표정) 그쪽으로 가보겠습니다. (형사4와 함께 다급히 간다)

25 다른 일각 + 빈소 안 쪽방 / D

권주 (사라지는 나홍수 일별하며 / 마음의 소리) 설득이 불가능할 정도로
도강우를 범인이라 확신하고 있어. (안 되겠다 싶어 급히 전화하며)
진 요원, 계좌 알아봤어?

진서율 (E) 지금 알아보고 있습니다!

권주 알았어. 서둘러줘. (하는데 박중기에게 전화 걸려온다 받으며) 네, 박 형사님!

박중기 (**교차편집 / 빈소 안 쪽방** 걱정 가득한 표정으로 전화하며)
센터장님...! 지금 경학이 형님 장례식장인데요...
형수님 상태가 좀 안.... 좋습니더... (길게 한숨 쉬고)

권주 !!! (눈빛 흔들리고)

26 24시간 중국집 전경 / D

김 군 (E) 그런 고시텔 201호 아저씨요? (진저리 치며) 아주 개진상이었죠..

27 동안 / D

쪽방에서 자다 깨 나온 듯 부스스한 김 군이 연신 하품하며 강우와 얘기하고 있다.

김 군 (비위 상해) 빈 그릇에 온갖 쓰레기는 다 버려 나오지.
안에선 야동 신음 소리만 들리지 어휴...

강우 (결연한 표정으로) .... 그 집에 누구 찾아온 적은?

김 군 그런 델 오긴 누가 오겠어요. 피부병 생기게...
근데 왜요? 하, 그 아저씨 사고 쳤죠? 딱 봐도 범죄자 각이던데...
(문득 무슨 기억이 떠오른 듯 강우 보는 표정 묘해지며)
그러고 보니.....누가 찾아왔었던 거 같기도 하고...

강우 (눈빛 날 서지며 지갑에서 지폐 찔러주고)
개구라 치는 거면 한군데 부러질 줄 알아.

김 군 (큼, 강우 서슬에 움찔) 하, 형사님도....속고만 사셨나... (돈 챙기며)
며칠 전 엄청 비 온 날 있잖아요 그날....배달을 갔는데
야동 CD가 빽났다고 저 보고 틀어달라는 거예요.
헐... 완전 놀랐잖아요. 요즘 세상에.. 누가 CD로... 야동을 봐.
그것도 완전 변태급 야동을...

장수복 *(E) 어, 순찰하는 길에 들른다고?*

28 장수복 방 / 회상 / N

CD를 자꾸 토해내는 장수복 컴퓨터와 씨름 중인 김 군.
일각에 선 장수복이 누군가와 통화하고 있다.

장수복 (웃으며) 친.... 친구를 믿어야지 누굴 믿어. 그것도 짭새 친구 말인데.

김 군 (홧김에 CD 들어가는 드라이브 쪽을 퍽 치자 CD를 삼키는 고물 컴퓨터,
다시 화면에 야동이 재생되면, 혼잣말로) 올, 주제에 짭새 친구도 있어.

김 군 *(E) 완전 상그지로 보였는데 짭새랑 친구더라고요.*

29 중국집 안 / D

강우 (표정 거칠게 흔들리며) 친구? 확실히 짭새.... 친구라고 했어?

김 군 그렇다니까요. (장수복 흉내 내며) "가까운 데 순찰하다가 들른다고"

그렇게 말했어요.

강우 !!! 순찰?! 또 다른 건?

김 군 (무심히 끄덕이고) 그게 다예요.
제가 듣는 거처럼 보이니까 얼른 나가라고 했거든요.

강우 (전화번호 적어 건네주고) 생각나는 거 있으면 바로 전화해.
(나가며 / 마음의 소리) 경찰을 혐오하는 놈한테 경찰 친구라고 접근을 했다고?
(표정 묘해지는데)

30 동 밖 / D

강우 (다급히 나오며) 도기야, 그 주범 새끼 이 근처에...
(하는데 각도기 보이지 않자 두리번거리며) 야! 각도기! 이 새끼 빠져가지고.

각도기 (고개 푹 숙인 채 손 뒤로 수갑이 채워져 일각에서 나온다)

강우 뭐냐, 그 표정은? 손은 왜..

형사2 (각도기 뒤로 따라 나와 강우의 손에 수갑 채우며)
도 팀장님 장수복 과실 치사, 공무원법 위반 혐의 피의자로 긴급 체포합니다.

강우 (날 서 황당하단 듯 보며)
니들은 경험을 통해 배우는 게 없냐? 왜 또 지랄이야! (하는데)

형사2 ('체포 영장' 내밀며) 법원에서 오케이 사인 났거든요.
하 검사님이 완전 벼르시던데, 이번엔 고생 좀 하시겠어요.

강우 !!! 이것들이 단체로 미쳐가네. 수갑 풀라고 했다, 처맞기 싫으면!
(버럭하지만 순간 형사2가 강하게 손목 비틀자 하! 날 서 노려보고)

31 장례식장 전경 / D

32 동 빈소 안 / D

권주, 다급히 들어가면 제복을 입은 듬직한 표정의 장경학 영정 사진

놓여있고, 문상객들 오가고 있는 위로.

자막 **AM 08:00 장수복 사망 후 12시간 경과**

33 빈소 안 쪽방 / D

누워서 링거 맞고 있는 미숙 옆으로 박중기, 구광수가 앉아있다.

권주 (다가가 고개 숙이고 죄인처럼 차마 말을 하지 못하고 서있으면)

미숙 (권주 들어서자 얼른 몸 일으키며) 나 때문에 놀라서 달려왔나 봐.. (링거 빼면)

권주 (말리는데) 그러지 마세요.

미숙 (초췌한 얼굴로) 아냐... 이제 또 할일 많은데...

(문득 권주 손에 감은 붕대 보다) 그놈 잡으려다 다친 거야? (안쓰럽게 잡아주고)

권주 ... (차오르고) 죄송해요. 제가 그때 바로 확인 전화만 다시 했어도...

미숙 (권주 아프게 보며) 그런 말 하지 마.

센터장으로서 권주 씨는 당연한 선택을 한 거야.

아까 여울 아빠 보는데 (애써 추스르며) 모르는.... 사람 같더라..

다른 사람들은 그 정도 약이면 온몸이 마비됐을 거라는데...

여울 아빠는 온몸의 실핏줄이 다 터져버릴 정도로...온 힘을 다해서 차를 틀었대...

그만큼 간절했나 봐...여울 아빠.... 등산객분들... 살리고 싶은 마음이....

(아프게 시선 떨구며 눈물 뚝뚝 흘린다)

권주 .....

미숙 여울 아빠... 골타팀 제안받고 엄청 좋아했어.

무진혁 팀장이랑 강 센터한테 받은 기회... 사람 구하는 데

쓸 수 있게 됐다고... 얼마나 감사해 했는데... (결국 참지 못하고 오열한다)

일동 (숙연해지고)

미숙 (일각 문상객들 도착하자 애써 추스르며 몸 일으키고) 나가봐야겠다.

박중기 저희도 도와드리겠습니다. (구광수와 함께 따라가고)

미숙 (나가다 말고 돌아서서는) 권주 씨, 나랑 약속 하나만 해주라.

권주 씨는 절대 다치지 말고,
어떤 일이 생기더라도 꼭... 골든타임팀 지켜줘.....

권주 ....!!!

34 빈소 영정 사진 앞 / D

항을 피우고, 장경학 영정 사진을 물끄러미 바라보는 권주.
사진 옆에 놓인 근조 화환에 장경학을 애도하는
'3, 5, 10을 사수했던 우리 팀장님. 편히 쉬세요. 골든타임팀 일동'
'고인의 명복을 빕니다' 글귀 보인다. 차오르는 눈물 꾹꾹 참는 위로.

플래시백 빈소 안 쪽방 (시즌2, 2부 33씬) / D

미숙 *여울 아빠는 온몸의 실핏줄이 다 터져버릴 정도로...온 힘을 다해서 차를 틀었대...*
그만큼 간절했나 봐...여울 아빠.... 등산객분들... 살리고 싶은 마음이....

인터컷 빈소 안 쪽방 (시즌2, 2부 33씬의 확장씬) / D

미숙 *진범 따로 있을지도 모른단 얘기 들었어..... 잡아줘... 꼭....*

권주 ....! (천천히 고개 숙이고 주먹에 힘 들어간다 / 마음의 소리)
너.. 내가.....반드시 잡을 거야..... 반드시...
우리 골든타임팀을.... 건드린 걸...후회하게 해주겠어.
(이 악무는데, 진서율로부터 전화 오자 긴장된 표정으로 나가 받고) 어. (듣고)

35 112 신고센터 + 장례식장 복도 일각 / D

진서율 (긴장한 표정으로) 아까 말씀하신 거 알아봤는데요,
도강우 계좌로 정체불명의 돈이 들어온 건 맞는데...좀 이상해요,
2015년 2월 대한은행 풍산시 하월동점에서 계좌 개설한 날,

도강우 형사가 서울 출장 중이었던 기록이 있어요.
까놓고 도 형사란 분 머리 그렇게 좋다면서 자기 계좌로 뇌물 받을 리가 없잖아요?
오히려 나형준 형사 쪽이 이상한 게 나오던데요.

권주 (**이하 교차편집 / 장례식장 복도 일각**에서 긴장하며) 이상한 거...라니?

진서울 3년 전에 비트코인 가상 계좌를 만들었고,
거기서 돈 빠지던 날짜가 불치병인 아들 수술 날짜랑 묘하게 겹치더라고요.
(조심스레) 이건 완전! 제 소설이긴 한데 만약.. 나형준 형사가...
모종의 이유로 파트너인 도강우 형사의 인감을 빼돌려
계좌를 만들어 썼고 누군가 그걸 수사 도중 은폐했다면요?

36 장례식장 복도 일각 / D

권주 !! .... (침착하게 생각 고르며 / 마음의 소리)
그럼, 나형준 형사의 명예를 위해 도강우 형사가 일부러 숨겼단 건가?
(눈빛 흔들리며) 아예 말이 안 되는 얘긴 아냐......
(생각 고르다) 그렇다면 이 사건을 풀 수 있는 방법은 단 하나야.....
진실을 알고 있는 사람과 손을 잡는 것....

플래시백 권주 일각 (시즌2, 2부 12씬) / D

권주 *풍산시 사는 사람인가요?*

장수복 *(멈칫하다... 흠칫)*

권주 (결연한 표정으로 무전하며) 박 요원! 지금 도강우 형사 어딨는지 알아봐!

37 112 신고센터 + 장례식장 입구 / D

박은수 네! (다급히 어디론가 통화하고는 다급히) 센터장님! 도강우 형사 지금 법원에서
체포 영장 발부되고, 장수복 집 앞에서 체포돼서 옥포서 유치장에 있답니다.

권주 (**교차편집 / 장례식장 입구**에서 뜻밖의 소식에 당황하고) 뭐?

박은수 (메모한 통화 내용 보며) 나홍수 계장이 이번 장수복 사건 업무상 과실 치사, 건조물 침입죄까지 싹 다 넣은 모양이에요.
체포 영장 청구한 검사가 하민혁 검사라고..
3년 전 나형준 형사 살인 사건 담당 검산데 도 형사랑 앙숙이고요.
증거 불충분으로 도 형사 놓치고 승진에서도 미끄러지자
이번에 완전히 작정한 것 같습니다.

권주 ! (표정 굳어)

38 옥포 경찰서 일각 / D

각도기 (E) 보소잉!! 경찰 선상님~~ 시방 우리가 뭔 죄를 졌다고 가둔다요!

39 유치장 안 / D (공범은 같은 곳에 구류 불가능)

강우, 유치장 구석에 잡범들과 멀찍이 떨어져 앉아 다른 유치장 안
각도기가 철창 잡고 안달하는 모습 보고 있다.

각도기 (철창 잡은 채 얼굴 길게 빼며) 길가는 사람 잡고 물어보랑게!!
범인 잡는 거 옆에서 쬐까 도운 사람헌테 표창장은 못 줄망정
이딴 식으로 대접하는 게.... 어디 있서라!

강우 (구석에 기대앉아 낮은 목소리로) 조용히 해라, 정신 사납다.

각도기 (열받아 고개 빼 강우 향해) 행님, 빠져나갈 전략은 세우고 있는 거지라?
(속삭이며) 우리 그동안 CCTV 몰래 따고, 정보원 협박한 거 나오면..

강우 (날 서) 그 입 다물라고 했지....

각도기 (움찔 눈치보면)

양춘병 (E) 도 팀장님... 그러게 적당히 했음 여기까진 안 왔잖아요. 이게 뭡니까....

강우 (돌아보면 양춘병과 형사2 서있다, 날 서 일어나 철창 붙잡고)
양 형사님, 나한테 일주일만 시간 줘.

그 새끼 장수복한테 경찰이라면서 접근했다고...!!!
내가 반드시 잡아올 테니까!! 어 일주일만!!

양춘병 (후) 팀장님...지금으로선 좋은 변호사 구하시라는 것밖에 할 말이 없습니다.

강우 (절박하게 버럭) 나, 처음이자 마지막으로 부탁하는 거야.
일주일 안에 그놈 잡아오겠다고!
알잖아. 내가 언제 틀린 적 있었어?

양춘병 (힘겹게) 그러니까 저희도 더 못 믿겠다고요....
제발.... 그냥 인정하세요, 어차피 다 끝났습니다.
(고개 저으며 형사2 향해) 가자. (나가면)

형사2 (질렸단 듯 강우 일별하고는 양춘병 따라가려는데)

강우 (돌 것만 같고!! 철창 쾅 치며) 지금 그 미친 새끼 잡아야 된다고!
경찰이 줄줄이 죽어나가야... 정신 차릴래? 니들!!!
그다음은 니들이 될 수도 있어!!!
(그러나 대꾸 없이 사라지는 양춘병 보며 거칠게 머리 털고)

40 동 밖 / D

양춘병 (낮은 한숨으로 나오는데 들어서는 권주 보자 표정 구겨지고)
또..... 무슨 일입니까?

권주 도강우 형사님과 얘기 좀 할 수 있을까요?

41 유치장 안 / D

강우 (돌겠단 표정으로 머리 헝클이며 철장 안 서성이는 위로) !

플래시백 (소형) 낚싯배 위 / N (시즌 2, 1부 3씬)
조용석에게 잔혹하게 손목이 잘리는 실루엣

플래시백 (소형) 낚싯배 위 / N (시즌 2, 1부 3씬)

목소리 *(괴괴하게 비웃으며) 그 분노가... 널 구원할 거야.*

강우 (분노에 차 자신도 모르게 주먹으로 벽 쾅! 친다)
아니...!! 이 미친 사이코 새끼....! 내가 너 반드시 잡아 죽인다!

각도기 (옆에서 보고 놀라) 행님 그러다 주먹 뽀개진당께! 괜찮지라?

강우 (여전히 분 못 참는데) 후.... (생각 고르다 각도기에게)
옥포서 경찰 애들 중에서 오늘 결근한 놈 있는지 알아봐.

각도기 (황당하고) 음마, 유치장 안에서 그걸 워째 알아본다요?

강우 (자신도 모르게 버럭) 방법은 알아서 찾고.

각도기 (한숨 쉬며)... 지금 그거시 급한 게 아닌디요..... (하는데)

권주 도강우 형사님? (유치장 앞에 서서 강우 보고 있다) 잠시 얘기 좀 하죠?

강우 !!! (권주 보자 표정 차갑게 굳고) 뭐야, 스토커야? 할 얘기 없으니까 꺼져.
지금 누구 땜에 개고생인데. (날 서 돌아서는데)

권주 (가만 보다 주머니에서 라텍스 장갑 끼며) 3년 전 도 형사님이 목격한 그놈...
혹시 라텍스 장갑을 (당기는 모습 흉내 내며) 이런 소리가 나게 당기지
않았나요? 습관처럼요.

강우 !!! (눈빛 격하게 변하고 멈칫 서는 위로)

인터컷 *(소형) 낚싯배 위 (시즌 2, 1부 3씬의 확장씬) / N*
조용석, 히죽 웃으며 들고 있던 가위로 강우 발목 자르려 하면
목소리 뒤에서 만족스러운 표정으로 장갑을 튕기고 있다.

강우 !!!!! (격하게 흔들리는 눈빛으로 권주 일별하며 / 마음의 소리)
대체... 어떻게 안 거지?! 진술 조서에도 없었을 텐데....

42 면회실 / D

강우와 권주, 테이블을 가운데 두고 마주보고 앉아있다.

권주 (피 흐르는 주먹 보며) 괴팍하단 소문, 맞네요. 치료부터 해야 하는 거 아닌가요?

강우 (말 끊으며) 쓸데없는 소린 됐고. 장갑 얘기... 어디서 들었어?

권주 ...

강우 (버럭) 묻잖아! 그 주범 새끼가.. 장갑 낀 거 어떻게 알았냐고!!!!

권주 .... (갈등하다 결연하게) 전... 남이 듣지 못하는 소리를 들을 수 있습니다.
아까 장수복이 죽을 때, 바로 옆에서 라텍스 장갑 튕기는 소리를 들었거든요.

강우 뭐!? 장갑 튕기는 소리? (어이없이 웃다가 정색하고)
지금 나보고 그 말을 믿으란 거야?
내 소문 들어서 알 텐데....나 돌아버리면 당신 감당 못해.

권주 (차분하게) 말했잖아요. 제 귀로 들었다고요.

강우 (열 끝까지 올라 테이블 탕치고 일어나) 야, 이거 한두 번 해본 솜씨가 아니네..
허언증이라도 있어? 어디서 뻥카 날리고 지랄이야! (날 서 나가려는데)

권주 정 못 믿겠다면... (눈 감고 주머니 속에서 들리는 소리 형상화하자
눈 뜨고 단호하게) 지금 형사님이 주머니에서 뭘 만지고 있는지 맞혀보죠.

강우 (황당하단 듯 돌아보며) 뭐야..? (하는데)

권주 (일별하며) 수은 건전지 두 개네요.
아까부터 손목시계가 1초 느린 초침 소리가 나던데
시계 건전지 바꾸려고 사셨나 봐요.
안주머니 속에 깊이 들어 있어서 몸수색에 걸리지 않은 모양이고요.

강우 !!!!! (주머니에 들은 건전지 꺼내보며 충격으로) 뭐야. 너....... (눈빛 흔들리면)

43 동암 / D

권주 (결연한 표정으로 나와 서면 박은수로부터 전화 온다, 받으면)

박은수 (E) 얘기 잘되셨어요?

권주 이제 기다려 봐야지.

박은수 (E) 전 좀 솔직히 걱정돼요, 센터장님.
도강우 형사한테 아무리 정보가 있다고 해도, 소문이 너무 안 좋더라고요.

권주 ...지금으로선 다른 선택이 없잖아.... (끊고 고 청장에게 전화하는데)

44 다시 유치장 안 / D

굳은 표정의 강우, 경찰1의 인도로 유치장으로 들어온다.

각도기 (옆 유치장에서 얼굴 빼고 강우 향해) 행님!! 센터장이 우리 빼주려고 온 거 맞죠?

강우 (대꾸 없이 일각으로 가 눕는 위로)

45 면회실 / 회상 / D (시즌2, 2부 42씬의 확장씬)

강우 (황당하단 듯 보며) 비밀 수사?

권주 (결연하게) 네. 풍산시에서 시범 운영하는 골타팀에
합류한 후 진범 수사는 비밀리에 진행할 겁니다.
저는 복직과 청력을 제공하고 도 팀장님은 진범에 대해 알고 있는
모든 단서를 주시면 됩니다.

강우 (하... 어이없단 듯 노려보며) 법원에서 발부한 체포 영장을 엎으시겠다?
(픽) 이봐! 거울 좀 봐. 어깨에 힘이 너무 많이 들어갔어.

권주 (단호하게) 그럴 자신도 없었다면 여기 오지도 않았을 겁니다.
합류하겠다고 약속만 하면 빼드리죠.

강우 (요것 봐라... 의자 등받이에 기대고 일별하다)
무슨 요술봉이라도 있나 보네... 거절하면?

권주 (흔들리지 않고) 지금 이럴 입장 아닌 거 누구보다 잘 아실 텐데요?
이 상태로라면 1년 이상 구형은 불 보듯 뻔하고,
현장에서 장수복 차량 몰아세웠단 제 증언이라도 나오면 그 이상도 가능할 겁니다.

강우 (서늘하게 웃으며) 그 정도 협박으론 개미 한 마리도 못 죽여, 이 양반아.

권주 협박이 아니라 제안이라고 하죠.
아, 그리고... (묘하게 일별하며) 나형준 형사의 특진과 순직 처리도 취소될 겁니다.

강우 ! 뭐? (눈빛 확 변해 권주 노려보며) 말조심해. 어디서 뭘 주워들었는지 몰라도.

권주 (그런 강우 차분하게 일별하며) 3년 전, 속포 리조트 뒷돈 받은 사람,
도강우 형사가 아니라 나형준 형사죠?
홀로 아픈 아들을 키워야 하는 제수씨가 연금이라도 받게 하려고...
감춘 거 알고 있습니다. (잠시 보다) 두 사람 친구였죠?
어쩌면 괴팍한 도 형사님이 처음으로 맘을 연 사람일 수도 있겠네요.
그렇다면.. 지금 이 모습, 죽은 파트너에게 보여주기엔 너무 한심한 거 아닌가요?

강우 !!! (표정 확 변하고 권주 코앞에 바짝 서선)
와, (우리) 센터장님 사람 빡치게 하는 재주 보통 아니네.
밤길 혼자 다니지 마. 그러다 누가 뒤통수라도 후려치면 어쩌려고.

권주 (지지 않고 쏘아보며) 네. 그 재주로 한번 덤벼보려고요.
3년 동안 사기꾼이나 끼고 다니면서 아무것도 못한 도 형사님보단
빨리 잡을 거 같아서요, 그 살인마.
아 참 (건너편 창 너머 보이는 유치장 일별하며) 파트너가
아까부터 도 형사님 엄청 씹던데 관리 좀 하셔야겠어요. (탁자에 명함 두고 나가면)

강우 저게! (열받아 후 머리 헝클이다 자신도 모르게 테이블 쾅 발로 차는데)

46 다시 유치장 안 강우 일각 / 이하 현재 / D

각도기 철창 너머 고개 뺀 채 유치장에 앉아있는 강우 간절하게 보고 있다.

각도기 여자 말 들어 손해 보는 거 없다잖소잉.
아따, 저 여자 작년에 모태구라는 연쇄 살인마도 잡고,
아침엔 폭탄 터트린다는 아저씨도 잡은 능력자랑께!
저 여자가 도와준다면 못 이기는 척하고 손잡으소잉?

강우 (격하게 흔들리는 눈빛 참고) 너 아까 내 욕했냐? 저 자식들이랑?

각도기 (순간 뜨끔해서 버럭) 언놈의 잡것이 그딴 유언비어를 퍼트린다요!
(하다 강우 눈빛에 시선 내리깔며) 그거시..하도 옆에서 물어봐 싸서...
얘기하다 보니까 암튼........기분 상했으면 죄송허라. (의아한 듯 보며)

근데 여서 하는 소리가 거까지.. 들린당께요? 행님 설마? 독심술까지 허셔잉?

강우 (당혹스러운 표정으로 나직이) 진짜 그딴 소리가 들린단 거지?

박중기 (E) 비밀 수사예?

47 성운지방경찰청 전경 / D

48 회의실 안 / D

권주를 가운데로 콜팀과 출동팀 멤버, 다들 놀라 서로 얼굴 바라보고 있다.

권주 (굳은 표정으로 생각 고르다 결심한 듯) 네,

한 달간 풍산시에 골든타임팀을 임시 운영하면서 추가 수사를 해보려고요.

일동 !! (술렁이고)

권주 장수복의 유언대로라면 분명 한 달 내에 주범의 끔찍한 인간 사냥이 시작될 겁니다.

그놈은 장수복보다 훨씬 교활하고, 머리 좋고, 무서운 놈이에요.

(아프게 팀원들 보며)

솔직히 이런 힘든 일을 팀원들한테 제안하는 게.. 팀장으로서 가슴 아픕니다.

장 팀장님 그렇게 되신 건 다 제 탓이에요.

전화 소리에 제가 귀만 기울였어도... (아픔 참아내며)

하지만, 장 팀장님 죽는 순간까지 한 사람이라도 더 살리기 위해

최선을 다하셨어요.

만약 절 믿고 따라와 준다면 장 팀장님을 그렇게 만든 그놈

반드시 잡겠다고 약속할게요.

내일 아침까지 생각하고 얘기해주세요.

어떤 결정이든 다 받아들일 겁니다. (요원들 표정 살피면)

일동 ..... (다들 권주 시선 피하며 무거운 분위기다)

권주 (후..... 부담 준 건가 싶고 일어나 나가려는데)

일동 (다 같이 "저 가겠습니다.", "같이 갈래요!" 동시다발적으로 말하다

어색하게 마주보고 웃는데)

권주 (고마운 마음에 울컥) !!!!

구광수 (미소로) 몰랐으면 몰라도, 진실을 안 이상 어떻게 끝냅니까?

박중기 뭘 그게 어려운 거라 어렵게 말씀하십니꺼, 한 번 팀은 영원한 팀 아인교!

박은수 (서운하단 듯) 그러게요. 설마 센터장님 혼자 가시려고 한 건 아니시죠?

권주 (눈물 차오르지만 내색 않은 채 고개 끄덕이고)

박은수 참. 이거 (자료 내밀며) 말씀하신 시각 강오산 현장 인원 자료입니다.
라텍스 장갑 착용한 사람은 없네요. 그래도 모르니까 더 찾아보겠습니다.

권주 !!! (고맙게 받아보며) 고마워. 힘냅시다!

49 유치장 안 / D

주변 사람들 하나둘 웅크리고 누워있는 가운데, 약간 떨어져
누운 강우, 생각에 잠겨있다.

플래시백 면회실 (시즌2, 2부 45씬) / D

권주 *(지지 않고 쏘아보며) 네. 그 재주로 한번 덤벼보려고요.
3년 동안 사기꾼이나 끼고 다니면서 아무것도 못한 도 형사님보단
빨리 잡을 거 같아서요, 그 살인마.*

플래시백 동 밖 (시즌2, 2부 30씬) / D

형사2 *('체포 영장' 내밀며) 법원에서 오케이 싸인 났거든요.
하 검사님이 완전 버르시던데, 이번엔 고생 좀 하시겠어요.*

플래시백 (소형) 낚싯배 위 (시즌2, 1부 3씬) / N

목소리 *(강우 배 거칠게 발길질하고는 눈 마주치며)*

세상에는 불만 지피면 이용할 수 있는 게 아주 많거든..
예를 들어 분노와 증오 속에서 살아가는 사람들이거나...

강우 젠장!! (거친 한숨 내쉬고는 철창으로 다가서며 일각에 보이는 순경에게)
어이, 거기 순경 양반! 내 핸드폰 좀 갖다 줘.

50 112 신고센터 + 유치장 / D

책상에 앉아 나형준 살인 사건 보고서 다시 한 번 정독하고 있는 권주,
핸드폰 울리자 보면 도강우의 면회 요청 문자다.

권주 (경찰서 유치장에 전화하며) 성운지방경찰청 112 신고센터장 강권주 경감입니다.
도강우 형사랑 통화 좀 하고 싶어서요. (잠시 듣고) 네.
접니다. 생각보다 빨리 연락하셨네요. (사이) 알겠습니다.
(끊고 전화 건다) 고 청장님, 저 강권주 센터장입니다.
아까 부탁드린 것 때문에 전화드렸습니다.

51 풍산지방경찰청 전경 / D

자막 **풍산지방경찰청**

52 동안 / D

나홍수 (날 서 버럭) 도강우 구속 영장이 기각됐다고??? 그게 무슨 소리야???
양춘병 (굳은 표정으로) 그게 현역 시절에 공도 많은 경찰이 휴직 중에 실수한 걸 갖고
구속 영장 신청했다고... 윗선에서 기소 유예 요청 내려왔답니다.
아마 본청에서 압력 넣은 거 같습니다...
참.. (조심스레) 도 팀장이 시범 운영 예정인 골든타임팀
출동팀 팀장으로 거의 내정됐단 얘기도 들리고요.

나홍수　뭐 출동팀장? (열받아 테이블 발로 쾅 차고) 이거 강 센터 그 여자 작품이지?
하... 나랑 끝까지 해보자 이거구만!!! (권주에 대한 분노 차오르고)

53　옥포경찰서 전경 + 112 신고센터 / D

강우와 각도기 밖으로 나오고 있다.

강우　(표정 굳은 채 권주와 통화하며) 그러니까 지금! 한 달 보직으로
그 사이코를 잡으라고? 이봐! 그렇게 쉬운 놈이었음 진작 잡았어!

권주　(**이하 교차편집 / 112 신고센터 안** 결연한 표정으로) 저도 최선을 다한 결괍니다.
사방이 도 형사님 적이라 빼내는 데 아주 힘들더군요.

강우　아무리 그래도.... 이게 사람 목에 칼 채우고 수사하는 거랑 뭐가 달라?
이딴 식으로 나오면! (하는데)

일각 서 앞에, 대기하고 있는 출동차에서 박중기, 구광수 내린다.

박중기　(굳은 표정으로) 센터장님이 모시고 오랍니더. 타시죠.

강우　(박중기와 구광수 알아보고) 이젠... 떨거지들한테 내 감시까지 붙인 거야?

권주　(동요 없이) 말조심하세요. 떨거지들이 아니라 동료 팀원들입니다.
신뢰가 쌓이기 전까지 제 방법대로 하시죠.

강우　허!!! (분을 삭이고 각도기 놔둔 채 출동차에 혼자 오른다)

54　성운청 휴게실 (혹은 카페) / N

마주 앉아있는 강우와 권주. 옆에는 박중기, 구광수 서있다.

강우　(팔짱 끼고 삐딱하게) 주도면밀한 건 인정하지.
근데 간보는 건 딱 질색이라 본론만 말해.

권주　(팽팽하게 보며 전출 명령서 내밀면서)

다음 주부터 풍산시 골든타임팀 팀장으로 출근하세요.
아까 말했듯이 기간은 한 달이고요. 어떤 돌출 행동도 용납 못합니다.
만약 이번에 또 사고 치시면 다시 영장 나올 겁니다.

강우 하! (마지못해 받아 들고 눈빛 서늘해) 좋아, 대신 나도 조건이 있어.
출동팀 운영은 내 식대로 한다.
첫째, 몸빵 금지! 둘째! 지나친 감정 이입 금지!
셋째! 업무 중에 불만 있는 놈, 나한테 징징대지 말고 특별조사계에 얘기해.

박중기, 구광수 !!!! (일각에 서서 황당하단 표정으로 강우 본다)

권주 (묘하게 일별하며) 좋습니다. 갖고 있는 정보부터 공유하시죠.

강우 (수십 장의 사진 내던지며) 3년 전, 6월 한 달 동안 총 6건의 살인을 저질렀고
3년 후, 올 6월 다시 움직이기 시작했어.
희생자는 경찰대를 다니던 정혜련(20대),
서울 구로서 매점에서 근무하던 구지혜(40대), 풍산청 나형준(30대).
피해자 셋 다 경찰 일에 관련됐단 공통점이 있어.
피해자를 살해한 종범 소장호, 전혁수 역시 임무가 끝나면 살해됐고.
(다시 사진 2장(장경학과 장수복 사진) 테이블 위로 던지며)
최근 장경학 팀장과 장수복까지 포함하면 현재까지 8명 살해.
사건 중 정혜련과 구지혜는 증거도 용의자도 없어서 미제로 끝났고.
(가위 사진과 유사한 별무늬 포장지 사진들 보이며)
흉기는 특수 제작한 전정가위.
종범에게 신체를 잘라 달라고 한 후 별무늬 포장 상자에 담아 선물로 받았어.

권주 ....!!!!

강우 종범을 고를 때도 피해자한테 원한이 있는 놈만 골랐지.
정혜련은 알코올 중독 노숙자 소장호한테 '더럽다'고 말한 대가로 손가락이 잘렸고
형준인 복지원 선생이었던 와이프를 짝사랑한 조용석한테 맞아 죽었어.

권주 (잔혹한 방법에 긴장된 듯 입술 깨물고) ....이 정도까지일 줄은... 몰랐네요.

강우 (분노 섞인 목소리로) 아니, 이제 시작일 뿐이야.
그놈... 사람 마음속에 있는 증오와 분노를 최대한 악의적으로 이용해서
살인하는... 아주......극악한 놈이거든...

권주 ...!

강우 지금까지 상대한 놈들과는 질적으로 달라.

(눈빛 번뜩이며) 아마...엄청 흥미로운 한 달이 될 거야.....

권주 !!!!

55 다시 권주 집 / N

답답한 듯 길게 한숨을 내쉬고 생각에 잠기는 권주.

인터컷 청장실 안 (강우 전화하기 전 시점) / N

고 청장과 권주 마주보고 앉아있다.

고 청장 *(한숨 쉬고) 네가 골든타임을 운영하며 약속을 지킨 덕에... 들어준다만,*

만약 수사 중에 골타팀이나 네가 위험에 처하면

내 직권으로 스톱시킬 거다. 약속할 수 있니?

권주 *(결의에 차) 네...약속하겠습니다.*

심란한 표정으로 컴퓨터 옆에 놓인 골타팀 단체 사진을 바라보는데

옆에 놓인 아기 코끼리 덤보와 세워놓은 카드 보인다. 천천히 들어보면.

인터컷 카드 내용 / N

동우 치료 끝나는 대로 반드시 돌아올게.

장 계장님이 내 몫까지 잘해주실 거야. 무진혁.

권주 (카드 길게 보다 깊은 한숨으로 컴퓨터로 메일 작성한다)

인터컷 컴퓨터 화면 / N

'동우와 여행 중이라고 들어서 메일 드려요.

장 팀장님이..... 살해당하셨어요.

아무래도 범인이 풍산시에 있는 것 같아

풍산시 형사와 한 달간 비밀 수사 시작하려고 합니다.

저 때문에 혹시나 다른 팀원들이 위험에 처할까 걱정이 돼요.

같이 일하기로 한 형사가... 믿을 수 있는 사람인지도...... 잘 모르겠고요....'

를 작성하다 처음 한 문장만 남기고 모두 지우는 권주,

'돌아오시는 대로 연락주세요.'*만 작성하고 메일 보내는데.*

권주 후... (마른세수하다 / 마음의 소리)

약해지지 말자 강권주.... 넌 골든타임팀 팀장이야...

(골든타임팀 단체 사진 속 활짝 웃고 있는 장경학 팀장 아프고 아프게 보며 / 마음의 소리) 장 팀장님.. 그놈 반드시 잡아서 법의 심판대에 세울 겁니다.

그러니 부디 편히 눈감으세요...

56 풍산 일각 임대 아파트 앞 / N

가로등이 드문드문 보이는 일각, 벽의 로고가 희미해진 오래된 임대 아파트 보인다.

뒤쪽 주차장 안으로 들어온 탑차 완전히 서면, 목소리 차에서 내린다.

어둠 속을 걸어가는 위로.

인터컷 도로 (시즌2, 2부 6, 9, 11, 13씬의 목소리 시점) / D

- 강우가 다급히 불타는 장수복의 레커차로 달려간다.

- 장수복을 붙들고 분노를 토해내는 강우의 모습

- 형사들과 거칠게 대치하는 강우, 차에 올라타 떠나는 강우

목소리 (흥미로운 표정으로) 역시 덫에 걸린 벌레를 구경하는 게 제일 재밌어.. (하다 멈칫)

인터컷 *권주 일각 (시즌2, 2부 12씬의 목소리 시점) / D*

벙긋거리는 장수복의 얼굴에 귀를 대는 권주,

무슨 말을 들었는지 표정 변하더니 갑자기 주변을 돌아본다.

목소리 아니겠지...? 죽기 직전이라 이상한 유언이라도... 남긴 건.

한 번에 끝냈어야 했는데.....(어둠 속에서 경찰복 얼핏 보이는 위로)

57 강우 낡은 오피스텔 전경 / N

58 동안 / N

무언가를 응시하며 형형한 눈빛을 보이는 강우.

벽에 있는 스탠드 스위치를 올리자, 살짝 드러난 실내.

거실에 놓인 매트리스 하나, 냉장고 한 대만 있는 썰렁한 공간,

형준 사진과 3년의 추적을 담은 기록과 단서, 프로파일링 내용들이

벽면 빼곡히 기록되어 있다.

인터컷 *골목길 / 회상 / 3년 전 / D*

골목 구석에 차 대놓고 잠복 중인 형준과 강우.

형준 *(빵 먹으며 전방 주시하다 쓱쓱 입 문지르며)*

강력팀에서 내 별명이 뭔 줄 아냐? 나 보살이래,

너랑 이렇게 오래 간 사람 없다고.

강우 *(의자를 눕혀 기댄 채 눈 감고) 아니꼬우면 파트너 바꿔 달라고 해.*

형준 *싫다.. 흐흐 난 니가 싸가지가 없어도 범인 잘 잡아서 맘에 들어.*

경찰이 뭐냐? 범인 잘 잡음 되는 거지. (사람 좋게 웃으면)

강우 *(새삼스레) 웃지 마 새꺄, 정들어.*

형준 *근데, 너 진짜 운전면허증 없냐? 있는데 귀찮아서 안 하는 거지?*

어? (사이) 그거 안 먹으면 내가 먹는다. (강우의 빵도 맛있게 먹는다)

인터컷 *부둣가 / 회상 / 3년 전 / D*

강우가 때리는 대로 맞던 형준 결국 흐느껴 운다.

형준 *(터지듯) 우리 애가 아프대!!...*

(절절한 애원으로) 한 번만 눈감아 줘, 강우야.. 다시는 안 그럴게.

강우 *... (차마 보지 못하고 자리를 뜨는데)*

인터컷 *(소형) 낚싯배 위 (시즌2, 1부 3씬의 확장씬) / N*

형준 *(재갈 물린 채 고통에 몸부림치다 강우의 의식이 돌아오자 부은 눈 겨우 뜨며)*

아 아파.... 가우야....사..려줘..... 가우야.. 제발..

인터컷 *영안실 / 회상 / 3년 전 / D*

죽은 형준의 시신 확인하자 어린 아들을 업은 채 울부짖는 형준의 아내.

그 모습을 일각에서 비통하게 보는 강우.

강우 형준아... 나 그 새끼 잡는 걸로 끝나지 않아.

니가 받은 고통... 수천 배로 반드시 돌려줄 거다.

(순간 각도기로부터 핸드폰 걸려온다, 받으면)

각도기 (E) 행님 시방, 강권주 센터장에 대해 알아봤는디요.

나이는 34세, 엄청 동안이드만요... (하다 큼)

어려서 엄마 죽고 부친도 4년 전, 모태구란 놈한테 살해당허자

혼자 사는 모양인디요. 골타팀 만들고 나서 한 번도 휴가 간 적 없는 독종이랑께.

서울청 고 청장이 죽은 아부지 동기라 뒤를 봐준단 소문도 좀 있고요.

강우 (멈칫, 들으며) 옥포서는?

각도기 (E) 아, 그것도 왕건이 하나 건졌지라.

곽민수라고...나이는 29세, 풍산대 기계공학과에 수송병 출신으로
차량 하나는 끼깔나게 만져서 지구대 출동차도 지가 다 손보고
그랬다는데요? (목소리 낮추고) 근디 오늘 갑자기 연락도 없이 결근을 했다는디요.

강우 !!!! (눈빛 격하게 흔들리는 위로)

고 청장 (E) 오늘 우리 곁을 떠나는 장경학 골든타임 팀장은....

59 국립묘지 / 며칠 후 (발인) / D

비석 앞에 놓인 장경학 영정 사진.
고 청장 이하 제복을 입은 경찰 동료들이 무거운 슬픔 속에 도열해있다.

고 청장 (엄숙한) 평소 골든타임팀 팀장으로 시민의 안전을 위해 몸을 사리지 않는
희생정신을 실천해왔으며 유명을 달리하는 순간까지 국민의 생명을 보호하는
경찰로서의 사명에 충실한 영웅이었습니다.
우리 경찰은 이 고귀한 희생이 헛되지 않도록 안전한 사회를 건설하는 데
최선을 다할 것입니다. (중략)

일각에 상복은 입은 여울은 미숙 품에 안겨 슬픔을 토해내는데...
권주를 비롯한 골타팀 팀원들 역시
장경학 영정 사진에 마지막 경례를 하며 눈물을 쏟는 위로
페이드아웃하며 시간 경과 화면 흐른다.

60 풍산시 전경 / 다른 날 / D

넓게 펼쳐진 바다와 모래사장, 일각에 자리한 호텔과 리조트의 스카이라인 보인다.
도로 쪽 모래사장에 작은 간이 무대 설치돼 계속 신나는 음악이 울리고 있으면,
알록달록한 차림의 관광객들 바다 구경하느라 여념이 없다.

자막　**풍산시 며칠 후**

일각 시내 쪽으로 번화한 거리들이 이어진 도심지 보이면
'염기태 출소, 피해자 표적 범죄 우려' 제목으로 전광판 일각 뉴스 나오는 위로.

인터컷　*전광판 화면 / D*

기자1이 교도소 건물을 등지고 리포트 하는 모습 보인다.

기자1　*6년 전 전 국민을 경악시킨 희대의 아동 성폭행범 염기태가*
최근 출소한 것으로 알려졌습니다.
당시 인면수심의 범죄 내용이 세상에 알려지며 많은 지탄의 대상이 되었지만
관련 법안의 미흡으로 징역 6년이라는 처벌에 그쳤던 염기태는... (중략)

61　풍산어시장 일각 희주네 생선가게 / D

수산 시장 특유의 활기가 넘치는 길목,
수조 속 물고기와 매대에 깔린 해산물로 가득한 희주네 가게.
황기혁(51세, 희주 아빠), 열심히 호객 행위 중이면
오순임(45세, 희주 엄마) 발목에 반깁스한 채 생선 손질 중이다.
일각 선반 위에 놓인 작은 TV에서 뉴스 흘러나오고 있고.

자막　**AM 09:30 성범죄자 염기태 살해 시도 사건 발생 30분 전**

여손님　(살피다) 민어 좀 주세요, 싱싱하죠?

기혁　(만면에 미소로) 아이고 그럼요!
여름철 보양식엔 민어만 한 게 없죠! 몇 마리 드릴까요?

여손님　(지갑 꺼내고) 한 마리만 주세요.

기혁　네네. (다듬고 포장해 주며) 큰 거로 드렸습니다!

(손님 가고 얼음 한 바가지를 떠서 좌판에 놓인 생선에 뿌리는데)

기자1 *(E) 거주지는 풍산시로.. 이에 대해 아직 미성년자인 피해자의 부모를 포함... 우려를 표현하는... (중략)*

기혁 (가게 일각에 놓인 작은 TV에서 흘러나오는 뉴스 듣자마자 표정이 굳는데)

황지욱 (안쪽 방에서 튀어나와 기혁에게 스케치북에 그린 그림 보여주며) 아빠, 이거 봐! 내가 그린 거야!

기혁 (돌아보지도 않고) 아빠 바쁘니까 안에 들어가 있어.

순임 (지욱에게 다가가 도화지 속 그림 건성으로 보고) 그래 지욱아, 이제 들어가서 어린이집 갈 준비해. (하는데)

순간 상인1(여), 짜증 가득한 표정으로 가게 안에 들어서고.

상인1 (상가 보수 서명지 내밀며) 사인해.

순임 (들고 있던 도화지 접어 쥐고 서명지 받아 보며 갸웃) 어...이거, 어제 했는데요?

상인1 (뚱한 말투로) 희주가 말 안 해?
우리 애 아빠가 서명 받으러 다니다 급한 마음에 애 어깨 좀 잡았다고
사람 치한 취급한 거! 손님들 다 보는 앞에서 서명질 다 박박 찢더래.
그래서 다시 다니잖아!!! 대체 희주 왜 그래?
무슨 남자 혐오증이라도 있어?

순임 (듣자 희주 안쓰럽고 쩔쩔매며)........ 죄송해요...

상인1 내가 희주 엄마 얼굴 보고 참는 거야. 단단히 주의 줘.
한두 번도 아니고, 그러다 앞으로 사회생활이나 제대로 하겠어?

기혁 (낯빛 굳어) 말씀이 너무 지나치시네요. 사춘기 애가 그럴 수도 있지.
앨 놀라게 한 쪽이 잘못 아닙니까!

상인1 (어이없단 듯 보며) 어머머머? 희주 아빠! 아무리 팔이 안으로 굽는다고 해도
이건 아니죠! (하는데)

기혁 (버럭) 저희 애는 제가 알아서 합니다!

순임 (당황해 막아서다 저도 모르게 그림 떨어뜨리고 밟고 구기며) 그만해! 희주 아빠...!
(상인1에게) 죄송해요. 제가 대신 사과드릴게요. (연신 꾸벅이면)

상인1 (황당하고 불쾌한 표정으로) 정말 방귀 뀐 놈이 성낸단 옛말 틀린 거 하나 없네... 희주 엄마 나중에 얘기 좀 해! (쌩 가면)

순임 (상인1 완전히 사라지자 기혁 돌아보며) 대체 왜 이래.
이사 온 지 얼마나 됐다고, 또 이사하고 싶어서 그래!
(낮게) 저놈 나와서 나도 속상해... 나도! (가슴 팡팡 치면)

기혁 ....에이!! (괜히 도마에 생선 거칠게 내려놓는데)

지욱 (울먹이며 구겨진 그림 주워 보다 던져놓곤) 으앙....내 그림 엉망 됐잖아.

순임 지욱아 너까지 왜 그래....!

지욱 맨날 나한테만 그래..!!! (울면서 방으로 들어가면)

순임 휴... (안쓰러운 마음에 그림 주워 탈탈 터는데, 순간 희주 문자 오자 도화지 대충 접어 주머니에 넣고는 문자 확인해보는데)

인터컷 문자 / D

엄마 살려줘 염기태가 날 납치 했어 - 희주

순임 !!!!! (떨리는 손으로 희주에게 전화를 걸어대지만 전화 받지 않자)

기혁 (표정 굳어) 왜 무슨 일인데??

순임 애가 납치됐다고 문잘 보냈는데 전활 안 받아. (문자 보여주며) 이거 봐!!!
(다급히) 빨리 앱 좀 봐봐, 애 어딨는지...!!!

기혁 (다급히 핸드폰으로 커플 앱 뒤져 희주 위치 화이동 일각으로 뜨자 충격에 눈빛 흔들리며) 화이동이면 염기태 그 새끼집이잖아!!

순임 (어쩔 줄 몰라 하며) 여보 침착해...! 일단 지구대에 신고할 테니까...,

기혁 (버럭) 내가 먼저 갈 테니 경찰들 데리고 와!
(살기 어려) 내 이 새끼를....
(가게 일각에 둔 날 세운 칼 집어 들고는 일각으로 미친 듯이 달려간다)

순임 !!!! 여보 희주 아버지!!! (급하게 절뚝이며 쫓아가지만 결국 넘어지고)

상인들 (일각에서 놀라보다가) 아구구.... (뒤따라와 순임 부축하며 "아이고 무슨 일이야!", "희주 아빠 어딜 가는 거야!", "희주 엄마 괜찮아?")

62 풍산지방경찰청 전경 / D

자막 **풍산지방경찰청**

나홍수 (E / 격분해) 그러니까 오늘부터 골든타임 시범운영팀이 출근했다, 그 말입니까?

63 동 청장실 / D

날 선 표정으로 어 청장 앞에 선 나홍수 보인다.

어 청장 (생각 고르며) 그래 그것도! 출동 팀장에 도강우 발령 내서.
그 센터장 아무래도 그 팀장 죽은 걸로 시위하는 거 아이가...?
그렇지 않곤.......하는 짓들이 이해가 안 가서 말이다.

나홍수 (하! 분노 애써 참지만 주먹 떨려온다) 허... 제가 어떻게 해서라도 보류해....

어 청장 (자르고) 됐다, 마!! 이미 본청에서 다 오케이 한 걸 이제 와가
지방청이 우째 무른다 말이가. (생각 고르며) 홍수야.
담달이면 장수복이 사건 잘 해결했다꼬 우리 청이 기관표창 받는 거 알제?
근디 이 사건에 다른 게 있단 잡소리가 튀어나오거나 하믄
내가 아주 곤란하데이. 내 말... 알겠제? (눈빛 예사롭지 않고)

나홍수 ....! 그럼요. 제가 언제 풍산청 얼굴에 먹칠한 적 있습니까?

64 동 박 / D

나홍수 (날 서 걸어가며 / 마음의 소리) 하 도강우 이 새끼...
결국 센터장 낚아서 돌아왔다 이거지?

형사2 (땀 닦으며 다른 형사들과 일각에서부터 나오고)
계장님 하... 창고 안에 물건 이제 간신히 다 뺐습니다.

겨우 한 달 있으면서 엄청 귀찮게 하네요.

나홍수 (버럭) 니들이 왜 저걸 치워! (컨테이너 사무실로 날 서 가면)

형사3 (큼, 눈치로) ...오늘은 또 뭔 일이래...

형사1 (일각에서 달려오며) 빅 뉴습니다 빅...

(헉헉) 골든타임팀 출...출동 팀장 도강우 팀장이래요! 인터넷 발령 떴어요.

일동 !! 뭐?

65 112 신고센터 권주 일각 / D

성운청보다 작고 아담한 규모의 112 신고센터, 정면 전광판 아래
다닥다닥 붙은 칸막이 사이로 요원들 신고 응대하고 있는 모습 보인다.

요원1 (짜증 가득) 아재요, 지금 바다에 조스가 나타났다 그기 말이 됩니까?? 정신 차리소!
아침부터 술 먹고 수영하면 저세상 가요! 아, 몰라요!

요원2 (한심하고) 하, 나 참.. 어제 받은 홈런볼로 아직도 싸우면 우짤라고요.
.... 그냥 가위바위보를 해서 한 명이 가지든가! 그만들 하이소! (전화 끊으면)

전광판 앞 입구로 골든타임팀(권주, 박은수, 진서율)
주 센터의 안내로 둘러보고 있다.

주 센터 (괜히 멋쩍어서) 성운은 마 원체 큰 도시고 그라다보이 촘 희안빠꼼한 뉴스가 천지
삐까리고 마 그러겠지만 풍산은 관광객들이 우짜다 사고치는 거 빼고는
훈훈한 동넨교. 그라니까 마음 편하게 한 달 푹 계시다 가소.

권주 (단호하게) 코드 제로는 언제 어디서든 일어날 수 있는 초강력 사건입니다.
아주 위험한 발언이신 거 같은데요?

주 센터 (당황하고) 하, 뭐 말이 그렇단 거지요. 큼... (못마땅하게 보고 가면)

권주 (주변 둘러본다)

66 112 신고센터 / D

박은수 (모니터에 뜨는 112 신고통합시스템 신고 현황을 보는데)

요원3 네? 다시 한 번 말씀해 주시겠어요? (잠시 듣다가 난감하고)
러시아언가? 뭔 말인질 모르겠네.
박은수 (옆에서 요원3이 키보드로 입력하고 있는 단어 일별하다)
잠시만요, 제가 받아볼게요.
요원3 ...네. (떨떠름해서 주면)
박은수 (듣고는 잠깐 듣고 있다가 우크라이나 말로 대화하고 전화 끊고는)
우크라이나분이네요. 택시 기사분이랑 행선지 얘기로 싸움이 날 뻔해서
잠깐 말렸어요. 관광 온 거 같은데.
요원1, 2 (놀라고, 박은수 달리 보는데)
박은수 (다시 신고 전화 들어오자 받고) 네, 112 신고센터입니다.
네?! (표정 굳고) 네, 진정하시고요.

67 출동팀 사무실 안 / D

다닥다닥 붙은 책상들 4개 정도 자리한 좁은 컨테이너 안,
컴퓨터, 공청 무전기를 비롯 중고 비품에 일각 선반 자국 등 창고 흔적 남아있다.

박중기, 구광수 (들어오는데 팀장 자리에 강우 없고)
박중기 (까칠하게) 뭐야 와 없노... 하.. 첫날부터...
구광수 (사무실 둘러보며 큼) 창고 개조한 모양이네요? 아무리 시범이라지만... (하는데)

순간, 요란하게 문 열리는 소리와 함께 나홍수 들어온다.

나홍수 (눈 벌게져 버럭) 도강우 이 자식 어딨어!!!
(둘러보고 없자) 하, 그럼 그렇지! (박중기, 구광수보며 들으란 듯)
이 자식 나올 리가 없지!!??
박중기 네? 그게 무슨...?
나홍수 (비웃으며) 그 새끼가 어떻게 약을 팔았는지는 모르겠지만
절대 출동팀에서 사람 구하겠다고 뛰어다닐 놈이 아냐.

박중기 (당황해 구광수에게) 도 팀장한테 전화해봐라!

구광수 (전화하다 꺼져있다는 음성에) 허... 꺼져있다고 나오는데요?

박중기 !!!! (낭패다 싶어 다급히 권주에게 무전 하고) 센터장님!

68 다시 112 신고센터 일각 + 출동팀 사무실 / D

권주 (무전 하며) ...네? 그게 무슨 소리예요! 도강우 형사가
출근을 안 했다니?

박중기 (**교차편집 / 사무실**에서 무전 하며) 어떡할까요?

인터컷 박은수 일각 / D

박은수 *신고자분 좀 침착하게 말씀해주시겠어요? 누가 누굴 죽이러 간다고요?*

순임 *(E) 저희 남편이라고요!!!.. 그 사람을 죽이려고.. 간 거 같아요!*
빨리 좀 와주세요!!

박은수 *!!! (권주에게) 센터장님... 지금 남편이 누군가 죽이러 갔다는 신고 전화입니다!*

69 112 신고센터 / D

권주 뭐? (듣고 놀라 돌아보고 무전 하며) 박 형사님 잠시만요!
(박은수에게) 전화 돌리고 상황 파악해! (연결 받고)
풍산시 골든타임팀 센터장 강권주입니다.

70 다시 시장 일각 / D

창백한 얼굴의 순임, 입술을 파들파들 떨며 시장 일각 평상에 앉아
통화 중이다. 시장 상인들 걱정스러운 표정으로 순임 주변에 서있는데.

순임 (충격에 안절부절 두서없이) 저희 딸이 아침에 학교 간다고 갔는데...
갑자기 애가 그놈이 자길 납치했단 문자를 보내서
커플 앱으로 찾아봤더니.... 애 핸드폰이 그놈 집 근처라고 떴어요....

남편은, 그놈이 우리 희주 잡아간 거 같다고 칼을 들고 뛰쳐나갔고요!!!! (울고)

71 112 신고센터 / D

권주 그놈이라뇨? 신고자분... 침착하시고 조금 더 자세히 설명해주시겠어요?
(박은수에게 서두르라고 손짓하면)

박은수 (다급한 표정으로 가입자 신상과 가족관계등록 확인하며)
가입자 이름은 오순임, 45세.
남편 황기혁과 풍산어시장에서 희주네 생선가게를 하고 있고요.
자녀는 딸 황희주 18세, 아들 황지욱 7세입니다.
(신상 확인하다 신고 통합 시스템에서 뭔가를 알아내고 얼굴 굳는다)
센터장님! 희주라는 아이... 아동 성폭행 사건 피해자입니다.
가해자는 한 달 전에 출소했고요. (전광판에 보고서 띄우면)

권주 (읽어보고 충격에 눈빛 흔들리다 다급히 순임에게)
따님이 아동 성폭행 피해자로 긴급 신변 보호 등록이 되어있던데 맞습니까?

인터컷 시장 일각 / D

권주 *(E) 따님이 아동 성폭행 피해자로*
긴급 신변 보호 등록이 되어있던데 맞습니까?

순임 *!! (눈빛 흔들리다 핸드폰 든 채 반깁스 발 끌고 일각으로 가면)*

상인1 *(황당하단 듯 뒤에서 보다) 그 다리로 어딜 가?*
암튼 저 집 뭔가 감추는 게 분명하다니까. (상인3 끌고 순임에게 다가서면)

순임 *네... (작고 가늘게 울며) 아동 성폭행 피해자 맞아요...*

상인1, 3 *(뒤에서 듣고 순간 입 가리며 "헉... 세상에 아동 성폭행?")*

순임 *(눈치채지 못하고) 그러니까 제발... 빨리 우리 희주도 찾아주시고...*
애아빠도... (말을 잇지 못하고)

권주 !!!!!

진서율 (다급히) 센터장님!! 지금 황희주 핸드폰 위치 추적 결과 화이3로 45 희망빌라, 이번에 출소한 가해자 염기태 거주 빌라 근방으로 나옵니다. 핸드폰 전원은 꺼진 것으로 보이고요!

권주 !!!! (단호하고 빠르게) 진 요원! 황희주 등교 이후 이동 경로랑 화이동 염기태 집 주변 CCTV 확인해! 염기태 전자 발찌 위치 추적해서 아침에 어디 있었는지도. (다급히 코드 제로 스위치 누르면 ***00:00:01*** 카운트와 함께 센터 안 붉은 경광등 돌아가고 사이렌 울린다. 출동팀에 무전 하며) 코드 제로 상황 발생! 신고자는 45세 성명 오순임, 6년 전 아동 성폭행 사건의 피해자인 딸 황희주가 출소한 가해자 염기태에게 납치된 것 같다며 남편 황기혁이 염기태 집으로 칼을 들고 갔다는 신고가 들어왔다. 현재 황희주 핸드폰 위치가 염기태 빌라로 나와 보복 범죄의 가능성이 있다. 박 형사님은 화이지구대와 화동구 화이3로 45 희망빌라 3층 1호 염기태의 집으로 출동하세요. 구 형사님은 계영지구대와 풍산어시장으로 출동 바랍니다. 만약의 사태를 대비해 화이지구대에서는 여경 동행하시고요! 출동하는 모든 경찰은 방검복과 방검장갑 착용하고 안전에 유의 바랍니다!

72 다시 출동팀 일각 / D

박중기 (급박한 상황에 구광수와 눈짓하며 결연히 무전 하고) 네. 출 둘, 출 셋 지금 출동합니더! (권총과 테이저 건 점검 끝내고 달려갈 준비하는데)

73 다시 112 신고센터 / D

권주 (박은수에게) 도 팀장 수배해! 빨리! 코드 제로 사건 터졌다고!

박은수 네. (전화하고)

인터컷 화동구 화이동 희망빌라 일각 / D

날 선 표정의 황기혁, 칼 들고 터질 듯한 분노로 누군가의 집 앞에 서있다.

창 앞에 보이는 그림자 보는 순간 눈 뒤집혀 뛰쳐 올라가는데.

인터컷 *풍산장 모텔 안 / D*

카운터에 앉아있던 여주인(50대), 현관 앞 도착하는 강우 차에서
각도기와 강우 내려 날 선 표정으로 걸어오는 모습 본다.

긴장에 차 무전기에 집중하는 권주와 요원들의 눈빛,
결연한 표정으로 출동 준비하는 박중기와 구광수,
서늘한 표정으로 차에서 내려 모텔 바라보는 강우,
생선 칼을 든 채 살기에 차 계단을 올라가는 황기혁의 눈빛이 오가는 위로.

자막 **AM 10:00 성범죄자 염기태 살해 시도 사건 발생**

자막 뜨며 〈보이스 2〉 2부 엔딩!!

Season 2 • 3화

자막 **본 드라마는 실제 사건에서 영감을 얻었으나 드라마적으로 재구성된 픽션이며 등장인물은 실제 인물과 관련이 없음을 밝힙니다.**

1 112 신고센터 / D

권주 뭐? (듣고 놀라 돌아보고 무전 하며) 박 형사님 잠시만요!
(박은수에게) 전화 돌리고 상황 파악해! (연결 받고)
풍산시 골든타임팀 센터장 강권주입니다.

2 다시 시장 일각 / D

창백한 얼굴의 순임, 입술을 파들파들 떨며 시장 일각 평상에 앉아 통화 중이다. 시장 상인들 걱정스러운 표정으로 순임 주변에 서있는데.

순임 (충격에 안절부절 두서없이) 저희 딸이 아침에 학교 간다고 갔는데...
갑자기 애가 그놈이 자길 납치했단 문자를 보내서
커플 앱으로 찾아봤더니.... 애 핸드폰이 그놈 집 근처라고 떴어요....
남편은, 그놈이 우리 희주 잡아간 거 같다고...
칼을 들고 뛰쳐나갔고요!!!! (울고)

3　　112 신고센터 / D

권주　　그놈이라뇨? 신고자분... 침착하시고 조금만 더 자세히 설명해주시겠어요?
(박은수에게 서두르라고 손짓하면)

박은수　　(다급한 표정으로 가입자 신상과 가족관계등록 확인하며)
가입자 이름은 오순임, 45세
남편 황기혁과 풍산어시장에서 희주네 생선가게를 하고 있고요.
자녀는 딸 황희주 18세, 아들 황지욱 7세입니다.
(신상 확인하다 신고 통합 시스템에서 뭔가를 알아내고 얼굴 굳는다)
센터장님! 희주라는 아이 아동 성폭행 사건 피해자입니다.
가해자는 한 달 전에 출소했고요. (보고서 전광판에 띄우면)

권주　　!! (다급히 읽어보는 위로)

인터컷　　〈국기동 아동 성폭행 사건 보고서〉 / D

⊙ 사건 개요

2012. 7. 13. 9:00 용의자 염기태(33세, 한국대 졸)가
(초등 임용고시 합격 통보를 받고) 만취 상태에서 등교하던 피해자 황희주(여, 12세)를
인근 야산으로 끌고 가 폭행 및 강간하여 복부, 하복부의 외상성 상해 등을 가해
전치 15주에 이르는 치료를 요망. 피의자는 만취로 인한 심신 상실을 주장함.

⊙ 대법원 판결 사항

- 가해자가 초범이고 동종 전과 없음.
- 당시 만취 상태로 행위의 기억을 못 하는 등
심신 미약으로 인한 우발적인 범행이 인정되어 양형.
대법원에서 징역 6년형과 전자 발찌 5년
신상 공개 4년형을 확정, 2018년 6월 1일 만기 출소.
- 80시간의 성폭력 치료 프로그램 이수 명령.

박은수　　초등 임용고시 합격하고 만취 상태에서 아동을 강간한 사건이에요.

가해자가 동종 전과도 없는 데다 6년 전이다 보니 심신 미약이 인정돼서
양형이 됐던 것 같아요.

권주 !!!! (다급히 순임에게) 따님이 아동 성폭행 피해자로
긴급 신변 보호 등록이 되어있던데 맞습니까?

인터컷 시장 일각 / D

순임 *!! (눈빛 흔들리다 핸드폰 든 채 반깁스 발 끌고 일각으로 가면)*

상인1 *(황당하단 듯 뒤에서 보다) 그 다리로 어딜 가?*
암튼 저 집 뭔가 감추는 게 분명하다니까. (상인3 끌고 순임에게 다가서면)

순임 *네... (작고 가늘게 울며) 아동 성폭행 피해자 맞아요...*

상인1, 3 *(뒤에서 듣고 순간 입 가리며 "헉... 세상에 아동 성폭행?")*

순임 *(눈치채지 못하고) 그러니까 제발... 빨리 우리 희주도 찾아주시고...*
애아빠도... (말을 잇지 못하고)

권주 !!!!!

진서율 (다급히) 센터장님!! 지금 황희주 최종 전파 위치 확인 결과 화이3로 45 희망빌라,
출소한 가해자 염기태 거주 빌라 근방으로 나옵니다.
이후 핸드폰 전원이 꺼진 것으로 보입니다!!

권주 !!!! (단호하고 빠르게) 진 요원, 황희주 등교 이후 이동 경로랑
화이동 염기태 집 주변 CCTV 확인해! 염기태 전자 발찌
위치 추적해서 아침에 어디 있었는지도.
(다급히 코드 제로 스위치 누르면 ***00:00:01*** 카운트와 함께 센터 안 붉은 경광등
돌아가고 사이렌 울린다. 출동팀에 무전 하며) 코드 제로 상황 발생! 신고자는 45세
성명 오순임, 6년 전 아동 성폭행 사건의 피해자인 딸 황희주가 출소한
가해자 염기태에게 납치된 것 같다며 남편 황기혁이
염기태 집으로 칼을 들고 갔다는 신고가 들어왔다.
황희주 핸드폰 최종 위치가 염기태 빌라로 나와 보복 범죄의 가능성이 있다.
박 형사님은 화이지구대와 화동구 화이3로 45

희망빌라 3층 1호 염기태의 집으로 출동하세요.
구 형사님은 계영지구대와 풍산어시장으로 출동 바랍니다.
만약의 사태를 대비해 화이지구대에서는 여경 동행하시고요!
출동하는 모든 경찰은 방검복과 방검장갑 착용하고 안전에 유의 바랍니다!

4 다시 출동팀 일각 / D

박중기 (급박한 상황에 구광수와 눈짓하며 결연히 무전 하고) 출 둘, 출 셋 지금 출동합니더!
(권총과 테이저 건 점검 끝내고 달려갈 준비하는데)

나홍수 (순간 놀라 눈 커지고) 풍산시 지리도 모르면서 나대고 있고만!
(양춘병 보고) 따라가!

양춘병 네! (하고 박중기, 구광수 뒤로 따라가고)

5 다시 112 신고센터 + 어시장 안 순임 일각 / D

권주 (박은수에게) 도 팀장 수배해! 빨리! 코드 제로 사건 터졌다고!

박은수 네. (전화하고)

진서율 센터장님! 발찌 위치 추적은 법무부 관할이라 협조 승인이 좀 걸릴 것 같습니다!

권주 !! 최대한 서둘러! (전화에 집중하며)
오순임 씨 최근 가해자 출소 이후 특기할 만한 사항이 있었나요?

순임 (**이하 교차편집 / 시장 일각** 떨며) 실은 며칠 전에 우리 가겔.....찾아왔었어요...

권주 (놀라고) 네??

순임 *(E) 애아빠랑 저랑 가게 뒤쪽 냉동고로 가는데..*
뒷문에 누가... 흙 묻은 신발로 저희 가게 안을 훔쳐보고 있더라고요!!

6 가게 뒷문 / 회상 / D

염기태, 뒷문에 서서 가게 안쪽을 힐끔거리고 있다.

기혁 (의아해 보며) 누구...?

염기태 (보자 화들짝 놀라 무릎 꿇고) 아버님... 접니다....
희주에게... 용서를 빌러 왔습니다.
(눈물 뚝뚝 흘리며) 죽을죄를 졌습니다... 흐흐흑....

기혁 (그제야 염기태 알아보고) ....니...니 새끼가.. 어떻게 여길...
(격분해 옆에 있던 생선 칼 집어 들고 휘두르며
분노로 눈 벌게져) 희주한테 그딴 짓을 하고... 여기가 어디라고 감히!!

순임 (필사적으로 말리며) 안 돼!!!! 희주 아부지! 아, 아이고!!
(기혁과 힘 싸움 하다 넘어져 발목 접질리고 고통 참으며 염기태에게)
당장 가라고요! 또 한 번 왔다간, 내 손에 죽어요!!!

염기태 !!! 죄송합니다....흑흑.... (참담한 표정으로 보다 다급히 일어나 나간다)

기혁 (사라지는 염기태 죽일 듯 노려보다 뒷목 잡고 주저앉으며)
하..저 새끼가.. 어디라고!! (순임에게 버럭) 당장 신고해!!! 당장!!

순임 *(E) 그리고... 그날 밤 희주가....*

7 희주 방 + 거실 / 회상 / N

일을 마치고 집으로 들어서는 기혁과 순임,
순간 희주 방에서 이상한 소리가 들리자 다급히 문 열고 들어서는데.

희주 (책상에 앉아 가위로 긴 머리를 마구 자르고 있다)

순임 (가위 뺏으며) 희주야! 왜 이래!! 여보!! 희주 아빠!!

기혁 (희주 붙들고 말리며) 희주야 왜 이래!!! 정신 차려!!!!!

희주 (몸부림치고) 놔! 놓으라고! 이렇게라도 해야 나처럼 보이지 않을 거 아니야!

순임 그게 대체 무슨 말이야?

희주 (눈물 펑펑 흘리며) 그 자식... 아까 우리 학교 앞에서 날 기다리고 있었단 말야!
교문 뒤에 숨어서 날... 노려보고 있었다고!!!

순임 뭐야?? 아이구 세상에... (가슴 철렁해 주저앉으면)

기혁 !!! (분노 치솟고) 내 이놈을....

순간 베란다 밖 시장 입구 야외무대에서 '핫 써머'란 노래의 반주가 들려오자

희주 !!! (온몸 떨려오고 패닉에 찬 눈빛으로)
이게 다 아빠 엄마 때문이야! 그 자식 못 나오게 해준다며....
매일매일이 끔찍하고 토 나올 것 같아 미치겠다고!!
나가, 나가라고! 아빠 엄마 꼴 보기 싫으니까 다!!!
(문 거칠게 쾅 닫고는 방 안에서 고함치며 난리 치는 위로)

8 동 밖 / 회상 / N

순임 (쫓겨나가며 사색으로 내다보다 황급히 기혁에게) 빨리 베란다 문 닫아! 문!!!!!
기혁 (문 닫고 음악 소리 차단되자 겨우 길게 한숨 내쉬는데)
희주 (E / 와장창 뭔가 부수는 소리 이어지며) 아아악!! 싫어! 싫다고!!!!
순임 (방 안에서 들려오는 희주의 자해 소리에 억장 미어지고)
희주야! 문 좀 열어봐! 희주야...! 응...?

순임 *(흐느끼며 / E) 애아빠 그놈이 보복하려 왔다고 하더라고요.*
지구대에게 가서 신변 보호 요청도 했지만 시계 같은 것[4] *만 주고... 기다리라고.*
그러다 오늘 일이 터진 거예요!
제발 우리 애랑 애아빠 좀 구해주세요. 네? 흑흑...

9 112 신고센터 / 이하 현실 / D

권주 !! (허, 당혹스럽고)
진서율 센터장님! (염기태 빌라 앞 CCTV에, 칼 들고 들어가는 기혁 찍힌 화면 보여주며)
황기혁 씨 1분 전에 염기태 집으로 들어간 거 확인됐고요!

4 경찰에서는 신변 보호 요청 시 위험할 때 버튼을 눌러 강력팀 휴대폰과 연락이 가능한 '웨어러블'이라 불리는 위치 추적기를 지급함

염기태 어젯밤부터 집 밖에 나온 적이 없는 걸로 보이는데요?

권주 !! (혼란스러운데)

박은수 (다급히 전화 끊고) 도 팀장님 핸드폰 계속 안 받습니다.

권주 허! 무전 연결해!

박은수 네? (놀라 보며) 무전기 아직 못 받았지 않았나요?

권주 연결해!

기혁 (E) 희주야, 희주야!! 아빠다!! 아빠야!!!

10 염기태 집 앞 + 염기태 집 거실 / D

극도로 흥분한 채 문을 박차고 들어가 염기태에게 칼을 겨누는 기혁.

둥글게 앉아 찬송가를 부르고 있던 염기태, 교회 전도사1, 2(중년 여자들)

기겁하며 몸을 일으키는데...!

기혁 (방문마다 열고 희주 찾지만 아무데도 없자 염기태에게 칼 겨누고)

너 이 새끼...! 희주 어떻게 했어!

염기태 지금 무슨 소릴 하시는 겁니까? 제가... 왜 희주를...

기혁 (분노에 차) 좀 전에 우리 희주가 네 놈이 자길 납치했다고 문자를 보냈어!!

야 이 미친놈아, 우리 희주 어딨어!

우리 희주한테 또 무슨 짓을 한 거야!!!!!

(염기태를 당장이라도 찌를 듯 칼 휘두르면)

염기태 (놀라 겨우 피하며) 네!? 전 정말 모릅니다. 아버님! 정말입니다!!!

전도사1, 2 (구석에 숨어서 부들부들 떨며) 오 주여....

칼 좀 내려놓고 말씀하세요...

기혁 (눈 벌게져) 내가 그딴 거짓말에 또 속을 줄 알아?

너, 이 새끼야! 내 딸한테 손 하나 까닥이라도 했음

오늘 내 손에 갈가리 찢겨 죽을 줄 알아!!!

(칼 휘두르며 처절하게 외치는 위로)

자막 **AM 10:05 성범죄자 염기태 살해 시도 사건 발생 5분 경과**

보이스2 **〈혐오의 시대〉** 타이틀 뜬다.

제3화 심판의 시간

죄를 저지른 것은 사람이 하는 일이며,
자기의 죄를 정당화하려는 것은 악마의 일이다.
〈톨스토이〉

강우 (E / 의심 가득해) 확실해?

11 풍산장 모텔 앞 / D

강우와 각도기, 모텔촌 낡고 허름한 모텔 앞에 날 선 표정으로 서있다.

자막 **AM 10:07 성범죄자 염기태 살해 시도 사건 발생 7분 경과**
자막 **풍산시 화동구 화일동**

각도기 (끄덕이며 나직이) 지가 야그한 대로 차 관련해선 완전 선수고요.
컴퓨터도 잘 다루는 모양이네요. 찔러에 올린 그 프로그램 있잖소.
고거랑 아주 비스무리한 급발진 설계도를 먼저 튜닝 사이트에도 올렸당께요!
암튼 행님, 나가 이놈 여기 숨어있는 거 찾느라 을마나 고생했는 줄 (하는데)
강우 그날 결근한 이유는 뭐래?
각도기 (큼) 그걸 아직 모르겠고. 암튼 캐면 캘수록 구리구리한 느낌이 팍 하고 오는 것이..
(하는데 누군가 모자 눌러쓴 채 고개 숙이고 나오다 강우랑 각도기 보자 다급히 도망친다)
강우 !!! (보면 곽민수다! 다급히 쫓아가며) 야, 곽민수! 너 이 새끼! 거기 안 서!!

12 화일동 모텔 골목 / D

유흥업소가 밀집한 골목, 행인들을 밀치며 도망가는 곽민수를
강우와 각도기가 미친 듯이 쫓아가고 있다.

강우 (숨을 몰아쉬며) 젠장!! 저 새끼 왜 저렇게 빨라!

각도기 (헉헉 가쁜 숨 내쉬며) 그러게요. 뭘 좋은 걸 처먹기에... 저리도 날아다닌다냐.

강우 (날 선 눈빛으로 곽민수 쫓아 달려가는 위로)

플래시백 (소형) 낚싯배 위 / N (시즌2, 1부 3씬)

강우를 걷어차던 검은 비옷을 입은 목소리의 실루엣

강우 (눈빛 날 서지며 / 마음의 소리) 체격, 나이대.. 비슷해...설마....

13 골목 + 상가 안 / D

코너를 돌아 바로 5층짜리 낡은 건물로 뛰어들어간 곽민수!
강우, 센터로부터 전화 오는 줄도 모른 채 정신없이 가파른 계단 오르기 시작하고!!

14 5층 복도 화장실 안 + 건물 밖 / D

단걸음에 5층에 도착한 곽민수, 다급히 남자 화장실로 들어가
환기창 열고 옆 건물로 도망치려는 순간, 열리지 않는 환기창!
아차 싶어 다시 나가려는데.. 분노 가득한 표정으로 들어서는 강우!

곽민수 시발! (눈빛 날 서 품에서 군용 나이프 꺼내 독기 올라 칼 휘두르는데)

강우 !!! (칼끝 반사적으로 피하고 화장실 문을 열어 재껴 곽민수 머리
갖다 찍은 뒤 끙끙거리는 곽민수 머리 잡아 일별하며)
너 6월 2일 어디 있었어? 튀는 거 보니 켕기는 거 많나보다?

너... 나 알지? (자신의 뺨에 난 칼자국 보이며) 알잖아!! (버럭)

곽민수 (이마 찢어진 채 피 흘리며) 끙.... 먼 개소리야?

강우 (곽민수 목소리 듣고, 멈칫하는데) !!

순간 화장실 무심코 들어서던 남자1, 험악한 상황에 놀라자
강우 돌아보는 순간 곽민수, 옆에 있던 벽돌로 강우 머리를 가격하고 뛰어나간다.

강우 !!!!

다급히 내려다보면, 비상용 계단을 통해 1층까지 내려가는 곽민수 보이고!
강우 역시 창문 타고 쫓아가지만 곽민수, 택시 다급히 잡아타고 도주한다.
강우 쫓아가지만 택시 골목 밖으로 사라지는데!!!

각도기 (헉헉거리며 도착해) 행, 행님..., 잡으셨소?

강우 (열받아) 젠장!! 이제 처오면 어떡해!! (하는데)

권주 (E) 도 팀장님 지금 어디십니까!

강우 (권주의 무전 소리에 놀라고) 뭐야...... 너 무전기 갖고 있어?

각도기 아, 그게 시방... (찔끔해 주머니에서 무전기 꺼내놓으며)
어제 저한테 미리 맡아달라고 해싸서. (강우 눈치보는)

강우 허.. 이제 박쥐처럼 붙어 다니는구나, 너.

권주 (E) 도 팀장님! 급한 사건입니다.

강우 (각도기가 든 무전기 확 뺏어 무전 하며) 이봐, 나도 지금 급하니까.
택시 하나만 추적해줘. 번호는 00 아 0000. 탄 놈은 곽민수 옥포서 순경.
3년 전 사건 주범 가능성 있다!

15 112 신고센터 + 건물 밖 / D

권주 !!! (듣고 표정 굳어) 3년 전 사건이요? (다급히 진서율에게) 진 요원,
번호 00 아 0000 택시 수배하고 옥포서 근무하는 곽민수 순경 추적해.

장 팀장님 사건 관련 있을지도 몰라.
(다시 무전 하며 강경한) 그리고! 도 팀장님 한 번만 더 단독 행동하면
지금 당장! 유치장으로 돌아가야 할 겁니다! 제 말 명심하세요!

강우 (**이하 교차편집 / 건물 밖**에 서서) 하... 센터장님... 협박하는 재미
맛 들였나 봐. 그러다 그 카드 정작 필요할 때 못 쓰면 어쩌려고 그래.

권주 (무전 하며) 전 분명 경고했습니다! (후, 참고)
6년 전 아동 성폭행 가해자가 출소해서 피해자인 희주 양을 납치했단
신고가 들어왔습니다.
황희주 양 핸드폰 마지막 위치가 출소한 가해자 빌라로 나왔고
피해자 부친이 칼을 들고 가해자 빌라로 들어간 것도 확인됐어요.

강우 !!! (눈빛 격하게 흔들리고)

16 시장 일각 / D

순임, 핸드폰 쥐고 초조하게 서성이고 있으면
일각 상인1 이하 모여 서서 "애가 어렸을 때 성폭행을 당했대요.
그놈이 출소해서 보복한 건가 봐.", "세상에!! 어쩐지 애가 너무 예민허더니.."
수군거리고 있는데, 순간 요란한 사이렌 소리와 함께 출동차 도착한다.

구광수 (다급히 내려 희주네 생선가게 앞에 서며) 오순임 씨?
골든타임 출동팀 구광수 형삽니다.

순임 (상인들 헤치고 서며) 저예요. 우리 애랑 애아빠 무사한 거죠?

구광수 아버님은 염기태 집에 있는 것이 확인돼서 골든타임팀에서 출동했습니다.
따님이 학교 간다고 나간 후에 납치되었단 거죠? 문자 좀 확인하겠습니다.

순임 네... (문자 보여주면)

구광수 (확인하고) 등굣길 따라서 납치 위치 추적하겠습니다. (가면)

순임 (다급히) 저도 따라갈게요! 희주 가는 길 제가 알아요!

구광수 (무전 하고) 풍산어시장 도착, 문자 확인 후 신고자와 함께 이동 중이다. (하는 위로)

17 희망 빌라 앞 + 출동차 / D

끼익 파찰음과 함께 출동차에서 내린 박중기와 양춘병,
다급히 빌라 입구로 달려온다.
초조한 표정의 지구대원 화이1, 화이2(여경), 화이3
입구 앞에 서있다가 다가오고.

화이1 경비 말로는 인근 교회 여자 전도사 두 명도 아까 들어갔다고 합니다.
문이 잠겨있어서 마스터키 받았습니다.

박중기 !

권주 (E) 도 팀장님은 아직인가요?

인터컷 *골목 일각 / D*

다급하게 달려와 서는 택시에서 내려 달려오는 강우 보인다.

박중기 (무전 하며) 하이고, 양반은 못 되나 보네요... 지금 왔십니더.
(못마땅한 듯 강우 보며) 출동팀은 시간이 생명인 거 모르십니꺼.

강우 (대꾸 없이 양춘병 보고) 웬일입니까?
나 계장님이 붙인 모양이네. 나 감시하라고.

양춘병 .....

박중기 (허 어이없고) 말싸움할 시간 없꼬예, 도 팀장님은 출동팀 실전은 첨이니까
지가 앞장 서겠습니더. (화이1에게) 여기 빌라 비상구가 따로 있십니까?

화이1 (입구 가리키며) 여기 하납니다.

박중기 그라믄 저희 셋 앞에 서고 (화이1, 2 가리키며) 따라오이소.
(화이3에게) 빌라 주변 샅샅이 뒤져서 황희주 양이랑 핸드폰 찾고요!
안에 인질로 잡힐 수 있는 사람이 총 셋.
부친 황기혁 씨가 상당히 격분한 상태일 끼니까 다들 조심하이소.

강우 (예민한 표정으로 뒤따르는데)

권주 (채널1로 강우에게 무전 한다) 도 팀장님, 제가 센터에서 현장 상황을

들을 수 있게 무전기 켜주세요!

강우 뭐? (하다) ...허! 그럴 거면 아예 현장 나오든가. (무전기 본체 스위치 켜면)

염기태 (E / 두려움과 답답함에 차 울먹이며) 전 희주 학교에 간 적도, 보복할 생각도 없습니다. 아버님 가게 간 게 다라고요!! 제발 믿어주세요!!!

18 염기태 집 거실 + 화장실 / D

기혁 (뒷걸음질 치는 염기태 향해 격분해 다가가며) 또 거짓말!! 니가 한 짓이잖아!!! 우리 희주 어딨어!!! 어딨냐고!!

전도사1 (애써 덜덜 떨리는 목소리로) 형제님은 저희랑 단식기도 중이었어요! 완전히 회개하고 그날 이후 술 한 방울 입에 댄 적 없대요!!

염기태 (억울하고 절절한) 네, 아버님도 한번 생각해보세요! 희주한테 무슨 일 생기면 제가 용의자가 될 게 뻔한데... 미쳤다고 그런 짓을 하겠냐고요!!! 아 맞다, (발목 가리키며) 이거 추적해보세요. 그럼 희주 없어진 시간에 제가 어딨었는지 죄다 나올 겁니다!!

기혁 이놈이, 끝까지 터진 입이라고!! (칼 휘두르면)

염기태 !!! (팔 베이고) 으아악! (화장실 문 열려있자 아슬아슬하게 기혁의 칼 피해 다급히 들어가 문 잠그고 숨는다)

기혁 이 새끼가! (손잡이 덜컥덜컥 흔들며) 당장 열어! (칼로 손잡이 쾅쾅 부수기 시작하는데) 당장!!

19 염기태 집 앞 / D

3층 1호 앞으로 도착해 박중기의 수신호에 따라 서는 경찰들, 안에서부터 들리는 문 부수는 소리와 비명 소리에 표정 심각해진다.

박중기 ! (주먹 쥐어 멈추게 한 뒤 자리 지정하고 화이1에게 눈짓하면)

화이1 (다급히 마스터키로 문 열고)

인터컷 거실 + 화장실 / D

기혁 *(격분해 화장실 문 부수고 들어서 안에 숨은 염기태 위로 칼 치켜들고는)*
너 이 새끼 입만 열면 거짓말인 거 내가 모를 줄 알아!! 희주 어딨어?

20 염기태 집 거실 / D

박중기 !!!! (다급히 선두로 들어서며 황기혁 테이저 건 겨누고)
황기혁 씨 진정하고 일단 그 칼부터 좀 내려놓으이소!! (지구대 눈짓하면)

지구대들 (다급히 방 구석구석 뒤진다)

기혁 !!! (자신을 조준하는 경찰들 보자 분통 터지듯 염기태 잡아 목에 칼을 들이댄 채)
지금 경찰이 돼갖고 나한테 저딴 거 들이대는 거야!!???
이 새끼가 우리 딸 납치했다고!!

화이1, 2 (작은방에서 전도사1, 2 데리고 나오고) 황희주 양 없습니다!

염기태 !!!!! (화장실에서 나와 울부짖으며) 형사님!!!
제발 살려주세요. 아버님이 뭔가 오해 한 모양입니다.
그날 일 기억은 못하지만 진심으로.......진심으로.... 희주한테 미안한 마음뿐 입니다!!
평생 희주한테 손끝 하나 대지 않겠습니다!!

강우 (들어서자마자 벽에 걸린 십자가, 무채색 실내 가구, 종교 서적 스캔하는데
일각, 책상 위 빨간 솜뭉치 눈에 들어오고)

21 다시 112 신고센터 / D

권주 (기혁과 염기태의 음성 들으며 의구심에 차고 / 마음의 소리)
황기혁 씨와 염기태 두 사람 다... 진실만을 말하고 있어! 대체 어떻게 된 거지?
(채널1로 강우에게) 도 팀장님, 지금 두 사람 다 진실을 말하고 있는 것 같습니다!

22 다시 염기태 집 거실 / D

강우 (무전 하며) 진실??!! (당황해 기혁과 염기태 일별하는데)

박중기 (차분하게 기혁에게) 황기혁 씨! 마음 알겠습니다만, 진정하고 칼 내려 놓으이소.
집 안에 희주 없는 거 보셨잖습니까...
여 집 앞 CCTV에도 희주 들어가는 장면 없다 캅니다.

기혁 (분노에 이성 잃고 버럭) 웃기지 마! 애가 저놈한테 납치됐다고, 살려달라고 문자 보냈다고! 내 딸한테 무슨 일 생기면 당신들부터 죽을 줄 알아!!!

일동 !!!! (격분한 기혁 태도에 난감하고)

23 112 신고센터 / D

권주 ! (심각하게 들으며) 흥분 지수가 너무 높아!
.....이러다가 정말로 염기태를 살해할 수도 있어. 안정시킬 방법을 찾아야 해.

박은수 (옆에서 다급히) 센터장님! 방금 법무부에서 전자 발찌 위치 추적 자료 받았는데...
염기태, 어제 아침부터 하루 종일 집에만 있는 걸로 확인됩니다. (자료 보여주고)

권주 뭐??!!!

구광수 (E) 여기는 출 셋, 센터장님 좀 이상한 점이 있습니다.

권주 (구광수 무전 집중하며) 이상한 점이요?

24 번화가 뒷길 팬시점 안 / D

아르바이트생이 순임과 구광수에게 CCTV 화면 보여주고 있다.

구광수 (변화가 쪽으로 걸어가는 희주가 얼핏 찍힌 팬시점 내부 도난용 CCTV 확인하며)
황희주 양, 납치된 게 아닐 수도 있습니다!

권주 (E / 놀라고) 그게 무슨 소리죠?

구광수 지금 황희주 양과 비슷한 여고생이 시외버스 터미널 쪽으로 가는 모습이 찍혔습니다. 희주 어머니 말론 배낭에 달린 인형이
예전 학교 친구한테 선물 받은 거랑 똑같다고 하네요.
그리고 사거리 건널목 앞에서 토스트 트럭 주인이 희주를 목격했답니다.

인터컷　　토스트 트럭 일각 / 회상 / D

구광수　　*(희주 사진 내보이며) 정말 얘 맞죠?*

토스트　　*(손님들 토스트 구워주다 구광수가 내민 희주 사진 보며) 그렇다니까요.*

남자 손님 하나가 다 먹고 돌아서 나가는데 지나가던 이 학생이랑 어깨가

툭 하고 부딪힌 거야.

그랬더니 얘가 갑자기 소리를 지르면서 얼마나 승질을 내던지...

(고개 절레절레 흔들며) 등교 시간 지났는데도 학교도 안 가고.... 에휴

(사이) 저기 시외버스 터미널 쪽으로 가던데...?

구광수　　*!! (둘러보다 터미널 쪽 골목 앞 팬시점 CCTV 카메라 발견하고) !!*

구광수　　(다급히 이동하며) CCTV 화면 전송했습니다.

지금 시외버스 터미널 쪽으로 이동 중입니다!

25　　112 신고센터 / D

권주　　!!!!!! (전송받은 CCTV 화면 보고 당혹스러운데)

박은수　　(CCTV 속 염기태 집 희망빌라 앞에 주차된 차창에 여고생의 뒷모습

(가방(인형이 찍힌) 보이며) 그럼, 여기 찍힌 여자애... 희주일 수도 있겠는데요?

권주　　!!! (두 화면 확인하고 머리 짚고는) 여기는 센터, 오전 9시 30분, 황희주 양,

시외버스 터미널 방향으로 가는 CCTV 화면 확보했습니다!

또 오늘 8시 40분경, 희주 양이 희망빌라 근처에 왔다 간 화면도.... 찾았고요.

아무래도 등교한다고 나간 뒤 화이동 들렀다가

계영고 뒤쪽에 있는 시외버스터미널로 간 것 같습니다.

(조심스레) 희주 양이... 염기태를 다시 감옥에 보내려고 자작극을 벌인 게 아닌가

의심됩니다.

26　　다시 염기태 집 거실 / D

일동　　!!! (듣고 서로 얼굴 보며 당혹스러운데)

박중기 (조심스레) 희주 아버님. 진정하시고... 희주 안전할지도 모릅니데이...
지금 희주가 딴 곳으로 가고 있단...

기혁 (멈칫) 그럼 우리 딸이 거짓말이라도 했단 거야?
하... 당신들 지금 이 새끼 편만 들겠다 이거지!! 그러고도 당신들이 경찰이야!!

양춘병 희주 혼자 시외버스 터미널로 가고 있단 CCTV 영상 확보됐습니다.
원하시면 보여드리죠.

기혁 뭐?? (순간 표정 변하고, 격하게 갈등하다 눈빛 형형해져)
됐어! 내가 당신들 말을 믿을 거 같아!!!
정 이딴 식으로 나옴 내가 오늘 이 자식 죽인다!!!!

일동 (예상치 못한 기혁의 행동에 당황하고) 어, 어어!!!

박중기 (다급히 권주에게 무전 하며) 센터장님,
황기혁 씨 지금 희주가 무사하다고 말했는데도 전혀 설득이 안 됩니다, 어떡하죠?

인터컷 ***112 신고센터 / D***

권주 *(당황하고 / 마음의 소리) 황기혁 씨 정말로 염기태를 찌를 생각이야...!!!*
어떡하든 진정시킬 방법을 찾아야 해.. 방법을 (미간 모으는데)

강우 (예고 없이 천장에 공포탄 쏘고 황기혁 겨누며) 다음 총알, 황기혁 씨한테 갑니다.

일동 (예상치 못한 행동에 화들짝 놀라고)

기혁 !!!!

강우 (냉소적으로 보며) 희주 자작극 들통나니까.... 차라리 잘됐다.....
이 기회에 저 새끼 목 따면 발 뻗고 편하게 잘 거 같죠?
아니, 그건 당신이 착각하는 거야!!

기혁 (격하게 흔들리는 눈빛으로) 잘난 척하지 마.
우리가 겪은 고통에 대해 뭘 안다고! 함부로 떠들어!
(분노로) 경찰이 못 하는 거.. 내가, 내가 대신해주겠다고!!!

강우 만약!!! 여기서 황기혁 씨가 저 새끼 목 따면 희주는 살인자의 딸까지 되는 겁니다.
(진심 담아 버럭) 그게 얼마나 끔찍한 건지 당신은 몰라!!

내가 괴물이 될지도 모른다는 걱정을 매 순간 하는 거라고!!
저 새끼가 아무리 갈가리 찢어 죽일 짐승이라도
설령 희주가 이놈 좀 제발! 죽여달라고 했어도!!
당신이 희주 아버지라면, 희주를 정말 위한다면 (단호하게) 여기서 멈춰!!

기혁 !!!!

27 시외 터미널 일각 / D

구광수 (일각 보며) 어, 저기... 보입니다!!!

구광수와 지구대원들, 서울행 버스에 줄 서있는 희주 발견하고
다급히 뛰어가면 순임도 쫓아가고!

구광수 (무전 하며) 여기는 출 셋, 서울행 버스 타려는 희주 확인하고 추적 중입니다.

권주 (E) 희주 만나면, 반드시 공청하세요!

희주 달려오는 경찰 발견하자 놀라 막 시외버스 타려는 순간,
순임이 희주 잡아채는데!

순임 (등짝 치며) 아이고 이것아, 너 여기서 뭐 하는 짓이야!
지금 너 땜에 무슨 일이 벌어졌는지 알아!!!
아빠가... 아빠가 그놈 집에 갔어!

희주 (놀라) 뭐???

순임 (주저앉아 울고) 흐흐흑....

28 다시 염기태 집 거실 / D

순임 (E / 등짝 치며) 아이고 이것아, 너 여기서 뭐 하는 짓이야!
지금 너 땜에 무슨 일이 벌어졌는지 알아!!!
아빠가... 아빠가 그놈 집에 갔어!

희주　(E) 뭐???

순임　(E) 흐흐흑....

기혁　!!!!!!! (무전기 너머 들려오는 순임과 희주의 음성에 눈빛 격하게 흔들리고)

기혁, 손에 힘 빠져 칼을 떨어뜨리면 박 형사와 양춘병, 순간을 놓치지 않고 염기태와 기혁 사이로 돌진, 파고들어 기혁을 단숨에 제압하는 데 성공한다!

박 형사　(후!!! 수갑 채우며 안타까운 표정으로) 황기혁 씨, 무단 침입 및 상해죄, 재물 손괴죄로 체포합니더! 변호인 선임권이 있고 변명의 기회가 있십니다!

기혁　!!! 크윽.........흐흐흐흑 (참았던 눈물 터지는 위로)

자막　**AM 10:30 성범죄자 염기태 살해 시도 사건 종료**

인터컷　112 신고센터 / D

격렬한 현장음 이어지는 긴장된 상황을 공청기로 전해 듣던 요원들, 숨죽이고 있다 사건 종료 무전 들려오자 안도의 한숨 내쉰다.

권주　*(역시 깊게 안도하지만 어딘가 찜찜한데)*

전도사1　(다가와) 어머, 형제님 괜찮으세요?
세상에 피 봐.. (상처에 휴지 대려는데)

염기태　(움찔 얼굴을 찌푸리다 표정 고치며) 괜찮습니다. 다 제 탓입니다.
(다가와 강우에게 꾸벅 고개 숙이고) 덕분에 살았습니다.
역시 단식기도도 하면서 진심으로 회개하니까 하나님께서 살려주신 모양입니다.

강우　(허! 어이없단 듯 일별하며) 해석 한번 지랄 맞네.
피해자와 가족들이 전혀 그쪽 용설 안 했는데 누가 용서해?
정말 용서받고 싶으면 평생... 저 가족보다 더한 지옥에서 살아! 알았냐!! (나가면)

염기태　(표정 순식간에 표독스럽게 변해 노려보는데)

양춘병 (화이2와 다가가 상처 보며) 염기태 씨, 일 불거지게 해서 서로 좋을 거 없단 거 알죠?

염기태 그럼요, (쿵쿵) 희주 양 아버님, 꼭 선처... 부탁드립니다.. (쿵쿵)

양춘병 (의아하게 보면) 왜 그래요?

염기태 실은 쿵... 쿵.. (괴로운 듯 인상 쓰며) 비염 때문에... 환기가 안되면...
(쿵쿵) 답답해서요. (코 잡으면서 화이2 옆에서 멀어지고 문 열면)

29 112 신고센터 / D

권주 (공청에 집중하고 있다가 멈칫 의아하고 / 마음의 소리) 비염이라고?
...비염이라면 비강이 막혀서 특유의 먹먹한 소리가 나는데..
지금 이건... 싫은 냄새 때문에 숨을 참는 소리처럼 들려...
(의구심에 찬 표정으로 강우에게 채널1로 무전 하며)
도 팀장님, 혹시... 지금 집 안에서... 악취가 나나요?
염기태 씨 비염이라고 거짓말을 하고 있는 거 같아요.

30 다시 염기태 집 거실 + 112 신고센터 / D

강우 아무 냄새도 안 나는데 (창문 여는 염기태 날카롭게 일별하며)
많이 답답했겠네, 비염이면. 코에 뿌리는 약 같은 것도 있어?

염기태 (그런 강우 일별하다 옆에 놓인 과산화수소수, 서랍 속 솜뭉치에 적셔
창틀 닦은 후 책상 위 빨간 솜과 함께 쓰레기통에 버리며) 네. 그럼요.
근데 자주는 안 뿌려요. 내성이 생긴다 그래서.
교도소에서 생긴 건데.. 이 정도 고통은 달게 받아야죠.

강우 (쓰레기통 속 붉은 솜 의아하게 보며 뒤쪽에 놓인 공기 펌프 스치듯 보는데)
뭐야 그 빨간 건?

염기태 아, 다쳐서요. 빨간약으로 소독할 때 썼던 솜이에요.

강우 (과산화수소수로 꼼꼼하게 먼지 닦는 염기태 일별하며 무전 하고)
센터장님이 잘못 들은 모양인데. 적어도 지금은 진짜 비염 환자처럼 굴어.

권주 (**교차편집 / 112 신고센터**)....??!!

양춘병 (남아있는 경찰들 및 일각 전도사 1, 2에게) 자 그럼 다들 철수합니다!!

염기태 (나가는 경찰들에게 하나하나 온화한 표정으로 인사하며)
저 때문에... 죄송합니다. 하나님의 은총이 함께 하길....

강우 (묘한 의혹 느껴지지만, 짚어낼 수 없어 묵묵히 나가는데)

전도사1, 2 (현관에 서서) 형제님 마음 단단히 먹고. 또 올게요.

염기태 네, 감사합니다. (인사하고 문 천천히 닫는 위로)

31 다시 112 신고센터 / D

권주 (마음의 소리) 이상해... 분명 악취를 참는 소리처럼 들렸는데...
(순간 "작은..."이라고 말하는 여덟 살쯤 된 어린아이의 목소리, 닫히는 문 사이로 나직하게 들려온다)

(순찰차 사이렌) 다들 나갑시다
네 그럼 복귀하겠습니다...
작은 ....
거 부녀회가 조치를 취해야겠어
어떻게 이리로 이사를 오겠어 사람들이

권주 (멈칫 / 마음의 소리) 아이 목소리잖아?
(잠깐 다시 귀 기울여보지만 전혀 들리지 않자 후....) 또 잘못 들었나...
하긴...저 집 안에 아이가 있을 리가 없잖아.. 밖에서 나는 소리가 섞인 거겠지...
(후 머리 쓸어 넘기며 잠시 주저하다 박은수에게) 박 요원, 뭐 좀 찾아봐 줄래.

32 희망빌라 건물 밖 + 112 신고센터 / D

빌라 앞에 모인 빌라 주민들 염기태 집 보며 수군거리고 있으면
박중기와 양춘병, 기혁 연행해 출동차에 태운다.

박중기 (권주에게 무전 하며) 여기는 출 둘! 지금 황기혁 씨 풍산청으로 출발합니다.
그라고.....센터장님, 도 팀장 완전 또라이 맞습니더.
아까 의논도 안 하고 공포탄 쏘는 거 들으셨죠?

권주 (**이하 교차편집 / 112 신고센터** 틀린 말 아니지만) 수고하셨어요. 얼른 들어오세요.
강우 (입구에서 나오며 차에 타려다 찝찝한 표정으로 3층 염기태 집 올려다보면)

염기태, 베란다에 나와 경찰 및 구경꾼 내려보다
강우와 눈 마주치자 인사하고 들어가는데.
순간 바짓단 밑으로 앙상한 발목과 헐렁한 발찌 보인다.

강우 (그런 염기태 묘하게 보는데 소나기 떨어지기 시작하고)
박중기 (얼른 창문 내리며) 뭐 하십니까......도 팀장님! 비 오는 거 안 보입니꺼???
강우 (마지못해 타는 위로)

자막 **AM 10:40 성범죄자 염기태 살해 시도 사건 종료 10분 경과**

33 염기태 집 거실 / D

베란다로 이어지는 창문 커튼 뒤로 선 채 주차장 속 빠져나가는
경찰차와 구경꾼 확인한 염기태, 어린이 놀이터에서 놀다
비 피해 집으로 들어가는 아이들 보자 침 한 번 꿀꺽 삼키고는
무언가 턱까지 차오른 표정으로 돌아서는데...

염기태 (가방 안에 이것저것 챙겨 넣는데, 사람의 (붉은) 곱슬머리 같은 것 보인다)

교사1 (E) 아직도.... 어머니랑 연락이 안 돼?

34 새마음 어린이집 전경 / D

자막 **새마음 어린이집**
자막 **PM 12:01 성범죄자 염기태 살해 시도 사건 종료 1시간 31분 경과**

35 동앞 / D

유리창에 알록달록한 그림들이 그려진 소규모의 열악한 사설 어린이집.
소나기가 내리는, 처마 밑 지욱과 교사(20대, 여) 서있다.

지욱 (아무리 전화해도 엄마 받지 않고)

교사1 (정장 차림으로 초조하게 서 지욱 살피며) 안 받으셔?

지욱 (실망한 표정이지만 익숙한 듯) 오늘 누나 병원 가는 날인데 내가 깜빡했나 봐요.

교사1 (지욱 보며) 데려다주고 싶은데 오늘 약속이 있어서...
(시계 보며 안절부절못하는데 전화 오고) 어, 자기야.
근데 나 아직 일이 안 끝났어. 그럼 어떡해.
비 오는데 애를 혼자 보낼 수도 없고 (끊고 갈등하다)....지욱아
선생님이 우산 갖고 올 테니 잠깐만 기다려. 데려다줄게.
(현관문 열어 몇 발자국 걸어가면)

지욱 (눈치껏 크게 말하고) 저 앞인데요, 뭘. 지욱이 혼자 갈 수 있어요.
(책가방 머리 위에 쓰고 뛰어가는데)

교사1 (우산 들고 돌아보지만 이미 지욱 보이지 않는데) 지욱아? 지욱아..!

교사2 (일각에서 나와 교사1에게) 담엔 혼자 보내지 마. 클레임 들어와.
근데 저 집도 참... 특이하지 않아? 누나만 맨날 싸고돌고.
부모가 돼갖고 비가 이렇게 오는데 우산도 안 갖고 오잖아.

교사1 (신경 쓰이는 듯 보면)

36 골목 / D

지욱 (책가방으로 비 가린 채 애써 씩씩하게 걸어가며) 지욱 용사!! 무적 워치!!
소환!! (물웅덩이 퍽퍽 차 바지 젖지만 상관 않고)
와~ 지욱이는 괴물을 무찌르고 엄마랑 아빠랑 누나랑 행복하게 살았습니다~
(손목에 찬 무적 워치 보다가 일각 누군가 보이자 반색으로) 어???

37 풍산지방경찰청 전경 / D

형사2 (E) 염기태가 처벌을 바라지는 않는다고 했어요.
황기혁 씨가 잘못만 인정하면 벌금형으로 끝날 수도 있습니다.

38 진술 녹화실 / D

형사2, 노트북 너머 황기혁 마주보며 앉아있다.

기혁 (기가 차듯 보며) 잘못이요? 그놈이 6년 전에 우리 희주한테 한 짓을 봤다면
그렇게 절대... 말 못하십니다. 그때 희주.... 사람 모습이 아니었어요.
흐흐흑 그런 놈이 새 사람이 된 거처럼 활개를 치는데...
그런 놈 빼주는 법이 뭔 소용이냐고요!
우리 희주가... 오죽하면... 오죽하면 그랬겠습니까.

형사2 (말 고르며) 희주 양이나 아버님 마음 모르는 건 아닙니다만
전자 발찌도 있고 그놈이 할 수 있는 거 아무것도 없어요.
힘들겠지만.... 잊고 사시는 게...

기혁 잊어요!? (책상 쾅 치며 가슴 팡팡 치며) 그걸...어떻게 잊습니까!!!!
어떻게요! 이 안에 새겨져서 지워지지가 않는데!!!!

39 동 밖 (관찰실) + 여객선 터미널 / D

권주와 강우, 하프 미러로 진술 중인 기혁 지켜보고 있다.
박중기, 구광수 역시 일각에 서있는데

권주 (안타까운 표정으로) 희주나 희주 아버지나 다 불안 장애[5]와
반항성 장애[6]를 갖고 있는 거 같습니다. (아프게 생각 고르며)
희주... 염기태에게 모든 누명을 씌운 후 자해를 하고 돌아와

5 성폭력의 직접적인 외상 후 스트레스 장애 외에도 막연하고 불특정적인 불안을 경험
6 자신을 보호하지 못한 부모를 비롯, 가해자, 권위자에 대한 분노와 공격성이 반항적이고 적대적인 행동으로 드러남

염기태가 그랬다고... 말할 생각이었다고 하고요.

강우 (고개 저으며) 그런 어설픈 방법이 통할 거라 생각했다니..

권주 (아프게) 성폭행 피해자들을 생존자라고 부르는 이유... 알 것 같아요.
어떡하든 버텨내야만 남은 삶을 살 수 있을 테니까요.
(강우 보며) 사건이 잘 해결돼도 왜 이렇게 찝찝하죠?

강우 ....(순간 각도기 전화 받고) 어, 말해. 어떻게 됐어.

각도기 (**교차편집 / 여객선 터미널** 일각에서 기죽어) 행님,
곽민수 그 노마가 택시에서 내려 여기까지 오는 건 따라왔는디..
어느 순간 감쪽같이 사라져버렸구만요..
(초조하게 돌아보며) 암튼 이거 분명히 밀항 각인디...

강우 허! 밀항? (날 서) 당장 배편 알아보고
그 새끼 있던 모텔 쓰레기통이라도 뒤져서 단서 찾아.
(권주 향해) 택시에서 내리더니 감쪽같이 사라졌대.
곽민수 그 새끼가 오늘, 밀항에 성공하면 우린 추적이고 뭐고 다 끝나!
(다시 통화 이어가는데)

순임 (E) 뭐해! 아부지한테 잘못했다고 하지 않고!!

권주, 강우 (일별하고)

40 다시 진술 녹화실 / D

순임, 입 불퉁하게 나온 희주 팔 꽉 잡아끌고 들어오는 모습 보인다.

형사2 (자리 비키듯 나가면)

기혁 (조심스레 일어나 다가서며) 여보, 희주한테 뭐라 그러지 마.
희주가 뭔 잘못이 있어, 다 내 잘못....

희주 (극도로 예민한) 알면 됐네!! 정말 아빠 때문에 되는 일이 없어!!!

순임 희주야, 아빠한테 그게 무슨 말버릇이야!

희주 내가 왜! 아빠가 나대는 바람에 다 엉망된 거 맞잖아!
경찰들이 알아서 했음 그 새끼 다시 감옥 들어갔을 거 아냐!!

아님, 그 자식 그냥 죽여버리고 아빠가 감옥 가든가!!

순임 (희주 등짝 때리며) 너 그걸 말이라고 해!! 이 생각 없는 것아!
어떻게 이렇게 부모 마음에 대못을 박아!!

희주 (날 서 터지듯) 왜 때려!! 아픈 척하지 마!
나만큼 힘든 사람 여기 없거든!!
아무리 잊으려고 해도......매일매일 미칠 것 같단 말야!
저 자식 어떤 놈인지 엄마 아빠도 알잖아...!!!
그때 차라리 죽었어야 했어. 이렇게 살 바엔 죽었어야 했다고!!

순임 너... 너... (희주 뺨치려다 포기하고) 말이면 다인 줄 알아!
나쁜 년아! 이 못된 년아!! 어디서...! (울면서 비틀 의자에 주저앉으면)

기혁 (그런 순임 팔 잡으며) 그만해... 여보.

인터컷 *관찰실 / D*

권주, 강우 안 되겠다 싶어 다급히 진술 녹화실로 들어서는데.

권주 괜찮으세요?

순임 (기혁의 부축 받으며 애써 정신 차리고) 아 네, 그럼요...

기혁 여긴 나 혼자 있어도 되니까 얼른 희주나 데리고 집에 가. 얼른!!

순임 (권주에게 미안하단 듯 목례하고는) 희주야 가자.
(바닥에 떨어진 핸드폰 줍는데 순간 지욱이에게서 온 부재중 전화 여러 통 보인다)
잠시만. 지욱이가 여러 번 전화했네.
(걸지만 전화기 꺼져있는 걸로 나오고 가게로 전화해도 마찬가지다)
이상하네.. 얘가 어딜 갔지??
(끊으며 기혁에게) 어린이집 아까 끝났을 텐데.

기혁 (서있는 권주, 강우 의식하며) 친구네 놀러 간 거겠지. 안 가고 뭐해...

순임 (안쓰럽고) 걔가 친구가 어딨어?? 지 누나 땜에... 맨날 이사 다니는데.
(하는데 문자 들어온다)

인터컷 *핸드폰 화면 / D*

오늘 친구네 집에서 놀다 갈 거야. 밧데리 없음 - 지욱

순임 (문자 보고 안도하며, 친구?) 친구네서.. 놀다 온다네요.

기혁 (안도하고) 봐봐 애들은 금방 친구 사귄다니까.
희주 하루 종일 아무것도 못 먹었을 텐데 밥 좀 먹이고....
(순임 밀어내는 기혁의 잠바와 바지 등 곳곳 덩어리져 뭉친 먼지 많은데)

권주 (기혁 보다) ?? (마음의 소리) .....저 많은 먼지가...어디서 묻어온 거지?
바로 연행돼 왔으니.. 황기혁 씨가 오늘 간 곳은 염기태 집뿐인데.. 설마,
비염 환자 집에 저렇게 많은 먼지가 있다고?!
(표정 굳고 생각 고르는 위로)

인터컷 *다시 염기태 집 거실 / D (시즌 2, 3부 28씬의 확장씬)*

염기태 *실은 킁... 킁.. (괴로운 듯 인상 쓰며) 비염 때문에...환기가 안 되면...*
(킁킁) 답답해서요. (코 잡으면서 화이2 옆에서 멀어지고 문 열면)

화이2 *상처 보여주세요. 염기태 씨, 상처요.*

상 처 킁 킁 보 여킁 킁 주 세 요 킁 킁염 기 태 씨 킁 킁상 처 요.

권주 !!! (눈 커지며 / 마음의 소리) 여자 순경이 다가올수록 숨을 참았어! 설마......

박은수 (E) 센터장님!! 아까 말씀하신 거 찾아봤는데요.
염기태, 아동 성범죄자 중 가장 악질적인
선호형 소아 페도필리아일 가능성이 있습니다!
이런 유형은 게임이나 놀이를 하듯 아이들에게 접근하고,
부모도 피해 사실을 늦게 깨닫는 바람에 검거가 어려운 편이고요.

권주 !!!!

41 다시 112 신고센터 / D

박은수 (소아 성애 전문 자료 및 희주 성폭행 사건 기록 등 꼼꼼히 보며 / 무전)
평상시에는 너무 멀쩡하지만
성적으로 관심 가는 아이에겐 비상식적인 집착과 가학성을 보여,
외국의 경우, 아이를 살해하고 박제화시킨 적도 있다고 합니다.
염기태에게 의심되는 점은, 성폭행 당시 희주의 손톱 발톱을 깎았다는 건데요.
염기태는 아니라고 하지만, 부모의 말론,
아이의 손톱을 자기들은 그렇게 짧게 깎지 않았다는 겁니다.
또 하나는, 어린아이 같은 목소리를 냈단 기록이 있고요.
물론 이걸로 백 프로 선호형 소아 성애자라 단정 지을 수는 없지만
외국에서는 정황 증거로 사용된 적도 있습니다.

42 복도 권주 일각 / D

권주 !!!!!!! (복도 일각에 서서 / 마음의 소리) 어린아이 목소리? 설마....
(온몸 떨려오는 위로)

플래시백 다시 112 신고센터 / D (시즌 2, 3부 31씬)

권주 *(순간 어린아이의 목소리 안에서부터 나직하게 들려와 귀 기울이는데)*

(순찰차 사이렌) 다들 나갑시다
... 작은 ... 볼 거야 조치를 취해야겠어
성범죄자가 사는데 제님 마음 단단히 먹고. 또 올게요.
네 그럼 복귀하겠습니다
어떻게 이리로 이사를 오겠어 사람들이

(순찰차 사이렌) 다들 나갑시다
... 작은 희주랑 놀 거야... 조치를 취해야겠어
성범죄자가 사는데 단단 먹고. 또 올게요.
네 그럼 복귀하겠습니다
어떻게 이리로 이사를 오겠어 사람들이

염기태　*(E / 아이 목소리로) 작은 희주랑... 놀 거야!*

권주　!!!!! (마음의 소리) 작은... 희주????

강우　(뒤이어 나와 일별하며) 왜 그래?

권주　(격하게 흔들리는 눈빛으로) 도 팀장님!!! 잠시만요...
(흥분해) 염기태는 비염 때문이 아니라 성인 여성의 냄새가 싫어서
숨을 참은 거였어요. 그리고! 문을 닫으면서 아이 목소리로
"작은 희주랑 놀 거야...."라고 중얼거렸고요!!

강우　?! 뭐??

플래시백　염기태 집 거실 (시즌3, 3부 28씬) / D

전도사1　*세상에 피 봐.. (상처에 휴지 대려는데)*

염기태　*(움찔 얼굴을 찌푸리는)*

강우　(기가 막히고) 하... 어쩐지....아까 전도사한테도 그래서..

권주　염기태 지금 무슨 계획을 준비하고 게 분명해요!!
작은 희주는 대체 누굴 말하는 걸까요. (하는데)

강우　(설마...? 생각 고르다 눈빛 번뜩이고 날 서) 지욱이야!!!
내가 만약 그놈이라면, 희주 때문에 감옥에 갔단 생각에 분노했을 거고
출소 후 자기만의 '놀이' 방식대로 보복하려고 했을 거야.
그런데....희주가 훌쩍 커버려서 더 이상 매력을 느낄 수 없게 되자
지욱이가 눈에 들어온 거야!!!
이 새끼!! 감옥에서부터 참아왔다면
희주 이상으로 지욱이에게 잔혹한 짓을 할 수도 있어!!

권주　!!!!!! (공포감으로 다급히 무전 한다) 박 요원 지금 당장 황지욱 핸드폰이랑
염기태 전자 발찌 위치 추적해! 당장!!!

43 다시 112 신고센터 / D

박은수 (위치 기록 확인하며) 네, 센터장님! 황지욱 어린이 핸드폰
어린이집 근처를 마지막으로 유심칩 빠져있습니다!
그리고 (염기태 발찌 추적 데이터 보다) 염기태 지금 집에 있는 걸로 나오는데요?

44 다시 복도 일각 / D

권주 (자신의 귀를 의심하며) 집이라고? 도 팀장님 이게 어떻게 된 거죠???
(무전 하고) 여기는 센터, 화이 지구대 염기태 집으로 출동해 거주 확인 바란다!

강우 (맹렬하게 현장 상황 다시 한 번 복기하는 위로)

플래시백 희망빌라 건물 밖 (시즌2, 3부 32씬) / D

베란다에 서있던 염기태, 경찰 및 구경꾼 내려보다 강우에게 인사하고
들어가는데 바짓단 밑으로 앙상한 발목과 헐렁한 발찌[7] 보인다.

강우 (다급하게 각도기에 전화하며) 요즘에 전자 발찌 떼 주는 브로커 놈들 있지?

각도기 (E) 전자 발찌요? 아...고게 가능하다고 설치는 잡것이 있긴 헌디...
살을 빼부러서 발목 둘레를 줄이면, 발찌 풀어주기 더 쉽단 소리 듣긴 혔어라...

강우 !!!! (분노로 표정 일그러지며) 하....전자 발찌를 알리바이로 썼어!
성욕을 참느니 차라리 굶겠다.....이 정신병자 새끼...!!
그 새끼 지금 집에 없어!! 그놈 빌라 CCTV 확인해서
변장하고 나간 놈 찾아보고 (관찰실 문 열고 박중기, 구광수 향해)
우리는 지욱이 마지막 위치로 출동한다. (뛰쳐나가면)

박중기, 구광수(굳은 표정으로 달려 나가고)

권주 (역시 떨리는 손 다잡고 112 신고센터로 가려는데)

순임 (일각 살짝 열린 진술 녹화실 문 너머로 불안한 듯 보고 있다 다급히 다가 와 서며)

7 발찌를 1, 2cm 훼손 후 자신이 묵는 방에 벗어두고 외출한 사건 <대법 "전자발찌 방에 두고 같은 건물 내 잠시 다녀와도 처벌" 해럴드경제, 2017-03-27>

저기... 센터장님, 설마 우리 지욱이한테 무슨 일 생긴 건 아니죠? 그죠? 듣자니까...
지욱이 핸드폰 위치 추적하고 그러던데......
(바들바들 떨리는 손 주체가 안 되고)....

권주 (침착하게 일별하며) 지욱이에게 좀 걱정되는 상황이 생겨서
출동하는 겁니다. 오늘 지욱이, 무슨 옷 입었나요?

순임 (충격에 눈 파르르 떨리고) 네? 얘가 오늘 뭘 입었지...? 그게...
아, 파란 셔츠에 베이지색 바지요.

권주 요즘 평소와 다르게 행동한 적이 있었나요? 갑자기 친해진 사람이 있거나...

순임 ...그게.. (생각 고르다, 눈빛 흔들리고 주머니에서 그림 꺼내 보이며)
며칠 전부터 그림일기에 비밀친구라면서 그리더라고요.

권주 (받아 보며)

인터컷 지욱이 그림일기 / D

희주네 생선가게를 배경으로 지욱이 엑스자 눈을 한 악당들을 물리치면
희주와 아빠, 엄마가 그런 지욱을 보며 흐뭇하게 웃고 있다.
일각 부하게 생긴 피에로 축하하듯 풍선 아트 날리며 서있으면.
그 밑으로 지욱의 글씨 보인다.

우리 누나는 밤마다 꿈에 괴물이 나와서 운다고 했다.
그리고 아빠는 누나가 울 때마다 술을 마신다.
그래서 내가 누나 꿈에 들어가 무적 워치로 악당들을 무찔러줬다.
그러자 누나는 웃음을 되찾았고 엄마 아빠도 나를 향해 웃어주었다.
누나가 웃으니까.... 기분이 짱 좋다!

권주 (눈빛 흔들리고) !! (한쪽으로 가 강우에게 무전 하며)
도 팀장님! 피에로입니다!
염기태, 이미 피에로로 분장해서 지욱이한테 접근하고 있었어요!

그림일기에 등장할 정도로 친해져있고요!!

인터컷　출동차 안 / D

강우　*피에로???... (순간 이해되는 위로)*

플래시백　염기태 집 거실 (시즌3, 3부 30씬) / D

강우　*(쓰레기통 속 붉은 솜과 뒤쪽에 놓인 공기 펌프 의아하게 보며) 뭐야 그 빨간 건?*

염기태　*아, 다쳐서요. 빨간약으로 소독할 때 썼던 솜이에요.*

강우　*(마음의 소리) 피에로...였어...!!!*

(무전 하며) 강 센터, 아까 내가 집 안 쓰레기통 뒤에서 공기 펌프를 봤어.

변장하는 데 썼을 거야.

권주　!!!!! (강우 무전 듣고 순임 쪽 보며) 자세한 건 확인 후 알려드릴게요.

(다급히 나가려는데)

희주　(완전 사색 된 채 막아서며) 염기태 그놈이 우리 지욱이 데리고 간 거죠, 그죠?

(그림 든 손을 바들바들 떨며) 여기 봐요!! 이 피에로 손가락이...!

마치 뱀이 기어가는 것처럼........소름 끼치게 그려져 있잖아요..

(정말로, 피에로의 손끝이 뱀 모양으로 그려져 있다)

이 느낌이 어떤지 알아요...... 밥을 먹어도, 잠을 자도, 어디에 있든

하루 종일 그 뱀 같은 손이...제 몸 구석구석을 기어 다니는 끔찍한 느낌....

안다고요! (오열한다)

권주　(아픔 오롯이 느껴진다, 희주 어깨 안아주며) 꼭 구한다고 약속할게..

꼭 희주야... (센터로 들어가고)

순임　(뒤에서 듣다 휘청하고 주저앉고) 지욱아.. 지욱아!! 아이고!! (가슴만 쾅쾅 치는데)

45 112 신고센터 / D

권주 (들어서면)

박은수 지금까지 빌라에서 나온 사람 중에 거주자가 아닌 사람은 두 사람뿐인데요.
(우체부와 뚱뚱하고 택배 모자 쓴 남자 화면 비교해주며)
이 사람이 이상합니다. 공기 팩 같은 걸 안에 넣어서 뚱뚱해 보이게 한 거 같아요.

권주 !!!! (들고 있는 그림 속의 피에로와 체격 비슷하다) 도 팀장님 말이 맞아...
(다급히 뛰어 들어가 코드 제로 스위치 누르면 ***00:00:01*** 카운트와 함께
센터 안 붉은 경광등 돌아가고 사이렌 울린다)
코드 제로 사건 발생! 계영구 시장로 860 새마음 어린이집 인근에서
황지욱 어린이가 염기태라는 아동 성폭력 가해자에게 납치된 정황이 있다!
현재 염기태는 전자 발찌를 뗀 채 활보하고 있을 확률이 높으며
자신의 성적 환상을 아동에게 실현하는 소아 성애자로 감옥에 있는
6년간 자신의 가학성을 더 키워왔을 것이다.
최대한 빨리 구조하지 않으면 황지욱 군의 목숨까지도 위험하다.

자막 **PM 05:15 계영구 어린이 납치 사건 발생**

권주 (초조하고 숨이 조여 오며 / 마음의 소리) 최대한 빨리 찾아야 해.
지욱이 마저 이런 일이 생긴다면..... 희주네 가족은 더 이상 버티지 못할 거야..
(멈칫) 염기태가 생선가게로 온 날, 흙이 묻은 신발을 신고 왔다고 했어.....
만약 그날 염기태가 범행 장소 답사를 하고 희주네 생선가게를 들렀던 거라면....
(박은수에게) 희주 야산에서 성폭행당했다고 했지?

박은수 네. (자료 확인하고) 네, 야산의 낡은 농가 근처입니다.

권주 !!!! 야산 들어가는 입구 CCTV 다 확인해!!

박은수 (CCTV 모니터 화면 전광판에 띄우며) 전 요원에게 알립니다.
7살 황지욱 군 납치 사건이 발생했습니다.
어시장 인근 야산으로 향하는 모든 CCTV 수색에 동참해주시기 바랍니다!

요원들 ("7살이라고..? 세상에..." 술렁거리는 위로)

46 으슥한 골목길 / D

뚱뚱한 피에로로 변장한 염기태,
풍선 박스를 올린 손수레를 끌고 인적이 드문 골목 걸어가고 있다.

여자애1 (반갑게 뛰어와) 와!! 피에로다... 나랑 놀아요! 피에로 아저씨!

염기태 (빙긋 웃으며) 넌...... 나중에... (골목 일각으로 사라져 가면)

엄마 (여자애1 찾으며 일각에서 다가오며) 여기 있었구나. 엄마 걱정했잖아!

여자애1 (반가워하며 달려가) 엄마!!! 저기 피에로 아저씨가 있었어!!
다음에 나랑 같이 놀아준댔어. (손가락으로 가리키며 신나 하면)

엄마 (여자애1이 가리킨 방향으로 살피지만 전혀 보이지 않고)
피에로 아저씨가 어디 있다고 그래? 얘가 증말.

47 시장 인근 두 갈래 길 / D

맹렬한 사이렌 소리와 함께 4대쯤 되는 계영지구대 순찰차, 앰뷸런스 도착하면,
뒤이어 끼이익 파찰음 내며 서는 출동차에서 강우와 출동팀(박중기, 구광수
양춘병 등) 뛰어내린다.

강우 (사람들 돌아보며) 방금 5시 15분경, 인근 어린이집에서 어시장 가게로 귀가하던
황지욱 어린이가 현재 피에로 복장의 염기태라는 성범죄자에게 납치당했을
가능성이 높다. 출동팀은 어시장 서쪽으로, 지구대는 동쪽 위주로 수색 바랍니다!

권주 (E) 오순임 씨 말로는 며칠 전 염기태가 흙이 묻은 신발을 신고
가게로 찾아왔다고 했어요. 만약 그날 염기태가 범행 현장을 답사한 거라면,
인근 야산의 농가일 가능성이 있습니다.

강우 !! (다급히 출동팀에게) 농가로 간다!

48 112 신고센터 / D

권주 네. (두 손 꽉 잡으며) 제발.. 서둘러 주세요...!!!

49 도로 + 어시장 인근 농가 / D

붉은 흙이 가득한 비포장도로를 달려가는 강우와 출동팀
일각 한 농가로 들이닥쳐 문을 여는데, 과일을 먹고 있던
노인 부부 외엔 아무도 없다.

강우 !!! 죄송합니다! (신분증 보이며) 경찰입니다. 잠시만 수색 협조 바랍니다.

농가 안, 농기구 창고와 외딴곳의 낡은 집들을 뒤지는 강우,
아무리 뒤져도 아이는커녕 사람 하나 보이지 않는데.

강우 (당황해 무전 하며) 없어, 뭔가 잘못 안 거 아니야?

권주 (당황하고) !

강우 (생각 고르다 결심하고 돌아보며) 일단 더 찾아봐요!

구광수 (염기태랑 피에로 사진 지나가는 사람들한테 보여주며)
혹시 이 사람 못 보셨습니까. 아님 이런 피에로 인형 복장한 사람이나요.
(잠깐 보던 사람들 고개 저으며 무심히 지나가면)

박중기 (진땀 흘리며 사람들에게 다급하게 수소문하고 다니는데)
잠깐만 봐주소, 애가 없어졌다니까요!

지구대원들 (온 동네를 샅샅이 뒤지고)

50 다시 112 신고센터 / D

권주 !!! (지도 속 농가 면적 보며) 왜 아직도 연락이 없지!?
그 정도 인원이면 벌써 찾았어야 하는데.... (점차 위기감이 들고)

요원들 (역시 심각하게 CCTV 들여다보는데)

박은수 (다급히 다가서며) 센터장님, 시장 주차장 공사 중 땅주인들의 반대로
방치된 구시장 냉동 창고가 시장 동쪽 끝에 있습니다!
공사로 콘크리트를 걷어내다 말아서, 흙이 그대로 드러나 있고요!

요원1 (순간 손을 들며) 센터장님!!! (화면 보이면 CCTV 화면 귀퉁이,

얼핏 스치는 붉은 곱슬머리가 구시장 냉동 창고 방향으로 가고 있다)
이거 피에로 가발 아닌가요?

권주 !!!!!!! (다급히 무전 하며) 여기는 센터!
염기태로 보이는 피에로 차림의 남자가 냉동 창고로 가는 모습이 찍혔습니다.
냉동 창고가 공사 중이라 신발에 흙이 묻을 수 있다고 합니다.
현장에 있는 경찰들은 구시장 냉동 창고로 인원을 나눠 수색 바랍니다!

51 어시장 인근 농가 + 출동팀 차 / D

권주 (E) 여기는 센터!
염기태로 보이는 피에로 차림의 남자가 냉동 창고로 가는 모습이 찍혔습니다.
냉동 창고가 공사 중이라 신발에 흙이 묻을 수 있다고 합니다.
현장에 있는 경찰들은 구시장 냉동 창고로 인원을 나눠 수색 바랍니다!

강우 (농가 돌아보며 무전 하고) 뭐라고? 알았어!
(경찰 향해) 출동팀만 냉동 창고 쪽으로 오고, 지구대는 계속 수색하세요!
(출동팀 형사들 함께 달려가 다급히 차에 올라타고)

자막 **PM 5:30 계영구 어린이 납치 사건 발생 15분 경과**

52 다시 112 신고센터 밖 / D

순임 (두 손을 모아 쥐고 기도하며 눈물 흘리는데)

기혁 (일각에서 다급히 다가와) 이게 무슨 소리야! 그놈이...
지욱이를 납치했다니...! (흐느끼는 순임의 팔 잡고 흔드는데)

순임 (몸부림치며) 우리 지욱이 어떡해!!! 다 나 때문이야, 다 나!!!

희주 (역시 눈물 뚝뚝 흘리고)

53 냉동 창고 전경 / D

54 냉동 창고 3층 1구역 안 / D

창고 안으로 들어서는 염기태, 창고 문을 잠그고 수레 위 박스 내려 뚜껑을 열면 손과 발이 묶인 채 클로로포름에 취해 죽은 듯이 잠들어 있는 지욱 보인다.

염기태 (지욱을 흔들며 낮게) 지욱아, 지욱아...

지욱 (게슴츠레 눈뜨며 놀라고) 어, 여기...어디예요??

(창고 안 둘러보다 표정 겁에 질리고)

염기태 이제부터.... 아저씨랑 아주 재밌는 놀이 할 거야... 어른이 되는 놀이....

지욱 (앉은 채로 물러나며 흐느끼며) 저 놀이하기 싫어요..

엄마가 걱정한단 말이에요... 집에 갈래요!

염기태 (표정 흥분되는 듯 변하며 어린아이 목소리로)

왜 너 누나처럼 되고 싶지 않아?

니네 누나가 얼마나 이뻤는데....! 우린 사랑하는 사이였어.

근데 너무 커서 어쩔 수 없이 헤어졌어.

그니까 우리 지욱이가 대신 해줘야지.

(가방에서 주섬주섬 가발이며 치마 꺼내면)

지욱 아저씨 왜...그래요.. 무섭게요.... 나 이런 거 안 할 거예요.

(울먹울먹, 뒤로 앉은 채 물러나며 바동거리는데)

염기태 (흥분한 채 다가와 지욱의 발목 거칠게 잡으며 어린아이 목소리로 버럭)

내가 너랑 놀아줬잖아!!!

그러니까 내가 놀고 싶을 때 너도 놀아줘야지!!!

나랑 놀던 애들 다 재미있다고 그랬어!

희주 그년만 아니었어도 난 좋은 선생님 됐을 거야! 친구처럼 편안한 선생님!!

지욱 (바들바들 떠는 위로 염기태의 검은 그림자 드리워진다)

55 시장 일각 / D

강우 이하 경찰들 날 서 어시장 뒤쪽 낡은 5층 냉동 창고 건물 향해
질퍽이는 흙길을 다급히 뛰어가는데...!

56 냉동 창고 안 1층 + 112 신고센터 / D

강우 이하 경찰들 들어서자 커다란 냉동 창고들 여러 개 보인다.
마주보는 문과 문 사이로 2명의 사람이 지나갈 정도의 길만 나있는데.

권주 (**교차편집 / 112 신고센터** 전송된 시장 설계도 보며 무전 한다)
1층부터 5층까지 층당 최소 5구역 이상이니까 참고하시고요.
염기태 머릿속에서 이미 수백 번 연습했던 변태적인 범행이라
망설이지도 않을 거고, 실행도 빠를 겁니다!

강우 (따라온 지구대와 박중기, 구광수, 양춘병 보며)
각자 한 구역씩 맡아서 모든 창고 문 열고 확인합니다!
최대한 크게 지욱이 이름 부르고!
피해자가 위험할 경우 발포하세요. 내가 책임집니다!!

일동 네, 알겠습니다!

"지욱아 지욱아!!!" 외치며 창고를 닥치는 대로 열고 뒤지는
강우 및 박중기와 구광수 및 지구대원들.
강우 앞에 있는 창고 문 발로 부수고 둘러보면,
겨우 사람이 하나 지나갈 정도의 빽빽한 선반들 위로
조립용 수조 재료, 파이프, 먼지 낀 물탱크 등이
어지럽게 쌓여있다 와르르 쏟아진다.

57 냉동 창고 3층 1구역 안 / D

흐느끼는 지욱, 여자 원피스를 입은 채 바들바들 떨고 있다.
염기태, 가방에서 아동용 가발을 꺼내 지욱에게 씌운 뒤 흡족한 미소를 짓는다.

지욱 (흑흑) 그러, 그러지 마세요... 무서워요... 하지 마세요.. 흑흑...

염기태 (한결 부드러운 목소리로) 아이, 이쁘다. 숙녀는 손발이 깨끗해야지?
(하며 작은 주머니에서 손톱깎이 꺼내 지욱의 손을 쥐는데)

지욱 ... (손 반항하며 빼려 하고) 싫어!!

염기태 쓥! (위협적인 표정을 지으며 노려보자 지욱 벌벌 떨며 손에 힘 푼다)

염기태가 지욱의 손톱을 깎기 시작하자, 고요한 창고 안에
'톡톡톡' 거리는 소리만 울리는데...
순간 멀리서 형사들 인기척과 외침 듣는 염기태!

염기태 (순간 굳어) 뭐야? (다급히 틈새로 살펴보면 강우 이하 형사들
창고 1층 미친 듯이 뒤지는 모습 보인다) !!!! 여길 어떻게 알았지?

지욱 !!!! 여기.... (요 하려는데) ...!

염기태 (다급히 지욱 입 거칠게 막고 창고 안쪽 구역 더 으슥한 곳으로 숨는데)..!
(날 서) 뭐야 내가 여기 있는 거 어떻게 안 거지?
(발목에 발찌 없다는 것 확인하며 이해 안 된단 듯 씩씩거리고)

58 냉동 창고 2층 복도 / D

먼지가 쌓인 창고 문을 열어젖히며 지욱을 목이 터져라 불러대는 강우 및
출동팀의 절절하고 간절한 모습, 보이는 위로.

59 다시 112 신고센터 / D

강우 (E) 아무래도 지욱이... 의식이 없는 상태거나 응답을 할 수 없는 상태 같다.

권주 (초조하고 / 마음의 소리) 단서가 더 필요해!!
(하는 순간 일각 희주가 출입문 탕탕 두들기는 모습 보인다,
문 앞의 요원에게 고개 끄덕하자 문 열어주고)

희주 (눈물 가득한 얼굴로 흥분해 달려와) 센터장님..!

무.... 무적 워치.... 지... 지욱이한테 무적 워치가 있어요.

권주 뭐? 무적 워치?

희주 작년 제 생일날 지욱이가... 저한테 선물한 거요...
애들 장난감인데 제가... 밤에도 맨날 악몽 꾸고 소리 지르니까...

인터컷 *희주 집 안방 / N*

순임과 기혁 사이에서 잠든 지욱.

희주 *(공포에 젖어 / E) 꺄아아악, 저리 가! 가라고!!!*

지욱 *(뒤이어 순임 벌떡 일어나 달려가는 소리에 눈 뜨는데) ...응...?*

희주 *(E) 악...악아악!!!*

순임 *(E) 엄마 여깄어... 응? 희주야...!*

지욱 *(이어지는 울음소리 들으며 걱정스레 방문 보면)*

희주 *(E) 지욱이가 지 저금통을 뜯어서 샀더라고요.*

인터컷 *희주 집 희주 방 / 회상 / D*

지욱 *(기대 가득한 표정으로 무적 워치 주면서) 누나 이제 이 괴물이 나타날 때마다*
버튼을 누르고 (액션 하며) 소환해 무적 워치!!! 하면
괴물이 사라질 거야. (시계 옆에 버튼 눌러 요란한 멜로디 들려주면)

희주 *(짜증스러운) 누나 귀찮게 하지 말라고 했지!!!*
(밀치자 지욱이 들고 있던 시계 바닥에 떨어지는데) 나가! 안 나가!

지욱 *(뚜껑에 금이 간 시계 잡고 시무룩하게 나가는데)*

희주 (자신의 끔찍한 기억을 힘겹게 떠올리며) 애가... 혹시...
겁이 많이 나서... 시계... 차고 있단 생각을 못할지도 모르니까...
제 동생 좀 살려주세요... 네? 흑흑...

제가 당한 그 악몽.. 그 애는 겪으면 안 돼요.... 센터장님.....
(권주 팔 쥐며 아픈, 눈물 뚝뚝 떨어뜨리고) 이렇게, 이렇게 부탁할게요.

권주 !!! (가슴 아프고)

60 3층 창고 복도 / D

강우 (땀 삘삘 흘리며) 뭐? 시계 버튼을 누르게 하라고?

권주 (채널1로 / E) 무적 워치 소환이에요!
지욱이는 무적 워치라는 만화 캐릭터가 밤마다 악몽 꾸는 누나를
지켜줄 수 있을 거라 생각했대요. 지금도 그 시계를 차고 있고요!

강우 (갈등 하다) 후... 알았다... (결심한 듯 목소리 높여)
지욱아, 내 말 들리니? 만약 아저씨 말이... 들리면...무적 워치 좀 소환해줄래!!!
아저씨가 지금 괴물을 잡으려면 힘이 필요하거든!

61 냉동 창고 3층 1구역 안 / D

강우 (E) 지욱아, 내 말 들리니? 만약 아저씨 말이... 들리면...무적 워치 좀 소환해줄래!!!
아저씨가 지금 괴물을 잡으려면 힘이 필요하거든!

점차 초조해지는 염기태, 지욱을 찾는 경찰들 목소리 점차로 가까워지자
안 되겠다 싶어 클로로포름 과하게 적셔 지욱의 입에 다시 갖다 대고,
과산화수소수(성폭행 시 흔적을 지우는 용도) 수건에 듬뿍 적셔
지욱의 뺨과 풍선 박스 등을 닦아낸다.

염기태 (약기운에 괴로워하는 지욱 보며) 한숨 자면 다 끝날 거야.
(이미 창고 일각에 준비된 아이스박스에 지욱 밀어 넣고는 작은 창문 일별하는데)

지욱 (힘이 빠지지만 안간힘으로)
아저씨... 누나 꿈에 나오는 나쁜 괴물이죠.. 그죠? 내가 아저씨 혼내...

염기태 (허 히죽) 괴물? 누가 그래. 난 니네 누나와 은밀한 약속을 했던 천사님이거든.

그년이 나를 그렇게 배신할 줄 몰랐지. (입에 재갈 물리면)

지욱 (저항하려고 하지만 약기운에 점차 의식을 잃어가는데)

염기태 (뚜껑 탕 닫고 살기 어리게 주변 돌아본다)

62 창고 3층 복도 강우 일각 / D

잡동사니들을 하나하나 치워가며 길을 만드는 경찰들과 강우.

강우 지욱아! (하지만 아무 소리 들리지 않자 다시 숨을 모아)

지욱이의 힘이 필요한데, 도와줄 수 있니!

박중기 지욱아 어딨노!! 엄마랑 누나가 찾는다!!!

63 냉동 창고 3층 1구역 안 / D

염기태 (뚜껑 닫힌 박스 위로 창고 속 잡동사니 가져다가 쌓으며 숨기는 데 성공하고)

인터컷 박스 안 / D

지욱 *(가물가물한 의식 속, 박스 안으로 경찰들의 외침 소리 뭉개져서 들려오고*

재갈로 입 막힌 채) 누나... 내가 누나 구해줄 거야... 내가.....

(끙끙 거리다 멀리 "무적 워치를 소환해줄래!"라는 말이 또렷이 들리자

묶여있는 두 손을 있는 힘껏 꺾어 버튼을 누르는 데 성공하는데) ...!

(요란한 멜로디 나오며 불빛이 번쩍거린다)

64 112 신고센터 / D

권주 (귀 기울이며 집중하다)

지 욱 아 띵 까 롱 어 딨 노 ! 띵 까 롱 엄 마 랑 띵 까 띵 까 누 나 가 띵 까 롱

찾 는 다 !!!

권주 (마음의 소리) 분명... 무슨 소리가 들렸어! (눈 번쩍 떠지고)

65 냉동 창고 3층 1구역 창고 / D

염기태 !!!! (다급하게 아이스박스 열고 지욱 살피다 손목에 소리 나는 시계 보이자 인정사정없이 때려 시계 박살 내고)

지욱 !!!!

염기태 (씩씩거리며 지욱의 목을 조르기 시작하는데 (화면 보이지 않고))

66 냉동 창고 3층 1구역 근처 / D

권주 (E) 들렸어요! 방금 아주 짧았지만... 분명 멜로디 소리가 났습니다! (확신으로) 바로 옆에 있어요!

강우 !!! (다급하게 옆 창고 보고 경찰들 향해) 여기다...!!! (문에 몸 부딪히며 부수고 들어서고)

경찰들 (다급히 달려와 뒤따라 뛰어간다)

67 냉동 창고 3층 1구역 안 / D

순간 냉동 창고 문 쾅 열리며 강우를 비롯한 출동팀과 양춘병, 지구대원들이 다급히 들이닥친다.
그대로 몸을 날려 염기태를 온몸으로 밀어내며 지욱을 보호하는 강우, 넘어지고도 일어나 창문을 향해 도주를 시도하는 염기태를 따라가 뒤통수를 후려 엎어뜨린 박중기와 구광수, 강우 달려와 창고에 떨어져 있던 얼음용 송곳 따위를 집어 휘두르는 염기태의 날 선 공격을 기민하게 피하며 역공한다!!
강우, 염기태 완전히 제압하는 데 성공하면!!

염기태 놔! 놔!!!!

강우 (염기태 짓눌러 제압하며 얼굴 확 뭉개 분장 지우고)
염기태 씨...........!!!!!! 당신을 아동 납치, 성폭행 미수와 살인 미수로
체포합니다! 변호인 선임권이 있고 변명의 기회가 있습니다!
이 병자 새끼야 넌 이제... 끝났어!!!

구광수 (무전 하며) 여기는 출 셋, 3층에서 피해자 황지욱 어린이 발견,
구급대원 얼른 3층으로 진입하십시오!
(박중기 상처 보며) 괜찮으세요?

인터컷 *112 신고센터 / D*

공청에 귀 기울이며 긴장에 차있던 요원들 기쁨의 함성 지른다.

권주 *(후 겨우 안도하고 마른세수한다)*

강우 (아이스박스 안의 지욱 안아 들어 가발 벗기고 지욱만 들리게 낮게)
지욱아... 아저씨가.. 늦어서 미안해.
(일각 구급대원 달려오는 모습 보고) 이제 다 끝났어..

지욱 (가물가물) 저 아저씨... 누나 괴롭히는 괴물 맞죠?
이제 혼내줬으니까... 다신... 안 나오겠죠?

강우 (애틋하게) ...그래.... 이제 다신 나타나지 않을 거야...... 다시는.

지욱 ......엄마 아빠랑... 누나가 보고 싶어요... (땀에 젖어 까무룩 잠들면)

강우 (잠든 지욱 아프게 내려다보며 깨진 시계 찬 작은 손 꼭 잡아주는 위로)

자막 **PM 05:50 계영구 어린이 납치 사건 종료**

68 112 신고센터 밖 / D

순임과 기혁, 안절부절 속이 타들어가는 마음으로 센터 안 들여다보고 있다.

권주 (순간 희주와 문 열고 나오며) 지욱이... 무사히 구출됐습니다!!!

일동 !!!! (비명과 울음 터뜨리며)

순임 (안도로 권주 손잡고 흐느끼며) 감사합니다, 감사합니다....

권주 (고개 숙이고 울음 터뜨리는 기혁 향해) 다 아버님 덕분이에요.
아버님이 오늘 염기태 집으로 찾아갔기 때문에
저희가 상황을 빨리 알아챌 수 있었어요.
그리고 희주 양이 마음을 열어준 덕분에 기적적으로 지욱이를 찾아냈고요.

기혁 (눈물을 뚝뚝 흘리며 고개 떨군다) 흐흐흑....

권주 (아프고 처절한) 이번 사건을 통해, 아동 성폭행범에게 양형이란 있을 수 없다는 걸
너무 아프게 증명한 거 같아서 경찰로서 진심으로 사과드립니다.
염기태가 평생 감옥에서 나오지 못하도록 저희도, 최선을 다하겠습니다.
그리고......계속해서... 위험하단 신호를 보내주셨는데
늦어서....... 죄송합니다...
(진심 어린 마음으로 고개 숙여 사과한다)

순임 (기혁과 희주 꼭 끌어안고 다 같이 운다)

69 냉동 창고 3층 복도 / D

강우를 비롯한 형사들, 분장 반쯤 지워진 피에로 차림의 염기태 연행한다.

강우 (염기태 품 속 빵빵한 에어팩 꺼내며) 고작 한 게 이거냐?

염기태 (몸부림치며) 놔요! 놓으라고! 내가 뭘 잘못했는데..

박중기 (폭발하며) 이 새끼가 너 지금 그걸 말이라고 하노!
니는 인간 새끼가 아니다. (주먹 치켜올리면)

강우 (막아서며) 지나친 감정 이입은 금지라고 말했을 텐데?

박중기 도 팀장님!!

강우 먼저 내려가 있어요. 이 새낀, 내가 데리고 갈 테니.

박중기 (발끈하려는데) ...!

구광수 (고개 저으며) 갑시다 형님. (이하 경찰들과 박중기 끌고 내려가면)

강우 (담배 한 대 꺼내 염기태에게 내밀면)

염기태 (흐흐 받아들고) 역시 팀장님이라 클래스가 다르네..
그거 알아요? 당신들이 날 막은 덕에, 미수가 돼서
몇 년 안 살지도 모르는 거?
지욱이한테 조금만 기다리라고 하세요..
그때 진짜로 재미나게 놀아주겠다고....

강우 !! (아무런 감정이 드러내지 않고) 얼굴에 덧칠 좀 했다고
니놈이 풍기는 시궁창 냄새는 절대 사라지지 않아.
얼굴을 뜯어내도 너 같은 새낀 안 변한다고...
그니까 감옥에서 누구한테 처맞든 자살을 하든...
시체가 돼서 출소하는 게 나을 거야. 안 그러면 내 손에 죽을 테니.
(앞에 선 염기태 낭심 거칠게 찬다)

염기태 억!! (하고 몸 숙이면)

강우 (그대로 염기태 다리 걸고 확 밀며) 조심해라 미끄럽다!

염기태 !!! (그대로 계단 밑으로 구르기 시작하는데)

미친 듯이 굴러가던 염기태 바닥에 쾅 머리를 박고 멈추면,
이마와 코에서 피 주르륵 흐르고...!

염기태 (고통에 몸부림치며) 이.. 짭새 새끼가! 당신 미쳤어?

강우 (여유롭게 계단 걸어 내려가 쓰러진 염기태 억지로 일으켜 세우며)
그러게... 조심하랬잖아. 1층까지 가려면 몇 번 더 굴러야지.

염기태 (아래쪽 계단을 보며 공포에 질리는데) 야, 쌍!! 잠깐, 아 형사님...!

강우 (주저 없이 발로 차버리면)

염기태 !!!! (그대로 다시 데구루루 떨어지며 두 발목 다 꺾인다) 으아아악!!!!!!!!!

70 냉동 창고 1층 입구 앞 / D

계단 위쪽에서부터 우당탕거리는 소리, 비명 소리와 함께

계단을 구르던 염기태, 피투성이 돼 1층 바닥에 널브러지는데...!

박중기, 구광수 (떨어진 염기태와 계단에서 내려오는 강우 놀라 번갈아 보면)

강우 (따라 내려와 1층 바닥에 꿈틀거리며 누운 염기태
더러운 물건 치우듯이 툭 차고) 그냥 실어 타박상 정도니까.
(창고 나오는데 각도기로부터 전화 받으며)
말해. (하는데 눈빛 달라지고) 뭐!?

71 풍산병원 전경 / D

72 응급실 안 / D

걱정 가득한 표정으로 기혁, 순임, 희주가 지욱의 침대 둘러싸고 있다.
조금씩 정신을 차리며 눈을 뜨는 지욱.

기혁 (눈물 어린 채로 꼭 끌어안고) 아이구 내 새끼!! (팔이며 얼굴 만져보고)
괜찮아? 다친 덴 없고?

지욱 응... (지쳤지만 뿌듯한 표정으로) 내가... 누나가 준 무적 워치로 괴물 물리쳤어!

순임 으흐흑... 그래.. 잘했다. 우리 지욱이 장해! (지욱 끌어안고 울음 터뜨리면)

희주 너 때문에... 얼마나 놀랐는지 알아?
아무나 따라가면 어떡해... (눈물 애써 참으며 괜히 다른 곳 보는데)

일각 시장 상인들이 과일과 음료 들고 기혁과 순임 찾아 들어온다.
상인들 저마다 미안한 얼굴로
"희주 엄마! 애들 찾느라 걱정 많았지! 괜찮아?"
"마음고생했어. 같은 부모로서 정말 존경스러워."
"우리 서명 운동할 거야! 그놈 절대 다시 못 나오게!" 기혁 부부 에워싸면.

희주 .... (조용히 밖으로 나가고)

73 동 밖 / D

대기실 의자에 걸터앉는 희주, 그제야 작게 안도의 미소 짓는다.
순간 일각, 간호사와 이야기 중인 여1(40대)이 의자에 두고 간 가방 안에서
'핫 써머' 핸드폰 벨소리 들리기 시작하는데!!!

희주 (표정 굳어지며 손끝부터 서서히 떨려오는 위로) !!!

인터컷 골목 일각 / 회상 / D

저 멀리 해변에선 스피커로 '핫 써머' 노래가 흘러나오는 위로.
외진 골목길, 누군가에 입이 막힌 희주(12살)가 끌려가고 있다.

희주 (혼잣말로) 후... 괜찮아. 이겨낼 수 있어. (의지 다지듯 천천히 심호흡하고
여1에게) 아줌마, 전화 왔어요... (의자에 놓인 가방 가리키면)

여1 (저만치서 간호사와 이야기하다가 얼른 다가와) 아이고... 고마워 학생.
(가방 안에서 핸드폰 꺼내 받으며 통화하면)

희주 (조금은 홀가분해진 표정으로 창 너머 파란 하늘을 담담한 미소로 보는 위로)

74 112 신고센터 / D

권주 (안도의 미소로 요원들에게) 모두 수고하셨습니다.
저희 모두 범죄의 최전선을 지키고 있다는 사실을 잊지 마시고
비록 한 달간의 임시 운영이지만
성장해가는 신고센터와 골든타임팀이 되었으면 합니다!

요원들 네! 알겠습니다!

박은수 (전화 받고는 활기찬 센터 내 분위기 살피며 권주에게 나직이)
방금 구 형사님 전화 왔는데 도 팀장님이 염기태 제대로 혼내주셨다는데요?

소문보단 괜찮은 분 같아요. (어깨 으쓱하면)

권주　(역시 의외다 싶은데 청장실로부터 전화 온다, 받으며) 네, 어 청장님?

75　청장실 (풍산지방경찰청) 밖 / N (시간 경과)

권주　(나와 서며 생각 고르는데 강우에게서 전화 온다, 받으며) 네, 도 팀장님? 오늘 수고하셨어요... 지금 어디... (세요 하는데)

강우　(E / 분노와 흥분감 애써 누른 채) 나 지금 곽민수가 있던 모텔인데...

권주　!!

76　모텔 일각 / N

가방 속 일회용 카메라 및 아날로그 필름으로 현상된
엽기적 사진들 침대 위에 가득하다. 검은 배낭 안에서
고무 가면 발견한 강우, 부들부들 떨리는 손으로 집어 올리는데...

강우　(격하게 흔들리는 시선으로) 곽민수 이 새끼.. 범인일지도 모르겠다.

77　다시 청장실 밖 / N

권주　!! 네? (목소리 낮추며) 그게 정말입니까?

강우　(숨 몰아쉬며 / E) 사람들 신체 자른 사진들이랑, 그놈이 썼던 가면까지... 다 있어. 다... (눈빛 격하게 흔들리는데)...

진서율　(E) 센터장님!!! 곽민수 위조 여권으로 밀항하려다 단속 중인 해경한테 걸렸답니다!!

확신에 찬 채 눈빛 가득 살기를 뿜는 강우,
놀라는 권주의 흔들리는 눈빛, 해경청으로 연행되는 곽민수의 불안한 눈빛
긴박하게 교차되면서 〈보이스 2〉 3부 엔딩!!

Season 3 • 1화

자막　　**본 드라마는 실제 사건에서 영감을 얻었으나 드라마적으로 재구성된 픽션이며 등장하는 직업, 기업, 단체와 어떠한 관련도 없음을 밝힙니다.**

1　　일본 오사카 전경 / N

자막　　**2019년 3월 일본 오사카부 오사카시**

자막　　**영석동 드림고시원 폭발 사건 10개월 경과**

남자　　(이하 사람들의 녹음된 음성을 틀어 / E)
강렬한 고통도 때론 영감이 되지..
強烈な苦痛も時にはインスピレーションを与えてくれる..

2　　미술 창고 안 / N

이젤과 물감 등의 미술용품과, 작품들이 한가득 쌓여있는 창고 안, 양손이 벽에 묶인 채 매달린 카네키 유키코(이하 유키코 40세, 고상한 분위기 여성, 화가) 두려움에 가득한 표정으로 벌벌 떨며 정면을 응시하고 있다. (검은) 수도복 차림의 남자 그런 유키코를 코앞에서 관람하듯 바라보는데...!!

남자 (유키코를 뚫어져 보다 녹음기 버튼 누르고)

난 이제부터 당신에게 고통을 줄 거야..

俺は今からあんたに苦痛を与える..

아쉽군. 이 영감으로 그림을 그릴 수 없어서

残念だな。 この感覚を絵にできないとは。

유키코 (벌벌 떨며) 대체... 나한테 왜 이러는 건데요?

一体... なぜ私をこんな目に遭わせるんですか?

원하는 그림이 있으면... 다.... 가져가세요....

欲しい絵があるなら... 全.... 部持っていってください....

그리고 제발...... 목숨만 살려주세요... 흑흑....

それからお願いだから...... 命だけは助けて... ウウッ....

남자 자기 그림이 세상의 희망이 됐으면 좋겠다고 인터뷰했잖아....

自分の絵で世の中に希望を与えられたら嬉しいとインタビューで答えたろ....

당신이 그린...「입 없는 소녀」는 얼마에 팔렸을까?

あんたの絵... 「口のない少女」 はいくらで売れたと思う？

(속삭이듯) 맞히면 살려줄 수도 있어!

当てたら助けてやってもいいぞ!

유키코 (흑흑) 몰라요... 제발..... 아무한테도 말하지 않을 테니.. 살려주세요. 흑흑...

分からないわ... お願い..... 誰にも言わないから助けて。 ウウッ...

남자 (오열하는 유키코 아쉬운 듯 길게 보다)

이 말들이 뭘 상징하는지 맞히면 마지막 살 수 있는, 기회 주지...

この言葉が何を意味するか当てたら生きるチャンスをやろう...

마강 누하 케게 (まぬけ/間抜け) 고만 우든 뚱다 씨(狗 东 西) 게로(ゲロ)
증오만이 인간을 강하게 만든다. 막는 자 누구든 죽는다.
왕막 빠는 딴자 (王八蛋) motherfucker 타마더(他 妈 的)
bitch 누 고구로 츠는키 (ごろつき/破落戸)
취 쓰축 바(去 死 吧) fu는ck off 산다 시 타(さんした)

고혐오와미(ゴミ) son of a 의심만이 bitch！차 오인 니간 마을 (操 你 妈)
Bullshit
마강 누하 케게 (まぬけ/間 抜 け) 고만 우든 뚱다
씨 (狗 东 西) 게 로 (ゲロ)
증오만이 인간을 강하게 만든다. 막는 자 누구든 죽는다.
왕 막 빠든 만자 (王 八 蛋) motherfucker
타마더 (他 妈 的)
bit누ch고구로 즈는키 (ごろつき/破落戸)
쥐 쓰축 바 (去 死 吧) fu는ck off 산다 시 타
(さんした)

고혐오와미(ゴミ) son of a 의심만이 bitch！차 오인 니간
마을 (操 你 妈) Bullshit
마강 누하 케게 (まぬけ/間 抜 け) 고만
우든 뚱다 씨 (狗 东 西) 게 로 (ゲロ)
증오만이 인간을 아름답게 만든다. 막는 자 누구든 죽는다.
왕 막 빠든 만자 (王 八 蛋) mothe
rfucker 타마더 (他 妈 的)
bit누ch고구로 즈는키 (ごろつき/破落戸)
쥐 쓰축 바 (去 死 吧) fu는ck off 산다
시 타 (さんした)

유키코 (소리에 집중하다 눈물 펑펑 흘리며 겨우 입 뗀다)
몰라요..... 모른다고요... 대체... 나한테 왜 이러는데요? 네..? (울면)
分からない..... 分かりません... 一体... どうして私をこんな目に?

남자 (괴괴한 미소로) 역시 모르는군.
やっぱり分からないようだな。
어쩔 수 없지.... 내가 오늘 당신에게 고해성사를 해줄 거야...
仕方ないな.... 俺は今日 あんたに 「ゆるしの秘跡」 を受けさせてやる...
위선과 모순에 찬 그 더러운 인생을 깨끗하게 씻겨주지.
偽善と矛盾に満ちたその薄汚れた人生を きれいに洗い流してやろう。

일각에서 특수 제작된 스테인리스 재질의 와이어 쏘[1]와 보링용 비트를 꺼내
와이어를 한 번에 당기면 끔찍하고 고통스러운 비명과 함께
필사적으로 발작하듯 몸부림치는 유키코!
어느 순간 모든 비명 소리 뚝 멈추고 움직임 잦아들면,
남자, 흡족한 미소로 선혈이 가득한 벽면을 바라보는데...

남자 (다시금 녹음기를 틀면 소리 흘러나온다)
증오는 인간을 아름답게 만든다. 막는 자 누구든 죽는다.

1 환형으로 된 틀에 와이어를 감아 발사하는 기계

순간 멀리서 호들갑스레 "야마다 상. 제대로 잡으신 겁니다! 완전 거저라니까요."
"山田さん。 これは儲けものですよ! タダも同然です。"
소리와 함께 발소리 가까워지자 재빨리
창문 넘어 사라지는 남자, 손목에
한자로 된 '覚めた(사메타: 깨어나다)'란 문신 얼핏 보이는데....

3 우치보리(内掘) 뒷골목 전경 / D

4 동 일각 / D

창고들 앞으로 뚱뚱한 외모에 선글라스를 쓴 부동산 업자가
마르고 깐깐한 인상의 중년 손님을 데리고 미로처럼 꼬인 골목길을 들어온다.

부동산 (호탕하게) 아시죠! 카네키 유키코라고 유명한 화가가 미술 창고로 쓰는 덴데
ご存知です よね! 金木由紀子という有名な画家が倉庫として使っていたんですが
갑자기 은퇴하겠다고 빨리 팔아달라고 하더라고요.
突然引退するから 早く売却してくれと言ってきたんです。

손님 (갸웃) 카네키 유키코라면「입 없는 소녀」로 유명한 화가 아닌가요?
金木由紀子と言えば 「口のない少女」 で有名な画家じゃないですか?
왜 갑자기 은퇴를...
どうして突然引退するのかな...

부동산 (허허) 글쎄요. 예술가들이야 워낙에 괴팍해서....
さあねえ。 芸術家ってやつは変わり者が多いから....
그 속마음을 누가 알겠습니까.
何を考えてるのか分かりゃしません。
(도착해 품 안에서 열쇠 꺼내 문 딴 뒤 열고는) 들어오세요.
どうぞ。

5 미술 창고 안 / D

벽에 전구 스위치 더듬거려 찾은 부동산 업자, 불 켜지지 않자, "뭐야 고장 났나..."

"なんだ故障か..."

핸드폰으로 비춰 저 멀리 벽에 걸린 하얀 캔버스에 뭔가 꽃 그림 같은 것

(꽃처럼 배치한 시신)을 보고 갸웃하는데.

손님 (어둠 속 응시하며) 저게 뭐죠?

あれ、何でしょうね?

부동산 (갸웃하고).... 글쎄요....... 그림 같은데요?

.... さあ....... 絵のようですが?

손님 (다가서 보다 흠칫 뒤로 물러서며)..... 사람 머리.... 아닌가요?????

..... 人の頭.... じゃないですか?????

부동산 에이.... 사람 머리라뇨.....

まさか.... 人の頭だなんて.....

(다가서 보면) 헉...!!!

ひいっ...!!!

(사람 사체임을 다시 확인하자 반사적으로 주저앉아)

110, 110, 경찰, 경찰!

110番、ひゃくとおばん、警察、警察!

공포에 찬 비명 질러대는 위로

벽에 걸린 캔버스에 사체를 꽃처럼 만들어놓은 모습 (현장 상황에 맞춰)

그로테스크하고, 일각엔 피로 갈겨쓴 듯

일본어 '제목: 天国の花(천국의 꽃)' 보이는데!!!

핏물에 주저앉아 사지를 버둥거리다 애써 정신을 차린 부동산 업자,

순간 저도 모르게 피 웅덩이에서 움켜쥔 '한국 경찰 신분증' 발견하자

기함하는 위로 화면 페이드아웃되면서...

인터컷 *다른 일각 (다른 시각) / N*

새벽, 오사카 번화가를 비척거리며 걷는 남자,

피투성이의 맨발을 디딜 때마다 땅바닥엔 피가 번지고...

언뜻 보이는 뒷모습 실루엣, 마치 강우처럼 보이는 위로..!

6 대한민국 전경 / D / 다른 날

7 국립경찰병원 전경 / D

자막 **대한민국 국립경찰병원**

8 동 탈의실 안 / D

로커에 경찰 제복을 걸어둔 뒤 운동복으로 갈아입는 권주, 다리 한쪽에 철심 흉터가 뚜렷하고, 살짝 몸을 풀어보다 아직은 다리에 무리가 가는 듯 의자에 걸터앉는다.

권주 *(낮은 한숨으로 다리에 난 깊은 수술 자국 길게 바라보는 위로)*

9 지하 세탁실 일각 (시즌2, 12부 81씬) / N / 이하 회상

문 손잡이가 박살 나고 문이 열리자 안으로 들어가는 권주.

권주 (무전 받으며) 도 팀장님 저 지금 지하실인데
아이 구조요청 듣고 들어가는 중입니다.

강우 (E) 뭐..?

권주 (일각 수건과 빨래가 다 들춰진 세탁실 일각, 열린 세탁기 안 불룩한 담요 보이자
다가서며) 잠시만요! 아이가 이 안에 있는 것 같아요.

(다급히 담요 열어젖히면 토끼 인형(12부 4씬과 동종) 목에 낡은 녹음기 하나가 걸려있는 것 보인다) !!!! (당황하고) 도 팀장님 누가 장난을 친 거 같습니다. 누가 아이 목소리를 녹음해놨어요..
(걸린 녹음기 잡아 올리는 순간 센서가 작동하고, 녹음기 한쪽에 숨겨진 의문의 전선 C-4 폭약과 연결되어있는 것 보이는데) !!!!

10 건너편 건물 일각 (시즌2, 12부 82씬) / N

강우 !!! (버럭) 강 센터 나와!! 당장!! 아무것도 건드리지 말고!!!!! (달려 나가면)

11 세탁실 일각 (시즌2, 12부 83씬의 확장씬) / N

강우 (E) 강 센터 나와!! 당장!! 아무것도 건드리지 말고!!!!!

권주 ....!! (순간 회로 기판 점멸되는 것 보인다)....!!
자신도 모르게 눈 감는 데 0에서 멈춘 폭탄은 터지지 않고) ????

구조 (일각에서 마지막 체크하다가 열린 문 사이 권주 발견하고)
여기서 뭐 하시는.. (하다 폭탄 보고는 놀라) 위험합니다!!
(권주를 잡아당겨 일각 기둥 뒤로 던지듯 옮겨놓고 막 자신도 피하려는데)

권주 (구석에 나동그라진 채 일각 천장에 붙은 CCTV 카메라 발견하고) !!!!
(순간 그제야 시간 차 두고 폭탄 쾅 터진다)

구조 (온몸에 불붙어 고통으로 뒹굴고)

권주 안 돼!!! (다급히 도우려 하지만 폭발에 무너진 기둥 다리에 깔린다) !!!!
(어떻게든 움직여 불길에 휩싸인 구조대원 구하려 처절하게 몸부림치지만 콘크리트에 깔린 다리 때문에 불가능하고, 불에 휩싸인 구조대원이 쓰러질 때까지 고통 속 흐릿한 시야로 망연자실하게 보고)
안... 돼.... 제발 ...도와...주...세요. 제... 발....

12 고시원 입구 / N

피와 먼지로 뒤덮인 권주를 안고 나와 들것에 눕히는 구조대원들

"비키세요! 상태가 위중합니다." 외치며 일각 앰뷸런스에 실리는 권주
그렇게.... 의식 천천히 잃어가는 위로.

13 다시 탈의실 / D / 이하 현실

권주 후... (힘든 기억 이겨내려는 듯 호흡 고르다 물리치료실 들어간다)

14 물리치료실 / D

구슬땀을 뚝뚝 흘리며 결연한 표정으로 (재활 훈련용) 트레드밀 달리는 권주.

물리치료사 (일각에서 권주 지켜보다 다가와 서서) 처음 실려왔을 땐
두부 손상에 장기 손상, 다리 골절.... 살 수나 있을까 했는데
통원 치료라니 독해도 보통 독한 게 아닌 거 같아요.

재활 사람 구하는 일을 아무나 하겠어? (걱정스레) 그래도..
저렇게 무리하면 안 될 텐데..
(물리치료사 돌아보며) 아, 전에 무슨 이명 관련해서 물어봤다면서?

물리치료사 네. 갑자기 삐 소리가 나면서 전혀 안 들릴 때가 몇십 초씩 있다고 하더라고요.

재활 (갸웃하며) 폭발 사고 후유증인가? (권주 보면)

날 선 눈빛으로 고통을 참아내며 이 악물고 달리는 권주 위로.

권주 (Na) 2018년 장경학 팀장이 살해당하자 우리 팀은
시범 도시를 풍산시로 정하고, 공범에 대한 단서를 가진,
도강우 형사를 출동 팀장으로 복직시켜 본격적으로 범인을 추적했었다.

플래시백 성운청 휴게실 (시즌 2, 2부 54씬) / N

권주 *다음 주부터 풍산시 골든타임팀 팀장으로 출근하세요.*

아까 말했듯이 기간은 한 달이고요. 어떤 돌출 행동도 용납 못합니다.
만약 이번에 또 사고 치시면 다시 영장 나올 겁니다.

강우 *하! (마지못해 받아 들고 눈빛 서늘해) 좋아, 대신 나도 조건이 있어.*
출동팀 운영은 내 식대로 한다.
첫째, 몸빵 금지! 둘째! 지나친 감정이입 금지!
셋째! 업무 중에 불만 있는 놈, 나한테 징징대지 말고 특별조사계에 얘기해.

플래시백 *도로 + 차 안 / D (시즌2, 6부 15씬)*

강우 *(멈칫 시선 틀며 나직이) 하!! 이래서 내가 그딴 팀이니 뭐니 싫단 거야.*
일만 해도 부족할 시간에 호구 조사나 하고 있으니. 혹시 나한테
관심 있어서 그러는 거면 빙빙 돌리지 말고 다이렉트로 치고 들어와.
시간 낭비 말고.

권주 *(기가 막히고) 네? 그게 무슨... (발끈하는데)*

권주 (Na) 팀원들이 겨우 마음을 열기 시작할 때쯤 혐오 사이트를 운영한 진범이
만든 덫으로 인해 도강우 팀장을 범인으로 의심하기도 했지만
모든 것이 진범의 계략이었단 것을 알게 되자 우리 팀은 하나가 되어
주범 방제수를 체포하는 데 성공했다.

플래시백 *풍산청 뒤 원룸 골목 / D (시즌2, 10부 45씬)*

강우 *(권주 총구 잡아 자신의 이마에 대고 피 토하듯)*
근데........적어도... 지금 내가 말하고 있는 이 순간은 어떤 거짓도 없어....
그래도......당신 귀라면.... 다를 거라고 믿었는데.... 내 착각이었어.

플래시백 풍산청 앞 + 출동팀 차량 / N (시즌 2, 12부 62씬)

강우 *..(권주 길게 보다 권주 운동화 끈 풀어진 것 보고)*
끈 풀린 운동화로 뛰다 팀원들 방해하려고...?
같은 팀이라며... 단단히 묶어. (방검복 내밀며 차에 타면)

권주 *(얼른 방검복 입고 올라타고)*

권주 (Na) 그러나 10개월 전 방제수의 마지막 덫인 고시원 지하에서 폭발 사고를 당한 나는 한 구조대원의 희생으로 겨우 목숨을 건질 수 있었다.
온몸에 끔찍한 상처를 입고 수차례의 수술 끝에 의식을 차린 나는
사건 당일 도강우 팀장이 닥터 파브르 배후에게 납치된 것 같다는 충격적인 사실을 접했고....

15 고시원 골목 일각 (시즌 2, 12부 87씬 이후) / N / 이하 회상

박중기 헉헉거리며 달리며 세단차가 서있던 주변 살피고 있다.

구광수 (E) 여기는 출 셋, 형님, 도 팀장님은 찾으셨습니까?

구석에 부서진 강우의 무전기와 처참한 격투 흔적, 핏자국들을 발견하고 충격으로 보는 박중기.

박중기 (무전 하며) 여기는 출 둘, 도 팀장님은 안 보이고
누군가와 난투한 흔적만... 있다!!!
(혼란 가득해) 설마.. 납치라도 당한 거 아이가....

권주 (Na / 결연한 목소리로) 팀원들과 힘을 합해 닥터 파브르 배후와 도강우 팀장의 행방을 찾고 있다. 장 팀장님을 살해한 진짜 진범을 잡고
도강우 팀장을 끝까지 믿기로 한 약속을 지키는 것.
이번엔 그것이 나와 골든타임팀이 반드시....해야 할 일이기 때문이다.

16 다시 물리치료실 / 이하 현실 / D

권주 (이 악물며 속도 유지하며 달리는데 무전 들어온다)

박은수 (E) 센터장님, 지금 재활 중이시죠?

권주 (트레드밀 멈추고 무전 하며) 어, 박 요원!

박은수 (E) 엄현철 번호로 또 도 팀장님 납치 협박 전화가 와서 코드 제로 발동했습니다!
지금 출동팀 현장에 도착했고요.

권주 !!! (굳은 표정으로 내려서며) 지금 갈게.

17 풍산청 112 신고센터 / D

'3분 출동, 5분 도착, 10분 검거 골든타임을 사수한다'란 구호와
전광판 아래로 책상들 배치돼 있고 각자 맡은 자리에 앉아 모니터 보며
신고 접수하고 처리하는 신고센터 요원들 사이
공청에 집중하는 박은수 및 진서율 보인다.

박은수 (긴장된 표정으로) ....그럼 늦으실 것 같아요.
지금 박 형사님 구 형사님 안으로 들어가고 있어요.

권주 (E) !!! 엄현철 전화 확실해?

박은수 네. 센터에 1월 20일, 1월 29일, 2월 15일
3차례에 걸쳐 걸려온 동일 번호로 확인됐습니다.
현재 무직에 거취 불명, 전과 없고요.
이번엔 도 팀장님을 철거 주택에 감금하고 있다는 말만 남기고 끊었습니다.
위치 추적 결과 당설구 당설로 쪽으로 나오고요.
공청 연결할게요...!

18 다시 물리치료실 안 + 복도 / D

권주 (다급히 무전기와 연결된 이어폰 귀에 꽂고 밖으로 나가며) 연결해!

자막 **PM 09:10 도강우 팀장 납치 사건 발생 5분 경과**

19 풍산시 당설구 주택가 낡은 다세대 주택 앞 + 안 / D

낡은 다세대 건물들이 모여 있는 좁은 골목, 출동팀 차량
및 특공대, 강력팀, 지구대원들 및 다수의 경찰들이 문제의 집을 포위하고 있다.

자막 **풍산시 당설구**

일각 창 너머 인기척 확인 후 조심스레 집 안으로 들어서는
박중기, 구광수 및 강력팀 형사들. 현관 앞에 놓인 쓰레기봉투 안쪽엔
녹아내리다 만 흰 초, 썩어 파리가 꾀는 쥐, 조악하게 그려진 탱화 등 보이고!!

권주 (E) 여기는 센터장, 혹시 안에 도 팀장님 보입니까?

박중기 (무전 하며) 여기는 출 둘, 안 보입니더. 현관에 탱화나 초 같은 게 보이는 거
보니까네... 광신도일 확률이 높십니더!

20 병원 복도 + 휴게실 / D

권주 (휴게실 들어가 문 닫고 무전으로) 어떤 돌발 상황이 생길지 모르니 조심하세요.

21 다시 다세대 주택 안 / D

긴장한 채 안으로 들어서는 박중기와 구광수 및 형사들 거실 지나가며 쭉
인체 모형과 끔찍한 살인 현장 사진들 사이로 험하게 훼손된 강우 사진과
"도강우 팀장의 행방 4개월째 오리무중"
"도강우 형사 부친은 일본 연쇄 살인마. 부친이 살인마인데 경찰이 될 수 있나?"
"국민들 도 팀장 실종 맞는지 의심... 경찰 측 '실종 맞다'"
"'세금 낭비' 거세지는 도강우 특본 폐지 청원" 등 기사들 발견하는데...!

구광수 (무전으로) 여기는 출 셋, 도강우 형사를 납치한 용의자 가능성이 있습니다..
문 닫힌 방이 하나 있습니다. (3, 2, 1 손으로 센 뒤 안으로 들어가면)

인터컷 *112 신고센터 / D*

진서율 *(CCTV 자료 보다 표정 싹 굳어 뭔가 다급히 검색하는데)*

22 동 방 안 / D

방 안 둘러보는 형사들! 다 떨어진 벽지에 드문드문 콘크리트가 드러난 벽 살피다
어디선가 톡톡 소리에 돌아보면, 벽장 속에서 나고 있다.

박중기 (무전 하며) 여기는 출 둘, 지금 벽장 쪽에서 이상한 소리가 들려 접근 중입니더!

박중기와 구광수 권총 겨눈 채, 잔뜩 긴장한 표정으로 벽장을 향해 다가서는데...

23 병원 휴게실 + 112 신고센터 / D

권주 (살짝 안도하지만... 뭔가 불안한 / 마음의 소리) 뭔가 너무 쉬워.
게다가 저 소린 뭐지? (무전기 너머 벽장 속 소리에 집중하는 위로)

톡톡 톡톡 톡톡 톡톡 톡톡 톡톡 톡톡 톡톡

톡 톡째깍 톡 톡째깍 톡 톡째깍 톡 톡째깍 톡 톡째깍 톡 톡째깍

째깍-! 째깍-! 째깍-! 째깍-! 째깍-! 째깍-! 째깍-!

벽장문을 치는 소리에 묻힌... 째깍거리는 타이머 소리 파악하는데...!!

진서율 (**이하 교차편집 / 112 신고센터** 다급히) 센터장님!
이 전화 협박범! 엄현철이 아니라 같은 동네에 사는 노재훈일 가능성이 있습니다.
방금 엄현철 씨가 노숙자 쉼터에 있던 게 확인돼서

핸드폰과 연동된 아이피로 조사했더니 노재훈이 동영상 사이트에 익명 계정으로 경찰 관련 비판이나 조롱하는 영상을 올려온 것으로 확인됐습니다.
게다가 CCTV 확인해보니까 폐건물 근처에 노재훈이 오가는 모습이 40분 전부터 찍혀있고요!

권주 동기는!!

박은수 (다급히 자료 살피며) 경찰공무원 시험에 낙방한 것을 부친의 전과 때문이라고 생각하는 것 같습니다. 그러다 이번에 방제수 인터뷰를 보자 도 팀장님과 골타팀을 타깃으로 삼은 것 같고요.
도 팀장님 아버지가 살인마란 그 얘기요.

권주 !!! (아차 싶고! 다급히 공청 무전 한다) 출동팀!! 문 열지 마세요! 위험합니다!!!

24 다세대 주택 방 안 / D

형사들 다급히 엎드리거나 물러나지만 펑 하는 소리와 함께 벽장 터지며 날아간 나무 파편 등이 가까이 있던 박중기와 구강수를 덮친다!!!

박중기 악! (파편에 맞은 얼굴 감싸며)!!

구광수 (먼지 흩어내며) 형님 괜찮으세요???

박중기 이 새끼가... (분노로 둘러보면 못 폭탄[2]이다. 한쪽에선 부서진 로봇 장난감이 똑같은 행동으로 벽장을 아직도 툭툭 두드리고 있고)....!!!

25 병원 휴게실 / D

권주 !!!!!! (폭발음에 가슴이 두근거리며 이명이 들린다. 후 한동안 심호흡하며 추스른 후) 박 형사님 괜찮으세요?

26 다세대 주택 안 + 동 밖 일각 / D

박중기 (후 거울에 비친 볼 피 흐르고 있다) 괜찮십니더. 쪼매 기스 난 거뿐입니다.

2 폭발하며 장치해둔 못이 날아가게 하는 원리

진서율　(E) 박 형사님!! 노재훈 핸드폰 위치가 바로 근처로 나오는 걸 보니
가까이에서 지켜보고 있는 것 같은데요???

구광수　(순간 창밖 너머 어떤 남자가 후다닥 도망치는 것 보이자)
저 새끼네!! 잡아!!! (창 넘어 경찰들과 달려가면)

형사들　(쫓아가고) !!

박중기　(창밖에 노재훈, 주택 뒤쪽에 도주하다 구광수와 형사들에게 제압당하는 모습
보이고) 하이고 마 저런 놈은 경찰 안 된 게 다행입니다. (상처에 흐르는 피 닦으면)

노재훈　(체포되며 버둥거리며 바락바락) 닥쳐!! 골타팀 니들 잘난 척 떨지 마!!!
우리가 낸 세금으로 살인마 자식새끼 찾아다니는 거 역겨워 죽겠거든!

구광수　(버럭) 이딴 증오심으로 경찰 되면 안 되는 거 잘 알잖습니까!!
노재훈 씨, 당신을 공무집행 방해죄, 폭발물 사용죄로 체포합니다.
변호인 선임권 및 변명의 기회가 있습니다. (체포하면)

박중기　(그 모습 혀 차며 보다 무전으로) 여기는 출 둘, 도강우 형사 납치 감금 신고,
장난 전화로 판명되었다! 출동팀 청으로 복귀한다!

27　다시 병원 휴게실 / D

권주　(낮은 한숨으로) 고생하셨어요.
(무전 끊고는 실망감에 머리 짚는데 순간 휴게실 걸린 TV에서 박중기의 목소리
“지금 벽장 쪽에서 이상한 소리가 들려 접근 중입니다!”에 다급히 돌아보면)...!!!

28　TV 속 뉴스 화면 / D

앵커　(박중기와 구광수, 형사들의 모습 조잡한 유튜브 영상으로 나오며
‘경찰 조롱하는 동영상 만행’ 타이틀과 인터컷 컷컷으로 지나고)
오늘, 동영상 사이트에서 경찰에 허위 신고를 한 뒤
폭탄으로 테러하는 영상이 업로드되어 높은 조회 수를 기록하고 있습니다.
조금 전 실시간으로 송출된 이 영상에선 작은 폭발물에
놀라는 경찰들의 모습을 우스꽝스럽게 보여줬는데요. (사이)

한편, 풍산청은 오늘 오전 10시, 도강우 형사 실종 사건을 수사하던
특수 수사팀을 해체했습니다.
도강우 형사는 풍산청 골든타임팀 팀장으로,
10개월 전 부친이 지난 91년도에 오사카 여아 살인 사건의 범인으로
사형당한 사실이 밝혀진 직후 실종되었으나
지금껏 수사의 진척이 없었던 걸로 알려져 있습니다.
또한 오늘, 경찰 연쇄 살인범 방제수의 5차 공판이 있었습니다.
방 씨는 모든 범죄 혐의를 인정했으나, 도강우 형사의 실종은
자신과 아무 관련이 없으며 공범 또한 없다고 주장하였습니다.

권주 !!!!...하!!!! (날 서 주먹 쥔 손 격하게 떨리는 위로)

보이스3 **〈공범들의 도시〉** 타이틀 뜬다.

제1화 **세 번째 골든타임!**

즉석사진도… 경찰과 응급환자들을 위한 비상출동 시간도
세계 어느 곳이든 3분이다.
왜냐하면
3분은 한 사람의 인생에서 기적을 일으키기에
충분한 시간이기 때문이다.
〈다카이 노부오〉

29 풍산지방경찰청 전경 / D

자막 **풍산지방경찰청**

30 동앞 / D

풍산청 건물 앞으로 검은 차량 서면 비서관과 함께
새 풍산지방경찰청 유재천 청장(이하 유 청장) 내린다.

31 복도 일각 / D

유 청장 (엘리베이터로 향하는데)

권주 (일각에서 기다리다 격앙된 표정으로 다가오며 경례한다) 청장님.
강권주입니다. 자꾸 제 전화 피하시는 거 같아 기다리고 있었습니다.
어떻게 수사본부를 해체하실 수 있습니까!

유 청장 (전방만 응시한 채 걸어가며) 회의 있으니 급한 용건은 나중에 하세.

권주 (물러서지 않고 따라간다) 실종 사건일 경우, 시간이 지체될수록 생존 확률
희박하단 거 누구보다 잘 아시지 않습니까!
도 팀장님은 방제수 배후에 의해 납치된 게 분명합니다!

유 청장 하!! (우뚝 서고 날 선 눈빛으로 권주 돌아보며)
소득 없는 특본에 8개월 투자했으면 우리로선 최선을 다했어.
실종 관련 작은 단서조차 안 나왔다면, 스스로 떠난 것일 수도 있네!
지금!! 강 센터 혼자만 인정을 안 하고 있어.
더 이상은 예산도 인력도 낭비할 수 없네.

권주 (허!!) 도강우 형사 부친이 살인마이기 때문은 아니시고요?
도강우 형사... 그 낙인 벗으려고 누구보다 경찰로서 최선을 다했습니다.
사람들의 편견 때문에 지독한 혐오를 당한 피해자일 뿐입니다.
그건 누구보다 제가.. 제가 잘 압니다..제가..!!!

유 청장 뭐야? (불쾌한 듯 보며) 강 센터! 폭발사고 때문에 고생 많았던 거 알아!
어디라도 화풀이하고 싶겠지. 그렇다고 이건 아니야.
수사를 하면 할수록 여론도 악화일로잖아!!! 윗선에서도 부담스러워하고.
솔직히 도강우 그 친구 스펙만 보면 경찰직 자격 미달이야.

권주 !!!! (주먹에 힘 들어가고) 드디어 속마음을 말씀하시는군요.
정 그렇게 생각하신다면 어쩔 수 없죠.

제 힘으로 도강우 팀장을 찾아내 증명해 보이겠습니다!
(돌아서 강하게 걸어가면)

유 청장 (허 머리 짚는 위로)

박중기 (E) 참말로 진짜!! 수사본부를 없앤단 건 수사 아예 접으란 거네!

32 경찰청 주차장 / D

출동팀 차량 도착하면, 구광수와 박중기, 내리며 다급히 출동팀 사무실로 향한다.

박중기 후... (울화 치밀고) 고마쎄리.... 사무실 가고 있을 게 아니라
우리도 청장님한테 쳐들어가야 하는 기 아이가?

박은수 (화나지만 애써 / E) 지금은 좀 기다려보는 게 좋지 않을까요. 수고하셨어요.

33 112 신고센터 / D

박은수 (공청 끊고는 진서율 향해) 진 요원, 알아보고 있는 건 어떻게 됐어?

진서율 (답답한 듯) 6월부터 지금까지 항구와 여객 터미널 앞에 찍힌 CCTV 다
분석해봤는데.... 전혀요. 후... 정말 그놈들이 울 도 팀장님 땅에 묻... (하는데)

박은수 (얼른 입 조심하라 눈짓하지만)

권주 (어느샌가 센터로 들어서며) 그런 생각 할 시간에 어떻게든 방법부터 찾아봐!

진서율 (움찔하고 권주 돌아보곤).. 알겠습니다. 그렇지 않아도
꽃돼지가 밀항 쪽도 뒤지고 있어서 곧 뭐라도 나올 겁니다!!

박은수 (권주 보며) 참, 센터장님 아까 고시원 사고 때
구조대원분 어머님이 전화하셨어요.
갑자기 수술비를 보태시는 분이 계시길래 알아봤더니 센터장님이라고...
넘 감사하지만.... 우리 아들은 할 일을 한 거니까... 센터장님도 너무
마음 쓰시지 말라고 하시네요.

권주 ..... (마음 무거운 위로)

34 출동팀 사무실 앞 + 안 / D

출동팀 사무실 향해 걸어가는 박중기와 구광수.

구광수 (박중기 눈치 보다 조심스레) 근데 그거 아세요?
요즘 청에 도 팀장님이 사람 죽인 증거 방제수가 갖고 있어서
달아난 거란 소문 도는 거....

박중기 (멈칫 자신도 들었지만 부러) 시끄럽다 마!!
도 팀장 그 성질에 죄 졌는데 도망갈 양반이나? 우리까지 입 나불대지 말자!!

나홍수 (일각에서 걸어오며) 꼴들이 말이 아니네. 강 센터는?

박중기, 구광수 (목례하고)

구광수 지금 청장님 뵈러 갔습니다.

나홍수 (안쓰럽게 보다) 수사본부 해체됐다고... 너무 상심 마라.
그리고 강우 그놈 뼛속까지 형사다.
말도 없이 사라질 놈이 아냐....믿고 기다려보자.

박중기, 구광수 (끄덕이며) 네. (출동팀 사무실 안으로 들어서면)

나홍수 (복도에 서 출동팀 사무실 안 도강우 빈자리에 놓인 큐브 퍼즐 등
아프게 바라보는 위로)

플래시백 다시 지하 창고 (시즌 2, 12부 11씬) / D

구급대, 공간을 넓혀 나홍수 한 번에 끌어내 바닥에 눕히고 인공호흡하는데....!

강우 *정신 차려요 제발....!! (숨 돌아온 나홍수 보고 안도하고)*

플래시백 맞은편 건물 일각 (시즌 2, 12부 56씬) / D

나홍수 *니가 구해줬단 얘긴 들었다.*
애들 얘기도... (눈물 차오르고) 춘병이가 나한테 그랬다.
누군갈 너무 미워하다간 옳고 그른 걸 못 본다고.
계장씩이나 돼갖고 그딴 놈 말에 놀아나나고... 부끄럽다 강우야.

나홍수 (안타까운 마음만 가득한데)

35 다시 112 신고센터 + 꽃돼지 방 / D

진서율 (꽃돼지와 통화하며 핸드폰으로 CCTV 화면 스틸 사진 받아보고)
그러니까 지금 여기 잠깐 나온 남자가 도 팀장님일 가능성이 있단 거지?

꽃돼지 (**이하 교차편집 / 꽃돼지 방** 안 모니터 들여다보며 햄버거 먹으며)
그렇다니까!! 작년 6월 밀항선 쪽에서 찍힌 사진인데..
걔네들 밀항자들 신고 못하게 사제 CCTV 돌리거든
안면 인식 돌려보니까 싱크로율이 꽤 높아.
옆에 선 덩치 좋은 놈이 납치범인진 모르겠고.

진서율 (생각 고르며) 밀항이라... (가능성 있어 보인다) 더 찾아보자!!
(순간 긴장감에 손가락 저려오자 주무르면)

요원1 (옆에서 보다 조심스레) 괜찮아요? 좀 더 쉬었어야 하는 거 아닌가?

진서율 그럼요! 늦지 않게 접합 수술해서 쓰는 덴 문제없대요.
(부러 장난스레) 짐승 같은 회복력이라고 병원에서도 놀라던데요?
(순간 핸드폰 울려 보면 '이모' 떠있고 반갑게 받으며) 이모!

세영 모 (E / 눈치로) 서율아, 통화 괜찮아?

진서율 (바쁘지만 내색 않고) 예예 이모. 급한 일이세요?

세영 모 (E) 그게 좀... 세영이가...

36 풍산 대학교 앞 거리 전경 / D

자막 **풍산동 풍산대학교**

37 토스트 가게 / D

다섯 평 안 돼 보이는 작은 가게 가판 앞, 머리를 질끈 묶고
열심히 토스트 굽고 파는 세영 모, 핸드폰으로 통화 중인데.

세영 모 (토스트 포장해 손님에게 건네며) 무슨 여행 어플에 무료 숙박권이 당첨됐다는 거야.
나랑 가자길래 가게는 어쩌냐고 한마디했더니 친구랑 가겠다고
오늘 아침에 그냥 나가버렸네. 전화해도 받지도 않고....
휴...니가 조심해서 다녀오라고 당부 좀 해!

진서율 (짠하고 / E) 에이, 이모도 그럼 같이 가시지. 얘기했음 제가 용돈 드렸을 텐데..

세영 모 우리 형편에 무슨 일본이야. 암튼 철딱서니 없는 게 지 친구들 중에서
일본 여행 안 갔다 온 건 지뿐이라고 그게 그렇게 서러운가 봐.
아니 잘 방만 있음 뭐해. 가면 돈 안 드냐고.... 어미 속도 모르고.

대학생들 (앞에 서서) 햄치즈 토스트 세 개요.

세영 모 아 네.. 서율아 손님, 끊자! 부탁한다!! (마가린 들어 철판에 두르는데 팔목
통증으로 마가린 툭 떨어뜨리곤) 아이구! (손목 주무르며 얼른 집고)

38 풍산공항 전경 + 동 출국장 / D

체크인 카운터 일각 세영과 미혜 캐리어 세워두고 들떠있다.
발랄한 포즈로 서로 사진 찍어주는데 세영의 핸드폰 울린다.

세영 (전화 받을까 말까 망설이면)

미혜 (포즈 잡다 의아하게 보고) 누군데?

세영 (고민하듯 보며) 있어. 사촌오빤데... 경찰! 엄마가 시켰겠지. (받고) 왜 나 바빠!!

진서율 (E) 야 이 자식아 아무리 그래도 전화는 받아야지. 이모 맘 몰라?

세영 몰라!! 나중에 전화한다고 해! (핸드폰 스트랩 길게 보는데)

미혜 (흘끔 보다) 저게 그거야? 엄마가 잃어버리지 말라고 만들어준 스트랩?

세영 (민망한 듯 황급히 숨기고) 아 몰라. (미혜 팔짱 끼고 출국장으로 걸어가며)
깨질 땐 깨져도 신나게 놀기나 하자고!! (신나듯 떠들지만 마음 무겁고)

39 다시 112 신고센터 / D

진서율 (끊긴 전화 황당하게 보며) 허! 이 자식이... 암튼 권세영 언제

철드냐. (하다 권주 보며) 아 참, 센터장님!! 이거 좀 보시겠어요!

권주 (다가서면) 뭔데?

진서율 (CCTV 화면 속 검은 모자 쓴 남자 가리키며) 아직 확실한 건 아니지만

도 팀장님 그놈들한테 끌려가서 일본 밀항선 탔을 가능성도 있는 거 같아요.

권주 일본 밀항선? (가능성 있다, CCTV 더 자세히 보려는데)

박은수 (내선 전화 받으며) 네. ...네? 어디시라고요? (듣다) 알겠습니다.

(다급히 권주에게) 센터장님! 오사카 영사관에서 전화 왔는데 급한 일이라는데요!

권주 알았어. 돌려봐. (전화 받고) 골든타임팀 센터장, 강권주입니다.

조 영사 (E) 강권주 경감님이십니까?

오사카 영사관의 조영춘 영사라고 합니다.

권주 (의아하고) 오사카 영사관에서 무슨 일이죠?

조 영사 (조심스레 / E) 그게.... 카네키 유키코라는 여성 화가가 미술 창고에서

토막 사체로 발견되었는데 현장에서 도강우 형사의 형사증이 발견됐습니다....

권주 (충격으로 눈빛 흔들리며) 네??

40 오사카 전경 / D

자막 **오사카 우치보리**

41 미술 창고 앞 / D

카메라 셔터 누르며 혈흔을 따라 증거물 채취하고 있는 일경 감식반 옆으로

료지 경시정(亮治. 40대 중반) 이하 일본 형사들이 현장 살피고,

테이프 바깥쪽에선 제복 입은 일경들이 구경하는 인파 차단하는 중이다.

일각 깔끔한 인상의 조영춘 영사 한 손엔 서류 들고 한 손으로 핸드폰 통화 중인데.

자막 **대한민국 오사카 영사관 조영춘 영사(경찰청이 아닌 외무부 소속 설정)**

자막 **일본 경시청 형사부 사카라이 료지 경시정**

조 영사 (도강우 관련 서류 '특별 관리 사항: 부친 우현식(일본명 마쓰다 후토시) 1991년 오사카 후지야마 미호 살인 혐의로 사형. 본인도 파트너 살해 혐의로 기소된 적 있음' 넘기며 표정 굳어) 피해자가 일본에서 유명한 화가입니다. 게다가 부친이 일본 여당에서 간사까지 맡고 있는 정치계 거물이라 만약 도강우 형사가 범인이기라도 하면 (하) 이거 완전 심각한 외교 문제가 터질 수도 있어요...

42 112 신고센터 + 출동팀 사무실 / D

권주 !! (충격에 온몸 떨려오고) 지금 그쪽으로 가겠습니다.

박은수 (놀라) 센터장님!! 대체... 무슨 일이십니까?

권주 (떨리는 몸 자제하려 하지만 쉽지 않고)
오사카에 있는 살인 사건 현장에서 도 팀장님 형사증이 발견됐대.
(무전 하며) 여기는 센터, 박 형사님, 구 형사님 오사카 살인 사건 현장에서 도강우 팀장 형사증이 발견됐다고 합니다!

박중기, 구광수(**교차편집 / 출동팀 사무실 안** 충격으로 눈 커지며) 네????

권주 빨리... (가죠 하는 순간 심한 고통과 함께 이명 들리고 힘겹게 참아내는 위로)

43 다시 미술 창고 안 / D

전화 끊은 조 영사, 현장과 료지 심각한 표정으로 보고 섰는데,

조 영사 (눈치로 다가서며) 도강우 형사 소속팀에서 오기로 했습니다.
ド・ガンウ刑事の所属チームが来ることになりました。
뭐 다른 단서 더 나온 건 없나요?
何か他に手がかりはつかめましたか?

료지 (차갑게 일별하며) 보시다시피 시신이 너무 많이 훼손돼서 말입니다.
ご覧のとおり、死体が酷く傷つけられていましてね。

감식 반장 (일각에서 다가와 질린 표정으로) 미친놈도 보통 미친놈이 아냐.

異常といっても並みの異常さじゃないね。
몸통, 어깨, 양 손목 발목 딱 관절에 맞게
体、肩、両手首、両足首、きっちり関節に合わせて
14등분 해서, 머린 가운데 놓고 꽃처럼 만들어놨어.
14等分して切断、頭を中心に花のように配置してる。
자기가 무슨 전위 예술가인 것처럼.
自分が前衛芸術家か何かと勘違いしてるんじゃないか。
(후) 근데 도무지 흉기가 뭔 줄 알 수가 없어.
だが、凶器が何なのか皆目見当もつかない。

료지 (날카롭게 사체 보며) 머리 좋고 힘 좋고,
頭が良くて力も強く、
악의로 가득 찬 놈이라면 가능하겠지..... (생각 고르는데)
悪意に満ちた奴なら可能だろうな.....

일형1 (핸드폰 한 손으로 막으며 다가와)
삼 주 전에 홋카이도에서 저희 쪽으로 온천 여행 간다고 하고 행방불명된 모녀요.
3 週間前 北海道からこっちに温泉旅行に行くと言って
行方不明になった母娘のことですが。
자살 가능성이 있답니다.
自殺の可能性があるそうです。
친정 엄마한테 유서를 우편으로 보냈다고 하네요?
実家の母親に遺書を郵便で送ったらしいです?

료지 그래?... (대수롭지 않게)
そうか?...
홋카이도 애들한테 처리하라고 해. (시신 보는 위로)
北海道の奴らに対処させろ。

44 오사카 모미온천 러브호텔 전경 / D

선정적인 술집 간판이 다닥다닥 붙어있는 뒷골목에 위치한 허름한 모텔 보인다.

자막 **오사카 우덴포구(宇天歩区)**

세영 (E / 황당한) 사진이랑 완전 다르잖아요!!!!

45 동 301호 앞 / D

붉은 조명에 곰팡이 핀 벽, 조악한 꽃무늬 벽지가 어지러운 실내 세영과 미혜, 양팔에 문신이 가득한 주인(덩치 좋고 개성 있는 30대) 앞에 대치하듯 서있다.

세영 (어플 보여주며 / 이하 일어)
보세요! 이제 보니까 완전 빼박 뽀샵으로 떡칠한 거 맞네!
よく見たらフォトショップで捏造した写真ですよ!
이딴 방이 원래 삼백이고 제세공과금이 삼십이란 게 말이 돼요??
この部屋が定価30万ウォンで諸税公課金が3万だなんてありえませんよ??

주인 (픽 비웃으며 / 이하 일어) 누가 사길 쳤다고 지랄이야!! 자기 싫음 나가든가!! (가면)
詐欺だとでもいいたいのか!! 嫌なら出ていけ!!

세영 뭐라고요!!! (말리는 미혜 뿌리치고 달려가 주인 막아서며 일어로)
완전 사기꾼 아냐! 당장 받아 간 돈 토해내요!!
思いっ切り詐欺じゃん! 今すぐ私のお金、返してよ!!

주인 (날 서 보며) 하 진짜 이 빠가야로들! 이미 지불 끝났거든?
このバカ野郎どもめ! もう計算は終わってんだよ?
그렇게 따질 거면 네 나라서 놀든지!
文句があるなら てめえの国に帰るんだな!
아님 이 오빠가 놀아줘? (문신 가득한 팔 내보이며 음흉하게 보면)
それとも俺が可愛がってやろうか?

미혜 !!! (뒤에서 보다 기겁해) 스미마셍! 스미마셍!
すみません! すみません!
야!!! 그냥 가자!!! (사색으로 세영의 팔 붙들고 밖으로 끌고 가는데)

46 오사카 모미온천 러브호텔 앞 / D

호텔 앞 골목 일각 외진 구석에 캐리어를 챙기고 선 세영과 미혜.

미혜 (겁먹어) 너 미쳤어? 저 아저씨 완전 개변태에 조폭처럼 생겼는데 거따 대고 덤비면 어떡해!!

세영 (울컥) 그렇다고 생돈 삼십을 포기하냐?!

미혜 (울상으로) 하...어쩌지 게스트하우스도 다 찼을 텐데... 됐고.. 엄마한테 전화해서 돈 좀 보내달라고 할게. (핸드폰 꺼내면)

세영 잠깐만!! (전화하려는 미혜 붙잡고) 야, 그랬다간 니네 엄마 난리 나실 거 아냐.... 우리 엄마까지 알면 나 죽어... (부르르)

미혜 (울상으로) 지금 이 시간에 어디서 잘 곳을 찾아...

세영 (걱정되지만 일부러) 내가 이럴 줄 알고 어플 엄청 깔아왔거든? (다급히 찾는데 순간 해피 하우스 어플에서 알람 울린다. 순간 표정 밝아지며) ..!!!

인터컷 핸드폰 화면 / D

일본 여행 숙소 전용 어플(HAPPY HOUSE) 이벤트 특가!

'매일 10시는 해하타임! 예약 취소된 고급 료칸을 반값에!!'

12시가 지나면~ 문이 닫힌다~

선착순 전화 예약으로 행운을 잡아라.

이름: 모리노이에(森の家 숲의 집) 료칸

주소: 오사카시 아탄도(亞炭道) 온천 마을

기간: 오늘(2019년 00월 00일 12시 자정까지)

금액: 원가 (2인 숙박 기준) 80,000 엔 → 할인가 최대 15,000 엔 (중복 할인 가능) 선착순 2인

기타: 픽업 가능, 직통 전화 예약만 가능 (스즈키)

세영 ...와... 이거 봐! 료칸이 일박에.. 만 오천 엔이래..! (떨 듯이 기뻐하면)

미혜 헐 완전 대박!! 야 빨리빨리!!! 전화해!!!

세영 어어, 알았어. (다급히 전화하며 / 일어로) 아, 네! 스즈키 씨 맞죠?

あ、はい! 鈴木さんのお電話ですよね?
지금 해피 하우스 어플 보고 전화드리는 건데요.
今、ハッピーハウスアプリを見てお電話差し上げたんですが。
지금 선착순 할인하신다고 해서...
先着順で割引してくださるとか...

47 모리노이에1 료칸 앞 + 스즈키 봉고차 안 / D

대시 보드에 붙은 가족사진 깨끗한 차 안, 스웨터 차림의 인상 좋은
40대 남, 스즈키가 세차를 하다 전화를 받고 있다.

스즈키 (핸드폰으로 통화하고) 그럼요. 일본어를 잘하시네요. 지금 어디세요?
ええ、そうです。 日本語お上手ですね。 今、どちらですか?

세영 (**이하 교차편집 / 호텔 앞** 들뜬 목소리로)
여기 우덴포구 마야노차야에 있는 모미 러브호텔 앞이요!!
宇天歩区 真野之茶屋 のモミラブホテル前です!!

스즈키 (미소로 반가워하며) 아 그래요? 제가 그 근처에 있으니 모시러 가겠습니다.
ちょうどよかった。 今近くにいるんですよ。 お客さんの送りむかえで... ハハハ、
運がよろしいですね。

세영 와!! 정말요!! 그럼 여기서 기다리고 있을게요. 감사합니다!!
わあ!! 本当ですか!! じゃあここで待っています。 ありがとうございます!!
(끊고, 미혜와 좋아서 팔짝팔짝 뛰면)

스즈키 (싸한 눈빛으로 콘솔박스에서 빗 꺼내 룸 미러를 보며 머리칼(가발)을 빗는 위로)

48 간사이 공항 전경 / N

자막 **간사이 공항**

49 동 출입국장 / N

굳은 표정으로 다급히 공항을 나오는 권주와 박중기, 구광수 보인다.

유 청장 *(냉정한 / E) 만약 도강우가 용의자로 특정되면 일경에 넘기도록 해.*
나머진 영사관에서 알아서 할 테니.
명심하게. 지나친 수사 의지는 주권 침해란 걸.

권주 (자신도 모르게 눈 질끈 감으며 격한 한숨 나오는데)
조 영사 (일각에서 초조하게 기다리다 다가오며) 강 센터장님이시죠? 조영춘입니다.
권주 (인사하고) 강권주입니다. (박중기와 구광수 가리키며) 이쪽은 출동팀 박중기 형사님, 구광수 형사님입니다.
박중기 (목례하고) 박중깁니다.
구광수 (목례하고) 구광숩니다.
조 영사 (인사한 후 손목시계 보며) 일단 병원으로 가시죠.
(일각 봉고차(외교 번호판 달린 행정 차량)로 안내하는 위로)

50 동 도로 + 차 안 / N

운전석에서 운전 중인 행정관, 조수석의 조 영사, 그 뒤로
권주와 박중기 구광수가 타고 있는 봉고차가 도로를 달리고 있다.

조 영사 (눈치 보다 조심스레) 근데 저희가 운이 없는 게 담당 형사가 료지 경시정이라고
오사카 경부에서 알아주는 독종이거든요. 오죽하면 별명이 악어겠어요.
사건 하나 맡음 꽈악 물고 놓지 않는 걸로 유명하고요.
게다가 험한 성향도 있단 소문이... (말 끝 흐리면)
구광수 아무리 그래도! 사건 현장에서 신분증 좀 발견했다고 무조건 용의잡니까.
조 영사 (큼) 그럼 어떡합니까.
일본은 피의자만 돼도 이름, 얼굴 다 공개할 정도로 범죄자한테 가차없는데!
게다가 (후) .....도강우 형사가 오사카에서 그 어린애 죽인 마쓰다

아들이란 게 소문이 나서.. 더 예민합니다.
(하는데 핸드폰 울리면 받고) 네. 오사카 영사관입니다.
네..? 여행 어플 사기요? (듣고 난감한) 저희 영사관에서 딱히 드릴 도움이 없네요.
그게 아마 애초에 약관에 쓰여 있었을 확률이 높아서요.
가까운 일본 경찰서에 신고하시는 게....
(하다 끊긴 전화 보다 권주네 눈치 보며) 하.. 참나....
영사관에 달랑 영사라곤 저 하난데. 몸이 백 개도 아니고
경찰청에 오사카 경찰영사 좀 지원해달라고 푸시 좀 해주십쇼.
하루에 이런 전화가 백 통도 넘습니다.
제가 이런 전화 받으려고 외무고시 합격한 게 아니거든요. (하다 아차 싶어 입 닫고)....

권주 (날 서 생각 고르며) 현장 자료 좀 보죠.

조 영사 큼.... (서류 찾아 전해주며) 여기있습니다.

권주 (현장 자료 심각하게 읽어 가는데)

조 영사 (다시 전화 받고) 네??? 도강우 형사가 창고 뒷골목에서 발견됐다고요????

일동 !!!!!

51 도로 전경 / N

52 스즈키 봉고차 안 / N

운전석엔 스즈키, 뒷자리에 세영, 미혜 앉아 오사카 시내를 달리고 있다.

세영 (식식대며) 와! 뭐냐 이거. 위급 상황 생기면 문자 보내라면서 일본 경찰서로 가래.

미혜 (어이없단 듯) 뭐? 정말이야? 완전 황당하네!

스즈키 (룸 미러로 인자하게 보며) 신고 접수가 잘 안 됐나 봐요?
手続きが上手く行かなかったようですね?
일본에 오자마자 사기를 당했다니 내가 다 미안하네요.
日本に到着したとたん詐欺に遭うなんて、私が逆に申し訳ない。

맛있는 가이세키 먹고 기분 풀어요.
美味しい懐石料理を食べて、気を取り直して。
우리 와이프가 요리 하난 기가 막히거든요. 하하.
うちの妻の料理は本当においしいですから。 ハハ。

세영 (일어로) 진짜요? 감사합니다.
本当ですか? ありがとうございます。
(미혜 보며) 아내분이 우리 저녁, 엄청 맛난 가이세키 해주신대.
(대시보드에 붙은 스즈키의 가족사진 아련하게 보며)
되게 행복해 보이네요.
すごくお幸せそうですね。
전 엄마랑만 사는데 맨날 싸우거든요!
私、母と二人暮らしなんですけど、毎日ケンカばかりです!

스즈키 (쑥스러운 듯) 에이, 세영 씨 엄마한테도 세영 씨가 최골텐데..
いやいや、セヨンさんのお母さんにとってもセヨンさんが一番でしょう..

세영 (일부러 위악적인) 아뇨, 우리 엄마는 절대 아니에요.
いいえ、うちの母は絶対に違います。
밤새가며 광클해서 여기까지 왔는데
아마 오늘 같은 일 있었음 다 뒤집고 난리도 아니었을걸요?
徹夜して必死にクリックして当選した旅行なのに、
きっと今日みたいな目に遭ったら大暴れしてましたよ。
안 온 게 다행이죠. (입 나와 창밖 보면)
一緒に来なくてよかったんです。

스즈키 (룸 미러로 그런 세영 길게 보다 대시보드에 걸린 가족사진 흘끗 일별하면
어깨쯤 닿는 갈색 머리칼 등 세영과 묘하게 닮은 마리의 모습 보이는 위로)

53 오사카 종합 제일 병원(大阪総合第一病院) 전경 / N

자막 **오사카 종합 제일 병원(大阪総合第一病院)**

일경1 (E) 미츠이 형사님 말로는 사건 현장 근처에서 행인을
미친 듯이 폭행하는 걸 겨우 말렸다고 합니다.
三井刑事の話では、事件現場の近くで通行人を
狂ったように殴っているのをようやくやめさせたそうです。

54 동 응급실 일각 / N

병실 침대 위 초췌한 모습으로 잠들어 있는 강우를 내려다보고 있는
료지와 일경1, 2, 의사. 강우의 한쪽 손목은 침대 난간에 수갑으로 고정돼있다.

일경1 (살짝 긴장한 채) 온몸에 자해 흔적이랑 주사 맞은 자국들도 있고요.
全身に自虐行為の痕跡があり、注射を打った針の痕も見られます。

료지 (허) 주사? 설마 마약?
注射? 麻薬か?

일경1 (의아한) 그건 아니고 흔하게 처방받는 각성제 종류라고 합니다.
そうではなく、一般に処方される精神刺激剤の一種だそうです。

료지 각성제라..... (의식 잃은 강우 묘하게 보는데 전화벨 울리자 받고)
精神刺激剤か.....
사카라이 입니다. 마키오 의원님!! (놀라)... 지금 여기로 오고 계시다고요.
逆井です。 牧尾 議員 代議士 !! 今こちらに向かっているんですか。
아 잠시만요. 그게.... 이 새끼 잘 지켜! (당황해 다급히 복도로 나가면)
少々お待ちください。 それがその.... ちゃんと見張ってろ!

강우 (악몽을 꾸듯 꿈틀거리는 위로)

55 오사카 집 마당 / N / 일루전

(밀항 광경, 오사카 번화가, 미술 창고 등이 일루전으로 지나가고)
안개가 자욱한 우물이 보이는 마당 일각, 강우 권총 든 채 조심스레 잠입하고 있다.
동시에 저 멀리 퍽퍽 둔탁한 소리 들리자, 권총 조준한 채 빠르게 다가가는 강우.

핏물이 바닥에 흐르고 누군가를 살해하는 그림자 보이는데!

강우 (사람을 살해하고 있는 검은 우비에게 조심스레 다가가 권총 조준하며)
손들어 이 새끼야! 머리통에 빵구 나기 싫음!

그림자 (순간 움직임을 멈추고 손 들며 돌아서는데)....

순간, 그림자의 얼굴, 자신과 똑같이 생긴 또 다른 강우(이하 강우2)!!!다.
그 뒤로 수십 구의 시신들 처참하게 토막 나있는데!!! (블러 처리)

강우 뭐. 뭐야...!!!!

강우2 (소름 끼친 미소로) 우리 심장엔 사악하고 더러운 피가 흐르고 있어.
부정해도 소용없어. 코우스케 이 모든 건 니가 한 짓이야.......
니가 한 짓이라고..

강우 개소리하지 마!! 넌 내가 아니야! 절대 안 속아!! 절대!! 으아아악!!
(총을 쏴 강우2의 가슴을 관통하고 쓰러뜨리고 나서) 후...
(문득 고통이 느껴져 가슴을 내려다보면, 똑같은 총알구멍이 생겨
피가 철철 흐르고 있다!!! 충격으로 부정하며) 아, 아니... 아니야!!!! 으아악
(비명 지르는 위로)

인터컷 오사카 집 마당 / D

미호와 노는 어린 강우, 미호의 귀를 호기심 가득하게 보고.
천천히 미호 목을 조르는 손! 버둥거리는 미호 "왜 그래 코우스케" 소리 울리는데!

56 다시 강우 병실 일각 / N / 이하 현실

강우 안 돼!!!!!!!!! (눈 번쩍 뜨면)

의사 (놀라, 이하 일어로) 환자분 정신이 듭니까?
患者さん、気がつきましたか?

강우 (찌이잉 머리가 깨질 것 같다. 머리 쥐어뜯다 환자복 의아해 보며)
여긴... (순간 문으로 밖에 무장한 일경1, 2 발견하고 감 잡는다,
아차 싶고 난간에 수갑으로 묶인 손목 덜컹거리며) 뭐야 이거! 당장 안 풀어!!!
何だ、これは! 今すぐ外せ!!!

일경1 (다급히 다가오며 이하 일어로) 현재 살인 용의자로 임의 동행 예정입니다.
現在殺人事件の容疑者として任意同行に応じて頂く予定です。

강우 무슨 개소리야?! (일경1 멱살 잡아채곤) 지랄 말고 당장 수갑 풀어.
내 물건 당장 갖고 오고!!
俺の所持品も全部持って来い!!

일경2 (놀라, 얼른 테이저 건 조준하고는 다급히 무전 한다)
사카라이 경시정님!! 빨리 와보셔야겠습니다!!!
逆井 警視正!! 今すぐ来てください!!!

57 동박 / N

료지 네.. 네. (바짝 긴장한 채) 앞이시라고요? 그럼 제가 그쪽으로 가는 게..
ええ.. はい。前ですって? では私がそちらに参った方が..

일경2 (E) 경시정님 지금 용의자가 난동을 피웁니다!!
警視正、今容疑者が暴れています!!

료지 뭐? (핸드폰으로) 의원님, 제가 다시 전화드리겠습니다...
何だと? 議員、のちほど折り返しお電話いたします...
(얼른 전화 끊고 일경2에게 무전 하며) 당장 제압해, 당장! (병실 안으로 들어서면)
さっさと取り押さえろ、早く!

58 병원 로비 / N

병원에 도착해 다급히 강우 병실(응급실) 찾아 뛰는 권주, 박중기, 구광수, 조 영사.

조 영사 (다급히 걸으며) 카네키 유키코 살인 현장 근처에서 행인 폭행으로

체포 중에 정신을 잃었다네요.
출입국 기록도 없고 팔에 정맥 주사 자국이 어찌나 많은지...
약물 중독 검사까지 했답니다....참.... 여러 가지로 난감합니다.

권주 (낮은 한숨 절로 나오고) 정맥 주사요?

조 영사 (눈치로) 네, 각성제 종류인데 반흔으로 봤을 때 스스로 주사했을 가능성이 높다네요.

일동 !!!! (당혹스럽고 순간 저 멀리 병실 소란하자 묘한 일감에 황급히 달려가는 위로)

강우 (E / 버럭) 당장 이 수갑 이거 안 풀면 이 새끼 목뼈 어떻게 될지 몰라!
今すぐこの手錠を外さないと、こいつの首の骨がどうなるか分からないぞ!

59 다시 강우 병실 안 / N

강우 (살기등등한 표정으로 일경1 목 잡은 채 방패 삼아 서있으면)

일경2 (초조함과 두려움에 어쩌지 못한 채 테이저 건 겨누며)
그거... 노, 놓으십시오!! 안 그럼 쏩니다!
その手を...は、放しなさい!! 放さないと撃ちます!

강우 (날 서) 두 번 말 안 해! 수갑 풀어, 당장!! 이 미친 새끼들!
手錠を外せ、今すぐ!!

료지 (어느샌가 들어와 권총으로 강우 머리 조준한다) 손 들어. 안 그러면 발포한다!
手を挙げろ。 従わないと発砲するぞ!

강우 !!! (료지 노려보다 손 들면, 일경1 일각으로 가 목 잡고 컥컥거리고)

료지 (강우와 일경 1, 2 사납게 보며) 지금 뭣들 하는 거야!!! 빠가야로들!!!!!!
何をやってんだ!!! 馬鹿どもが!!!!!!
둘이서 용의자 하날 감당 못해!!!
2人もいて、容疑者ひとり押さえられんのか!!!

일경1, 2 (그제야 정신 차리고 강우 양어깨 쥐고 거칠게 침대 위에 앉히는데)

강우 (저항하는 척하며 날 선 눈빛으로 창문과 병실 문 통로 살피는데)

순간 문 벌컥 열리며 권주와 박중기, 구광수, 조 영사 뛰어들어온다.

권주 (한눈에 상황 눈치채고) 이게 뭐 하는 짓입니까!

(료지 향해 신분증 보이며) 한국 경찰청 골든타임팀 강권주 경감입니다.

(강우 흔들리는 눈빛으로 보며) 도 팀장님... 괜찮으세요?

조 영사 (다급히 이하 통역하고)

박중기, 구광수(결연한 표정으로 강우 앞 보호하듯 막아서는데) !

강우 (강박당한 채 갑자기 들이닥친 권주와 박구 보자 표정 굳는다).......!!!!

료지 (차가운 표정으로 권주에게 신분증 보여주며)

일본 경시청 사카라이 료지 경시정입니다.

日本警視庁警視正の逆井亮治です。

도강우 씨가 협조를 거부하고 폭력을 휘두르기에 조치를 취하는 중입니다.

ド・ガンウが協力を拒否し暴力を振るったため、対処していたところです。

최근 이런 극악한 사체 훼손 사건 용의자는 저희도 처음이라서요.

最近、ここまで非道な死体毀損事件の容疑者は我々も初めて扱うのでね。

권주 !!! (지지 않고 보며) 이 정도 증거로 용의자 특정이 무리란 거 잘 아실 텐데요?

この程度の証拠で容疑者を特定するのはこじつけだと、お分かりのはずですが?

료지 (묘하게 겨누듯 보며) 도강우 형사... 출입국 기록도 없는 밀입국 상태인 데다

ド・ガンウ刑事... 出入国記録もない密入国状態の上に

마쓰다 후토시 아들이라던데.

松田太志の息子だそうじゃないですか。

후지야마 미호 살인 사건은 오사카에서 아주 유명한 사건이라서요.

藤山美保殺人事件は大阪では非常に有名な事件なんですよ。

권주 (강경하게) 저희 쪽에선 도강우 형사가 납치된 정황도 확보하고 있습니다.

こちではド・ガンウ刑事が拉致された情況証拠も掴んでいます。

그리고! 직접 증거 없이, 인신의 자유를 억압하는 건 국제법상

それに! 直接証拠なしに身体の自由を奪うのは国際法上

위법입니다. 당장 수갑 풀지 않으면 일본 경시청에 입장 표명하겠습니다!

違法です。即刻手錠を外さないと、日本警視庁にこちらの意思を表明します!

료지 하...! 마치 어떤 혐의도 없을 거라 믿기로 작정한 사람 같네요?

フン...! はなから何の嫌疑もないと決めてかかっているようですが?

권주 (지지 않고) 제 파트너라 누구보다 제가 잘 압니다.
이미 비슷한 오해를 산 적도 있어서 낯설지 않고요.

료지 (입가 실룩이다 눈빛 싹 변하며) 자기 확신에 매몰된 형사만큼 위험한 건 없지.
思い込みの激しい刑事ほど危険なものはない。
(옆에 선 일경2에게 턱짓하면)

일경2 (얼른 강우의 수갑을 풀어주고 소지품 든 비닐 주면 강우 받아드는데)

권주 (그런 강우 안도로 보며) 도 팀장님.... 일단 영사관으로 가시죠. (팔 잡는데)

강우 (권주 손 뿌리치며 형형한 눈빛으로) 간섭하지 마. 내 일은 내가 알아서 해!!

권주 !!! (당황하고)

강우 (날 선 눈빛으로 료지 앞으로 다가가며) 누가 죽은 모양인데 나랑은 상관없어.
誰かが死んだようだが、俺とは何の関係もない。
길바닥에 쓰러진 건 병이 있어서고. 내가 쓰러진 골목에 주차된
道端で倒れたのは持病のせいだ。 俺が倒れていた路地に止まっていた
4512 빨간 픽업트럭 블랙박스 확인해봐.
4512 赤いピックアップトラックのドライブレコーダーを確かめてみろ。
그럼 내가 뭘 하던 중인지 알 수 있을 테니까!
そうすりゃ俺が何をやっていたところなのか分かるだろうから！

료지 (묘하게 일별하며 무전기로) 사카라이 경시정이다.
こちら逆井警視正だ。
현장에 빨간 픽업트럭 4512번 있는지 확인해.
現場に赤いピックアップトラック4512番が止まっているか確認しろ。

일경3 (E) 네, 있습니다.
はい、止まっています。

료지 찾아온 동료들이 반갑지 않은 모양이네? 암튼 각오하는 게 좋을 거야.
同僚が会いに来てくれたのに嬉しくないようだな? とにかく覚悟した方がいいぞ。
당신이 뱉은 말 중에 하나라도 거짓이 있으면...
君の吐いた言葉のうち、ひとつでも偽りがあれば...
평생 일본 감옥에서 썩게 해줄 거거든. (비틀린 미소로 보면)
一生、日本の刑務所から出られないようにしてやる。

강우 자신 있음 그러든가. (차갑게 나가면)
自信があるならやってみるんだな。

권주 (당황스러운 표정으로 박중기, 구광수와 강우 따라 나간다)

료지 (사라지는 강우 일행 날 서 노려보다 무전기로)
블랙박스 확보하고 현장 지문 감식 서두르라고 해!
ドライブレコーダーを確保し、現場の指紋鑑識を急ぐように指示しろ!
(혼잣말로 나직이) 저 새끼 분명 뭔가 있어.
あいつ、間違いなく何かある。

순간!! 십여 명의 보좌관과 경호원(경호원1은 전직 스모 선수 출신) 대동한 마키오 쇼이치 (자막 마키오 쇼이치 정민당 국회 의원) 지팡이 짚은 채 분노와 슬픔으로 눈 붉어져 들어선다.

마키오 (처참한 표정으로) 좀 전에 나간 놈이...... 우리 유키코를 죽인 놈인가?
さっき出ていった奴は......由紀子を殺した犯人なのか?

료지 아직 확실하진 않지만 여러 정황이 유력합니다...
まだ確かではありませんが、様々な状況から見て有力です...
조금만 기다려주십시오.
もうしばらくお待ちください。

마키오 만약 맞다면 내 손으로 갈가리 찢어 죽일 걸세. (이 뿌드득 가는 위로)
もし奴が犯人なら、この手でバラバラにして殺してやる。

박중기 (E) 도 팀장님!!! 참말로 사람을 이리 놀래켜도 되는 깁니까???

60 복도 일각 / N

강우 옷가지 입으며 걸어가고 있으면 당황스러운 표정의 권주, 박중기. 구광수, 조 영사 뒤따르고 있다.

박중기 (괜스레 오버하며) 우리는 팀장님이 그 노마들한테 납치된 줄 알고......

하, 진짜... 어디 뉴스도 못 보는 데 있었십니까.

10개월 내도록 우리 팀 초비상이었다 아입니꺼. 초비상.

구광수 그러게요... (애써 밝게) 암튼 무사해서 천만다행입니다.

그동안 어떻게 지내신 거예요!!

강우 (전방만 보고 걸으며) 언제 나 찾아달라고 부탁한 적 있습니까?

박중기, 구광수 (당황스럽지만) 아이고 왜 이러십니까...!! 같이 돌아가야죠...

한 번 팀은 영원한 팀이고.

강우 (우뚝 서고 날 서) 내 말 못 알아들어요? 방제수 잡았으니 골타팀이니 뭐니 끝났고

제 갈 길 갑시다 좀.

박중기, 구광수 (허! 기가 막히고 살짝 열마저 오르는데)

권주 (뒤에서 듣다 더 이상 참지 못하고 저벅저벅 걸어가 강우 앞 막아선다)

지금 그게!!! 10개월 동안 도 팀장님 찾느라 생고생한 팀원들한테 할 말입니까??

도 팀장님 납치된 줄 알고 마음 졸이고 여기까지 온 팀원들한테요!!

더 이상은 저도 못 참습니다! 당장 설명하시죠!

대체 10개월 동안 무슨 일이 있었던 건지!

그리고 이딴 현장에 왜 또 의식 잃고 발견된 건지!

강우 (우뚝 서고 버럭) 강 센터! 겨우 몇 주 엉겨붙었다고

파트너인 척 구는 습관 여전하네?

방금도 간섭하지만 않았으면 내가 다 알아서 했어!

권주 (터지듯) !!! 뭐라고요? 지금 상황이 얼마나 심각한지 감이 안 오나 본데요.

적극적으로 해명 안 하면 앞으로 더 심각한 일이

발생할 수 있단 것만 명심하세요!!!

조 영사 (옆에서 얼른) 네. 맞습니다. (강우 보며 안절부절못하며)

일경 측 수사 완전히 끝나기 전까지 단독 행동은 절대 금지입니다!

일경에 불법 체류로 체포될 수도 있어요.

강우 누구 맘대로... (하는 순간 일각 팽팽한 긴장으로 선 일경들과 입구를 지키는

일본 기자들마저 보인다) !!!!! 젠장... (드글대는 눈빛으로 거칠게 발길질하면)

권주 !!!! (너무나 달라진 강우 모습 실망으로 보다 박중기, 구광수 향해)

저휜 한국으로 돌아가죠.

이런 무책임한 팀장, 불법 체류로 추방당하든 용의자로 체포되든 상관 말고요.
돌아가는 대로 새 출동 팀장 뽑겠습니다. (봉고차 향해 돌아서 성큼성큼 가면)

박중기 어, 어, 센터장님! (당황해 쫓아가고)

구광수 (따라가다 강우 향해 속상해) 센터장님이 어떤 심정으로
재활... (하려다 참고) 도 팀장님 찾아다녔는지... 알기나 하십니까!! (가면)

강우 ....! (멈칫, 살짝 절룩이며 차 앞에 서는 권주 뒷모습 보는 위로)

61 병원 주차장 일각 / N

권주 (상처 입은 표정으로 차에 올라타려고 하면)

박중기 근데.. 도 팀장님 뭐 땜에 저렇게 다른 사람이 돼버린 겁니꺼?

구광수 (역시 황당하고) 아무리 아버지 사건 땜에 경찰 일 힘들어도 그렇지...
저 정도는 아니었는데... 우리가 모르는 뭔 일 있었던 거 아니에요?

권주 (머릿속이 복잡해지는데)

조 영사 (순간 핸드폰 울리자 받고) 네, 대한민국 오사카 영사관입니다.
뭐라고요? 잘 안 들립니다. 조금만 크게 말씀해주실래요???

62 마리 방 안 / N

세영 (겁에 질려 벌벌 떨며 작은 소리로) 거기 대사관 긴급 전화죠?
지금 절 죽이려고 해요. 제발 살려주세요.

63 병원 주차장 일각 / N

조 영사 (듣고는 당황해) 네 뭐라고요? (귀 기울이며)... 누가 지금 죽이려고 한다고요??

권주 (옆에서 듣고 놀라) 무슨 일이죠?

조 영사 (얼른 권주에게) 누가 자길 죽이려고 한다는데 목소리가 작아서요.

권주 !!! (묘한 일감에, 다급히) 잠시만요. 제가 받아볼게요,
(받아 들고) 신고자분, 골든타임팀 강권주 경감입니다.
작아도 괜찮으니 다시 한 번만 더 말해줄래요?

64 마리 방 일각 / N

세영 (벌벌 떨며) 살려주세요....

65 병원 주차장 일각 / N

권주 (멈칫... 소리 집중하는 위로)

살려주세요.

살려주세요.

살려주세요. "どこにいるの?" (어딨어?)

권주 !! (마음의 소리) 이십 대 초반의 젊은 여자야.
극도의 공포에 질려있고... 어떤 남자 목소리도 들렸던 것 같은데...
(신고자와 통화하며) 지금 크게 말하기 어려운 상황이죠?
작아도 되니까.. 거기가 어딘지 말해줄 수 있어요?!!!

66 모리노이에1 료칸 전경 / N

울창한 숲 뒤로 2층으로 된 일본 전통 료칸 보인다.

자막 **오사카 근교 아탄도 온천 마을(亜炭道　温泉村), 모리노이에 료칸**

67 모리노이에1 료칸 2층 딸 마리 방 / N

전형적인 일본 고등학교 여학생 방, 꽉 끼는 교복 차림(어깨에 숄을 두른 채)의
세영이 창문 옆 책상에 앉아 공부하듯 앉아있다.
그러나 사실 공포에 질린 채 자꾸만 안테나 연결이 끊어지려고 하는 핸드폰을

어떻게든 (창밖으로 핸드폰을 내미는 등) 이어가며 숨죽여 통화하는 세영!!
(책상 밑으로 세영의 옷 입은 여학생 사체 놓여있다)

세영 (속삭이듯) 여긴.. 아탄도(亜炭道)에 있는 모리노이에 료칸이에요.
여기 사장 아저씨가... 자기 딸을 죽인 거 같아요....

68 병원 주차장 일각 / N

권주 뭐??? (다급히 핸드폰으로 112 신고센터에 전화한다, 받자)
여기는 센터장, 박 요원 지금... 010-930-5023번!!
전화번호 가입자 신원과 현 위치가 일본 오사카 아탄도(亜炭道) 모리노이에
료칸인지 확인해줘. 신고자가.... 생명의 위협을 받는 것 같아.

69 112 신고센터 +병원 주차장 일각 / N

박은수 네. 알겠습니다! (다급히 번호 모니터에 입력하고 정보 나오자)
가입자 이름은 권세영! 주민등록번호 001020 -4021920 20세,
오늘 아침 일본으로 출국한 상태이며
한국에서는 위치 추적이 불가능한 걸 보니
현지에서 유심칩을 갈아 끼운 것으로 추정됩니다!!

진서율 (옆에서 듣다가 놀라) 어. 권세영이요..? (보고는) 뭐야??
(다급히 전화하며) 센터장님! 세영이 제 사촌동생이에요!
근데... 분명 아까는 우텐포구(宇天歩区)에 있는 모미(モミ)온천 호텔 숙박권
당첨됐다고 했었거든요! 장소를 착각한 게 아닐까요?

권주 뭐??? (다급히 생각 고르며 통화한다) 세영 씨, 아니 세영이라고 할게...
우리 요원들 중에 세영이 사촌오빠가 있던데...
오빠 말로는 우텐포구(宇天歩区) 호텔로 갔다고 하던데... 지금 말한 주소랑 달라서 말야.

70 다시 마리 방 / N

세영 (다급히 속삭이며 / E) 네 맞아요. 서율 오빠가 제.... 사촌오빠예요.
첫 숙소가 사기였어요.... 지금은 아탄도(亜炭道)에 있는 모리노이에 라는 료칸인데...
정확한 주소는 모르겠어요. 전화로 예약하고 바로 픽업 서비스 받았거든요....

71 차 앞 + 차 안 / N

권주 (다급히 조 영사에게) 아탄도(亜炭道) 온천 마을이 여기서 먼가요?

조 영사 5분 거립니다. 그래도 일경 쪽에 수사 맡기는 게.

권주 (일견 다행이고, 단호한) 한시가 급해요. 일경 쪽에 협조 요청하고 저희도 갑니다.
(박중기, 구광수에게) 방검복 없는데 괜찮으시겠어요?

박중기 (개의치 않고) 지금 우리나라 국민이 타국에서 죽게 생겼다는데.... 그게 대숩니까?

구광수 네, 서율이 위해서라도 꼭 구해야죠.

조 영사 (강우에게 다가가 강경한) 도 팀장님은 저희 영사관까지 반드시 동행하셔야 합니다.

강우 하... (마지못해 차에 타 뒷자리에 억지로 팔짱 끼고 앉으면)

박중기, 구광수 (조 영사와 함께 역시 결연한 표정으로 뒷좌석에 앉고는 문 닫는다)

행정원 (다급히 봉고차 출발하는데)

72 도로 + 차 안 + 으슥한 뒷골목 / N

일동 (긴장한 채 앉아있으면)

강우 (팔짱 낀 채 앉아있다 전화 오자 표정 날카롭게 변해 받는다) 어떻게 됐어?

약쟁이 (**이하 교차편집 /으슥한 뒷골목**에 서서 은밀하게 통화하며) 그게 알아봤는데.....

강우 (들으며) 어.... 헤비... 가발 새끼? (중얼거리며 눈빛 차갑게 번뜩이면)

권주 (멈칫 강우 일별하는데)

조 영사 (옆에서 행정원 핸드폰으로 통화하며 / 일어로) 네, 소장님이시죠.
もしもし、所長ですか。
저 오사카 영사 조영춘입니다. 긴급 신고 사항이 생겨서요. (중략)
大阪領事、チョ・ヨンチュンです。 緊急申告事項がありまして。

권주 (얼른 세영에게 다시 통화하며) 세영아 한국 경찰도 출동했으니 걱정 말고!
힘들겠지만 조금만 더 자세히 상황 좀 얘기해줄래?

세영 (E / 흐느끼며 겁에 질린, 작은 목소리로)
전통 료칸인데 핫딜이라 가격이 엄청 싸서 기분이 좋았어요.
자기 이름은 스즈키라고 했고요.

73 모리노이에1 료칸 / N / 이하 회상

74 거실 + 2층 / N

거실에 가족사진 붙어있고. 다다미 계단 오르며 2층 안내하는 스즈키.
미혜와 세영 캐리어 든 채 낑낑거리며 따라가고 있다.

스즈키 아내는 마트 간 거 같고요.
妻は買い物に（すーぱーに）に行ったみたいです。
(2층 방문 열어 고개 들이밀면 문틈으로 딸의 뒷모습 살짝 보이고)
마리, 손님......
真里、お客様......
어, 그래. 알았어. (문 닫으며) 숙제 때문에 저녁 먹을 때 인사한대요.
そうか、そうか。 分かった。宿題があるので後で食事の時にね。

세영, 미혜 (서로 얼른 눈치껏) 그럼요! 그 심정은 저희가 잘 알죠!!
勿論です! その気持ち、すごくよく分かります!!

스즈키 (묘하게 보며) 피곤할 텐데 일단 방에 짐부터 풀어요. 저녁 준비되면 부를 테니
쉬고들 있어요. (문 닫고 나가면)
取り合えずお部屋ににもつをおいて、 食事の用意ができたら、 お呼びしますのでごゆっくりどうぞ。

75 손님 방 안 / N

세영, 미혜 와 방 짱 좋다!!! 신난다!!!! (눈 마주치며 손잡고 동동거리며 좋아하고)

미혜 아싸, 사진 올리자!! (핸드폰 하는데) 어? 왜 인터넷이 안 되지.

세영 뭐? (핸드폰 꺼내 보고) 그러게 나도 안 되네.

미혜 (짜증 나고) 숙소 사진 올리고 싶은데... (이것저것 눌러봐도 안 되자)
악!!! 답답해! 와이파이 비번이라도 물어봐야겠다!! (나가면)

세영 *(E) 미혜가 주인아저씨한테 물어본다고 1층으로 내려가자마자*
샤워하러 들어갔는데....

76 2층 욕실 / N

샤워하며 흥얼거리는 세영, 일각 수건걸이 나사가 깜박이자 조심스레
잡아당겨 보면 전선이 길게 딸려 나오는 '몰카'인데...!

세영 *(E) 몰카 같은 게 있어서 너무 놀라 나갔더니..*

77 복도 + 마리 방 / N

세영, 다급히 객실 나가다 복도에 걸린 주인집 가족사진에 부딪혀 떨어뜨릴
뻔하고, 다급히 잡아채는 순간 이질감에 자세히 들여다보는데 가족들 얼굴이
하나같이 어색하게 목과 얼굴 이음새 등이 뭉개져있다..!

세영 *(E) 차에 있던 사진이랑 같은 거였는데*
다시 보니까 3명 얼굴을.. 다 따 붙인 것 같더라고요..!

세영 (뭔가 불길한 기분에 딸 마리의 방을 노크하고 조심히 들어서며)
저기... 물어볼 게 있어서 그런데..
あの... 聞きたいことがあるんですけど..

(책상에 앉아있던 마리의 어깨를 잡는 순간 자세 그대로 털썩 쓰러지는 마리, 얼굴이며 옷 밖으로 드러난 손, 발!! 등... 사망한 지 얼마 안 된 듯한 사체다) !!!

세영 *(E) 혹시나 해서 딸 방문을 열었는데.. 딸이... 죽어있는 거예요!!! 흑흑 (흐느끼고)*

인터컷 부엌 / N

머리에 피 흘리는 미혜가 쓰러져 있는 일각
기계로 몰카 화면을 확인하던 스즈키, (화면 안 뜨자) 표정 변하며 망치 고쳐 쥔다.

스즈키 *(미혜를 싸늘하게 내려다보며 일본어로 중얼거리면)*

세영 *(E) 밖에서 퍽퍽 뭔가를 내려치는 소리가 들리더라고요..*
그리고.... 딸들이.. 참 말을 안 듣는다고..
그 아저씨가 미혜도 죽인 거 맞죠? 언니... 제발 살려주세요.
(흐느끼며) 너무 무서워요. 엄마... 흑흑...! (공포감에 오열하면)

78 도로 + 차 안 + 마리 방 안 / N / 이하 현실

권주 (통화하며 다급히) 세영아 우리가 반드시 구해줄 테니 걱정 말고!!
말하기 힘든 상황인 것 같은데.... 전화 끊지 말고 문자 어플로 얘기할까?

세영 (**이하 교차편집 / 마리 방 안** 스즈키 발소리 울릴 때마다 흠칫 굳으며)
네. (떨리는 손으로 문자하기 시작하며)

79 도로 + 다시 차 안 / N

권주 (핸드폰으로 박은수에게) 지금 무전 용도로 쓸 테니,
지금 도 팀장님, 박 형사님, 구 형사님 핸드폰과 동시 통화 가능하게
센터에 채널 열어봐!!

박은수 (E) 네 알겠습니다!

순간! 봉고차 끼이익 거친 파찰음을 내며 좁은 골목 사이 료칸과 숙박 시설이
옹기종기 모여 있는 아탄도(亜炭道) 온천 마을 일각에 서는 뒤로
요란한 사이렌 소리와 함께 일경 순찰차 1대 도착한다.

80 아탄도(亜炭道) 온천 마을 일각 / N

강우 차에 앉아있고, 권주, 박중기, 구광수, 조 영사, 차에서 내리면
인근 고방(파출소) 일경3, 4 차에서 내려 다가온다.

자막 **아탄도(亜炭道) 온천 마을**

조 영사 (일경들에게 / 일어) 이쪽은 한국 골든타임팀이라고 112 신고센터
こちらは韓国のゴールデンタイムチーム、112通報センター
특수팀 경찰관들입니다.
特殊チームの警察官の皆さんです。
(골타팀에) 이쪽은 아탄도(亜炭道) 온천 마을 고방, 경찰분들이시고요. 신고 내용은....
こちらは亜炭道温泉村交番の警官の方々です。 通報内容は....

일경1 알고 있습니다. (긴장된 표정으로 료칸 대장 찾아보며)
分かっています。
저 료칸이 모리노이에입니다. 주인장 이름이 스즈키고요. (일각 가리키면)
あの旅館が森の家です。 主人の名前は鈴木です。

일동 !!! (제법 큰 료칸 보인다)

구광수 (긴장된 표정으로 박중기와 시선 교차하며)
저희가 갔다 올 테니 센터장님은 신고자와 계속 연락 취해주십시오.

권주 조심하세요! (몇 걸음 다가가려는데) ....! (순간 다리에서 전해지는 고통에
움찔하지만 후... 내색 않고)

박중기 센터장님은 무리하지 마이소. 회복되신 지 얼마나 됐다고... (걱정으로 보다 가면)

81 차 안 / N

권주 (차에 다시 타려는 순간, 맨 뒷좌석에 앉아있는 강우와 눈 마주치지만 피하고 앞자리에 앉아 세영에게 문자 보낸다)

강우 (불편해하는 권주 다리 일별하며) 여전하네. 사람 구하는데 물불 안 가리고 뛰어드는 버릇. 골든타임팀이라고 목숨이 여러 갠 아니잖아.

권주 (강우 어이없게 보다 센터와 연결된 핸드폰 잠시 소리 줄이곤)
누구처럼 10개월 만에 딴사람 돼서 나타나 말 바꾸는 것보단 나은 거 같은데요?
밀입국자로 여기 있을 거라곤 상상도 못했습니다.

강우 원래 속을 알 수 없는 게 인간이야. 그러니까 너무 믿지 마.

권주 허!! (열받아 한마디 하려는데)

82 112 신고센터 / N

공청으로 강우와 권주의 대화 전해 듣던 요원들
"뭐야 도 팀장님 목소리 같은데??" 술렁인다.

박은수 (반색으로) 센터장님! 도 팀장님 찾으신 겁니까?

진서율 와!! 팀장님 무사하셔서 다행입니다. 제 사촌동생 좀 구해주세요! 부탁드립니다!!

권주 (E) 도 팀장님 사건 현장 합류는 보류야.
진 요원은 세영이가 마지막으로 접속한 해피 하우스 어플에서 기록 좀 확인해봐.

진서율 (결연한 표정으로) 넵!!! 알겠습니다. (다급히 찾으면)

83 차 안 / N

권주 (얼른 표정 고치고는 박중기와 구광수 일경들이 들어간 모리노이에 료칸 2층 창문 옆 단풍나무 일별하고 다급히 문자 보낸다) ***세영아. (지금) 경찰들이 니가 있는 료칸으로 들어가고 있어. 조금만 참아 반드시 구해줄 테니.***

84　마리 방 / N

마리 방에 앉은 세영, 스즈키가 언제 들어올지 걱정 가득해 탁상 거울로 열린 문 사이 복도 공간 뚫어지게 바라본다. 다행히 스즈키가 지금은 오가지 않는 것 같자 창밖을 잠시 바라보는데...!

85　다시 차 안 + 마리 방 / N

세영　(**교차편집 / 마리 방**에서 문자 보내며) ***아뇨. 아무것도 안 보여요.....***
제발... 빨리 와주세요. 무서워서 죽을 것 같아요.

권주　(멈칫) ***??? 뭐?? 안 보인다고?*** (당황해 다시 확인하면 단풍나무 있고)
모리노이에 료칸이라고 하지 않았니?

세영　(혼란으로 문자 보내며) ***그렇긴 한데...***
밖에 숲밖에 안 보인다고요!! 언니 잘못 가신 거 아니에요? ... (흑흑)

권주　(당황하고 / 마음의 소리) 뭐지... 설마??

박중기　(E) 여기는 출 둘, 2층 집 모리노이에 료칸에 도착했습니다.

86　모리노이에2 료칸 앞 +계단 + 2층 / N

'모리노이에' 간판 확인한 일경1, 2, 박중기, 구광수 2층 방 여학생 커튼 쳐져있는 창문 보이자 일경1, 2가 앞장서 종업원에게 양해 구하곤 안으로 들어가면, 박중기, 구광수, 조 영사 따라 들어간다.

구광수　여기는 출 셋. 이곳 맞는 거 같습니다. (일경1, 2를 따라 2층 성큼성큼 올라가 2층 방문에 '쉿! 공부 중'같은 안내판 달려있는 것 보고 표정 확신에 차고!)

87　모리노이에2 료칸 2층 딸 방　/ N

긴장에 차, 딸 방 앞을 주의깊게 살펴보는 일경1, 2를 선두로 박중기, 구광수 딸 방문을 열려는 데! 순간 벌컥 먼저 방문 열리고 쟁반 든 주인 나오자 반사적으로 단숨에 제압하고!!!

주인 (버둥거리며 일어로) 으악!! 당신들 뭐야!! 뭡니까 대체!!!
うわっ!! あんたたち何者だ!! 何ですか一体!!!

구광수 (방 안으로 들어가 앉아있는 교복 입은 여학생 어깨 잡아 돌리면 헤드셋 끼고 숙제를 하던 여고생 놀라 비명 지르는데)!!!!
(당황해 핸드폰으로) 여기는 출 셋, 센터장님! 여기가 아닙니다!!

88 다시 차 안 / N

권주 !!! (당혹스럽지만 다급히 세영에게 문자 보낸다) ***우리가 다른 료칸을 간 거 같아. 아직 그 주인아저씨는 안 보이지??***
금방 찾아낼 테니까.... 거기 꼼짝 말고 가만히 있어.
(마음의 소리) 대체 어느 료칸에 있는 거지...!!!
(순간 아까부터 수화기 너머 들리는 미묘한 소리 반복된다) ....
근데 아까부터 이 소리는 뭐지? ....같은 소리가 들리고 있어.
(다급히 핸드폰 너머 들리는 소리와 아까의 대화 복기하는 위로)

플래시백 도로 + 차 안 (세영의 음성 몽타주) / N

살려주세요...끼 익 ....딱....쪼 르 륵 끼 익 .... 딱...... .쪼 르 륵 살려주세요
살 려 주 세 요.......끼 익...딱 쪼 르 륵
끼 익 아 저 씨 가 딱 자 기 딸 을 죽 인 것 쪼 르 륵 같 아 요 !

혹 시 나 끼 익 끼 익 해 서 딸 이 라 도 딱..도 와 달 라 고 끼 익 끼 익...
방 을 열 었 는 데 쪼 르 륵 ....!!!
딸 이 ... 죽 어 끼 익 ....딱 있 는 쪼 르 륵 거 예 요!!! 흑 흑

끼익....딱.... 쪼르륵........,끼익... 딱... 쪼르륵

끼익...딱...쪼르륵.... 끼익...딱... 쪼르륵

끼익...딱...쪼르륵.... 끼익...딱... 쪼르륵

권주 (마음의 소리) 물이 흐르는데.. 어딘가를 통해 부딪히고 있어.
금속은 아냐..... 나무로 만든 통 같아...
그래, 대나무 통 같은 게 부딪히면서... 딱딱 소리를 내고 있어.
(자신도 모르게 습관적으로) 도 팀장님! 딱딱 소리랑 같이
대나무 통에서 물 흐르는 소리가 들려요. (강우 돌아보다 아차 싶고)

89 마리 방 / N

세영 (벌벌 떨며 다급히 문자 보내고) ***언니 구해준다고 해놓고***
왜 안 오는 거예요! 무서워 죽겠단 말이에요.
(눈물 글썽이는 순간 뒤에서 음산한 목소리 들려오고)

스즈키 (E) 하.. 뭐야....여기 있었던 거야...?
何だ....ここにいたのか...?

세영 !!!! (스즈키와 눈 마주치지 못하고 사시나무 떨 듯 온몸을 떨고 있는데) .....

스즈키 (마리 교복 입은 세영과 앞에 탁상 거울 서늘하게 보며 히죽) 머리 좋네... 하...
かしこいな...

순간, 한 손에 망치 쥔 스즈키에게 머리채를 잡힌 세영, "꺄아아아악" 하는
처절한 비명과 함께 거침없이 끌려가며 핸드폰 끊기는데...!!

90 차 안 + 동 밖 일각 / N

권주 (핸드폰 너머 들리는 비명 소리에 놀라)
여보세요 세영아!!!! 세영아! 안 돼!!! (몇 초 후 뚝 끊긴 전화 애타게 보고)

다급히 차 문을 열고 뛰쳐나가는 권주! 주변 료칸들을 눈으로 샅샅이
훑으며 2층 창으로 숲이 보이는 료칸 찾는데... 도무지 어딘지 알 수가 없다!!

권주 (초조하고) 시간이 없어.... 빨리 찾아야 해....

(핸드폰으로) 지금 그 남자가 세영이를 집 안 어딘가로 끌고 갔어요.
세영이가 위험합니다!! (뻣뻣해지는 다리 참으며 애써 무리하는 순간, 이명이 엄습해 웅크리며) ....안.. 안 돼...
(고통을 견디고 움직이려 해보지만 쉽지 않고)

강우 (E) 그 소리 시시오도시(鹿威し, ししおどし)[3]에서 나는 소리야.

권주 !! (돌아보면 어느샌가 다가와 냉정한 눈빛으로 권주 내려다보고 선 강우 보인다)

강우 (묘하게 생각 고르는 눈빛으로)
그 야차 새끼 료칸에 시시오도시라는 일본식 작은 물레방아가 있을 거야.
연못도 있을 거고.
(서늘한 표정으로 일각 가리키며) 퇴직 선물이라고 생각해.
어차피.... 오늘 이후로 안 볼 사이잖아.

권주 !!! (놀라 강우가 가리키는 곳 보다, 순간 강우 손목 안쪽으로 새겨진 '覚めた(사메타: 깨어나다)' 문신 얼핏 보이는데) ?!!!!!

끌려가는 세영의 처절한 표정과 아직 이명이 채 그치지 않은 권주의 고통에 찬 눈빛과 이 모든 상황을 냉정하게 보다, 료칸 주변을 길게 훑는 강우의 날 선 눈빛, 강우의 손목에서 본 '覚めた(사메타: 깨어나다)' 문신 불길하게 느껴져 자신도 모르게 다시 보는 권주의 표정 긴박하게 교차되는 위로.

자막 뜨며 〈보이스 3〉 1부 엔딩!!

3 일본 옥외 정원에서 볼 수 있는 물의 무게를 이용한 조경 용품

보이스

보이스

메이킹 스토리 & 대본집

초판 1쇄 발행	2019년 11월 11일
초판 2쇄 발행	2021년 03월 15일
지은이	마진원
펴낸이	김희연
펴낸곳	에이엠스토리(amStory)
편집	김승윤, 이슬, 정지혜, 황정아
자료 조사	김정현, 김원태
자료 제공	스튜디오 드래곤, 키이스트
홍보·마케팅	㈜에이엠피알(amPR)
디자인	studio 213ho
인쇄	㈜상지사P&B
출판 신고	2010년 1월 29일 제2011-000018호
주소	(04629) 서울특별시 중구 소파로 129(남산동 2가, 명지빌딩 신관 701호)
전화	(02) 779-6319
팩스	(02) 779-6317
전자우편	amstory11@naver.com
홈페이지	www.amstory.co.kr
ISBN	979-11-85469-14-0 (03680)